AF454155

SOMMAIRE

AVERTISSEMENT

Ce livre contient des éléments qui peuvent être perturbants pour certaines personnes.

Dépression, pensées suicidaires, crises d'angoisse.

À Ming Mang Moung, pour être la plus
gentille et la meilleure des mamans.

À Sylvie, pour m'avoir encouragée à poursuivre mes passions.

Et à moi, à treize et vingt-deux ans : il
y avait toujours un autre côté.

PRÉFACE

Cela fait un moment que je repousse la rédaction de ce livre parce que je ne sais pas par où, ni comment commencer. Nous sommes le vendredi 22 mai 2020, et il est environ 22 heures 30, alors que je trouve enfin le courage de commencer à travailler sur ce projet. Ça fait peur, très peur, mais on y va.

Comme tu peux le deviner par le titre, ce livre parle des rêves et de ma conviction qu'ils deviennent réalité. Je sais, c'est un peu cliché, mais c'est vrai quand même. Ce titre m'est venu à l'esprit bien avant que je ne sache que je voulais écrire un livre. *Dreams come true, and mine will too* (Les rêves deviennent réalité, et les miens le deviendront aussi) était au départ un mantra, quelque chose que j'ai commencé à me répéter après avoir traversé les moments les plus difficiles de ma vie, être parvenue à un meilleur côté, et finalement avoir eu le sentiment que je pouvais atteindre mes objectifs et faire de mon rêve une réalité. À ce jour, mon rêve ne s'est pas encore réalisé, mais mon espoir est que ce sera le cas.

Tout au long du temps que nous passerons ensemble dans ce livre, je partagerai les expériences de ma vie, en particulier les plus douloureuses, et certaines leçons que j'ai apprises sur le chemin. J'espère que mon parcours te donnera le courage d'aller vers ce que tu veux et de poursuivre tes rêves, quelles que soient tes circonstances.

Ce livre s'inspire principalement de mes souvenirs, d'événements survenus depuis 2017. Je me plongerai également dans mes journaux intimes (oui, je suis une adulte et je tiens un journal), je partagerai la façon dont j'ai recommencé à tenir un journal et l'aide que ça m'a apportée. Attention au spoiler : c'est l'une des raisons pour lesquelles je suis en mesure d'écrire ce livre.

Bienvenue dans mon parcours, et bonne lecture.

CHAPITRE 1 :

OH, HEY !

Déterminé(e) : c'est le genre de mot que les gens mettent sur leur CV ou leur lettre de motivation, parfois sans trop y penser. J'ai moi aussi été coupable de ce genre de démarche : de la lettre de motivation à la question d'entretien « parlez-moi de vous », je me suis souvent décrite comme une candidate déterminée, dans l'espoir de me faire bien voir par les recruteurs et recruteuses à l'autre bout du fil ou par les responsables durant les entretiens à l'autre bout de la table. Je justifiais mon auto-description, mais je n'ai pas toujours bien apprécié le sens du mot « déterminé(e) ».

Depuis mon adolescence, je me suis fixé des objectifs que je voulais atteindre, et je les ai poursuivis. Il ne s'agissait pas de paraître déterminée aux yeux des autres ; mes objectifs me tenaient tout simplement à cœur, suffisamment pour ne pas laisser l'opinion des autres se mettre en travers de mon chemin. Par exemple, je n'ai laissé personne, pas même mon père, me dissuader de suivre la voie éducative ou professionnelle que j'avais choisie. Je dis *même pas lui* parce que dans les cultures patriarcales comme la mienne, la plupart des décisions importantes dans un foyer (y compris l'éducation des enfants) ont tendance à reposer entre les mains du père. C'était vrai dans une certaine mesure dans la maison où j'ai grandi.

Au cours de notre année de troisième, mes camarades de classe et moi devions choisir une filière que nous voulions étudier au secondaire. Même si, à ce moment-là, je ne connaissais pas encore la carrière de mes rêves, je savais que, quelle que soit la voie que je suivrais à l'avenir, elle serait liée au monde des affaires. C'est ainsi que, lorsque les formulaires d'orientation ont commencé à circuler en classe, demandant aux élèves d'indiquer leur domaine d'études préféré, j'ai choisi l'économie plutôt que l'une des trois autres options : la littérature, les mathématiques ou la biologie. L'école prendrait une décision finale en fonction du choix de l'élève et de ses résultats académiques. Le problème, c'est qu'il ne semblait pas que ces formulaires d'orientation remplissaient leur fonction, du moins pas pour certains élèves, et surtout pas pour ceux de ma classe.

J'ai grandi à Yaoundé, au Cameroun, où j'ai fréquenté l'un des trois meilleurs collèges du pays, le meilleur de ma ville. L'école avait ce processus de classification des élèves, à tort je pense, en fonction de leur « intelligence ». La base de ce classement était leur performance académique. Chaque niveau était composé de cinq classes, les « meilleurs » élèves étant placés dans une seule classe, tandis que les autres étaient répartis dans les quatre autres. On pouvait savoir qui étaient les « intellos » en regardant la lettre de la classe brodée sur leurs uniformes.

Il se trouve que j'ai été « assez intelligente » pour aller en troisième E, la classe des élèves les plus brillants. Les élèves, en particulier ceux de ma classe, pensaient que seuls les meilleurs pouvaient étudier les mathématiques au secondaire et qu'ils seraient orientés dans ce sens. Les enseignants et l'administration nous l'inculquaient encore plus. Étudier les mathématiques au secondaire était en fait un symbole, et évidemment, tout le monde dans ma classe voulait faire partie de l'élite. Et idéalement, ils seraient ensuite redirigés vers la classe de seconde C4, la classe des élèves « les plus brillants » en maths. Tout le monde, sauf moi.

Bien que j'aie choisi l'économie comme filière, ma lettre de décision d'orientation indiquait que j'allais étudier les mathématiques. La lettre nécessitait l'approbation et la signature des parents, mais je ne l'ai jamais montrée aux miens parce que je savais que mon père voulait que j'étudie les mathématiques et qu'il n'allait pas me laisser faire appel de cette décision. Je m'en suis donc occupée moi-même.

Après des semaines de démarches auprès du bureau du principal pour faire changer ma décision d'orientation, ma filière a finalement été approuvée. J'allais étudier le commerce et le management, au grand désarroi de beaucoup de mes camarades de classe. Le jour où ma décision d'orientation a été mise à jour, je me souviens avoir été tellement heureuse que j'ai passé presque toute la pause déjeuner à m'émerveiller devant ma lettre. Les mots *sciences économiques et sociales* avaient l'air si bien à côté de mon nom, et j'avais hâte d'être au secondaire.

— Pourquoi tu ne pleures pas ? Une camarade de classe m'a demandé en marchant vers moi, alors que je me tenais sur le balcon de la troisième E, rêvassant sur l'année suivante et souriant à ma lettre. Elle a posé la question dès qu'elle a vu ma décision d'orientation et avait l'air très inquiète.

— Pourquoi je pleurerais ? ai-je répondu. C'est exactement ce que je voulais ! J'ai pris soin de souligner que c'était ma propre décision, mais elle n'a pas semblé me croire. Je m'en moquais. Elle m'a laissée sur le balcon et j'ai recommencé à rêvasser.

Dès que la nouvelle s'est répandue que j'allais étudier le commerce, j'ai commencé à recevoir des commentaires tels que « Quel gaspillage de ton intelligence ! » ou encore « Pourquoi t'ont-ils permis d'étudier dans cette classe au départ ? ». Presque tous les élèves de ma classe allaient étudier les mathématiques. Quelle honte qu'une élève de troisième E étudie une autre matière ! Certaines personnes se sont moquées de moi ; d'autres ont suggéré que je n'avais tout simplement pas ce qu'il fallait pour réussir dans un domaine plus scientifique, tandis que d'autres encore ne comprenaient vraiment pas ma décision. Pour quelqu'un qui se souciait beaucoup de l'opinion des gens dans d'autres aspects de ma vie, ceci ne me dérangeait pas du tout : je croyais qu'il fallait avant tout choisir une voie qui nous convienne, peu importe ce que les gens pensent. Je croyais qu'il fallait s'épanouir dans ses propres choix.

Lorsque j'ai montré ma lettre actualisée à la maison, mon père a insisté pour que je demande un changement de filière. Je ne l'ai pas fait. Quelques mois plus tard, à la fin de l'année académique, et alors qu'il était trop tard pour faire le changement dans mon collège, il s'est arrangé pour que je sois transférée dans une autre école pour étudier les mathématiques. Je n'avais pas l'intention de le faire non plus. J'avais déjà commencé à lire le livre de comptabilité que j'avais demandé à ma maman de me procurer lorsque je lui avais dit que je voulais étudier le commerce. C'était à l'époque où je pensais que j'allais aimer la comptabilité, que j'ai fini par détester au secondaire. Mais là n'est pas la question.

Je ne voulais pas changer d'école, même pour étudier l'économie. Et je ne voulais certainement pas étudier les mathématiques ; où que ce soit. J'ai passé toutes les vacances à me battre pour ma filière dans l'école que je fréquentais à l'époque. J'ai plaidé auprès de ma maman, et demandé l'aide de mes frères et sœurs aînés. Et finalement, quelques semaines avant la rentrée des classes de septembre, mon père a accepté de me laisser étudier ce que je voulais dans mon école. J'ai eu la chance que ma place n'ait pas été déjà prise.

Ce n'est que des années plus tard, lorsque j'ai raconté cette histoire à quelques personnes et qu'elles ont trouvé que j'avais été courageuse, que j'ai réalisé que j'avais fait quelque chose que d'autres élèves n'avaient pas pu faire. Soit, ils n'en avaient pas eu le courage, soit ils se souciaient trop de ce que les gens penseraient, ou alors c'était une combinaison des deux.

Cela a donné le ton pour le reste de ma vie académique, alors que je considérais des options plus grandes pour l'université et ce que je devais étudier pour mon master. Je suis tombée amoureuse du métier de conseil en gestion lorsque j'étais au secondaire, et c'est devenu mon rêve à ce moment-là. Je ne me souviens plus très bien comment ça s'est produit, puisque personne autour de moi n'était consultant et que je ne connaissais personne à l'école qui voulait le devenir, mais je sais que j'ai toujours voulu assouvir mon désir d'aider les autres. Dans le contexte des entreprises, le conseil semblait bien correspondre. Dès que j'ai compris que c'était la carrière de mes rêves, j'ai commencé à effectuer des recherches sur les études nécessaires pour entrer dans ce domaine. Encore une fois, j'ai choisi un domaine d'études qui ne correspondait pas à la vision initiale de mon père, mais comme tu peux maintenant l'imaginer, c'est dans le domaine d'études que j'ai choisi que j'ai obtenu mes diplômes universitaires.

En parlant de l'université, ce fut une expérience tout à fait intéressante pour moi, comme pour beaucoup de gens, j'en suis sûre. En repensant à mes années d'université, et parce que ma vie a ensuite pris une tournure différente comme tu le liras, je peux dire que ces années ont été ce qui se rapproche le plus de « ma meilleure vie ». À ce jour, certains de mes meilleurs souvenirs remontent à cette époque. Il y avait toujours quelque chose à faire et j'étais toujours prête à le faire. Qu'il s'agisse de voyager au niveau national ou international, d'assister à des événements et aller à des fêtes, de m'impliquer sur le campus tout en essayant de maintenir de bonnes notes... je ne manquais pas de choses pour me tenir occupée et me divertir. J'étais reconnaissante pour tout ça, mais ce n'est que plus tard que j'ai réalisé qu'il y avait des choses que je prenais inconsciemment pour acquises. Je dis *inconsciemment* parce que parfois, je faisais une pause pour apprécier ce que j'avais et je remerciais Dieu pour ce à quoi ma vie ressemblait, d'autant plus que certaines parties de mon enfance étaient aussi un peu différentes. Mais ensuite, je me précipitais à nouveau dans ma vie bien remplie.

Ma vie n'était pas parfaite, bien sûr que non. J'ai rencontré des difficultés çà et là, mais elles étaient gérables ; je me disputais avec mes amis, et j'ai connu des chagrins d'amour. J'ai parfois eu de mauvaises notes, et certains semestres étaient plus difficiles que d'autres. J'ai parfois eu des problèmes d'image et de confiance en moi ; j'ai pleuré, parfois sans raison. Bref, j'avais de mauvaises journées. Mais aucune journée n'était assez mauvaise pour me faire remettre en question mon existence. J'étais en fait... *heureuse*. Un mot qui a ensuite quitté mon vocabulaire, et dont je pensais qu'il ne reviendrait jamais, du moins pas pour être utilisé dans le contexte de ma propre vie.

CHAPITRE 2

POURQUOI PAS MOI ?

omme évoqué précédemment, j'étais reconnaissante de ma vie. Parfois, je la comparais à celle des moins favorisés ou à celle des personnes confrontées à des difficultés, et je compatissais. En même temps, je me demandais quels types d'épreuves j'allais vivre, à quoi elles ressembleraient, quand elles se produiraient, et plus encore.

Certaines personnes ont redoublé des classes, et il leur a fallu plus de temps pour obtenir leur diplôme, que ce soit au collège ou à l'université ; c'était leur épreuve. D'autres ont perdu un ami proche ou un membre de leur famille, ou les deux ; c'était leur épreuve. D'autres ont rencontré des difficultés financières, ne pouvant pas payer les frais de leur scolarité, les livres ou les activités sociales, et c'était leur épreuve. D'autres encore étaient malades et souffraient d'une maladie chronique pendant qu'ils étaient à l'école ; c'était leur épreuve. Je sais que la liste est longue, et je ne peux pas commencer à comprendre ce que certaines personnes traversaient, même si je les voyais tous les jours et qu'elles me semblaient aller bien. Certaines personnes devaient probablement faire face à une combinaison de tout ce que je viens d'énumérer, voire plus. Certaines parlaient de leurs difficultés, d'autres non.

Je compatissais et j'aidais chaque fois que je le pouvais, mais je ne comprenais pas tout à fait leurs difficultés. Même si j'étais reconnaissante de vivre une vie quelque peu sans stress, je ne pouvais pas m'empêcher de me demander pourquoi mes « difficultés d'adulte » n'avaient pas encore eu lieu ; ça m'effrayait. Je voulais savoir ce que ça faisait d'avoir des problèmes d'adulte et je n'étais pas satisfaite de mes petits tracas.

Je n'ai jamais souhaité rater une classe ou un examen et j'ai toujours étudié dur pour que ce ne soit pas le cas ; mais peut-être que si j'avais redoublé une classe, j'aurais eu de meilleurs mots pour réconforter celles et ceux qui étaient restés un an derrière moi. Je n'ai jamais souhaité la mort de qui que ce soit, mais peut-être que si j'avais perdu quelqu'un de très proche, j'aurais eu les bons mots pour réconforter celles et ceux qui pleuraient un être cher. Je n'ai jamais souhaité être fauchée, mais peut-être que si je n'avais pas eu assez d'argent pour me payer les nécessités, j'aurais su ce que l'on ressent lorsqu'on n'a pas assez d'argent pour manger. En grandissant, j'ai réalisé à quel point être en bonne santé était une bénédiction, et je n'ai plus souhaité être malade (j'y reviendrai plus tard). J'étais reconnaissante d'être en bonne santé, mais peut-être que si celle-ci avait été perturbée, je me serais mieux identifiée aux personnes qui enduraient la douleur.

M'identifier : c'est exactement ce que je voulais. M'identifier aux gens. Je ne me sentais pas à l'aise de ne pas pouvoir aider mes amis ou d'autres personnes qui traversaient des moments difficiles autant que je le souhaitais parce que je ne savais pas ce qu'ils ressentaient. Je n'étais pas à leur place, mais je voulais l'être. Je voulais avoir une histoire à raconter.

Après avoir obtenu ma licence à l'Université Catholique d'Afrique Centrale (UCAC), il était temps pour moi de faire des études supérieures.

J'ai décidé de poursuivre un master en gestion, conformément à ce que je pensais être nécessaire pour devenir consultante en gestion. Mon père m'avait parlé de la DePaul University, une université à Chicago. J'aimais la ville, et la Kellstadt Graduate School of Business - l'école supérieure de commerce de DePaul - proposait un master en gestion qui me plaisait également.

J'ai posé ma candidature et j'ai été admise à l'English Language Academy (ELA), l'école de langue de l'Université DePaul, où j'allais suivre mes cours d'anglais. Une fois que mes études à l'ELA seraient terminées, je prévoyais de postuler au programme de master en gestion.

J'ai fait mes valises et j'ai dit au revoir à ma famille et à mes amis. Mon rêve d'enfant d'étudier aux États-Unis était sur le point de se réaliser. J'avais espéré et désiré cela depuis le collège, et bien que ce soit arrivé des années après ce que je voulais à l'origine, j'étais heureuse et reconnaissante que cela se produise enfin.

J'ai quitté le Cameroun pour les États-Unis d'Amérique en février 2017, et c'est là que mon *histoire* a commencé.

Les rêves deviennent réalité, et les miens le deviendront aussi

CHAPITRE 3

PAS CE À QUOI JE M'ATTENDAIS

De minuscules cristaux de neige tombaient du ciel alors que je quittais l'aéroport. Ils ont atterri sur mon manteau de laine noire et se sont infiltrés dans ma peau, craquants et froids, provoquant des frissons sur tout mon corps. Ça m'était égal. Je n'avais pas froid, ou peut-être que si. Mais ma première interaction avec la neige en valait largement la peine. Après deux vols de dix heures, j'étais enfin à Chicago. Je souriais d'une oreille gelée à l'autre. J'étais... *heureuse*. Mon père s'était arrangé pour qu'une de ses connaissances, le Père André, vienne me chercher à l'aéroport. Il m'a ensuite aidée à emménager dans mon logement et m'a donné quelques conseils généraux sur la ville.

Je vivais dans un complexe d'appartements pour étudiants dans le quartier West Loop de Chicago, sur South Peoria Street. L'immeuble était proche du campus du centre-ville de l'Université DePaul.

DePaul avait deux campus principaux : l'un dans le Loop - le centre-ville de Chicago - et l'autre à Lincoln Park. Mon immeuble se trouvait à trente minutes de marche du campus du centre-ville où se trouvait ELA, à trois stations de métro. Ma maman et moi avions effectué quelques recherches et choisi ce complexe d'appartements parce qu'il offrait une bonne combinaison de confort et de proximité avec l'école et d'autres endroits que je fréquenterais probablement. Je vivais seule depuis que j'avais obtenu mon baccalauréat et je voulais que ça continue, mais les prix des logements à Chicago, en particulier pour les studios ou les appartements d'une chambre plus proches de mon école, ne rendraient pas cela possible. La plupart des logements se louaient à plus de 1 400 dollars. Et ils n'étaient pas meublés.

Nous avons opté pour un appartement meublé de quatre chambres et quatre salles de bains que je partagerais avec trois autres étudiants. L'important pour moi était d'avoir une salle de bains privée, et j'ai précisé dans ma demande que je ne voulais que des filles comme colocataires. L'immeuble offrait de très bonnes installations et espaces communs, et je me souviens m'être demandé si tous les immeubles de Chicago étaient similaires.

Au rez-de-chaussée, il y avait une sécurité 24 heures sur 24 et 7 jours sur 7, un bureau de gestion et de location sur place, une salle d'étude, une salle de jeux et de divertissement avec une table de billard, un bureau avec impression gratuite, un distributeur automatique et une salle de sport. Tous les appartements de l'immeuble étaient meublés. Le mien se trouvait au troisième étage et comprenait un canapé en cuir noir dans le salon, une télévision de 32 pouces, une table basse et une table à manger à deux places. La cuisine était ouverte et comprenait un réfrigérateur avec machine à glaçons, une cuisinière, un four à micro-ondes, un four, un lave-vaisselle et plus d'espace dans les armoires que je ne saurais en faire si je vivais seule dans cet appartement. J'aimais bien l'appartement, même si les sols sombres combinés aux meubles et aux appareils électroménagers noirs lui donnaient un aspect un peu lugubre. La lumière du soleil qui entrait par les quatre hautes fenêtres du salon tentait de dissiper cet aspect.

Il y avait également des buanderies et des espaces pour les ordures à chaque étage. Une seule tournée de lessive coûtait 2,50 dollars tandis qu'une tournée au sèche-linge coûtait 1,75 dollars. Tous les locataires avaient accès à des cartes de buanderie rechargeables. L'évacuation des ordures, en revanche, était gratuite. Enfin... une façon plus appropriée de le dire est que le coût était inclus dans le loyer.

Ma chambre était la seule à disposer d'une salle de bains intégrée. Les autres avaient leurs salles de bains de l'autre côté du couloir, ce qui n'était pas très grave, mais j'aimais bien ne pas avoir à sortir de ma chambre pour prendre une douche. Ma chambre était meublée d'un grand lit, d'une table et d'une chaise, tandis que la salle de bains était équipée d'éléments habituels. Ce qui n'était peut-être pas si habituel, pour moi, c'était le fait qu'il y avait une baignoire ; la plupart des salles de bains que j'avais vues dans mon pays et qui n'étaient pas dans des hôtels ne comportaient qu'une douche. L'unique fenêtre de ma chambre était suffisamment haute et large pour laisser pénétrer une bonne partie de la lumière du soleil. Et pour tout cela, ma maman devait payer environ 1 100 dollars par mois, sans compter les factures.

Je suis restée seule dans cet appartement pendant mes premiers mois dans la ville et pendant toute la durée de mes cours d'anglais. J'avais toute la cuisine pour moi, alors ça ne me dérangeait pas trop.

En tant qu'étudiante étrangère dont la première langue était le français, je devais démontrer ma maîtrise de l'anglais pour être admise au programme de master en gestion à DePaul. Pour ce faire, je devais fournir les résultats du TOEFL (test of English as a foreign language) ou du IELTS (international English language testing system). Comme je n'avais passé aucun de ces tests d'anglais standardisés avant de quitter Yaoundé, j'ai dû commencer par prendre des cours d'anglais.

L'ELA de DePaul proposait des cours intensifs d'anglais à cinq niveaux : fondamentaux, intermédiaire, supérieur, avancé, et le cinquième était une passerelle entre le programme et l'université, le University Bridge. En tant que nouvelle étudiante du programme, j'ai passé l'examen initial du TOEFL qui était utilisé pour déterminer le niveau de chaque étudiant. Heureusement pour moi, j'avais déjà de solides bases en anglais, et les résultats de mon test de sélection m'ont donc permis d'entrer directement dans le programme au niveau University Bridge. Cela signifie que je n'aurais qu'à faire un trimestre - dix semaines - avant de commencer la « vraie école ». J'ai en fait obtenu un score plus élevé au TOEFL de sélection que celui requis pour entrer directement dans le programme de master, mais comme je n'avais pas encore posé ma candidature à ce programme, je ne pouvais pas m'y inscrire. Ça ne me dérangeait pas - je le voyais comme une occasion de me familiariser avec Chicago sans trop de pression.

J'avais prévu de ne postuler au programme de master qu'après avoir terminé les cours d'anglais, car je ne savais pas que DePaul proposait des admissions conditionnelles. J'étais déjà bien avancée dans les cours de langue lorsque j'ai découvert qu'il était possible d'être admise dans un programme sur la base du dossier académique et d'être tenue de suivre des cours d'anglais si l'exigence de maîtrise de la langue anglaise n'était pas remplie.

Une autre raison pour laquelle j'ai postulé à l'ELA en premier est que les documents requis pour obtenir un visa étudiant (visa F-1) étaient plus faciles à obtenir pour les cours de langue que pour le programme de master. Par exemple, le formulaire I-20, « Certificat d'admissibilité au statut d'étudiant non immigrant », ou I-20 en abrégé, était un document délivré par une école agréée par le gouvernement. Il fournissait des informations personnelles et financières sur un étudiant étranger. Pour le reste de ce livre, je ferai référence à ce formulaire simplement sous le nom de « I-20 ».

L'I-20 était la preuve qu'un étudiant avait été admis dans un établissement et qu'il disposait de ressources financières suffisantes pour vivre et étudier aux États-Unis pendant la durée du programme ou au moins une année universitaire, la durée la plus courte étant retenue. Le formulaire comportait trois pages : la première contenait des informations générales sur l'étudiant et l'école ; la deuxième, l'autorisation d'emploi et de voyage, le cas échéant ; et la troisième, des instructions générales sur le formulaire.

L'I-20 était délivré pour la durée du programme et déterminait en fin de compte le statut de l'étudiant aux États-Unis.

Par exemple, supposons que tu sois une étudiante étrangère qui a reçu un visa F-1 de cinq ans, et que tu aies été admise à un programme de deux ans ; tu ne serais autorisée à rester aux États-Unis que deux ans, car c'est la durée de ton programme qui apparaitrait sur ton I-20. À l'inverse, si on ne t'avait délivré qu'un visa F-1 de six mois pour le même programme, tu pourrais rester aux États-Unis deux ans.

Il s'agit évidemment d'un exemple simplifié ; beaucoup plus de choses entrent en compte dans l'obtention et le maintien du statut. Cela dit, les étudiants ne pouvaient recevoir un visa F-1 que s'ils avaient d'abord obtenu un I-20, et seules les écoles agréées par le gouvernement pouvaient inscrire des étudiants étrangers et délivrer ces I-20.

Plusieurs documents étaient requis lors de la demande d'un I-20, le plus important étant probablement la preuve de fonds. Pour recevoir mon I-20, je devais fournir la preuve que j'avais suffisamment d'argent pour couvrir les frais de scolarité et les dépenses courantes. Comme le programme d'anglais était beaucoup plus court et moins cher que le programme de master, il était plus facile de fournir une preuve de fonds pour que ma demande de visa F-1 soit traitée à temps. Un visa F-1 de six mois m'a été délivré en janvier 2017 sur la base d'un I-20 qui allait également expirer en juin de la même année.

Mes cours à l'ELA ont commencé en mars 2017. Alors que nous approchions de la fin du trimestre, j'ai commencé à constituer mon dossier de candidature pour le programme de master en gestion. Puisque j'avais obtenu mon baccalauréat et ma licence dans mon pays d'origine, j'ai dû faire une évaluation de mes relevés de notes et de mes diplômes pour déterminer leur équivalence aux États-Unis. DePaul exigeait une évaluation cours par cours, et je me souviens d'avoir parcouru la liste des prestataires recommandés sur le site Web de l'école et d'avoir été choquée par le coût moyen de 250 dollars pour une évaluation. Ils n'acceptaient pas les prestataires externes, donc je n'avais pas le choix, mais j'ai évidemment choisi le moins cher disponible. À la fin du mois de mai, ma lettre de motivation, mon CV et les autres documents pertinents étaient prêts. Il ne me manquait plus que les résultats du TOEFL supplémentaire que j'allais passer à la fin du programme de langue.

J'ai soumis ma candidature pour le programme de master le 12 juin. À ce moment-là, j'avais terminé avec brio le programme d'anglais : j'avais obtenu d'excellentes notes et un score encore plus élevé au TOEFL. J'étais *heureuse*, et ma maman l'était aussi quand je le lui ai dit. J'étais confiante, mais pas trop. *Je peux être acceptée, mais on ne sait jamais.* J'avais l'estomac noué d'anxiété. *Je connais ce sentiment.* Pratiquement à chaque fois que j'avais ressenti cela à propos d'un examen, j'avais fini par le réussir. Cette fois-ci, c'était différent, mais là encore, toutes les fois précédentes l'avaient été aussi.

Des jours et des semaines sont passés, au cours desquels j'ai attendu impatiemment une réponse. Mon cœur battait la chamade chaque fois que je voyais les mots *DePaul University* quelque part, et il s'emballait à chaque fois que je recevais une notification Gmail sur mon téléphone. Je ne voulais pas voir une notification de la Kellstadt Graduate School of Business, mais en même temps, je le voulais. Certains jours, j'avais mal au ventre, d'autres non. Cette fois-ci, c'était vraiment différent. C'est peut-être simplement parce que c'était quelque chose de nouveau et de plus grand que tout ce que j'avais fait auparavant, alors j'ai choisi d'écouter ma maman et tous ceux qui pensaient que je serais *certainement* admise.

À la fin du mois de juin, cela faisait environ quatre mois que j'étais aux États-Unis, mais je ne me sentais pas au mieux de ma forme. Je me sentais parfois seule, passant mes journées dans ma chambre à regarder des films et des séries. Je n'avais pas d'amis dans la ville. Ceux que je m'étais faits dans le cadre de mon programme d'anglais avaient quitté Chicago juste après la fin du programme, et nous ne sommes pas vraiment restés en contact. Je n'ai pas non plus pu fêter mon vingt et unième anniversaire, alors que j'avais imaginé quelque chose de grand pour marquer l'occasion. Je sortais marcher et allais à la salle de sport de temps en temps. J'allais aussi à l'église Old St. Patrick - ou Old St. Pats comme nous l'appelions - le dimanche et à l'épicerie après la messe, mais c'est à peu près tout ce que je faisais comme sorties.

À ce moment-là, mon I-20 avait déjà expiré et il m'en fallait un autre pour rester légalement aux États-Unis. J'étais déjà bien avancée dans mon délai de grâce : les soixante jours dont tu disposes après l'expiration de ton I-20 et pendant lesquels tu dois soit changer ton statut, soit transférer ton dossier à une nouvelle école, soit quitter les États-Unis. Le mien expirait le 1er août. Je devais transférer mon dossier d'ELA à la Kellstadt Graduate School of Business, mais je devais d'abord être admise. Une fois que j'aurais reçu ma lettre d'admission, je demanderais un transfert de dossier lorsque je ferais ma demande pour un nouvel I-20. Le transfert ne serait effectif qu'une fois que j'aurais obtenu ce nouvel I-20.

Les choses ne se passaient pas comme je les avais imaginées, mais je me disais que ce n'était que le début. J'ai passé mes trois premiers mois à Chicago seule dans l'appartement. Certains jours, j'essayais de contrebalancer ma baisse de moral avec le fait que j'avais la cuisine pour moi toute seule. Et ça marchait. Mais mon sentiment de solitude s'est progressivement intensifié. J'ai également vécu seule pendant toute la durée de mes études universitaires dans mon pays, mais au moins certains de mes amis et moi vivions dans le même immeuble, et d'autres vivaient à proximité. Il n'était jamais vraiment difficile de trouver des personnes avec qui passer du temps. Au contraire, il était difficile d'être seule.

Je choisirais de vivre seule n'importe quand, mais je dois admettre que j'avais un peu fantasmé sur ce à quoi ressemblait la vie avec des colocs. Soirées cinéma, fêtes, sorties en tout genre, voyages, aventures et expériences, shopping et rendez-vous beauté... c'est ce que j'avais vu à la télé et sur YouTube. Si je n'allais pas vivre cette expérience de façon exacte, j'espérais qu'elle serait quelque peu similaire.

Elle ne l'a pas été.

Mes premières colocs ont emménagé dans notre appartement en juin et ont déménagé en août, ce qui n'était pas assez de temps pour devenir les meilleures amies du monde, d'autant plus que les trois étaient déjà amies et allaient à la même école. La maison ne me manquait pas encore, mais ç'aurait été sympa d'avoir des personnes avec qui passer du temps. *Tout ira bien. Il faut juste que je sois admise dans mon programme ; alors je me ferai des amis et je vivrai la vie dont je rêve.*

Un après-midi de juillet, je me suis réveillée d'une sieste pour découvrir une information. Je n'avais pas fait grand-chose ce jour-là, pas plus que les jours précédents. J'ai pressé mes yeux et les ai rouverts pour essayer d'y voir plus clair. *Quel jour sommes-nous ? Quelle heure est-il ? Suis-je déjà à New York ?* J'ai balayé ma main sur le lit et sous mon oreiller pour trouver mon téléphone. J'ai appuyé sur le bouton du milieu. Il était environ 14 heures, le 3 juillet. Une icône d'enveloppe rouge et blanche est apparue sur l'écran, indiquant que j'avais reçu un nouvel e-mail. Mes yeux étaient encore embrumés et mon esprit dans le brouillard lorsque j'ai ouvert l'application Gmail.

De : Directeur du recrutement et de l'admission

À : Moi

Objet : Kellstadt Graduate School of Business de l'Université DePaul

Date et heure : 3/7/2017 à 13 h 45

Bonjour Danielle,

Merci pour votre candidature à la Kellstadt Graduate School of Business. Le comité d'admission a achevé l'étude de votre demande d'admission à la Kellstadt Graduate School of Business. En raison de la nature compétitive du bassin de candidats, le comité n'est pas en mesure d'admettre tous les candidats. Nous avons le regret de vous informer que nous ne sommes pas en mesure de vous offrir l'admission au programme ce trimestre.

Si vous souhaitez recevoir des commentaires sur les moyens de renforcer votre demande d'admission, n'hésitez pas à nous contacter.

Nous vous remercions de l'intérêt que vous portez à la Kellstadt Graduate School of Business de l'Université

> *DePaul. Nous vous souhaitons beaucoup de succès dans la poursuite de vos objectifs académiques et professionnels.*
>
> *Cordialement,*
>
> *Directeur du recrutement et de l'admission*

J'étais maintenant bien réveillée, assise bien droite sur mon lit. Je ne savais pas trop comment me sentir, alors je n'ai pas réagi immédiatement. J'ai rangé mon téléphone pour me préparer à partir pour New York, où vivait ma sœur aînée Naomi.

J'ai échoué. J'ai fini par intégrer la réalité alors que je passais les contrôles de sécurité à l'aéroport international O'Hare. Mon estomac me faisait mal et était noué. *Qu'est-ce que je vais faire ? Il ne me reste qu'un mois et je n'ai postulé qu'à une seule école. Dois-je partir ? Ensuite, je rentrerai chez moi et je ferai quoi ? Un master une année entière après tout le monde ? Je peux obtenir mon diplôme en retard tant que je l'obtiens à l'étranger et que les cours de langue justifient le retard. Si je rentre chez moi, à quoi bon être venue jusqu'ici ? Pour suivre des cours d'anglais que j'aurais pu suivre au pays ? Ils ne seront même pas utiles et j'aurai toujours une année de retard. Qu'est-ce que tout le monde va penser ? Qu'est-ce que je vais leur dire ? Je dois rester ici. Je dois trouver un moyen. Je m'en sortirai. Peut-être que c'est justement le challenge que je cherchais. Une fois que j'aurai réglé le problème, ce sera fini, et je vivrai la vie dont je rêve.*

Je me suis endormie avec ces pensées nageant dans mon esprit, et je me suis réveillée lorsque nous avons atterri. Alors que j'étais dehors à attendre que Naomi vienne me chercher, j'ai posté une photo sur mon Snapchat avec le filtre de localisation et la légende : « *Quel meilleur endroit pour célébrer le 4 juillet que NYC ?* »

Mon téléphone a vibré quelques secondes plus tard, et j'ai ouvert Snapchat pour regarder les réponses à ma story.

Lucas : Tu vis ta meilleure vie !

Danielle : Absolument !

J'ai souri. Lucas et moi étions en couple depuis un peu moins d'un an à ce moment-là. Avant que je ne quitte le pays, nous avions décidé d'essayer de faire fonctionner cette relation à distance. Nous n'avions pas parlé depuis quelques heures, alors nous nous sommes appelés. Je n'allais pas très bien et je ne voulais pas lui mentir, alors je lui ai parlé de DePaul. Il ne savait pas quoi faire à part être un soutien émotionnel. Nous avons parlé de ça et d'autres choses jusqu'à ce que Naomi arrive et que je doive raccrocher.

Je suis restée à New York pendant à peu près une semaine, et c'était super. J'ai réussi à ne pas trop m'inquiéter de ma situation, en me disant que je la réglerais une fois rentrée à Chicago. Je n'en ai même pas parlé à Naomi ; je ne voulais pas l'ennuyer ni gâcher les vacances. De plus, j'allais régler ce problème.

Personne ne m'a contactée lorsque j'ai répondu à mon e-mail de refus, demandant comment renforcer ma candidature. Il ne me restait plus que quelques semaines dans mon délai de grâce, alors j'ai décidé d'appeler l'école pour prendre rendez-vous et obtenir des commentaires sur ma candidature. Après plusieurs tentatives infructueuses, on m'a finalement accordé un rendez-vous avec un coordinateur des admissions.

Lorsque nous nous sommes rencontrés le 13 juillet, il m'a dit que l'une des raisons pour lesquelles ma demande avait été rejetée était qu'ils n'avaient pas pu vérifier que j'avais bien obtenu une licence. Le prestataire de services d'évaluation des relevés de notes, que j'avais utilisé, n'avait pas établi que mes études antérieures étaient équivalentes à un diplôme américain de licence. Mon rapport d'évaluation, qui a été envoyé directement à DePaul, indiquait que j'avais l'équivalent américain de trois années d'études universitaires.

Les systèmes éducatifs aux États-Unis et au Cameroun sont différents. J'ai obtenu ma licence après trois années d'université, alors qu'il en faut généralement quatre pour obtenir le même diplôme aux États-Unis. J'ai expliqué ces différences au coordinateur et lui ai demandé si l'école serait disposée à réexaminer ma candidature si je pouvais fournir la preuve de ma licence. Il a accepté, mais son expression m'a laissé penser que la simple validation de mes diplômes ne suffirait pas à me faire admettre. À la fin de notre conversation, il m'a informée que si je ne fournissais pas cette preuve, je devrais être acceptée dans un programme de premier cycle pour suivre les cours manquants et obtenir l'équivalent américain d'une licence.

Avec du recul, je sais que le problème ne concernait pas seulement mes diplômes. Ma candidature n'était pas assez robuste et je n'avais pas beaucoup d'expérience dans la rédaction d'un CV solide, encore moins pour le marché américain. J'ai découvert plus tard que les formats de CV diffèrent considérablement d'un pays à l'autre et que celui que j'avais utilisé pour ma candidature ne correspondait pas aux normes américaines.

Lorsque je suis rentrée chez moi ce jour-là, j'ai envoyé un e-mail au prestataire de services d'évaluation, détaillant ma conversation avec le coordinateur des admissions. J'ai également demandé s'ils pouvaient réévaluer mes relevés de notes. On m'a répondu que ce n'était pas possible, et que même si c'était le cas, le résultat ne serait pas différent.

Le temps pressait et la pression montait ; j'ai donc commencé à envisager l'idée de postuler à un programme de commerce de premier cycle à DePaul, en espérant que je passerais directement en quatrième année. Ce n'était clairement pas la situation idéale, mais à ce moment-là, je ne savais pas quelle autre option s'offrait à moi. J'en ai également parlé à ma maman, que j'avais tenue à l'écart jusqu'à présent. Elle était triste que je n'aie pas été admise au programme de master, mais elle n'avait pas plus d'informations que moi sur la marche à suivre. Elle ne s'est donc pas opposée à l'idée de postuler au programme de premier cycle, tant que je n'avais pas à recommencer en première année.

J'ai commencé à préparer une autre candidature le lendemain, le 14 juillet, en réutilisant principalement les documents de ma candidature au programme de master et en y apportant les modifications nécessaires. J'ai tout téléchargé sur mon compte en ligne et j'ai appuyé sur « soumettre ». *Peut-être que c'est une bonne chose. Peut-être que c'est ce que Dieu veut pour moi. Il veut peut-être que je fasse l'expérience de la vie étudiante de premier cycle ici avant d'aller en master. Peut-être que c'est mieux que de passer directement à mon master.* Je me suis allongée et me suis laissé aller à rêvasser sur ce à quoi ressemblerait ma vie d'étudiante de premier cycle. J'ai souri devant les scènes de moi heureuse. *Tout va bien se passer.*

Je suis revenue à la réalité en me rappelant que je devais aussi continuer à chercher un autre endroit où vivre, parce que mon bail actuel allait expirer à la fin du mois. J'avais fait exprès de manquer la date limite pour le renouveler parce qu'il devenait inconfortable pour ma maman de payer environ 1 200 dollars par mois pour le loyer et les factures, et inconfortable pour moi de les lui rappeler. Au lieu de vivre avec des colocs, je voulais maintenant emménager dans un studio, ce qui signifiait déménager dans un quartier plus abordable de la ville. Cela ne me dérangeait pas du tout : je pouvais vivre à peu près n'importe où tant que j'avais l'endroit pour moi. Je n'avais rien à reprocher à mes colocs, mais je voulais plus d'intimité et une cuisine entière pour moi toute seule. Et puis, nous n'étions pas les meilleures amies du monde de toute façon.

En cherchant des appartements, je me suis vite rendu compte à quel point le processus d'obtention d'un logement à Chicago était différent de celui de mon pays. Je ne m'attendais pas à ce que les choses soient les mêmes, mais je n'avais aucune idée que pour obtenir un appartement à Chicago, il fallait soumettre une demande qui pouvait potentiellement être rejetée.

Les appartements qui m'intéressaient exigeaient la preuve que je gagnais au moins trois fois le montant du loyer mensuel. Je devais également me soumettre à une vérification de mes antécédents et de ma solvabilité, dont les résultats détermineraient mon admissibilité. C'est à ce moment-là que j'ai appris pour la première fois l'existence des cotes de crédit.

Une cote de crédit est un chiffre qui sert à déterminer la solvabilité d'une personne et sa capacité à effectuer des paiements à temps. Il est calculé et attribué par les bureaux de crédit, qui rassemblent des informations provenant de différentes sources, y compris les institutions financières. Aux États-Unis, les cotes de crédit varient de 300 à 850. Un chiffre élevé indique un risque moindre, tandis que les personnes dont la cote de crédit est plus basse sont considérées comme plus susceptibles de ne pas effectuer leurs paiements. De nombreux facteurs influent sur la cote de crédit, mais les cinq plus importants sont les suivants : (1) l'historique des paiements (si on a effectué ses paiements antérieurs à temps et combien de temps il a fallu pour les effectuer) ; (2) l'utilisation du crédit (quelle proportion du crédit disponible a été utilisée) ; (3) la durée l'historique de crédit (depuis combien de temps on a du crédit) ; (4) la composition du crédit (les types de comptes de crédit que l'on a) ; et (5) l'activité récente (combien de nouveaux comptes de crédit on a demandés) [1].

L'une des façons de se construire un dossier de crédit consiste souvent à utiliser une carte de crédit pour faire des achats à crédit, puis à effectuer des paiements réguliers pour rembourser le solde. Un numéro de sécurité sociale, est nécessaire pour demander une carte de crédit.

À l'époque, je ne connaissais rien au crédit et je n'étais pas encore éligible pour un numéro de sécurité sociale ; je ne pouvais donc pas demander une carte de crédit pour commencer à construire mon dossier de crédit. Sans dossier de crédit, ni revenu personnel, ni numéro de sécurité sociale, j'avais besoin d'un cosignataire ou d'un garant pour appuyer mes demandes de location. Je devais donc demander à ma maman ses documents personnels et financiers pour les inclure dans mes demandes. Je devais également fournir une preuve de mon statut légal aux États-Unis, pour laquelle j'avais besoin d'un I-20 valide. Les autres exigences comprenaient le paiement de frais de dossier non remboursables allant de 50 à 200 dollars, selon l'appartement, et la fourniture de lettres de référence de bailleurs précédents.

Au pays, il suffit généralement de vérifier son identité à l'aide de la carte d'identité nationale et d'être en mesure de payer le loyer chaque mois pour obtenir un logement.

Aux États-Unis, la procédure était longue, coûteuse, laborieuse et stressante, surtout dans ma situation. Je n'avais aucun document

---

1 "What Is a Good Credit Score?" *Experian*, 2023, https://www.experian.com/blogs/ask-experian/credit-education/score-basics/what-is-a-good-credit-score/. Consulté en mars 2024.

prouvant que je bénéficiais d'un délai de grâce et que je pouvais donc encore résider légalement aux États-Unis, même si mon I-20 et mon visa avaient expiré. Tout le monde ne connaissait pas les lois sur l'immigration, et encore moins les spécificités du statut F-1.

En date du 18 juillet, toutes mes demandes de location avaient été rejetées. Toutes, à l'exception d'une demande en cours, pour un studio à Rogers Park, qui, je l'espérais, serait approuvée. Le loyer et les factures s'élèveraient en moyenne à 1 000 dollars par mois. Encore cher, mais moins que mon loyer actuel dans un appartement partagé.

Quand je n'étais pas stressée par ma situation, je rêvais de cet appartement. Je me voyais bien vivre près de la plage. L'immeuble se trouvait à environ quarante-cinq minutes au nord du centre-ville par métro, ce qui n'était pas si mal. Ce n'était pas aussi pratique que mon trajet actuel de dix minutes par métro vers le centre-ville, mais ça m'était égal tant que je pouvais vivre seule. La responsable de location avec laquelle j'étais en contact était gentille et compréhensive à l'égard de ma situation. Je ne lui avais pas donné tous les détails ; je lui avais simplement dit que j'attendais qu'un nouvel I-20 me soit délivré, et elle m'avait laissée faire ma demande sans. J'espérais être admise au programme de licence et recevoir un nouvel I-20 à temps pour l'ajouter à ma demande de location de ce studio.

Chaque jour qui passait apportait une unité de pression supplémentaire alors que nous approchions la fin du mois, qui était la fin de mon délai de grâce. Je me disais que tout irait bien et que ce n'était que la difficulté que j'espérais, essayent de surmonter ce sentiment étrange qui me pesait depuis des mois. Mais l'anxiété est devenue peu à peu troublante, et ça se voyait sur mon visage.

J'avais remarqué quelques boutons sur mon visage en juin, mais je n'en avais rien pensé. J'ai évidemment fait tout ce qui était en mon pouvoir pour m'en débarrasser, mais je n'ai pas réfléchi plus loin. Au fur et à mesure que ce que j'ai longtemps refusé d'appeler acné s'aggravait, et grâce à mes recherches, j'ai découvert que l'acné pouvait effectivement être provoquée par le stress ou s'aggraver à cause de celui-ci. Ce fut une révélation pour moi et, pour être honnête, il m'a fallu du temps pour accepter que non seulement j'avais de l'acné, mais aussi que le stress en était la cause.

La notion selon laquelle le stress pouvait causer l'acné me paraissait farfelue, et je ne pensais pas que *mon* acné pouvait avoir un rapport avec la façon dont je me sentais. Pour moi, l'acné était le résultat des changements hormonaux de la puberté. Je me souviens avoir été surprise par le nombre de produits anti-acné que j'ai trouvés chez Target, Walgreens et d'autres magasins lors de mes premières visites. Je me suis demandé s'il y avait autant d'adolescents aux États-Unis.

Les problèmes de peau ne m'ont pas préoccupée pendant mon enfance. Ma puberté s'est manifestée autrement que par des boutons sur mon visage. Quelques-uns apparaissaient çà et là, mais il n'y avait pas de quoi s'inquiéter. Du moins, *je* ne m'inquiétais pas. La seule marque sur mon visage était une cicatrice due à la varicelle, mais il fallait s'approcher de très près et être attentif pour la remarquer. Moi, et la plupart des gens autour de moi, avions une peau nette au moment où nous sommes arrivés à l'université. Ou peut-être que je n'ai pas fait attention. Ce que je sais, c'est que les gens ne parlaient pas du stress, et encore moins de ses effets sur la santé. Certains disaient que le stress et l'anxiété étaient des « affaires de Blancs ». Personnellement, je n'y croyais pas, mais là encore, je ne connaissais le stress que dans le contexte des examens ou pour demander la permission de sortir. Je suis sûre que ce n'était pas le cas pour tout le monde, et que certaines personnes avaient des problèmes plus graves, mais je n'avais jamais entendu quelqu'un dire qu'il avait de l'acné parce qu'il était stressé.

Quatre jours avant la fin du mois de juillet, j'ai reçu un e-mail du Driehaus College of Business de DePaul. J'avais été admise au programme de premier cycle qui débuterait à l'automne. J'étais… *heureuse*, même si je ne savais pas à quel niveau je commencerais. Je devais passer quelques tests et fournir un programme académique original, ainsi que sa traduction en anglais pour chaque cours que j'avais suivi avant de venir aux États-Unis, afin que l'école puisse déterminer mon niveau. Mon admission était une excellente nouvelle, mais ce n'était que la moitié de la bataille : je devais encore transférer mon dossier d'immigration d'ELA au Driehaus College of Business et obtenir un nouvel I-20.

J'ai ouvert les documents joints pour examiner les conditions à remplir pour demander un transfert et un nouvel I-20. Le formulaire d'autorisation de transfert avait l'air simple. La checklist de l'I-20 l'était aussi, d'autant plus que ce n'était pas la première fois que je la voyais. Il y avait juste un gros problème. Les frais de scolarité pour une année universitaire s'élevaient à environ 40 000 dollars, et les dépenses courantes estimées pour la même période étaient de 15 000 dollars. Pour satisfaire à l'exigence de preuve de fonds afin de recevoir un nouvel I-20, je devrais montrer au moins 55 000 dollars en fonds liquides. *Super !* En tant qu'étudiante étrangère transférée, je n'avais pas droit à une bourse. Et en tant qu'étudiante étrangère tout court, je n'étais pas admissible aux programmes d'aide financière parrainés par le gouvernement. *Où vais-je trouver autant d'argent en moins d'un mois ?*

Ma maman était heureuse d'apprendre mon admission à l'école, mais, comme prévu, elle était un peu désemparée par l'implication financière. « Nous ferons de notre mieux », a-t-elle dit, et je voyais bien qu'elle soupirait, même si nous étions en train d'échanger des messages. Je n'aime pas demander de l'argent, et encore moins quand ça implique ma maman ; et ça me dérangeait que les montants de mes demandes soient maintenant exponentiellement plus élevés que lorsque j'étais à la maison. Étant donné que le Driehaus College of Business faisait également partie du campus du centre-ville, elle pensait qu'il serait préférable que je reste dans ma résidence universitaire actuelle.

J'ai exprimé mon désaccord en silence. Même si le studio que je convoitais n'était pas meublé et était plus éloigné du centre-ville, il coûtait moins cher et offrait plus d'espace. J'avais même déjà acheté un sommier en prévision de mon déménagement. Ma maman a insisté pour que je reste là où j'étais, alors j'ai accepté à contrecœur de renouveler mon bail, espérant secrètement que ma demande de location serait toujours approuvée.

Le 29 juillet, j'ai finalement reçu une mise à jour de ma demande de location pour le studio de Rogers Park. Elle avait été refusée. Mes idées de décoration s'évaporaient tandis que je descendais en courant au bureau de location. J'avais manqué la date limite de renouvellement de mon bail, mais personne n'avait encore loué ma chambre, alors il y avait encore une chance. Mon loyer mensuel selon le nouveau contrat a augmenté de 10 dollars parce que je n'avais pas renouvelé mon bail à temps pour conserver le tarif précédent, avant qu'ils ne procèdent à l'augmentation annuelle du loyer.

— Je vais probablement devoir déménager dans six mois, ai-je dit, pendant que la spécialiste de la location et moi-même examinions le contrat.

— Alors, nous ne proposons que des contrats annuels, donc vous ne pourrez pas vous en défaire avant la fin de l'année prochaine, à moins que vous ne connaissiez des circonstances imprévues. Dans ce cas, vous devrez rompre le bail et payer les frais associés, a-t-elle répondu en pointant son stylo vers la section concernant la résiliation anticipée du contrat. Je n'avais manifestement pas lu cette section.

— Et à combien s'élèveraient ces frais ? J'imaginais quelque chose comme 100 ou 200 dollars.

— Eh bien, ça dépend de la date à laquelle vous mettez fin au contrat, a-t-elle répondu, mais c'est généralement un montant équivalent à trois mois de loyer ou au solde de votre contrat.

Attends, quoi ?! Je me suis exclamée intérieurement. J'ai dégluti et hoché lentement la tête avant de saisir le stylo à ma droite pour signer le contrat. Une fois de plus, j'ai été choquée de voir à quel point il était différent - et beaucoup plus cher - de vivre dans cette ville. De toute évidence, aller aux États-Unis pour les vacances d'été n'était pas la même chose que d'y vivre. J'avais déjà mes clés et ma carte de buanderie rechargeable ; je connaissais aussi mon chemin, alors après avoir signé le contrat, je suis montée directement dans ma chambre sans faire le tour des lieux.

Le 1er août, mon délai de grâce était terminé. Bien que j'avais été admise dans un nouveau programme, je n'avais toujours pas d'I-20 à cause du challenge que représentait la fourniture d'une preuve de fonds. Je remplissais mes journées en regardant, à nouveau, *Suits* ou *Gossip Girl*, ou en faisant défiler ma vie sur Instagram, Snapchat et YouTube. Je cherchais également des bourses, des subventions ou d'autres types de financement en prévision de la session d'automne qui commencerait le mois suivant. J'allais toujours à la messe le dimanche, mais je ne sortais plus autant pour marcher. Petit à petit, c'est devenu une triste expérience de ne sortir que pour regarder des gens heureux s'amuser à faire des choses heureuses dans une ville belle et animée. Et même si cela ne changeait pas grand-chose, mes colocataires avaient déjà déménagé.

L'argent devenait de plus en plus rare et il était de plus en plus difficile d'économiser. Avec tout ce que ma maman devait payer et les autres personnes dont elle s'occupait, mon argent de poche diminuait, mais je ne m'en plaignais évidemment pas. La plus grande partie de mon argent allait maintenant dans les produits de soin de la peau. L'état de ma peau s'était aggravé et le fait de changer de produits toutes les deux semaines, lorsque je ne voyais pas d'amélioration, n'aidait certainement pas. Ma confiance en moi en a pris un coup. Je ne prenais plus de photos de moi et ne montrais plus mon visage lors des appels vidéo. Pas même pour mon petit ami Lucas. Prendre des selfies était devenu une tâche fastidieuse que je ne voulais pas me forcer à accomplir. Olivia était probablement la seule amie qui m'appelait par vidéo presque autant que Lucas, et même à elle, il devenait difficile de montrer mon visage.

Je ne me sentais pas bien non plus. Un chaos de pensées anxieuses sur la façon dont j'allais rester aux États-Unis et sur l'endroit où j'irais à l'école m'empêchait de dormir. J'avais l'impression qu'une montagne m'était tombée sur la tête et que rien de ce que je faisais pour la repousser ne fonctionnait. J'avais aussi cette douleur à l'épaule gauche que je ressentais habituellement au moment des examens quand j'étais vraiment stressée, mais elle s'étendait maintenant à mon cou, et je n'arrivais jamais à trouver une position confortable pour dormir.

La plupart des nuits, je me sentais nauséeuse, j'avais des vertiges et mon nez saignait. Je courais aux toilettes pour vomir, nettoyer mon nez et essuyer mes larmes, puis je retournais au lit pour dormir une heure, peut-être deux. J'attendais ensuite que le soleil se lève pour recommencer le même cycle, encore et encore. Je regardais littéralement le soleil se lever et se coucher devant mes yeux. Chaque jour. Je bavardais ici et là avec des amis du pays, mais le décalage horaire ne jouait pas vraiment en notre faveur.

Avant la fin du mois, un jour dont je ne me souviens pas et que je n'ai pas consigné, je me suis écrit à moi-même au verso de la dernière page de la section du mois d'août de mon agenda. C'était la première fois que je m'écrivais à moi-même après mon enfance ; j'avais environ treize ans lorsque j'ai écrit pour la dernière fois dans un journal. Je ne me suis plus écrit jusqu'à environ un an après ce jour d'août 2017, du moins pas dans un journal, car je ne m'attendais pas à ce que le fait de tenir un journal redevienne une habitude pour moi.

Ce n'est pas encore la fin du mois à l'heure où j'écris. Ceci est juste une note pour moi-même et un rappel que je devrais arrêter de m'inquiéter autant. Peut-être y a-t-il vraiment un lien entre mon acné soudaine et le stress. Je traverse une période difficile de ma vie. Cependant, quoi qu'il arrive, je ne dois jamais oublier que Dieu contrôle TOUT et que les prières sont TOUJOURS exaucées. Le timing de Dieu est juste différent mais tellement meilleur. Danielle, je te souhaite la force, la foi et la confiance pour ce qui va suivre, quel que soit ton statut à la fin. Paix et amour. 🩶

Le statut auquel je faisais référence était mon statut d'immigrante. Je n'avais toujours pas tous les documents requis pour demander un nouvel I-20, et la date limite pour effectuer mon transfert était cinq jours après le début de l'année académique. Et même si je pouvais aller à DePaul, je ne savais pas dans quelle année je serais transférée. Trouver tous les programmes académiques de mes cours précédents s'était avéré plus difficile que prévu, et mes relevés de notes et mon rapport d'évaluation n'étaient pas suffisants. L'école voulait une description de chacun des cours que j'avais suivis pour déterminer ceux qu'il me restait à suivre. Olivia et moi avions suivi le même programme de premier cycle à l'UCAC, alors elle m'a aidée à trouver des descriptions de certains des cours que nous avions suivis, mais le programme avait évolué au fil des ans. Certains cours avaient été modifiés, ajoutés ou supprimés, si bien qu'il m'était quasiment impossible de retrouver tous mes programmes académiques depuis 2013 ; c'est exactement ce qu'on avait dit à mon père lorsqu'il s'était rendu dans mon ancienne école.

J'avais aussi cherché des écoles moins chères, mais la date limite pour postuler pour le semestre d'automne était déjà dépassée presque partout. J'avais trouvé un programme d'études supérieures qui allait commencer en octobre et qui acceptait encore des candidatures, mais il y avait encore un problème avec le coût des études et l'obtention d'un I-20. La bonne chose qui est ressortie de ma candidature à ce programme, c'est que l'école avait demandé un autre rapport d'évaluation des relevés de notes, car le prestataire que j'avais utilisé pour mes candidatures à DePaul n'était pas l'un de leurs partenaires. Donc, malgré la frustration de devoir payer environ 300 dollars pour que mes relevés de notes soient réévalués, je les ai soumis à un autre service d'évaluation. Cette fois, le rapport a reconnu ma licence de trois ans comme équivalente à une licence américaine de quatre ans.

La raison en était que mon baccalauréat était équivalent à un baccalauréat américain, plus une année d'études générales de premier cycle. Cela avait peut-être à voir avec les cours que j'avais suivis au collège, comme l'économie, la comptabilité, la gestion d'entreprise et le droit. Je suppose que le fait de m'en tenir à ma décision d'étudier le commerce au secondaire était en train de porter ses fruits. Dans tous les cas, c'était un soulagement de savoir que je n'aurais pas à tout recommencer si je devais rejoindre ce programme. Malheureusement, contrairement à ce qui se passait à DePaul, la demande d'I-20 était une partie intégrante du processus global d'admission dans cette école. Cela signifie que même si je répondais à toutes les autres exigences, si je ne pouvais pas recevoir un I-20, je n'aurais pas été admise dans cette école. Et je ne l'ai pas été.

J'avais participé à la séance d'orientation pour les étudiants transférés à DePaul au début du mois d'août. J'avais rencontré ma conseillère pédagogique, qui m'avait aidée à m'inscrire aux deux seuls cours que je pouvais suivre parce qu'ils ne nécessitaient pas de prérequis. Alors que je passais d'une session ou d'un atelier à l'autre tout au long de la journée, mon cœur battait un peu plus vite à cause de tout ce que je voyais et entendais. Je n'arrêtais pas de me dire que DePaul était vraiment l'école de mes rêves. Des études aux activités extrascolaires en passant par les possibilités de réseautage et les perspectives de carrière après l'obtention du diplôme, elle avait tout pour plaire. Et elle était située dans le centre de Chicago. Je veux dire... on ne peut pas faire mieux. J'ai assisté à une séance avec le centre des carrières, au cours de laquelle j'en ai appris davantage sur les événements à venir et sur les types d'entreprises qui recrutaient directement à DePaul. Lorsque j'ai appris que l'une d'entre elles était Deloitte, l'entreprise de mes rêves, et qu'elle organiserait également des événements sur le campus, j'ai su que je ne voulais pas aller dans une autre école. Bien sûr, DePaul n'était pas la seule école où Deloitte recrutait, mais c'était la seule où j'avais été admise.

S'il Te plaît, mon Dieu, aide-moi à aller dans cette école. C'est mon rêve.

CHAPITRE 4

VIENS PLUS PRÈS

« **J**e ne pense pas que ce soit une bonne idée », a dit Olivia à l'autre bout du fil pendant que je m'apprêtais. Elle pensait que **ça** me ferait plus de mal d'aller à l'école, sachant que je devrais arrêter les cours quelques jours plus tard, parce que je ne pouvais pas prouver mon niveau d'études. Elle ne savait pas que je n'avais pas les moyens d'aller à DePaul. À ce moment-là, ma maman avait confirmé qu'elle ne pourrait pas payer les frais de scolarité, mais ce n'était pas une information que je me sentais à l'aise de partager pour l'instant.

J'ai continué à me m'apprêter pour mon premier jour de cours le matin du 7 septembre, ignorant le discours d'Olivia à l'autre bout du fil. Elle n'avait pas tort et j'appréciais qu'elle s'inquiète pour moi, tout comme j'appréciais qu'elle soit là pour moi, mais j'avais aussi besoin de sortir de ma chambre plus souvent et de voir ce que ça faisait d'assister à des cours autres que des cours d'anglais.

J'ai déplacé mon grand miroir du coin, entre mon bureau et la fenêtre de ma chambre, et je l'ai adossé à la fenêtre pour un meilleur éclairage. Pour la première fois depuis des mois, j'ai tracé mes sourcils, appliqué de l'eye-liner et un peu de rouge à lèvres. Olivia devait partir, et moi aussi, mais avant de partir, j'ai regardé mon reflet pendant quelques minutes. Mes yeux étaient encore gonflés par les larmes que j'avais versées la veille, pensant à mon avenir, me demandant si j'arriverais de l'autre côté, et où se trouvait cet autre côté. Je ne portais pas de fond de teint, alors mes taches sombres et mon acné étaient visibles. Cependant, j'aimais l'allure de mon pull turquoise enfilé dans mon skinny-jean. Mes cheveux étaient beaux aussi, toujours coiffés depuis mon passage au salon de coiffure trois jours plus tôt. J'aurais aimé me faire les ongles aussi, mais je devais économiser de l'argent, d'autant plus que mon amie Sarah allait bientôt me rendre visite.

J'ai fait un pas en arrière, me suis retournée, puis à nouveau. J'ai saisi mon téléphone pour prendre quelques photos. *Je n'ai pas l'air si mal que ça.* Avant même de m'en rendre compte, des larmes coulaient sur mes joues en désaccord avec cette affirmation. J'ai rapidement tamponné mes joues avec le dos de ma main, j'ai mis mes affaires dans mon sac Aldo préféré et je suis partie à l'école.

La journée s'était bien passée. Je m'étais même faite une amie, que je n'allais pas revoir car c'était mon premier et dernier cours avec elle. Je n'allais pas non plus faire le devoir parce que ça ne servait à rien. Au lieu de cela, de retour dans ma chambre, j'ai commencé à préparer ma candidature pour un programme de MBA que j'avais récemment découvert. La prochaine date de début de programme disponible était janvier 2018. C'était encore loin, mais je me suis dit que j'allais quand même essayer.

Le programme de MBA se trouvait à l'Université Roosevelt, une école devant laquelle je passais souvent, à quelques pâtés de maisons du campus du centre-ville de DePaul. L'école n'offrait pas de master en gestion, et comme on m'avait dit que les MBA étaient réservés aux professionnels, je n'étais pas sûre d'être acceptée dans le programme. Malgré une expérience professionnelle limitée, avec un seul stage, je voulais quand même essayer. Bien que moins chère que DePaul, l'Université Roosevelt était tout de même coûteuse, et je ne savais pas où je trouverais l'argent et la preuve de fonds pour faire une demande d'I-20. Mais à ce stade, je n'avais rien d'autre à perdre que les 100 dollars de frais de dossier. Au moins maintenant, j'avais un nouveau rapport d'équivalence de mes relevés de notes qui indiquait que ma licence était « valide ». J'ai également profité de mon admission à DePaul pour obtenir de l'aide pour la rédaction de mon CV auprès du centre des carrières, de sorte que mon CV était bien meilleur que lorsque j'ai postulé à la Kellstadt Graduate School of Business.

Comme je ne savais pas si j'allais être acceptée, j'ai posé ma candidature sans en parler à personne. Je ne voulais pas entendre sans cesse que mes chances étaient faibles parce que je n'avais pas d'expérience professionnelle. Je ne voulais pas être rejetée une nouvelle fois et avoir à en parler à ma maman ou à quelqu'un d'autre. Si ça ne marchait pas, au moins personne d'autre ne le saurait.

Quelques jours plus tard, j'ai commencé à penser à ce que Sarah et moi allions faire une fois qu'elle serait là. Je savais à peine ce qu'il y avait à faire à Chicago parce que je ne sortais presque jamais. J'ai finalement décidé de l'emmener au cinéma et de voir ce qu'elle voulait faire une fois dans la ville. Je voulais qu'elle passe un bon moment, mais j'espérais aussi que passer du temps avec elle allait guérir mon acné.

Sarah et moi nous connaissions depuis le collège, après quoi elle est allée à l'université en Allemagne. Nous sommes restées en contact, même si nous ne nous parlions ou n'envoyions pas de messages très souvent. Elle rendait visite à sa famille dans une autre ville et comme j'étais aussi aux États-Unis, elle a pensé venir me dire bonjour.

J'ai pris le métro jusqu'à l'aéroport international O'Hare dans l'après-midi du jeudi 14 septembre pour aller la chercher, et je l'y ai ramenée le dimanche matin suivant.

Nous n'avons pas beaucoup parlé ce dimanche matin, et je n'avais pas réalisé que c'était ma faute.

— Tout va bien ? a-t-elle demandé, inquiète, levant les yeux de sa valise. Tu es bien calme aujourd'hui.

— Ah ouais ? Je suis vraiment désolée ! D'habitude, je suis très calme quand je me réveille, mais tout va bien, t'inquiète. J'ai souri et je lui ai tendu un T-shirt plié.

C'était un bien mauvais mensonge. Nous avions passé les trois derniers jours ensemble ; elle m'avait donc vue le matin. C'est juste tout ce que j'avais pour ne pas avoir à lui dire que le moment que nous avions passé ensemble avait été le plus heureux de l'année pour moi. Que pendant trois nuits consécutives, j'étais restée éveillée non pas parce que j'étais inquiète mais parce qu'on bavardait et qu'on riait. Que le fait d'avoir regardé *Girls Trip* et d'avoir bu des milkshakes à l'Oreo au cinéma AMC Dine-in était la première fois que j'allais au cinéma avec une ami à Chicago. Que nos promenades nocturnes en ville allaient me manquer. Que je regrettais que nous ne soyons pas allées dans un bar ou dans une boîte de nuit comme elle le voulait parce que je ne connaissais pas bien la vie nocturne de la ville. Que j'étais reconnaissante qu'elle n'ait pas fait de commentaires sur ma peau avant que je lui dise que j'avais de l'acné. Et qu'une fois qu'elle serait partie, je craignais de retourner dans ma chambre vide et dans la réalité de ma situation dont elle m'avait aidée à m'évader sans le savoir. Alors, j'ai menti et espéré qu'elle me croirait.

Je me suis désinscrite de mes cours le 18 septembre, puis j'ai envoyé un e-mail à ma conseillère du Service pour les étudiants étrangers, l'informant que je n'irais plus à DePaul, sans donner de raison précise. Elle m'a répondu deux jours plus tard.

De : Conseillère du Service pour les étudiants étrangers
À : Moi
Objet : À propos de : Mise à jour
Date et heure : 20/09/2017 à 15 h 53
Bonjour Danielle,

Je vous remercie pour votre e-mail. Je suis désolée d'apprendre que vous ne poursuivrez pas vos études à DePaul. Pouvez-vous nous dire si vous as prévu d'étudier dans une autre école américaine ou si vous prévoyez de quitter le pays prochainement ? Notre date limite de déclaration SEVIS approche à grands pas. Nous devrons donc soit déclarer que vous ne vous êtes pas inscrite, ce qui constituerait une clôture SEVIS négative, soit déclarer que vous avez quitté le pays, ce qui constituerait une clôture positive.

Si vous souhaitez transférer votre dossier d'immigration SEVIS à une autre école américaine, veuillez me fournir une copie de votre lettre d'admission et un formulaire d'intention de transfert dûment rempli. Si votre nouvel établissement nous demande de remplir un formulaire de vérification de transfert, veuillez me fournir ce formulaire également. Vous pouvez déposer ces formulaires à la réception du Service pour les étudiants étrangers ou les

> *scanner et les envoyer par e-mail à mon attention au plus tard à 16 heures le lundi 2 octobre 2017.*
>
> *Si vous prévoyez de quitter les États-Unis, ou si vous avez déjà quitté le pays, veuillez nous fournir une preuve de votre départ, y compris un formulaire de départ accompagné de votre itinéraire de vol indiquant la date à laquelle vous quitterez ou avez déjà quitté les États-Unis.*
>
> ***Je voudrais vous aider à éviter les problèmes liés à votre statut de non-immigrante et votre réponse/action rapide est nécessaire. Le fait de ne pas conserver un statut d'étudiante légale peut entraîner de graves problèmes liés à l'immigration, y compris la détention et l'expulsion.***
>
> *Cordialement,*
>
> *La conseillère*

Le système d'information pour les étudiants et les visiteurs en échange (SEVIS) est un système qui stocke, suit et contrôle les informations relatives aux étudiants étrangers aux États-Unis. En tant qu'étudiante étrangère, je ne pouvais avoir qu'un seul numéro (et dossier) SEVIS, ce qui explique la nécessité de transférer les dossiers d'immigration lors d'un changement de programme académique.

Le système SEVIS était géré par le Programme pour les étudiants et les visiteurs en échange (SEVP) qui faisait le pont entre le gouvernement américain et les écoles. Ainsi, lorsque j'ai dit plus tôt que seules les écoles agréées par le gouvernement pouvaient délivrer des I-20 et inscrire des étudiants étrangers, je parlais en fait des établissements agréés par le programme SEVP.

Comment c'est arrivé ? Pourquoi ça m'arrive ? Pourquoi je traverse tout ça ? Pourquoi Dieu n'écoute pas mes prières ? Il sait à quel point je voulais étudier aux États-Unis et à quel point je voulais aller à l'école. Pourquoi m'a-t-il fait venir jusqu'ici pour que je vive ça ?

Cela ne pouvait plus être le challenge que j'avais demandé. Ce devait être une punition pour quelque chose que j'avais fait auparavant. Peut-être que partir aux États-Unis était une erreur. J'aurais peut-être dû rester dans mon pays et y faire mon master. Si j'avais su que tout ceci arriverait, je ne serais pas partie.

Ma vue était encore brouillée par les larmes lorsque j'ai répondu à l'e-mail de la conseillère.

De : *Moi*
À : *Conseillère*
Objet : *À propos de : Mise à jour*
Date et heure : *20/09/2017 à 16 h 10*
Bonjour Madame la conseillère,
Je vous remercie pour votre e-mail. J'ai effectivement prévu de quitter les États-Unis prochainement, mais je n'ai pas encore réservé mon vol. Dès que ce sera fait, je vous enverrai l'itinéraire, ainsi que le formulaire de départ.
Cordialement,
Danielle

Je ne savais pas quoi dire d'autre. Mon séjour aux États-Unis était terminé et je devais l'accepter. Comment allais-je trouver un moyen de rester à Chicago en seulement dix jours ? À quelle école allais-je m'inscrire qui n'était pas déjà en pleine session et qui me répondrait assez rapidement pour traiter ma demande de transfert de I-20 à temps ? Et, surtout, quelle école allais-je trouver qui ne me coûterait pas les yeux de la tête ? Je n'avais pas encore eu de nouvelles de Roosevelt, et même si j'en avais eu et que la décision était positive, la date de rentrée de janvier 2018 était trop éloignée, et l'école était trop chère pour que je puisse obtenir un nouvel I-20 à temps.

J'ai envoyé un message à ma maman plus tard dans la journée pour lui faire savoir que nous devrions nous préparer à mon retour à la maison, et je lui ai expliqué pourquoi. Elle m'a demandé s'il n'y avait pas une sorte de certificat professionnel que je pourrais faire pour gagner du temps jusqu'à ce que je trouve quelque chose de plus permanent. La réponse était non. J'avais déjà effectué des recherches sur ce type de programmes et, bien que leur prix abordable les rendait attrayants, ceux que j'avais trouvés n'étaient pas offerts par des écoles agrées par le programme SEVP. Elle m'a dit de ne pas perdre espoir et que nous trouverions une solution une fois que je serais rentrée.

J'étais assise sur le rebord inférieur de mon lit, la tête contre le mur ; je regardais par la fenêtre et je pensais à ce que je ferais une fois rentrée chez moi. C'est sûr, je me cacherais de tout le monde à cause de l'aspect de ma peau, mais je suppose que ça ne ferait pas de mal de revoir ma famille. J'ai essayé de me convaincre que ce n'était pas la fin du monde, mais Dieu ne semblait pas être de mon côté. *Je suis tellement désolée pour toutes les mauvaises choses que j'ai faites et pour lesquelles tu me punis maintenant.* Je n'avais pas l'impression qu'Il était content de moi ; tout ça avait l'air d'une punition. J'avais dû faire quelque chose de mal dans le passé. Je ne savais pas exactement ce que c'était, mais je savais que je le payais maintenant.

Il s'est écoulé environ une heure avant que je ne me lève pour aller chercher le petit objet décoratif en bois sur le rebord de ma fenêtre ; je l'avais acheté pour 3 dollars chez Target la première fois que j'y ai fait des achats. C'était un triangle en 3D, à peu près de la taille d'une poire, fabriqué avec un type de bois que je ne connais pas. Ses côtés étaient peints d'une couleur orange-pêche et sur l'avant, les mots « **DREAMS come TRUE** » (**Les RÊVES deviennent RÉALITÉ**) étaient écrits avec des feuilles dorées. Le mot « **TRUE** » (**RÉALITÉ**) était en majuscules et les couleurs rose, turquoise, jaune et orange-pêche étaient peintes dans le creux des lettres. Une plume blanche et turquoise était peinte au sommet du triangle, comme si elle tombait du ciel.

L'objet en bois lui-même n'était pas très joli, pour être tout à fait franche. Je l'ai acheté principalement en raison de la citation, et parce que ma couleur préférée est le turquoise. J'étais tellement excitée d'être enfin à Chicago et quand j'ai vu cette petite chose dans le magasin, il fallait que je l'achète pour me rappeler que mon rêve d'étudier et de vivre aux États-Unis s'était enfin réalisé ; que la carrière dont je rêvais allait aussi devenir une réalité.

J'ai regardé cet objet pendant quelques secondes et j'ai fait un demi-sourire avant de le reposer. *Peut-être que ce n'est pas le cas.*

Le lendemain, j'ai envoyé un message à Naomi pour l'informer que j'allais bientôt quitter les États-Unis. Elle avait déjà une idée générale de ma situation à ce moment-là, mais je n'en parlais pas beaucoup. Elle savait que je n'avais pas été admise à mon master et que j'étais plutôt inscrite à un programme de premier cycle, mais elle ne connaissait ni mes échéances, ni les détails de mon statut. En fait, personne ne les connaissait.

Quand je lui ai tout raconté, elle était convaincue que je n'aurais pas fait tout ce chemin jusqu'aux États-Unis juste pour prendre des cours d'anglais et repartir juste après. Même si je voulais la croire, je ne voyais pas comment une solution pourrait émerger en moins de deux semaines. De plus, j'avais commencé à chercher des programmes dans d'autres pays, et ça ne me dérangeait pas de quitter les États-Unis, du moment que je revenais. Elle a suggéré que nous recommencions à regarder les programmes de langue, car ils étaient plus abordables, plus faciles à intégrer et, surtout, ils étaient approuvés par le programme SEVP.

Je n'étais pas particulièrement enthousiaste à l'idée de prendre des cours d'anglais supplémentaires, compte tenu de mon récent programme intensif à l'ELA et de mon score déjà excellent au TOEFL. J'avais l'impression que cet argent pouvait être utilisé à meilleur escient. Et pour être honnête, je voulais déjà commencer la « vraie école » et arrêter de me sentir à la traîne par rapport à mes camarades. Ça faisait déjà un an que j'avais suivi mon dernier « vrai cours », alors suivre un autre programme d'anglais ne ferait que me retarder davantage.

Je n'avais pas de meilleure idée et je savais qu'il s'agissait d'une solution temporaire, alors j'ai passé le week-end à faire des recherches sur Internet. J'essayais de trouver un programme d'anglais qui traiterait ma demande et me délivrerait un nouvel I-20 à temps pour ma conseillère à DePaul.

Le 26 septembre, six jours avant la date limite, j'ai été admise à Berlitz, un centre de langues situé dans le Loop. Il était plus petit que l'ELA de DePaul et comptait moins d'inscriptions à l'époque. J'allais même être la seule élève de ma classe pour mon niveau. Cela n'avait rien à voir avec mon niveau linguistique ; le centre n'avait tout simplement pas beaucoup d'étudiants inscrits. Je n'allais pas y étudier plus d'un trimestre. Les frais pour mon niveau s'élevaient à un peu moins de 3 000 dollars pour les dix semaines, soit environ 500 dollars de moins que pour l'ELA.

L'emplacement du centre et le coût du programme convenaient bien à ma maman, alors j'ai commencé à apprêter les documents pour ma demande de transfert SEVIS et ma demande I-20. Je devais d'abord fournir à Berlitz le formulaire de transfert signé par ma conseillère avant qu'ils ne puissent me donner une lettre d'admission. En effet, ma capacité à participer au programme dépendait de la confirmation par DePaul de mon admissibilité au transfert. Cependant, je devais montrer une lettre d'admission à ma conseillère avant qu'elle ne puisse débloquer mon dossier SEVIS et signer le formulaire de transfert. C'était une autre situation délicate et stressante, et j'ai passé la semaine précédant la date limite du 2 octobre à faire des allers-retours entre Berlitz et DePaul. Finalement, ma conseillère a accepté de signer le formulaire, mais Berlitz devait lui envoyer directement ma lettre d'admission pour que mon dossier SEVIS soit transféré.

Lorsque je me suis réveillée le matin du 2 octobre, et exactement comme les jours précédents, j'ai consulté ma boîte e-mail pour voir si Berlitz avait finalement envoyé ma lettre d'admission à DePaul. Ce n'était pas le cas. Je suis sortie du lit pour prendre une douche et m'apprêter à aller nulle part.

Pourquoi ça se passe comme ça ? Pourquoi Dieu ne m'écoute pas ? Quel est le but de tout ça ? Je me baignais dans le chagrin, faisant mousser le savon avec mes larmes. Je ne sais pas combien de temps je suis restée sous la douche. Une fois sortie pour mettre mes vêtements, j'ai de nouveau consulté mon téléphone pour voir s'il y avait des nouvelles. Douze heures cinquante-deux, toujours rien. *Voilà, c'est fini pour moi.* Mes yeux ont parcouru la pièce comme s'ils la voyaient pour la première fois, brouillés derrière les larmes. *J'aurais dû commencer à faire mes valises pendant le week-end quand j'ai réalisé que mon transfert était encore incomplet.* Les larmes se sont répandues sur mon visage quand j'ai réalisé qu'il me restait moins de trois heures pour partir.

Même si je n'avais pas beaucoup de choses à ranger dans mes valises, je savais que je n'arriverais pas à libérer l'appartement et à quitter le pays avant 15 heures. Encore fallait-il que j'aie déjà un billet d'avion, ce qui n'était pas le cas. L'idée de devoir presser ma maman pour qu'elle me trouve un billet d'avion dans les prochaines minutes m'a encore plus anéantie. J'ai commencé à faire mes valises, mais les battements dans ma tête, les vertiges et les nausées m'ont empêchée de continuer. J'avais besoin de m'allonger. Je n'ai pas trouvé le courage de dire à ma maman ce qui se passait, alors je me suis allongée sur mon lit, incertaine de la suite des événements.

La vibration de mon téléphone m'a tirée de mes pensées quelques instants plus tard. C'était une notification Gmail. J'ai pensé qu'il pouvait s'agir de l'e-mail que j'attendais, mais je n'en étais pas sûre à cent pour cent.

De : Directrice du centre d'apprentissage Berlitz

À : Conseillère du Service pour les étudiants étrangers

Cc : Moi

Objet : Lettre d'admission - Danielle Ndende

Date et heure : 02/10/2017 à 15 h 24

Chère conseillère,

Je vous remercie de m'avoir envoyé le formulaire de transfert signé. Comme demandé, je joins la lettre d'admission afin que vous puissiez nous transférer le dossier SEVIS de Danielle. N'hésitez pas à me faire savoir si vous avez des questions.

Cordialement,

La directrice

J'ai poussé un grand « ouf » de soulagement et j'ai envoyé un e-mail de remerciement à la directrice. C'était moins une ! Environ une heure plus tard, alors que je remettais mes affaires en place, la conseillère m'a envoyé un e-mail.

De : Conseillère

À : Moi

Objet : Transfert SEVIS

Date et heure : 02/10/2017 à 16 h 31

Bonjour Danielle,

J'ai reçu votre lettre d'admission de la part de la nouvelle école. Cependant, la base de données gouvernementale

> *SEVIS ne me permettra pas de transférer votre dossier (électronique) SEVIS parce que DePaul ne vous avait pas délivré un nouveau formulaire interne I-20 de « transfert » sur la base de votre demande de transfert antérieure. Et nous n'avions pas pu générer cet I-20 parce que vous n'aviez pas soumis les documents justificatifs à DePaul. Je vais devoir appeler le service d'assistance SEVIS pour savoir ce que nous pouvons faire dans cette situation et je vous tiendrai au courant.*
>
> *Cordialement,*
>
> *La conseillère*

Je n'ai pas répondu à son e-mail parce que je ne savais pas quoi dire. Et très franchement, je n'ai pas bien compris ce qu'impliquait son message. Je savais que ce n'était pas une bonne nouvelle, mais je ne savais pas à quel point c'était grave.

La semaine a continué, et mon niveau de stress a atteint de nouveaux sommets tandis que ma confiance en moi tombait au plus bas à cause de mon acné et de mes taches sombres. Ma douleur à l'épaule n'avait pas disparu et j'avais toujours des nausées la nuit. Cependant, les saignements de nez n'étaient plus aussi fréquents.

Je m'étais résolue à ne plus parler de mes nausées nocturnes parce que lorsque je le faisais, les gens me demandaient si j'étais enceinte. Il n'y a rien de mal à être enceinte, bien sûr ; je ne l'étais simplement pas. Il m'a fallu beaucoup de courage pour répondre enfin franchement aux personnes qui me demandaient comment j'allais, alors quand je me suis ouverte et que leur première réaction a été de me demander si j'étais enceinte, j'ai décidé de recommencer à répondre « Super ! » chaque fois que quelqu'un me demandait comment j'allais.

La question était peut-être justifiée, mais ce n'était pas ce que j'avais besoin d'entendre, d'autant plus qu'il était impossible que je sois enceinte. Je ne voyais personne. Littéralement. Je passais mes jours et mes nuits seule dans ma chambre et je ne sortais presque plus pour aller marcher. Et je ne remplissais pas non plus les conditions requises pour une conception miraculeuse.

Ma relation avec Lucas s'était quasiment détériorée. En octobre, nous avions déjà rompu deux fois, mais nous nous étions quand même remis ensemble, bien que cela n'ait honnêtement fait de bien ni à l'un ni à l'autre. J'avais changé. Nous avions tous les deux changé, et notre relation aussi. Avec ma perte de confiance en moi, je craignais constamment qu'il ne me quitte pour une fille sans boutons, même si je ne le lui disais pas expressément. Nous nous voyions à peine, car je ne répondais plus aux appels vidéo et je ne me prenais plus en photo. J'étais aussi devenue très irritable : la moindre chose me faisait pleurer. Ensuite, j'ai commencé à avoir un problème que je n'avais jamais eu auparavant et que je n'aurais jamais pensé avoir un jour : la colère. Il m'arrivait d'entrer dans une colère noire pendant une dispute, de hurler sur mon téléphone avant de fondre en larmes. Mes problèmes de colère étaient épisodiques et ont duré de juillet à août, suffisamment longtemps pour créer des dégâts et me donner envie de prendre du recul pour me ressaisir. Lucas me faisait souvent remarquer à quel point ma situation m'affectait. Je savais que je n'étais plus moi-même, mais comme j'avais toujours contrôlé mes émotions et à peu près tout dans ma vie, je refusais d'admettre l'évidence. Alors non, je n'étais pas enceinte.

La fois suivante où ma conseillère m'a envoyé un e-mail, elle avait de bonnes nouvelles.

> **De :** *Conseillère*
> **À :** *Moi*
> **Objet :** *À propos de : Transfert SEVIS*
> **Date et heure :** *06/10/2017 à 16 h 32*
> *Bonjour Danielle,*
> *Le service d'assistance SEVIS vient d'approuver l'annulation de votre transfert précédent, ce qui nous permet de transférer votre dossier SEVIS vers Berlitz Languages, Inc - Chicago. Vous devez vous présenter à votre nouvelle école dès que possible pour obtenir votre nouveau formulaire SEVIS I-20 et vous inscrire aux cours. Nous vous rappelons que vous devrez commencer les cours à Berlitz Languages, Inc. - Chicago dans les cinq mois suivant votre dernière date d'inscription à temps plein à DePaul, ou au prochain trimestre disponible à Berlitz Languages, Inc. - Chicago, selon ce qui se produit en premier. Bonne chance dans vos projets !*
> *Cordialement,*
> *La conseillère*

Ma dernière date d'inscription à temps plein à DePaul était en septembre et mon programme à Berlitz devait commencer le 11 octobre, donc ça irait. J'ai remercié la conseillère et j'ai espéré au fond de moi que cette fois était la bonne, et que rien ne viendrait la gâcher.

Je ne voulais plus avoir de peine de cœur. J'ai rassemblé, puis soumis les documents requis lorsque j'ai demandé mon nouvel I-20, qui serait prêt à être récupéré au début de mes cours. J'ai informé ma maman et ma sœur et les ai remerciées pour leur soutien. Elles étaient toutes deux soulagées et heureuses pour moi, tout comme moi. Quelles montagnes russes émotionnelles ces quatre derniers mois !

Mon I-20 a été délivré pour la durée du programme, du 11 octobre au 29 décembre. J'avais cours tous les jours de 8 heures à environ 15 heures et le fait d'être la seule étudiante pendant toute la durée du programme n'a pas rendu l'expérience très amusante. J'ai appris de nouvelles choses et j'étais contente de pouvoir pratiquer l'anglais avec des locuteurs natifs, mais une grande partie de ce que j'étudiais consistait en des révisions.

Je voulais travailler pour subvenir à mes besoins pendant le programme, mais en tant qu'étudiante étrangère ne suivant que des cours de langue, je n'avais pas le droit de travailler. Je me sentais toujours seule, mais au moins j'avais une raison de sortir de ma chambre tous les jours pendant deux mois.

Les moyens financiers étaient toujours limités, et je commençais à épuiser les économies que j'avais accumulées au cours de mes années universitaires à l'UCAC, mais je dois admettre que j'aurais pu mieux gérer ce que j'avais. Le fait est que j'essayais d'étancher mes nombreuses frustrations en faisant du shopping. J'achetais des vêtements et des chaussures sans raison. Ou peut-être pas sans raison : j'espérais avoir bientôt une vie sociale. J'achetais des vêtements et des chaussures et je les essayais dans ma chambre, créant différentes tenues pour différentes occasions. Mais mon excitation s'estompait bien vite lorsque la réalité d'avoir nulle part où aller et personne avec qui y aller se faisait sentir.

Parfois, je retournais les articles dans les magasins ; la plupart du temps, je ne le faisais pas.

J'ai toujours aimé marcher et je préférerais la marche aux transports en commun. N'importe quand, tant qu'il fait beau ; mais il y a eu des moments où j'ai marché jusqu'à Berlitz non pas parce que j'en avais envie, mais parce que j'avais dépensé tout mon argent dans des vêtements et que je ne pouvais plus me permettre de recharger ma carte de transport. Ce n'est que vers la fin du mois de novembre que j'ai décidé d'arrêter de gaspiller mon argent dans des vêtements. Je ne voulais pas continuer à dépenser ce que j'avais pour des choses qui ne me rendaient heureuse que temporairement. J'avais surtout besoin d'économiser pour la visite de ma maman en décembre. Je voulais lui acheter des cadeaux de Noël et de bienvenue, et l'emmener au restaurant au moins une fois.

Plus tard en novembre, un jour dont je ne me souviens pas, ma relation avec Lucas s'est officiellement terminée. *Officiellement* parce que c'était fini de mon côté depuis un moment, mais je m'y accrochais. Ce jour-là, j'ai enfin donné suite à une réflexion que je menais depuis environ trois mois. J'hésitais parce que je ne voulais pas le blesser ou le perdre, et parce que je voulais prouver à tout le monde – y compris à moi-même – que nous pouvions faire fonctionner notre relation à distance. Lorsque j'ai quitté le pays, beaucoup de gens ont parié que notre relation ne durerait pas longtemps. Je voulais tellement leur prouver qu'ils avaient tort que je suis restée plus longtemps que nécessaire dans cette relation. Mais avec tout ce que j'avais vécu depuis mon arrivée aux États-Unis, j'avais l'impression de me perdre.

Même si j'aimais toujours Lucas et que j'étais reconnaissante pour son soutien tout au long de l'été, je n'étais plus heureuse, et je savais qu'il ne l'était plus non plus. Nous avions essayé de rester ensemble, mais ça n'avait pas marché. Il avait aussi ses propres défauts et lacunes. D'autres choses ont intensifié mon désir de partir, mais j'avais surtout besoin de temps, d'espace et, ironiquement, j'avais besoin d'être seule. Je voulais me recentrer, me ressaisir et découvrir ou redécouvrir qui j'étais vraiment.

Je ne peux pas dire que les choses se sont améliorées après notre rupture, du moins pas tout de suite. Quand je ne pleurais pas parce que je me sentais seule ou à cause de ma peau, je pleurais parce que j'avais le cœur brisé et que je n'arrivais pas à me faire comprendre. Les gens - y compris Lucas - ne me croyaient pas quand je disais que nous avions rompu parce que j'avais besoin de travailler sur moi-même.

« Pourquoi tu ne dis pas simplement que tu as trouvé quelqu'un d'autre ? Tu n'as pas besoin de mentir. » « Tu as dû te lasser de lui. » « Il a dû te tromper. Et s'il ne l'a pas fait, pourquoi tu l'as quitté ? Tu ne sais pas à quel point c'est difficile d'en trouver un bon ? » « Qui d'autre, à ton avis, va supporter toutes tes exigences ? » « As-tu seulement pensé à lui ? » « Tu vas finir toute seule si tu continues à quitter les gens qui t'aiment. » « Il n'aurait jamais dû rester avec toi en premier lieu. » « De quel espace supplémentaire as-tu besoin alors que tu es déjà à des milliers de kilomètres ? » « De quel travail sur soi as-tu besoin qui t'oblige à être célibataire ? » « Comment peux-tu dire que tu l'aimes toujours et pourtant rompre avec lui ? ».

Voilà quelques-uns des commentaires que je recevais jour après jour et malheureusement, à l'époque, l'opinion des gens sur certains aspects de ma vie comptait encore énormément pour moi. Pas assez pour me faire douter de ma décision ou vouloir me remettre avec Lucas, mais assez pour me faire douter de moi et croire que j'étais égoïste et méchante, et que peut-être je ne trouverais pas quelqu'un d'autre.

Dieu, j'espère que toi aussi tu n'es pas en colère contre moi. J'espère que tu comprends ma décision et que tu ne me puniras pas pour ça. Je ne voulais pas le blesser ; c'est juste que je ne me sens pas bien. S'il te plaît, ne te fâche pas. S'il te plaît, permets-lui d'être heureux. S'il te plaît, Seigneur, comprends-moi et ne me punis pas.

J'ai fait cette petite prière un jour, allongée dans mon lit, ressassant les commentaires des gens dans ma tête et pleurant à chaudes larmes. Je me sentais tellement coupable que je pensais que Dieu m'en voulait aussi. À l'époque, je croyais à tort qu'Il me punirait pour chaque chose que je ne faisais pas bien, tout comme je croyais que les difficultés étaient sa façon de me punir.

Lorsque le décalage horaire ne rendait pas les choses trop difficiles, mon ami George restait avec moi au téléphone pendant quelques heures pour m'aider à combler le nouveau vide créé par le fait que je ne parlais plus autant avec Lucas. Il m'a aidée à me sentir mieux dans ma décision et m'a rappelé qu'il était normal de prendre du temps pour moi, indépendamment de ce que les autres pensaient.

George et moi étions amis depuis le collège, après quoi il est parti étudier en Suisse. Nous ne nous parlions pas tout le temps, mais nous sommes restés des amis très proches. Et une fois que je lui ai raconté ce qui se passait avec Lucas, il est devenu plus présent. Il n'était pas au courant des autres choses que je vivais. Je n'avais que vaguement évoqué le fait de devoir changer d'école. J'étais inconfortable à l'idée de lui avouer que j'avais des problèmes d'argent et que je n'avais pas les moyens de payer l'école. Nous parlions donc de tout sauf de l'école.

Travailler sur moi consistait en partie à me rapprocher de Dieu et à mieux Le connaître. Ça faisait des mois que je pensais à lire la Bible, mais je n'en avais pas et j'en repoussais sans cesse l'achat.

En juillet, au milieu de ce qui se passait à DePaul, Lucas m'avait parlé d'un verset qui m'a marquée. Un jour, nous étions au téléphone et je lui ai dit à quel point je me sentais perdue. Il m'a dit de prier pour ma situation, de l'oublier, mais de croire que Dieu s'en occuperait. Il ne se souvenait pas du verset exact, mais il était certain que c'était dans Marc. J'ai donc cherché son explication sur Google et j'ai trouvé ceci :

« C'est pourquoi je vous le dis : tout ce que vous demanderez en priant, croyez que vous l'avez reçu et cela vous sera accordé. » (Marc 11 : 24)

Lucas m'a confirmé que c'était le bon. Nous ne parlions pas beaucoup de Dieu, alors j'ai été assez surprise quand il a mentionné ça. Mais surtout, j'étais intriguée et curieuse de savoir ce que je pourrais trouver d'autre dans ce livre ; je n'avais aucune idée qu'il y avait des conseils pratiques dans la Bible. Mais pour être honnête, ce verset n'a pas vraiment marché pour moi ; cependant, il a été un aimant qui m'a attirée vers beaucoup d'autres qui ont marché.

Je n'étais pas aussi proche de Dieu que je le pensais. J'ai fréquenté des écoles catholiques pendant toute ma scolarité (y compris mon passage à DePaul), j'ai grandi dans une famille assez religieuse, mais je ne connaissais pas grand-chose de la Bible. J'en ai lu des parties à de multiples reprises lorsque j'étais obligée de le faire à la maison ou à l'école, mais je n'ai retenu que très peu de choses. Je ne connaissais que des versets « de base » et populaires. Je priais le matin, avant de manger et le soir. Je me confessais au moins une fois par an pour Pâques (bien que cela ait changé à l'université), j'allais à la messe tous les dimanches et les jours de fête catholique. Je priais pour ma famille et mes amis, pour les gens qui m'entouraient et pour les personnes défavorisées. Je priais pour réussir mes examens et obtenir des visas pour voyager. J'essayais de suivre les Dix Commandements et tout ce qu'on m'apprenait sur

Dieu. Mais je L'ai volontairement gardé à distance, non pas tant parce que je pensais ne pas avoir besoin de Lui, mais parce que je croyais que des problèmes plus importants dans ma vie ou dans celle des autres nécessitaient son attention. Je faisais appel à Lui pour ce que je jugeais important, et je m'occupais du reste. J'avoue que j'aimais la sensation d'être au contrôle. En gardant Dieu à distance, je restais dans la zone de confort où tout était sous mon contrôle et où je pouvais prédire la plupart des résultats parce que j'étais maîtresse de ma vie.

Comme je ne savais pas comment ni où acheter une Bible, j'ai contacté le Père André, le prêtre qui était venu me chercher à l'aéroport à la demande de mon père lorsque je suis arrivée à Chicago.

Danielle : Bonjour mon Père, comment vas-tu ?

Père André : Bonjour Danielle. Je vais bien. Et toi, comment vas-tu ?

Danielle : Bien aussi, merci ! Je t'écris parce que j'ai besoin de ton aide pour quelque chose. T'inquiète, c'est rien de trop compliqué ni de trop long.

Père André : Avec plaisir !

Danielle : J'aimerais acheter une Bible, mais je ne sais pas vraiment où aller. Je ne veux pas en commander une en ligne parce que j'ai peur que ce ne soit pas une « bonne » version, et l'église où je vais n'a pas de boutique. Je me suis donc dit que j'allais te poser la question.

Père André : Je comprends parfaitement. Peut-être qu'un de ces jours, nous pourrons aller dans une librairie catholique ?

Danielle : D'accord, merci !

Il est venu me chercher un jour, et nous sommes allés à la librairie pour prendre ma Bible. En chemin, il était curieux de savoir pourquoi je voulais acheter une Bible. Sans entrer dans les détails, j'ai mentionné le fait que je ne pouvais pas aller à DePaul, que je me sentais perdue et que je me demandais ce qu'il y avait dans la Bible. Il a aimé ma petite histoire et a décidé de m'offrir la Bible une fois que nous sommes arrivés à la boutique.

Sur le chemin du retour, je regardais fixement et en souriant ma nouvelle Bible sur mes genoux. C'était un petit livre avec une couverture dure mais souple en faux cuir blanc. Le long de cette couverture, une croix était gravée, et les mots « New American Bible » (Nouvelle Bible Américaine) étaient écrits avec une feuille argentée sur la barre horizontale. Les informations habituelles sur l'édition figuraient sur le côté, tandis que le dos ne comportait que le numéro ISBN. C'était un livre épais, sans surprise, et toutes les pages minces et fragiles étaient recouvertes de la même feuille argentée. *J'aime ma nouvelle Bible.* Elle était définitivement plus mignonne que celles auxquelles j'étais habituée, avec leurs couvertures noires ou marron qui ne me donnaient pas envie de les ouvrir. On aurait dit ma première Bible, mais il n'en était rien.

Le livre était si épais, les pages si fines et la taille des caractères si minuscule.

— Alors, comment je lis ça ? J'ai demandé au Père André, comme si les mots s'étaient échappés de ma bouche sans ma permission et sans être sûre que c'était une question valable.

Il a souri, comme s'il s'attendait à cette question.

— Commence par le Nouveau Testament et lis un chapitre chaque jour, puis laisse le Saint-Esprit te guider pour la suite.

C'est presque exactement ce que j'ai fait.

CHAPITRE 5

TOURNER LA PAGE

Pourquoi n'est-elle pas encore sortie ? J'ai jeté un coup d'œil à ma montre : 14 heures 48. Le vol de ma maman avait atterri à 14 heures 30, mais elle était introuvable. Je faisais les cent pas dans le terminal 3 de l'aéroport O'Hare, attendant impatiemment. Après ce qui m'a semblé être une éternité mais n'était probablement que quelques minutes de plus, j'ai vu et reconnu ma maman de dos. Elle était en train d'ajuster son bonnet gris, puis a remonté sa veste beige, se préparant à affronter les deux degrés Celsius de ce 3 décembre. Elle se trouvait probablement à moins de cinq mètres de l'endroit où je me tenais ; une distance trop longue pour être parcourue à pied. J'ai couru vers elle, évitant à peine quelqu'un ou quelque chose sur mon chemin.

« Ming Mang Moung ! » J'ai crié en sautant et en entourant ma maman de mes bras, la faisant légèrement basculer. Quand elle s'est retournée, ses sourcils étaient relevés jusqu'au sommet de son front, ses yeux grands ouverts. Après un moment de confusion, elle m'a rendu mon étreinte et m'a serrée dans ses bras. Quand elle m'a lâchée, ses sourcils se sont abaissés, plissant son front.

— Qu'est-ce qui est arrivé à ton visage ? C'est quoi tous ces boutons ? m'a-t-elle demandé. Elle me tenait maintenant à bout de bras.

Les larmes me sont montées aux yeux et ont rempli ma gorge. Mon nez s'est mis à me picoter.

— Je ne sais pas ; c'est arrivé comme ça, ai-je lâché, refusant de laisser les larmes tomber.

Nous sommes sorties de l'aéroport et je suis retournée dans ses bras. Elle m'a serrée à nouveau. Elle m'avait tellement manqué. J'étais aux États-Unis depuis moins d'un an, mais j'avais l'impression de ne pas l'avoir vue depuis dix ans. Nous avons pris une tonne de photos, puis nous sommes rentrées à la maison.

Ma maman a passé deux semaines aux États-Unis. La première avec moi à Chicago et la seconde avec Naomi à New York. Je lui ai fait visiter les endroits que je connaissais et nous nous sommes bien amusées. Nous avons fait du shopping dans le centre-ville et pris des photos au Bean. Nous avons marché le long de la Michigan Avenue et de la Chicago River, en regardant et en prenant des photos des lumières éblouissantes. Nous avons également pris des photos partout où nous voyions un sapin de Noël. Nous sommes allées au cinéma et avons mangé beaucoup de bonnes choses et des moins bonnes. Que nous ayons cuisiné dans mon appartement ou mangé au restaurant, nous envoyions des photos dans notre groupe WhatsApp familial pour rendre tout le monde jaloux, en particulier ma petite sœur Emma. Nous avons passé presque toute une nuit au zoo de Lincoln Park, à regarder le spectacle de Noël ZooLights.

Pendant que ma maman était à New York, je suis restée à Chicago pour passer mes examens finaux à Berlitz. Ils marquaient la fin du programme, et donc l'expiration de mon I-20. Il avait été délivré jusqu'à la fin du mois de décembre, soit trois semaines plus tard, mais la date de fin de programme sur l'I-20 n'est pas vraiment sa date d'expiration.

C'est le jour où le programme prend effectivement fin qui représente la date d'expiration de l'I-20.

Dans mon cas, même s'il me restait encore trois semaines sur mon I-20, il a expiré le jour où j'ai passé mon dernier examen, le 12 décembre. À partir de là, je disposais du délai de grâce habituel de soixante jours pour m'inscrire à un nouveau programme, changer de statut d'immigration ou quitter le pays.

Je me retrouvais donc à nouveau là, après mes examens, à ne pas savoir ce qui allait se passer ensuite. À ce moment-là, l'Université Roosevelt était revenue vers moi avec la formidable nouvelle de mon admission au programme de MBA de deux ans qui commencerait en janvier 2018. J'avais partagé la nouvelle avec ma maman, mais elle n'était pas sûre de pouvoir payer les 25 000 dollars de frais de scolarité annuels. Combinés aux autres dépenses, nous devrions justifier d'au moins 40 000 dollars pour la première année du programme pour que mon nouvel I-20 soit approuvé.

Le vol de retour de ma maman partait de Chicago ; j'ai donc attendu qu'elle revienne pour parler des prochaines étapes pour moi.

J'avais cherché des bourses, des prêts et d'autres moyens de subventionner le coût des études, mais je n'avais rien trouvé à quoi je pouvais prétendre. Pour les bourses, soit les dates limites de candidature étaient déjà passées, soit je devais déjà être inscrite à un programme, soit je n'étais pas éligible parce que je n'étais pas citoyenne américaine ou détentrice d'une Green Card. Il en va de même pour les prêts. Les étudiants étrangers n'étaient pas du tout éligibles aux prêts gouvernementaux, et les prêts privés nécessitaient des garants remplissant presque les mêmes exigences financières que celles du I-20.

L'Université Roosevelt, comme la plupart des universités, avait également des programmes d'assistanat pour les étudiants en master.

Ces programmes permettaient aux étudiants en master de travailler avec des professeurs contre une allocation mensuelle et une aide financière pour les frais de scolarité. L'une des conditions pour obtenir un poste était d'avoir une moyenne générale d'au moins 3,5. Les échelles de moyenne variaient d'un établissement à l'autre, mais la plupart des universités – y compris Roosevelt – convertissaient les notes en lettres en une échelle de 4,0.

J'avais une moyenne de 3,2, mais j'ai quand même posé ma candidature. Cependant, je n'ai pas été acceptée.

J'ai cherché partout, essayé tout ce que je trouvais. J'ai prié. J'ai espéré. J'ai cru.

Rien n'y a fait.

La veille du départ de ma maman, nous sommes sorties faire quelques courses, et je l'ai aidée à faire ses valises une fois rentrées à la maison. Je faisais des allers-retours entre le salon et ma chambre où elle se trouvait, lui apportant des affaires au hasard et ne cherchant rien d'autre que le courage d'aborder le sujet. *Okay, demande-lui maintenant.* Je me suis répété ça dix-huit millions quatre cent soixante-seize mille neuf cent trente-deux fois. Sans blague, j'ai compté. Je n'arrivais jamais à trouver le bon moment, tout comme je n'avais pas réussi à trouver le bon moment pendant toute la semaine où nous étions ensemble. Mais ce jour-là, c'était ma dernière chance, alors j'ai fini par sauter le pas.

— Alors... à propos de Roosevelt... tu pourras toujours m'aider avec les documents pour la demande de I-20 ? Ma voix était un murmure, et j'ai été surprise qu'elle l'ait entendue.

Ma maman a haussé les sourcils et serré les lèvres l'une contre l'autre, des fossettes creusant des trous dans ses joues. *Je connais cette tête.*

— Bah... je ne pense pas. Elle a secoué lentement la tête, puis a poursuivi. Les choses sont un peu compliquées en ce moment. J'allais te suggérer d'essayer les écoles de formation ; je sais qu'elles sont généralement moins chères. Peut-être que tu pourrais faire ça pendant un certain temps avant de retourner à l'école pour ton master ? Elle avait l'air optimiste.

— Je me suis renseignée à ce sujet avant d'aller à Berlitz, mais comme je te l'ai dit, ce type d'écoles ne sont généralement pas autorisées à délivrer des I-20 aux étudiants étrangers.

— Oui, tu me l'as bien dit. Que penses-tu d'un travail ? Juste quelque chose à faire en attendant ? a-t-elle demandé.

— Oui... j'ai essayé ça aussi, mais je n'ai pas encore le droit de travailler, ai-je répondu, me sentant mal à l'idée qu'elle allait ressentir la même frustration que moi face à tous ces blocages.

Elle a soupiré et haussé les épaules.

— Je ne sais pas quoi faire.

Mon cœur s'est brisé et mon nez a commencé à me picoter. Non pas parce qu'il ne semblait pas y avoir de solution, mais parce que je n'avais jamais vu ma maman aussi vulnérable. Je ne l'avais jamais entendue dire ouvertement qu'elle ne pouvait pas se permettre quelque chose. Bien sûr, il lui arrivait de ne pas me donner certaines choses parce qu'elles étaient trop chères, mais ces choses n'étaient pas essentielles. Il y a d'autres choses qu'elle n'achetait ou ne payait pas, non pas tant parce qu'elle ne pouvait pas se les permettre, mais parce qu'elle pensait que ces choses n'en valaient pas la peine. Et bien sûr, elle ne pouvait pas non plus payer les frais de scolarité à DePaul, mais je ne l'ai pas entendue le dire. Je ne l'ai pas *vue* le dire. Je comprenais juste ce qu'elle entendait par « C'est très cher » ou « Trouvons quelque chose de moins cher ».

Je ne savais pas quoi dire d'autre, et je n'allais certainement pas laisser couler mes larmes.

— Ça va, c'est pas grave. Je vais continuer à chercher. J'ai souri et changé de sujet.

Le lendemain, avant son départ, je suis sortie seule pour acheter des cadeaux de Noël pour ma petite sœur Emma et ma nièce aînée Nora. Sur le chemin jusqu'à la Water Tower Place, je n'ai pas cessé de penser à cette conversation avec ma maman. Une fois de plus, je n'avais aucune idée de la façon dont j'allais me sortir de la situation dans laquelle je me trouvais. *Oh, mon Dieu, pourquoi tout ça ? Qu'est-ce que ça signifie ?* J'ai pensé à mes deux grands frères et à mes deux grandes sœurs, et à la façon dont ils ont tous pu obtenir des masters, la plupart à l'étranger. Je me suis demandé s'ils avaient eux aussi traversé des périodes difficiles. J'ai pensé à mes amis et à mes camarades. La plupart d'entre eux étaient à l'école, ou travaillaient, ou les deux. *Je veux juste aller à l'école comme tout le monde.* Je me suis demandé comment j'allais dire aux gens que je n'allais plus à l'école s'ils me le demandaient. Je me demandais si Dieu entendait mes prières. Je priais davantage et lisais ma Bible tous les matins ; pourquoi ne faisait-Il rien ? Si pas pour moi, au moins pour ma maman ? *Que dois-je faire pour que Tu m'écoutes ?*

Ma maman est partie quelques jours avant Noël. Le Père André était venu nous chercher chez moi et l'avait déposée à l'aéroport. Je n'ai pas l'habitude de pleurer en public, ou du moins j'essaie de ne pas le faire, mais les aéroports et les aurevoirs me bouleversent toujours.

Sur le chemin du retour, je n'ai pas pu m'en empêcher de pleurer non plus. J'ai eu beau essayer de les retenir, les larmes n'arrêtaient pas de couler sur mes joues. J'ai détourné le visage pour regarder par la fenêtre, pleurant doucement et espérant que le Père André ne m'entendrait pas. Mais mon reniflement était le seul son dans la voiture. Je pleurais parce que ma maman allait me manquer. Je pleurais parce que je me sentais coupable de l'avoir mise dans une situation où elle n'avait pas les moyens de m'envoyer à l'école, mais devait quand même payer mon loyer tous les mois alors qu'Emma allait aussi bientôt commencer l'université. Je pleurais parce que j'étais une fois de plus dans mon délai de grâce, sans visibilité sur ce qui m'attendait, et consciente que faire un autre programme de langue n'était plus une option. Je pleurais parce que j'allais passer Noël seule. J'étais partie à New York pour le week-end de Thanksgiving en novembre et je devais économiser de l'argent pour les derniers jours de décembre jusqu'à ce que ma maman m'envoie à nouveau de l'argent pour le loyer. Chaque fois qu'elle le faisait, elle ajoutait toujours un petit plus en guise d'argent de poche.

— Ça va aller ? Le Père André m'a demandé, alors qu'il s'arrêtait en face de la rue South Peoria, après ce qui avait semblé être un trajet de cinq heures, mais qui en réalité n'avait duré que de quarante minutes. Je n'avais pas dit un mot tout ce temps.

— Oui ! T'inquiète. C'est juste que je n'aime pas beaucoup les aurevoirs. J'ai souri. Mes yeux et mes joues avaient déjà séché. Merci beaucoup pour ton aide, mon père. J'ai détaché ma ceinture de sécurité et attrapé mon sac à main. Bonne soirée et bonnes fêtes de fin d'année ! Bye ! Je suis sortie de la voiture et j'ai traversé la rue en courant.

La dernière semaine de décembre était celle où les températures ont commencé à descendre en dessous de zéro degré, et je veux dire deux chiffres en dessous. Le froid le plus intense que j'avais connu jusque-là était moins deux degrés en mars, lorsqu'il avait neigé le jour de mon anniversaire. En août, trois autres filles avaient emménagé dans l'appartement. Contrairement aux trois précédentes, qui étaient toutes américaines, celles-ci étaient toutes des étudiantes étrangères : deux de Chine et une de Russie. Elles allaient toutes à l'Université de l'Illinois à Chicago, à quelques minutes à pied de notre complexe.

Mes colocs et moi nous étions plaintes à la direction du système de chauffage défectueux de notre appartement, mais ils n'ont rien fait. Les charges étaient réparties équitablement entre nous quatre, chaque mois, et comprenaient l'électricité, le chauffage, le gaz, l'enlèvement des ordures et le Wi-Fi. Pour le mois de novembre – date à laquelle nous avions allumé le chauffage pour la première fois – nous avions dû payer chacune plus de 200 dollars de charges. Ce montant était supérieur d'environ 100 dollars au montant habituel, ce qui était déjà scandaleux, mais encore plus si l'on considère que nous n'avions pratiquement pas ressenti de chaleur au cours de ce mois.

À partir de décembre, nous avions décidé d'éteindre le chauffage et de le garder éteint parce que nous ne voulions pas continuer à payer autant d'argent pour quelque chose qui ne fonctionnait pas. Mais nous étions gelées. Littéralement. À tel point que mes colocs ne restaient plus dans notre appartement. Les jours et les nuits les plus froids, elles restaient chez leurs amis ou leurs petits amis. Je n'avais ni l'un ni l'autre, alors je m'emmitouflais dans mes vêtements les plus chauds et je restais au lit toute la journée. Si je devais aller chercher de l'eau ou cuisiner quelque chose, je m'enveloppais dans une couverture et j'allais à la cuisine.

C'est exactement ce que j'ai fait le jour de Noël. Après la messe, je suis rentrée chez moi et j'ai décidé de cuisiner quelque chose de spécial pour l'occasion. J'ai enfilé une paire de leggings et un pull en laine, puis j'ai enroulé ma chaude couverture grise autour de ma poitrine. J'ai également mis les chaussettes pelucheuses que ma maman m'avait achetées lors de sa visite. J'ai souri quand j'ai pensé à sa remarque selon laquelle toutes les chaussettes que j'avais étaient trop fines et qu'aucune n'était assez chaude.

Après avoir mangé, je suis restée dans la cuisine pendant environ une demi-heure, jusqu'à ce que l'air encore chaud de la cuisson se soit complètement dissipé, puis je suis retournée dans ma chambre.

J'étais la seule dans l'appartement parce que, tu vois, c'était Noël, et les gens fêtaient avec leurs familles et leurs amis. J'ai appelé et envoyé des messages aux miens, mais c'était à peu près tout. J'ai passé le reste de la journée à regarder les photos envoyées par ma famille dans notre groupe, à regarder les stories et les photos d'autres personnes sur WhatsApp, Snapchat et Instagram, à regarder Vlogmas sur YouTube, et à souhaiter avoir des amis avec qui célébrer.

Une semaine plus tard, c'était enfin la fin de l'année. Je n'avais jamais souhaité qu'une année se termine autant que je le souhaitais pour 2017. Ça avait été l'année la plus difficile de ma vie, chaque mois apportant son lot d'ennuis. Des moments de joie étaient parsemés çà et là, et j'en étais reconnaissante, mais j'étais prête à être *heureuse* de façon plus constante.

Parmi les faits marquants de l'année, il y avait le fait que j'allais intégrer l'Université de Roosevelt. Effectivement ! Quelques jours après le départ de ma maman et avant Noël, mon autre grande sœur Sophie m'avait appelée. Elle voulait prendre de mes nouvelles, voir comment les choses se passaient et me faire savoir qu'elle prévoyait de me rendre visite depuis la Chine où elle vivait. Elle viendrait en mars, pendant les vacances du Nouvel An chinois.

Sophie et moi échangions des messages, mais ne nous appelions pas souvent. Elle ne connaissait pas non plus tous les détails de ma situation. Je ne les cachais pas ; je n'en parlais tout simplement pas. Elle savait que j'avais dû changer d'école et étudier à Berlitz pour gagner du temps ; elle savait que j'avais été admise à Roosevelt, mais elle ignorait que je n'avais pas les moyens d'y aller et elle ne connaissait pas mes échéances.

Alors, pendant notre appel, nous avons parlé, et nous avons parlé de tout. Je lui ai parlé du plan de paiement qui était proposé aux étudiants étrangers de mon école, mais pour lequel je n'étais pas éligible parce que je n'avais pas de garants remplissant les conditions. Elle s'est portée volontaire pour être ajoutée à ma demande en plus de ma maman, et allait elle-même aider à payer mon premier semestre.

Les cours devaient commencer le 16 janvier 2018, et la date limite pour demander un I-20 était une semaine avant. Avec les vacances, cela signifiait que je n'avais que quelques jours pour déposer ma demande d'I-20 et de transfert de dossier SEVIS. Heureusement, après avoir suivi ce processus un million de fois, je savais déjà comment il fonctionnait et j'avais déjà préparé la plupart des documents.

Une fois de plus, à la toute dernière minute, quelque chose s'est finalement produit pour moi. Je ne pouvais pas me plaindre. C'était mon cadeau de Noël et mon miracle de fin d'année.

J'envisageais l'année à venir avec optimisme. Après ce que j'avais vécu en 2017, 2018 allait forcément être mon année. J'allais être une jeune étudiante de master. J'allais trouver un emploi et avoir assez d'argent pour payer mon loyer et mes dépenses personnelles, afin que ma maman puisse respirer un peu. J'allais de nouveau m'abonner à ma salle de sport préférée. J'allais me faire faire des soins du visage toutes les deux semaines pour me débarrasser de mon acné et de mes taches. J'allais me faire faire les ongles tous les mois avec les amies que j'allais me faire dans le cadre de mon programme. J'allais explorer Chicago et voyager. J'allais fêter mon anniversaire et avoir un gâteau avec des bougies. J'allais être *heureuse*.

Environ une heure avant minuit le 31 décembre, j'ai sorti mon agenda pour faire le point sur l'année écoulée, écrire mes objectifs pour la nouvelle et les confier à Dieu.

À propos de 2017

Négatif : Probablement la pire année de ma vie (j'ai tellement pleuré ; je me suis sentie super seule, j'ai eu tellement de challenges ; j'ai douté de moi ; j'ai pensé que Dieu n'entendait pas mes prières, etc.)

Positif : Mais aussi l'année au cours de laquelle j'ai le plus grandi ; j'ai pris conscience de certaines choses et j'ai mûri. La principale chose que j'ai apprise : FAIRE CONFIANCE À DIEU (de tout mon cœur) ! Il écoute. « Il ne faut pas assimiler l'obscurité au silence de Dieu. »

Positif : Sarah et maman m'ont rendu visite, j'ai été admise à Roosevelt, j'ai pu prolonger mon séjour aux États-Unis, je suis allée à New York pour fêter mon premier Thanksgiving.

Positif : J'ai appris à être patiente et reconnaissante pour ce que j'ai.

Négatif : J'ai failli sombrer dans la dépression (peut-être que c'était le cas...).

Négatif : J'ai eu des problèmes de peau.

Négatif : Je n'ai pas réussi à économiser de l'argent.

Négatif : J'ai rompu avec Lucas.

Positif : Je me suis confessée avant Noël pour la première fois depuis trois ans.

Positif : J'ai commencé à me rapprocher de Dieu.

Négatif : Je n'ai pas réussi à déménager.

Négatif : J'ai été seule le jour de mon anniversaire et je n'ai pas eu de gâteau.

Négatif : J'ai passé Noël et le Nouvel An seule.

Négatif : Je n'ai pas trouvé de travail.

Négatif : Je n'ai pas eu d'amis.

Objectifs et souhaits pour 2018

- Obtenir un stage d'été dans le cabinet de mes rêves (Deloitte).

- Déménager et payer mon propre loyer.

- Fêter mon anniversaire ailleurs qu'à Chicago et avoir un gâteau.

- Avoir des objectifs pour le Carême et les atteindre.

- Être une meilleure personne en général.

- Acheter et personnaliser un agenda LifePlanner de chez Erin Condren (une fois que j'aurai trouvé un job).

- Être plus proche Dieu.

- Faire de l'exercice régulièrement et boire plus d'eau.

- Obtenir un poste d'assistanat pour le semestre d'automne.

- Aller au concert d'Ed Sheeran en octobre. 😊

- Trouver un job.

- Acheter le Google Pixel 2 XL.

J'ai fini de tout écrire quelques minutes avant minuit. J'étais assise sur le rebord de mon lit, face à la croix en bois que j'avais placée au zénith de ma chambre : l'espace entre le mur de mon placard et le plafond. Les prêtres de mon collège offraient ces croix à tout le monde pour leur première communion. J'avais pris la mienne huit ans plus tôt et j'ai gardé ma croix depuis.

Mon agenda était ouvert dans mes mains alors que j'attendais avec impatience de passer en 2018. Comme c'était le cas ces derniers temps, j'étais seule dans l'appartement. Plus tôt dans la journée, j'étais descendue au rez-de-chaussée pour recharger ma carte de buanderie. Je n'ai vu ni entendu personne, à l'exception de la sécurité, en descendant et en remontant. Je pensais également être seule dans l'immeuble, jusqu'à ce que nous soyons à soixante secondes du Nouvel An. Les gens ont commencé à compter à rebours, et leurs voix semblaient provenir des nombreux bars environnants, mais aussi de mon immeuble. Elles étaient toutes désynchronisées, mais je pouvais en entendre certaines plus clairement que d'autres.

« CIIIIINQ... QUAAAAATRE... TROOOIIIS... DEEEEUXX... UUUUN... BONNE ANNÉÉÉÉÉE !!! »

Dès que j'ai entendu ces deux derniers mots, des flots de larmes inattendus se sont frayés un chemin sur mes joues ; ils venaient des profondeurs inconnues de mon âme. J'ai lentement hoché la tête, reconnaissant tous les moments douloureux que j'avais vécus. J'ai fermé les yeux, pressé mon agenda contre ma poitrine et laissé les larmes effacer la douleur.

Maintenant que j'avais eu mon épreuve, celle que j'avais espérée et attendue, les choses allaient enfin s'améliorer.

J'ai essuyé mes larmes et j'ai prié pour que Dieu m'aide à atteindre mes objectifs. J'ai prié pour ma famille et j'ai prié pour mes amis. J'ai envoyé un message de bonne année à tout le monde.

J'étais prête et avais hâte de voir ce que 2018 me réservait.

Ce sera mon année.

Les rêves deviennent réalité, et les miens le deviendront aussi

CHAPITRE 6

LA THÉRAPIE, PEUT-ÊTRE ?

Pour obtenir un MBA à l'Université Roosevelt, il fallait suivre entre douze et seize cours, selon que l'étudiant avait une ou deux spécialisations. Étant donné que je voulais travailler dans le conseil en gestion, j'ai pensé qu'il était logique d'avoir une spécialisation en gestion. Les frais de scolarité dépendaient du nombre total de crédits, donc plus le nombre de cours (et de crédits) était élevé, plus les frais étaient élevés. Ainsi, lorsque j'ai rencontré ma conseillère pédagogique pour m'inscrire à mes cours, j'ai choisi de ne faire qu'une seule spécialisation. Ce n'était pas seulement pour des raisons financières, mais aussi parce qu'à ce moment-là, rien d'autre ne m'intéressait. Nous avons également passé en revue les exigences pour maintenir un bon statut en tant qu'étudiante en général, et en tant qu'étudiante étrangère en particulier.

Avec mon option à une spécialisation, j'allais devoir suivre un total de douze cours. Je ne pouvais pas avoir plus de deux C pendant toute la durée du programme ; je ne pouvais reprendre un cours qu'une seule fois et je ne pouvais pas reprendre plus de deux cours. Je n'avais pas l'intention de rater mes cours ou d'avoir intentionnellement de mauvaises notes, mais j'avais l'impression que je n'avais pas beaucoup de marge d'erreur non plus.

De plus, comme c'était le cas pour tous les étudiants étrangers dans toutes les écoles, il y avait des exigences spécifiques liées à mon statut et à la façon de le conserver. Je devais être inscrite à temps plein chaque semestre, ce qui signifiait que je devais valider au moins neuf crédits par semestre. Je ne pouvais pas suivre plus d'un cours en ligne pendant les semestres de printemps (de janvier à mai) et d'automne (d'août à décembre). Mais en été (de mai à août), je pouvais suivre autant de cours en ligne que je le souhaitais, car ce semestre était considéré comme facultatif. Je ne pouvais pas manquer plus d'un certain nombre de jours de cours, avec ou sans raison valable, et mon assiduité ne pouvait pas descendre en dessous de soixante-dix pour cent.

J'ai rempli le formulaire de déclaration de spécialisation pour confirmer que la gestion était ma seule spécialisation, et je me suis inscrite à quatre cours : trois cours fondamentaux en présentiel et un cours en ligne. Dès que ma conseillère pédagogique m'a dit que c'était une option, je lui ai fait savoir que je voulais prendre des cours d'été. Mon intention initiale était de « rattraper » le temps que je pensais avoir perdu en suivant des cours de langue supplémentaires au lieu d'aller à la « vraie » école.

Je me sentais à la traîne ; j'avais du mal à accepter l'idée d'être diplômée une année entière après tous ceux que je connaissais. Je pensais que commencer un programme de deux ans (quatre semestres) en janvier 2018 signifiait n'obtenir mon diplôme qu'en décembre 2019. Mais dès que j'ai réalisé qu'il y avait une possibilité de suivre des cours d'été et d'obtenir le diplôme plutôt en mai 2019, j'ai sauté sur l'occasion. Comme tu le liras bientôt, j'ai appris plus tard à laisser tomber cette idée de suivre un calendrier précis pour me sentir « sur la bonne voie ».

Mes cours sur le campus avaient lieu tous les mardis, mercredis et jeudis, de 18 heures à 20 heures 30. J'étais la seule étudiante étrangère dans deux d'entre eux, ce qui n'était pas une mauvaise chose mais me mettait parfois mal à l'aise. J'allais avoir vingt-deux ans en mars et j'étais probablement la plus jeune de tous mes camarades. Mes camarades de classe étaient tous des professionnels qui travaillaient le jour et venaient à l'école le soir. Surtout au début du programme, je pensais que je ne serais pas à la hauteur à cause de mon expérience professionnelle limitée, mais j'avais tort. Le cours en ligne se déroulait à mon rythme, avec une date limite pour le terminer, ce qui me donnait une certaine flexibilité quant au moment où je devais le suivre, et au temps que je devais y consacrer chaque jour.

Alors que mon deuxième cours d'analyse quantitative se terminait le mercredi de la deuxième semaine de cours, j'ai pensé à ma demande de I-20 et au fait que je n'avais toujours pas reçu de réponse. Y penser m'empêchait de dormir, et même si je voulais croire que tout irait bien, j'étais inquiète. En général, il ne faut pas plus de deux semaines pour qu'un I-20 soit délivré, alors le fait que ma demande était toujours en attente m'a fait craindre que quelque chose n'allait pas.

J'ai rassemblé mes affaires et j'ai quitté la salle de classe pour rentrer chez moi. En marchant dans le couloir vers l'ascenseur, je regardais autour de moi, écoutant les gens discuter mais ne prêtant pas beaucoup d'attention à ce qu'ils disaient. Au bout du couloir, il y avait un espace pour s'asseoir dans un coin avec des fenêtres allant du sol au plafond. J'ai marché jusque-là et je me suis assise sur la chaise rouge contre le mur vert clair. J'étais au douzième étage et je regardais le Lake Michigan, même si l'obscurité de la nuit m'empêchait de le voir, à l'exception des reflets scintillants de la lumière sur les vagues. *J'aime cette école. S'il te plaît, ne la laisse pas disparaître comme DePaul. Je ne sais pas ce que je ferai si je ne peux pas la fréquenter, d'autant plus que ma période de grâce sera bientôt terminée. S'il te plaît, fais que ça marche. Permets-moi d'avoir mon I-20.*

Je ne sais pas combien de temps je suis restée sur cette chaise rouge.

Environ une semaine plus tard, j'étais chez moi en train de regarder un film quand j'ai reçu un e-mail du Bureau des étudiants étrangers. Mon I-20 avait été approuvé et était prêt à être récupéré. « Youpii ! Youpiiii !! Youpiiiii !!! » J'ai sauté de mon lit avec excitation et j'ai fait une petite danse du *bonheur* dans ma chambre, sautant et tournant en rond. J'ai levé mon téléphone vers la croix. « Merci, merci, merci beaucoup !!! » Je n'arrêtais pas de sourire. Je n'ai pas immédiatement informé ma famille ; je voulais m'assurer que tout allait bien avant de dire quoi que ce soit. L'e-mail était arrivé peu après 16 heures, ce qui ne me laissait pas assez de temps pour me rendre au Bureau des étudiants étrangers avant qu'il ne ferme à 17 heures.

Le lendemain, je suis arrivée à l'école vers 16 heures 30 et j'ai récupéré mon I-20 avant les cours. En sortant du bureau, je me suis assise dans le hall d'entrée et j'ai ouvert l'enveloppe. *Le nom est correct ; le numéro d'identification SEVIS est là ; la signature de la responsable académique n'est pas géniale mais ça va ; la date de délivrance est correcte... Attends, quoi ?!* Ma bouche s'est ouverte toute seule quand j'ai regardé la date d'expiration. *Décembre 2019 ?!* Pour je ne sais quelle raison, je pensais que mon I-20 ne serait délivré que pour ma première année, et que je devrais soumettre à nouveau les documents requis pour le prolonger pour la deuxième année.

Ma bouche s'est refermée en un sourire et j'ai poussé un soupir de soulagement. J'ai sorti mon stylo bleu et signé mon nouvel I-20 avant d'en prendre une photo et de l'envoyer à ma maman et à mes sœurs. *Quelle journée glaciale parfaite !* Ce fut l'une des expériences les plus libératrices. Je n'allais plus m'inquiéter de trouver des moyens de rester dans le pays. Mon statut légal était valable pour deux années entières ; il me suffisait de le conserver.

L'euphorie a fini par s'estomper au bout de quelques jours, et je n'étais pas heureuse aussi souvent que je l'espérais. Je pouvais même à peine passer une semaine sans pleurer. Les difficultés financières, le froid, la solitude, la recherche d'emploi, le chagrin d'amour... je pleurais pour l'une de ces raisons, ou pour toutes à la fois.

En février, j'avais épuisé toutes mes économies et je ne m'achetais même plus de trucs pour moi. J'en suis arrivée au point où j'ai dû retourner dans les magasins certaines choses que ma maman m'avait achetées lors de sa visite, afin d'utiliser l'argent pour les dépenses supplémentaires liées à l'école ; les livres étaient l'une d'elles. Je ne pensais pas qu'ils étaient si importants jusqu'à ce que je manque de ne pas être notée pour mon premier devoir de comptabilité. Le livre pour ce cours coûtait plus de 100 dollars, ce que je ne pouvais pas me permettre de dépenser pour un seul livre.

Je me souviens d'avoir fait ce devoir le matin où il devait être rendu avec une camarade de classe qui partageait son livre avec moi. Alors que je le rédigeais sur ma feuille et que je jetais un coup d'œil dans son livre, ça m'a rappelé les fois où je partageais mes livres avec des camarades de classe qui n'avaient pas les moyens de se les payer. Je partageais, sans penser autre chose que le simple fait que j'aidais quelqu'un. Je partageais, mais je ne savais pas ce que ça faisait d'être de l'autre côté ; ce jour-là, j'ai su. En grandissant, je n'ai pas eu de difficultés à aller à l'école ou à acheter des fournitures scolaires. Je suis sûre que ce n'était pas toujours facile, mais je n'ai jamais vu à quel point c'était difficile. J'allais simplement à l'école sans vraiment me demander comment c'était possible.

Ce que j'ai fini par faire, c'était louer des livres d'occasion sur Amazon, ce qui a bien fonctionné. Ils étaient encore en bon état, et je n'allais pas en avoir besoin après la fin du semestre de toutes façons, alors je les ai rendus à la fin du semestre.

Demander plus d'argent à ma maman n'était pas une option. Du moins, je ne la considérais pas comme telle. Elle payait déjà beaucoup pour mon école, mon loyer et mes factures chaque mois. En parlant de factures, j'étais officiellement la seule locataire de l'appartement. Mes colocs avaient fini par déménager pour vivre avec d'autres personnes parce que le problème de chauffage n'avait pas été résolu, malgré nos multiples plaintes et requêtes. Elles revenaient dans l'appartement à de rares occasions pour déposer et/ou prendre quelques affaires avant de repartir tout de suite. L'appartement était un congélateur reflétant les températures extérieures qui descendaient jusqu'à moins vingt degrés certains jours. La seule source de chaleur que j'avais était la cuisinière.

Maintenant que je fréquentais une « vraie école », je voulais trouver un emploi pour subvenir à mes besoins, mais ça ne s'est pas produit. Trouver un emploi était un processus laborieux, surtout pour les étudiants étrangers. J'ai participé à de nombreux ateliers sur l'emploi organisés par le Bureau des étudiants étrangers de mon école, ce qui m'a permis de réaliser à quel point ma vie allait être compliquée aux États-Unis.

En tant qu'étudiante étrangère, je pouvais légalement travailler aux États-Unis de trois façons : hors du campus grâce à la Formation pratique facultative (Optional Practical Training, ou OPT en anglais), hors du campus grâce à la Formation pratique dans le cadre d'un programme d'études (Curricular Practical Training, ou CPT en anglais), ou sur le campus.

Les étudiants pouvaient travailler en faisant usage de l'OPT avant d'obtenir leur diplôme tout en étant inscrits à un programme (OPT avant diplôme), mais ils l'utilisaient généralement pour travailler à temps plein après l'obtention de leur diplôme (OPT post diplôme). Les deux étaient limités à une période combinée de douze mois, sans possibilité de renouvellement pour la plupart des étudiants. Les étudiants en sciences, technologie, ingénierie et mathématiques (STIM) pouvaient bénéficier d'une prolongation de deux ans sur l'OPT post diplôme sous certaines conditions.

J'étais étudiante en commerce, et non en STIM, et je n'avais donc droit qu'à un an d'OPT après l'achèvement de mes études. Je ne voulais pas demander un OPT avant diplôme parce que je voulais bénéficier d'une année complète d'OPT après l'achèvement de mon programme. Je reviens plus en détail sur le processus éprouvant de demande et d'obtention de l'OPT plus loin dans ce livre.

Le CPT, quant à lui, était utilisé pour les emplois qui étaient partie intégrante d'un programme universitaire, ou pour les stages qui étaient directement liés au domaine d'études.

Dans mon cas, comme mon MBA n'exigeait pas de semestre de travail, je ne pouvais utiliser mon CPT que pour un stage. Ce stage devait donner droit à des crédits académiques et ne pas dépasser vingt heures par semaine lorsque l'école était en session, avec la possibilité de travailler jusqu'à quarante heures pendant les vacances.

Le CPT à temps plein était limité à douze mois, consécutifs ou non. Si je travaillais à temps plein pendant plus de douze mois en utilisant mon CPT, je n'aurais plus droit à l'OPT.

Cependant, pour être éligible au CPT, je devais effectuer au moins une année académique (deux semestres consécutifs, à l'exclusion des cours d'été et des cours de langue). Je n'aurais pu utiliser le CPT au cours de mon premier semestre que si un stage était requis dans le cadre de mon programme, ce qui n'était pas le cas. Une fois éligible, et après avoir reçu une offre d'emploi spécifiant les dates de début et de fin du travail, je demanderais une lettre d'appui à la responsable académique de l'école pour demander un numéro de sécurité sociale, sans lequel je ne pouvais pas travailler légalement.

Sans lettre d'appui de l'école, je ne pouvais pas demander de numéro de sécurité sociale. Avec moins de deux semestres terminés et aucune offre d'emploi, je ne pouvais pas demander de lettre d'appui. Je reviendrai aussi plus tard sur ma procédure de demande de CPT.

Ma seule option était donc un emploi sur le campus. L'emploi sur le campus était limité à douze heures par semaine dans mon école, et les opportunités n'abondaient pas vraiment. J'ai postulé à plusieurs jobs sur le campus, mais soit je ne recevais pas de réponse, soit ma candidature était rejetée.

Mon sommeil et ma peau ne s'étaient pas améliorés. Je n'allais à l'école que le soir, ce qui signifie que je passais beaucoup de temps dans ma chambre glaciale. Bien sûr, les devoirs m'occupaient, mais ils ne prenaient pas toute la journée. Il faisait froid à l'intérieur et à l'extérieur de mon appartement, et à 16 heures, le soleil avait disparu. Un mélange qui n'est pas très propice à une bonne nuit de sommeil, et les heures pendant lesquelles je réussissais à dormir n'étaient certainement pas pour la beauté.

Mon cœur ne s'était pas non plus complètement remis de ma rupture avec Lucas. Je ne recevais plus autant de commentaires sur ma décision, mais Lucas était manifestement toujours en colère contre moi. Nous étions restés en contact, mais ne parlions pas de choses personnelles. J'ai toujours défendu l'idée de rester amis après une rupture (oui... je sais, je sais), ou au moins de ne pas se détester, alors je ne voulais pas ne plus lui parler. Malheureusement, nos conversations, d'une manière ou d'une autre, se terminaient presque toujours par le fait qu'il me rappelait ce que j'avais fait de nous. Il me disait des choses que je ne savais même pas qu'il pouvait penser de moi.

Cela, en plus de tout ce que je vivais, m'a fait comprendre qu'il était temps que je commence à voir quelqu'un. Un thérapeute, bien sûr.

Roosevelt avait un centre de santé et de bien-être où les étudiants pouvaient prendre rendez-vous avec des conseillers médicaux pour obtenir de l'aide en cas de problèmes de santé mentale. Je passais parfois devant ce centre en allant à la bibliothèque, sans penser que j'aurais un jour besoin de ses services.

Consulter un conseiller, un thérapeute, un psychologue, un psychiatre ou tout autre professionnel de la santé mentale n'est pas vraiment dans ma culture ; ce n'est pas quelque chose que les gens font, ou dont ils parlent. Quand ils en parlent, la plupart disent que ce sont des « affaires de Blancs ». Mais à ce moment-là, le simple fait de regarder des vidéos YouTube de personnes vivant des expériences de rupture similaires ne suffisait plus à me faire me sentir mieux. Bien que ces vidéos m'aient aidée à réaliser que je n'étais pas seule et que j'avais une raison valable de vouloir être célibataire, je traversais bien plus qu'une simple rupture. Tout le processus de découverte et de travail sur moi-même ne se passait pas très bien, et j'avais besoin de parler à quelqu'un. J'avais besoin de l'aide de quelqu'un qui ne me connaissait pas.

Alors, un jour, je suis allée au centre de bien-être environ une heure avant les cours. J'ai rempli un formulaire avec mes informations personnelles et une brève raison de ma visite, puis je l'ai remis au réceptionniste. Il a souri et m'a indiqué d'un geste les chaises de la salle d'attente. Je me suis assise et j'ai attendu avec anxiété, ne sachant pas trop comment tout cela allait se passer.

— Danielle ? s'est enquise une femme en entrant dans la salle d'attente depuis l'autre côté du couloir. Elle était blonde et devait avoir la trentaine, et le sourire qu'elle arborait a fait fondre mon anxiété.

— Oui ! Je me suis levée et l'ai suivie.

Nous sommes entrées dans une pièce faiblement éclairée avec deux chaises qui se faisaient face au milieu. « Prenez place où vous le voulez, et je serai de l'autre côté », a-t-elle dit en refermant la porte derrière elle. *C'est un truc psychologique ou quoi ?* Je me suis assise sur la chaise qui faisait face à la porte.

« Alors, qu'est-ce qui vous amène ici aujourd'hui ? » m'a-t-elle demandé en s'adossant à sa chaise. Son sourire ne s'était pas effacé. Après un moment de silence, j'ai commencé à parler.

L'expérience était un peu différente de ce que j'avais imaginé. Je m'imaginais allongée sur un canapé en forme bizarre, fixant le plafond et pouvant à peine exprimer mes sentiments, pendant qu'elle posait des questions et prenait des notes. Tu sais, comme dans les films. Elle n'avait pas de lunettes non plus. Bon... la partie sur la difficulté d'exprimer mes sentiments était tout à fait exacte. Elle hochait aussi la tête pendant que je parlais, se penchait en avant et avait un regard compatissant, alors je suppose que c'était une vraie séance de thérapie.

Nous avons surtout parlé de ma relation avec Lucas et avons à peine abordé d'autres sujets parce que j'avais cours après et que je n'avais réservé qu'une séance de trente minutes. Pour être tout à fait honnête, je ne suis pas sûre qu'avec plus de temps, je me serais ouverte davantage et que j'aurais parlé d'autres choses. Je ne voulais pas être plus vulnérable que je ne l'étais déjà. Je savais que je n'arriverais pas à parler des autres choses que je vivais sans pleurer, et je ne voulais pas pleurer devant une inconnue. Je ne voulais pas qu'on me juge ou qu'on me prenne en pitié. Nous avons donc parlé de Lucas et de la façon dont ma peur de perdre des gens me poussait à m'accrocher à quelque chose dont j'aurais déjà dû me détacher, selon elle.

Avant de mettre fin à la séance, elle m'a demandé de ne pas parler à Lucas et de ne pas lui envoyer de message pendant les trente jours suivants. Mon prochain rendez-vous, si je revenais, aurait lieu deux semaines plus tard. Elle vérifierait alors comment les choses avaient évolué et approfondirait les sujets que nous n'avions abordés que brièvement.

Le poids qui pesait sur mon épaule lorsque je suis entrée dans le centre de bien-être avait à moitié disparu lorsque j'en suis sortie, mais la dernière partie de ma conversation avec la conseillère m'a effrayée, et je n'y suis donc jamais retournée. Je n'ai pas non plus fait immédiatement mon devoir. Il a fallu un autre chantage affectif, le jour de la Saint-Valentin, pour que j'arrête enfin de parler à Lucas. J'avais attendu la fin de ses examens, à la fin du mois, pour lui dire que je ne forcerais plus l'amitié que je voulais tant que nous ayons. Je m'étais pardonnée, et je lui avais pardonné. Et surtout, je ne voulais plus me sentir mal à cause de ce que lui ou les gens pensaient de ma décision. J'étais prête à lâcher complètement prise et le fait que cela signifie ne plus jamais lui parler ne m'effrayait plus.

Sophie a atterri à Chicago la veille de mon anniversaire, le 12 mars. Je suis allée la chercher à l'aéroport juste après mon cours et, tout comme ma maman, elle s'est demandé ce qui était arrivé à mon visage. Et comme je l'ai fait avec ma maman, je l'ai balayé d'un revers de main. J'étais contente de la voir. Nous ne nous étions pas vues depuis près de deux ans lorsqu'elle nous avait rejointes, ma maman, Emma, Nora et moi, alors que nous rendions visite à Naomi à New York, à l'été 2016.

Mon anniversaire tombait un mardi, alors je suis rentrée chez moi directement après les cours pour m'apprêter et porter la robe que j'avais prévue pour l'occasion. J'ai adossé mon miroir contre la fenêtre pour regarder mon reflet entier. Je me suis tournée, puis retournée, et j'ai souri. La robe décolletée marron foncé épousait ma silhouette galbée comme j'aimais. J'ai plissé les yeux devant le reflet du haut de ma poitrine, puis j'ai fait deux pas en avant pour mieux voir mon acné et mes taches. C'était presque comme si je les voyais pour la première fois. Mon sourire s'est évanoui et j'ai soupiré. J'ai passé lentement ma main droite sur mon visage et la partie supérieure de ma poitrine pour sentir les bosses sur ma peau. Le seul maquillage que j'avais était de l'eye-liner et du rouge à lèvres, mais mes sourcils et mes ongles étaient faits.

J'aurais aimé pouvoir voir au-delà de ces imperfections. J'adorais la robe mais je ne pouvais plus sortir avec, pas tant que mon torse n'était pas plus beau. Je l'ai rapidement échangée contre une robe noire à col roulé avec des découpes aux épaules, puis Sophie et moi avons filé dehors. Nous sommes sorties vers 23 heures, un jour de semaine, ce qui signifie que nous avions environ trois heures avant que la plupart des bars et des restaurants ne ferment. Nous sommes allées dans quelques endroits, nous avons mangé et bu des verres. Je n'ai pas eu de gâteau et je n'étais pas dans une autre ville, mais j'ai aimé chaque seconde de cette soirée d'anniversaire et j'étais reconnaissante de ne pas l'avoir passée seule.

Les deux semaines où Sophie est restée ont été très agréables. Nous avons rendu visite à Naomi à New York, et avons toutes les trois passé le week-end de Pâques à Washington, avant de retourner chacune dans nos villes respectives. Ça m'a fait du bien de sortir et de voir des gens, de voyager et de manger des choses différentes, de danser et de rire, de chanter et de jouer. Ça m'a fait du bien de *me sentir en vie*. Ma maman a même commenté les photos que nous lui avons envoyées en disant que j'avais repris des couleurs. J'avais encore de l'acné et des taches, mais je suppose que le fait de ne pas pleurer tous les jours pendant deux semaines entières a amélioré mon apparence générale.

C'était une pause bien nécessaire avant ce qui allait s'avérer être l'une de mes pires expériences de l'année, me ramenant aux jours sombres de mon enfance.

Les rêves deviennent réalité, et les miens le deviendront aussi

CHAPITRE 7 :

OUPS

En janvier, j'ai fait part à ma maman de mon désir de suivre des cours d'été pour obtenir mon diplôme en mai 2019 plutôt qu'au mois de décembre de la même année. Elle n'était pas sûre de ce que ça donnerait sur le plan financier, alors elle m'a demandé d'attendre. Je ne voulais pas lui mettre la pression ; le fait même que je commence l'école était déjà un miracle, et je savais qu'elle en faisait beaucoup, alors j'ai attendu. J'ai attendu et prié ; j'ai espéré et j'ai cru.

Trois mois plus tard, début avril, elle m'a envoyé un message pour me dire que je pouvais m'inscrire à mes cours d'été. Les dizaines d'emojis souriants et dansants que je lui ai envoyés représentaient bien ce qui se passait. Elle a ri et m'a demandé des informations sur le plan de paiement pour ce semestre.

Je ne saurais dire à quel point j'ai remercié Dieu d'avoir répondu à mes prières. Plus qu'un moyen de rattraper mes cours, aller à l'école pendant l'été promettait de me tenir occupée. Je ne voulais pas passer un autre été, seule dans ma chambre, à regarder le soleil se lever et se coucher.

À l'approche de la fin du semestre, il est devenu évident que je ne travaillerais pas sur le campus, puisque les jobs sur le campus ne duraient que pour la durée du semestre. La frustration de chercher un emploi sans en trouver un augmentait de jour en jour. Les jobs sur le campus payaient entre 10 et 14 dollars de l'heure pour un maximum de douze heures par semaine, donc travailler sur le campus ne couvrirait même pas la moitié de mon loyer. Je voulais juste quelque chose pour pouvoir au moins faire mes courses moi-même ou me faire plaisir de temps en temps. Et encore une fois, si pas pour moi, pourquoi Dieu ne le faisait-il pas pour ma maman ?

Les nombreuses questions que je me posais étaient particulièrement déroutantes maintenant que je lisais la Bible tous les jours (ou du moins que j'essayais de le faire), que j'allais toujours à la messe tous les dimanches et que je faisais de mon mieux pour être et rester positive, même lorsque je me sentais au plus bas. Je pensais que je faisais ce qu'Il voulait que je fasse. Je pensais qu'Il rendrait mes chemins droits.

Le fait de ne pas trouver de job ne m'a pas empêché de rêvasser à l'idée d'aller à l'école pendant l'été, et j'étais reconnaissante que cela se produise. *Peut-être que c'est à ce moment-là qu'Il me donnera un job. Peut-être que c'est à ce moment-là que j'aurai des amis, que je sortirai, que je me ferai les ongles, que je prendrai soin de ma peau et que je serai heureuse. Ou peut-être que je demande trop de choses à la fois ? Peut-être que seulement une prière peut être exaucée à la fois ?*

Je me suis inscrite à mes cours d'été vers la fin du mois d'avril. À l'époque, l'Université Roosevelt avait deux campus principaux : le campus du Loop, dans le centre-ville de Chicago, et le campus de Schaumburg, dans la banlieue nord-ouest. L'école proposait la plupart des cours sur les deux campus en automne et au printemps. Les miens étaient au centre-ville au printemps, mais ceux auxquels je me suis inscrite pour le semestre d'été n'étaient proposés qu'à Schaumburg. Ce campus se trouvait à environ une heure et demie de chez moi en métro.

L'été étant un semestre facultatif, je n'aurais plus accès à certains avantages pour les étudiants, comme le U-Pass, la carte de transport qui permettait aux étudiants de prendre le métro et le bus gratuitement pendant les périodes académiques normales. Je ne savais pas exactement comment j'allais me rendre sur le campus et en revenir trois fois par semaine avec mes ressources limitées, mais ça n'avait pas d'importance. J'allais me débrouiller. J'allais peut-être trouver un job sur le campus.

L'après-midi du 7 mai, deux jours après la fin de mon semestre et environ une semaine avant l'expiration de mon U-Pass, je suis allée à Schaumburg pour visiter le campus. Très différent du campus du centre-ville, mais chacun avait son propre charme.

Il ne se passait pas grand-chose à Schaumburg, ce à quoi je m'attendais un peu en raison de sa situation en banlieue. Il n'y avait pas de magasins, de restaurants ou de gratte-ciel autour du campus. Le campus du centre-ville était un bâtiment de trente-deux étages avec vue sur la ville et le Lake Michigan, tandis que le campus de Schaumburg était un bâtiment d'un seul étage étendu dans un quartier calme.

C'était une journée magnifique. Le soleil rayonnait à travers les fleurs en éclosion des arbres entourant le campus, et j'ai pris des dizaines de photos du magnifique paysage. Je me voyais bien étudier là-bas, mais heureusement que ce ne serait que pour un semestre, car je n'allais pas tarder à avoir besoin de ma « dose de ville ». Les gens semblaient aussi beaucoup plus sympas et accueillants à Schaumburg. Ils n'étaient pas nécessairement impolis à Chicago, mais tout le monde ne me saluait pas ou ne me souriait pas à chaque fois que j'entrais dans un bâtiment. Le campus n'était pas immense, mais suffisamment grand pour que je me perde en essayant de trouver mon chemin vers la sortie.

Je suis rentrée chez moi ce jour-là, contente d'avoir fait le voyage. J'avais hâte de commencer mes cours. Les jours suivants ont également été très agréables. L'été était là de bonne heure, surtout pour une ville où il fait froid huit mois par an. Le beau temps et la hâte d'aller à l'école m'ont fait me sentir mieux, alors j'ai recommencé à sortir marcher.

Quelques jours plus tard, ma maman et moi échangions par messages et nous avons fini par parler de l'école. Nous avions déjà raté le premier versement de mon semestre d'été, et le second était dû une semaine plus tard. Lorsque j'ai demandé si elle pourrait encore payer les frais de scolarité pour le semestre, elle a répondu par la négative. Mon cœur s'est brisé avant de s'enfoncer dans mon estomac. Le peu de joie que je ressentais, la lumière que j'avais commencé à voir... tout a été aspiré pour faire place à la douleur.

Je ne comprends pas. À quoi ça servait d'exaucer ma prière si c'était pour la révoquer plus tard ? Tu l'as fait exprès ? Qu'est-ce que je vais faire pendant quatre mois entiers, en supposant que j'aille à l'école en automne ?

J'ai envoyé à ma maman un simple emoji triste et lui ai dit que ce n'était pas grave, mais des torrents de larmes coulaient sur mon visage.

Je ne savais pas quoi faire. J'étais confuse et j'avais besoin de parler à quelqu'un, alors j'ai appelé la seule personne qui m'avait entendue pleurer une dizaine de fois.

— Allô ?

— Hey, Lucas, c'est moi. Ma voix était tremblante. Je sais qu'on n'est pas censés se parler en ce moment, mais s'il te plaît, écoute-moi ; ne raccroche pas. Je te promets que je ne serai pas longue. C'est juste que je ne sais pas à qui d'autre parler.

Je me suis agrippée à mon téléphone, pressant mes yeux pleins de larmes et espérant qu'il n'allait pas me raccrocher au nez. C'était notre premier appel depuis la fin du mois de février. Nous avions échangé quelques messages çà et là, mais juste pour se dire bonjour. Il m'avait souhaité un joyeux anniversaire, et j'en avais fait de même pour le sien.

— D'accord, je t'écoute.

— Je ne sais pas ce qui ne va pas chez moi ou dans ma vie, ou si c'était une erreur de venir ici. Depuis que j'ai mis les pieds dans ce pays, des choses bizarres m'arrivent. J'essaie de rester positive ; j'essaie de ne pas laisser les pensées négatives prendre le dessus, mais on dirait que tout ça ne sert à rien. Je viens juste de commencer l'école ce semestre et même ça, c'était un miracle. En janvier, j'ai demandé à ma maman si je pouvais m'inscrire à des cours d'été, pour ne pas m'ennuyer seule à la maison comme l'été dernier. Au début, elle n'était pas sûre et m'a dit d'attendre, et c'est ce que j'ai fait. Mais j'ai prié tellement fort, tu n'as pas idée à quel point. Chaque fois que j'allais à la messe, chaque jour quand je me réveillais, chaque soir avant de dormir, au milieu de la nuit quand je n'arrivais pas à dormir, je priais juste pour pouvoir aller à l'école pendant l'été. Il y a quelques semaines, elle m'a dit que je pouvais m'inscrire à mes cours, et j'étais tellement heureuse ! Je me suis inscrite à mes cours, qui se déroulent tous sur un autre campus, à Schaumburg, un peu comme une autre ville. J'y suis allée l'autre jour pour voir comment c'était, et j'ai adoré. C'était tellement beau, et j'avais tellement hâte.

Puis aujourd'hui, elle m'a dit qu'elle n'allait plus pouvoir payer mes cours. Je ne suis pas fâchée contre elle ; c'est juste que je ne comprends pas pourquoi tout ça arrive et ce que je suis censée faire. C'est la seule chose qui me donnait un peu d'équilibre ces dernières semaines. Ce semestre a été tellement difficile. Oui, Sophie m'a rendu visite et nous nous sommes bien amusées, mais tu ne sais pas ce que j'ai enduré avant et même après. Je n'ai aucune source de revenu. Tout l'argent que j'ai va dans les trucs pour l'école ou dans des dépenses aléatoires auxquelles je ne m'attendais pas. Ces derniers mois, je paie mon loyer en retard parce que ma maman a beaucoup de choses à payer à la fois, et maintenant l'argent supplémentaire qu'elle envoie normalement pour moi sert à payer les frais de retard. J'ai annulé tous mes abonnements pour économiser de l'argent : Netflix, Spotify, Amazon Prime, tout. J'ai même annulé mon abonnement à la gym. J'essaie de ne pas manger plus de deux fois par jour et de ne faire des courses que toutes les deux semaines. J'ai cherché des jobs, mais je n'y suis pas éligible pour le moment.

Qu'est-ce que je suis censée faire d'autre, Lucas ? Qu'est-ce que je suis censée faire d'autre ? Pourquoi tout ça m'arrive ? Ça fait un an, je ne comprends pas. Si je dois partir, alors je le ferai, mais j'ai juste besoin de savoir. Je suis tellement fatiguée, Lucas. Je suis tellement fatiguée de tout ce qui se passe.

J'ai parlé, encore et encore. Je ne me suis pas arrêtée, pas une seule fois.

— Wow... je suis vraiment désolé. Je n'avais aucune idée que tu traversais tout ça, a-t-il commencé. Euh... je suis en fait en train d'aller en cours. J'ai un exposé et je suis déjà en retard. Je peux te rappeler ?

— Oui, bien sûr, et merci de m'avoir écoutée. Je me suis essuyé le nez avec mon mouchoir en papier déjà trempé, reniflant encore abondamment.

Je mentirais si je disais que je n'aurais pas voulu entendre plus que ce qu'il avait dit. Je sais qu'il n'essayait pas d'être méchant et qu'il a effectivement rappelé plus tard, mais à ce moment-là, j'avais besoin de plus.

Lorsqu'il a raccroché, les larmes n'ont pas cessé de couler, alors je n'ai plus pris la peine de les essuyer. Les battements dans ma tête se sont intensifiées et tout ce qui m'entourait tournoyait ; ça durait plus longtemps que ce à quoi j'étais habituée. J'avais déjà pleuré auparavant, mais cette fois-ci, c'était différent. Je me tenais au milieu de ma chambre, entre mon lit et mon bureau. J'ai penché ma tête brûlante pour la tenir dans mes mains, puis je l'ai relevée, dans un mouvement qui m'a semblé anormalement lent. Mon souffle était un nuage lourd qui m'enveloppait. Le bavardage et les rires de mes colocs dans le salon n'étaient plus qu'un bruit sourd. Le lit devant moi, le bureau à côté de moi, la porte de la salle de bains derrière moi, le tapis sous mes pieds… tout semblait s'éloigner, m'isolant davantage au centre de cette pièce qui semblait de plus en plus grande. Mes yeux se sont lentement fermés, et je n'entendais plus que le bruit de ma respiration et les battements de mon cœur dans mes oreilles. J'étais dans des sables mouvants en train de dériver, et j'ai failli me laisser aller ; ce, jusqu'à ce que je sente que *quelque chose* allait se passer. Je me suis immédiatement redressée et je me suis forcée à arrêter de pleurer. J'ai essuyé mes larmes et soigné mon visage du mieux que j'ai pu, puis je suis sortie en vitesse pour aller marcher.

Je suis sortie non pas parce que j'en avais envie, mais parce que je craignais ce qui allait se passer si j'avais continué à pleurer. Quand je suis retournée dans ma chambre, je me suis désinscrite de mes cours.

Après quelques jours, j'ai décidé de recommencer à chercher un job, en espérant trouver quelque chose qui ne nécessitait pas de numéro de sécurité sociale. J'ai commencé à chercher sur des sites Internet tels que Craigslist, où les gens publient toutes sortes d'annonces. Malheureusement, beaucoup d'entre elles sont des arnaques, des offres inappropriées ou carrément illégales. Les jobs que j'ai trouvés et qui ne nécessitaient pas de numéro de sécurité sociale ne correspondaient pas à mes valeurs morales, et je n'étais pas prête à les compromettre.

L'argent dont j'avais besoin allait servir non seulement à la vie quotidienne, mais aussi à rembourser George. Au cours de l'une de nos conversations, je me suis enfin ouverte sur ma situation financière. Je ne lui parlais jamais d'argent – ni à aucun autre ami d'ailleurs – parce que je n'avais jamais vraiment eu de problèmes d'argent auparavant.

Je menais une vie plutôt confortable au pays ; ma famille n'était pas la plus riche, mais nous n'étions pas fauchés non plus. Je pouvais m'offrir la plupart des choses que je voulais, dans la limite du raisonnable. Si je ne manquais pas d'argent, ce n'était pas parce que j'étais « lourde » ou « riche », comme certaines personnes le disaient souvent. J'étais peut-être plus stable financièrement que d'autres, mais j'étais aussi disciplinée. À l'époque, j'avais des budgets et des réserves distinctes pour les différentes parties de ma vie. J'économisais au moins la moitié de mon argent de poche sur un compte rémunéré, et même si j'aimais m'offrir de belles choses, je vivais comme s'il y avait effectivement un lendemain. J'étais autonome et j'avais rarement besoin de demander de l'argent à quelqu'un. Lorsque ça arrivait, c'était probablement parce que j'avais besoin de monnaie, que je remboursais dès que possible. Les rares fois où je manquais d'argent, je comptais sur mes économies jusqu'à ce que ma maman se souvienne (ou que je l'aide à se souvenir) qu'elle ne m'avait pas encore donné mon argent de poche.

Perdre le contrôle de mes finances et ne plus pouvoir épargner a été difficile à gérer pour moi et je ne voulais pas en parler. La conversation que j'ai eue avec George au sujet de ma situation financière était très inconfortable et, pour être honnête, j'avais aussi honte. Ma situation me donnait l'impression d'être descendue tout en bas de la pyramide de Maslow, n'essayant plus que de couvrir mes besoins de base alors que je savais qu'à une certaine époque, j'étais plus proche de l'accomplissement personnel.

George menait également une vie confortable et ne s'était jamais plaint (du moins pas chez moi) d'argent, alors je ne pensais pas qu'il comprendrait ce que je vivais. Je craignais même qu'il me regarde différemment. Je savais aussi qu'il essaierait de m'aider, mais je ne voulais pas donner l'impression que je lui parlais de ma situation uniquement pour qu'il puisse m'aider financièrement. Et je ne voulais surtout pas avoir l'impression d'être un fardeau, même si le fait de m'envoyer de l'argent n'aurait que peu ou pas d'impact sur sa vie.

Après avoir insisté, puis ignoré complètement le fait que je lui avais dit que son soutien émotionnel était plus que suffisant, George m'a envoyé de l'argent. Quelques jours après notre conversation, j'ai trouvé 250 dollars sur mon compte PayPal qui venaient de lui. Je travaillais sur moi-même et apprenais à accepter de l'aide, alors je n'ai pas retourné l'argent tout de suite comme cela aurait été le cas des années plus tôt. C'était d'autant plus difficile à faire que je n'acceptais pas l'argent des hommes, à l'exception de ceux de ma famille. J'ai accepté l'argent de George et je l'ai remercié, mais j'ai ressenti le besoin de le rembourser au plus vite, ce que je n'ai finalement pas pu faire.

Une autre raison pour laquelle je suis allée sur Craigslist est que c'était à nouveau la période de l'année où je devais trouver un nouveau logement ; je devais déménager avant le 31 juillet. Pour de vrai, cette fois. J'ai donc cherché sur Craigslist des options moins coûteuses et cette fois, je ne cherchais pas de studios ou d'appartements d'une chambre. Je cherchais à louer une chambre dans un appartement que je partagerais avec d'autres personnes. De nombreuses annonces sur le site ne nécessitaient pas de vérification de crédit, et certaines n'exigeaient pas de frais de dossier ou en demandaient moins, ce qui était très bien étant donné que je n'avais toujours pas de dossier de crédit, pas de numéro de sécurité sociale et pas de revenu.

Cette fois-ci, mon budget était d'environ 900 dollars. Je ne voulais pas déménager trop loin du centre-ville. Je voulais pouvoir me rendre à pied aux endroits que je visitais le plus souvent sans avoir à me soucier des coûts de transport. Vivre dans le West Loop présentait cet avantage et je voulais autant que possible que cela reste ainsi. Je voulais aussi avoir ma propre salle de bains. Je pouvais très bien partager tout le reste, mais je voulais être la seule personne à utiliser ma salle de bains. Tous ces critères ont fini par changer plus tard au cours de l'été après avoir réalisé à quel point il était difficile de les satisfaire avec mon budget.

Naomi a appelé un jour pour savoir ce que j'avais prévu pour l'été. Quand je lui ai dit que je n'irais plus à l'école et que je cherchais un job, elle m'a proposé de la rejoindre à New York où elle m'aiderait à trouver quelque chose. Elle pensait qu'une fois que j'aurais trouvé un job, je pourrais demander un numéro de sécurité sociale avec ma lettre d'offre d'emploi. Plus tard, elle m'a envoyé le lien d'une ouverture chez ASM, un centre sous-traité de service à la clientèle spécialisé dans les marques de luxe à New York. Elle connaissait quelqu'un dans l'entreprise qui lui avait dit qu'ils cherchaient un employé saisonnier (juste pour l'été), alors Naomi m'a recommandée. Elle m'a aidée à adapter mon CV au poste, en insistant pour que je ne garde que deux noms dans mon en-tête si je ne voulais pas être victime de discrimination, car mes cinq noms indiquaient déjà que je n'étais pas du coin. J'ai fait les changements nécessaires, puis j'ai postulé au poste d'ambassadrice e-commerce chez Gucci.

Une réponse positive m'est parvenue quelques jours plus tard : l'entreprise voulait me faire passer un entretien. La première étape du processus consistait en une présélection téléphonique et, en cas de succès, je passerais à la première, puis à la deuxième série d'entretiens en personne.

De : *Spécialiste des ressources humaines*

À : *Moi*

Objet : *Invitation à un entretien téléphonique*

Date et heure : *14/05/2018 à 15 h 06*

Chère Danielle,

Merci d'avoir postulé au poste d'ambassadrice e-commerce chez nous.

Nous sommes un centre de service client spécialisé dans les marques de luxe. Nous recensons plus de 250 collaborateurs dans le monde avec des partenariats de plus de 77 marques de luxe. L'ambassadrice jouera un rôle essentiel dans la prestation des services à la clientèle pour les marques de luxe haut de gamme.

Seriez-vous intéressée d'en savoir plus sur ce poste ? N'hésitez pas à me le faire savoir, et nous pourrons planifier une courte conversation au téléphone cette semaine.

Au plaisir d'avoir de vos nouvelles.

Cordialement,

La spécialiste des ressources humaines

J'ai ressenti un mélange d'anxiété et d'excitation. Cet entretien allait être ma première expérience aux États-Unis et je ne savais pas à quoi m'attendre. J'avais un « cahier d'entretien » dans lequel je conservais une liste des questions et réponses les plus fréquentes aux entretiens, au cas où je serais invitée à un entretien sur le campus. Cela ne s'est pas produit, alors j'imagine que c'était l'occasion de mettre mon cahier à profit.

J'ai envoyé un e-mail à la spécialiste des ressources humaines pour lui faire part de mes disponibilités et elle m'a appelée deux jours plus tard. L'appel devait durer trente minutes, mais nous avons parlé moins de quinze minutes, alors je craignais de ne pas avancer dans le processus. Et je suis sûre qu'elle a senti que j'étais stressée. À ma (bonne) surprise, elle m'a appelée quelques jours plus tard pour confirmer ma disponibilité pour parler avec les responsables des opérations et des ressources humaines au bureau principal de ASM le 22 mai. J'ai évidemment répondu que je pourrais les rencontrer.

Malgré la joie d'avancer dans le processus, mon anxiété est montée en flèche. L'idée d'avoir des conversations avec deux étrangers, entièrement en anglais et pendant plus de quinze minutes, m'a donné des crampes d'estomac tout au long des jours qui ont précédé mon départ. Cependant, j'ai continué à m'exercer à répondre aux questions d'entretien pendant cette période. J'ai regardé des vidéos YouTube de questions d'entretien d'embauche pour le service à la clientèle, parcouru Internet pour trouver plus de questions d'entretien et les réponses plus courantes ; je les ai ajoutées à ma liste et j'ai écrit des scripts dans mon cahier d'entretien. Je me suis exercée avec ces scripts jusqu'à ce que je les mémorise.

La veille de mon départ de Chicago, j'ai fait une petite prière pendant que je faisais ma valise. Je voulais que ce voyage en vaille la peine. Je voulais que ce soit la raison pour laquelle Dieu avait repris mes cours d'été.

S'il te plaît, aide-moi à obtenir ce job. Tu sais à quel point j'ai besoin d'argent en ce moment, et Tu sais à quel point ça va nous aider, ma maman et moi. Tu sais aussi que je dois trouver un nouveau logement bientôt et que je dois payer une caution. Je ne vivrai plus dans un endroit meublé, je devrai donc acheter au moins un matelas, et Tu sais à quel point c'est cher. Et il y a aussi les frais de déménagement. S'il te plaît, aide-moi à obtenir ce job. Je ne T'en veux pas parce que je n'irai plus à l'école ; la raison était peut-être que je devais trouver un job. Je Te demande juste de faire en sorte que ça arrive et si Tu sais que ça n'arrivera pas, ne me laisse pas partir. Annule mon vol ou quelque chose comme ça ; je comprendrai. S'il Te plaît, ne me laisse pas avoir le cœur brisé à nouveau. S'il Te plaît, fais en sorte que ce voyage en vaille la peine.

CHAPITRE 8

OH-OH

Si j'étais sélectionnée pour le poste chez ASM, j'allais être payée 17 dollars de l'heure. Pour un job à temps plein de 40 heures, ça signifiait que mon revenu mensuel brut s'élèverait à environ 2 700 dollars. Je ne savais pas à combien s'élèveraient mes impôts et autres déductions, mais ça n'avait pas d'importance pour moi. Le revenu brut de cet emploi était déjà beaucoup plus élevé que ce qu'il aurait été pour un job sur le campus, beaucoup plus élevé que ce que je pensais même gagner.

J'ai passé mon premier entretien comme prévu le mardi 22 mai dans les bureaux d'ASM à Soho, là où je pensais que je travaillerais si j'étais sélectionnée pour le poste. J'ai rencontré deux managers simultanément, et je ne me souviens pas d'avoir parlé à l'un ou à l'autre pendant plus de vingt minutes. Malgré tout, je suis passée à l'étape suivante, dont on m'a dit qu'elle se déroulerait au siège de Gucci ; c'est là que je travaillerais potentiellement.

La fin de mon entretien a coïncidé avec la pause de Naomi au travail, alors je l'ai rejointe dans un café et je lui ai raconté comment les choses s'étaient passées. Ensuite, je me suis rendue au siège social de Gucci pour localiser mon prochain lieu d'entretien et de travail potentiel. C'était au douzième étage d'un gratte-ciel dans le quartier financier de Manhattan. J'ai pris le métro jusqu'au 195 Broadway Street et je suis descendue à la station Fulton Center. Le soleil était brûlant sur ma peau, et ses rayons étaient des flèches enflammées, menaçant ma vue. J'ai fait de l'ombre sur mon front avec ma main droite et j'ai plissé les yeux pour regarder les bâtiments de l'autre côté de la rue.

Je suis entrée dans le bâtiment des bureaux de Gucci, mais je n'ai pas pu dépasser le hall d'entrée parce que je n'avais pas de badge et que ma visite n'était pas prévue avant le lendemain. Après avoir vu le bâtiment et m'être rappelée que j'allais passer un entretien chez *Gucci*, j'ai décidé qu'il me fallait une nouvelle tenue pour mon entretien. J'ai donc marché jusqu'au magasin H&M le plus proche pour m'acheter quelque chose de nouveau. J'ai pris une robe droite vert forêt qui m'arrivait au genou. Son encolure longeait ma clavicule, s'arrêtait à mes épaules, et les manches bouffantes se nouaient en petits nœuds au niveau de mes coudes. *J'ai hâte d'être à demain.*

Le lendemain matin, j'ai assorti ma nouvelle robe à des collants noirs et à des ballerines noires, puis je me suis rendue à mon entretien. Ma sœur vivait à une trentaine de minutes de là, alors j'ai quitté son appartement une heure avant pour être prudente. Je n'allais pas être en retard à mon entretien parce que le métro de la ligne A s'était arrêté au hasard au milieu de nulle part pendant vingt minutes.

Heureusement, ça ne s'est pas produit. J'étais en fait en avance de quelques minutes, alors j'ai attendu que la personne qui me faisait passer l'entretien vienne me chercher dans la salle d'attente. Le bureau me donnait une vraie impression de Fashion Week, et je me souviens m'être demandé si je me sentirais vraiment à ma place si j'obtenais le poste. Mon cahier d'entretien s'est avéré très utile, et j'étais assez confiante lorsque j'ai quitté le bâtiment après avoir rencontré mes interlocuteurs.

Ils cherchaient quelqu'un pour commencer immédiatement - le lundi suivant - et il ne semblait pas y avoir beaucoup d'autres candidats à interviewer.

Dans le bus qui me ramenait chez moi, j'ai prié et espéré obtenir le poste. Je me voyais travailler là-bas, j'imaginais les choses que je ferais pendant mes pauses et en dehors du travail avec mes collègues, je rêvais ma vie pendant cet été à New York. En plus, j'allais économiser de l'argent pour quand je retournerais à Chicago et où j'emménagerais dans mon nouvel appartement.

— Allô ? J'ai décroché le téléphone sans regarder l'écran parce que j'étais trop occupée à essayer une autre clé pour déverrouiller la porte de l'immeuble où ma sœur habitait. Naomi m'avait donné un trousseau avec toutes les clés de son appartement et de son immeuble, et je n'arrivais jamais à savoir laquelle des clés qui se ressemblaient ouvrait la porte d'entrée.

— Bonjour Danielle. C'est la spécialiste des ressources humaines chez ASM. Je voulais vous faire savoir que nous voulons vous offrir le poste d'ambassadrice e-commerce chez Gucci.

— Oh ... Wow ! Merci ... merci beaucoup ! Je... j'ai hâte de commencer ! Elle m'avait prise au dépourvu. Je n'avais pas encore cherché sur Google comment accepter une offre d'emploi par téléphone, je n'avais donc pas de script.

Elle m'a ensuite expliqué que je devais lui envoyer mon numéro de sécurité sociale pour la vérification des antécédents et pour le prélèvement des impôts. Avant la fin de la journée, elle m'a envoyé par e-mail ma lettre d'offre et d'autres documents administratifs. *Merci, mon Dieu, merci beaucoup !* Je ne pouvais pas m'empêcher de sourire. J'espérais que Naomi avait raison quand elle disait que je pouvais demander un numéro de sécurité sociale avec ma lettre d'offre, bien que je n'aie pas encore effectué une année académique. Lorsqu'elle est revenue du travail, nous en avons parlé, et elle semblait encore confiante.

Le jeudi 24 mai, j'ai envoyé un e-mail à la conseillère pour les étudiants étrangers à Roosevelt pour l'informer que j'avais reçu une offre d'emploi et pour demander une lettre d'autorisation de travail. Elle m'a répondu en demandant si ma requête concernait un emploi sur le campus. J'ai répondu par la négative et elle m'a répondu le mardi suivant :

> **De :** *Conseillère*
>
> **À :** *Moi*
>
> **Objet :** *à propos de : Autorisation d'emploi*
>
> **Date et heure :** *29/05/2018 à 12 heures 12*
>
> *Bonjour Danielle,*
>
> *Vous n'êtes pas éligible pour un emploi hors du campus pour le moment. Vous devez être une étudiante F-1 en quête d'un diplôme pendant au moins une année académique avant d'être éligible pour un CPT ou pour un OPT. Étant donné que vous avez commencé votre programme en janvier, vous ne serez pas éligible avant janvier 2019. Le temps que vous avez passé dans votre ancienne école d'anglais n'est pas pris en compte dans ce délai.*
>
> *Étant donné que vous n'avez pas de permis de travail et que vous n'êtes pas encore éligible pour un CPT ou OPT, je ne peux pas rédiger de lettre pour vous aider à obtenir un*

numéro de sécurité sociale, et vous ne devez pas travailler. Je suis désolée, je suis sûre que cette expérience aurait été utile.

Cordialement,

La conseillère

Je n'ai pas répondu, mais pour être honnête, son e-mail n'était pas une surprise. J'avais déjà entendu cette information ; j'espérais simplement l'avoir mal comprise, comme l'avait suggéré Naomi.

La date de début du job était le 28 mai, mais chez ASM, ils étaient prêts à me laisser commencer le lundi suivant, le 4 juin, à condition que je fournisse tous les documents requis. Je n'ai pas pu le faire, donc mon offre a été annulée. Mon cœur s'est brisé, mais pas trop longtemps. Voir cette opportunité s'envoler était décevant et douloureux, mais je me suis dit que ce n'était pas la fin du monde. J'ai continué à espérer que je trouverais quelque chose d'autre. J'étais convaincue que je n'étais pas allée jusqu'à New York sans raison. Il y avait quelque chose d'autre pour moi.

J'avais besoin d'argent. J'avais besoin d'un travail, et le type de travail n'avait plus d'importance. Ça ne durerait que quelques mois avant que je ne retourne à Chicago. J'ai donc commencé à chercher des emplois payés cash pour éviter les impôts et garder tout ce que je gagnais pour moi. Dans ce cas, je n'aurais pas besoin d'un numéro de sécurité sociale. Je n'étais pas très à l'aise avec le fait de faire les choses de manière illégale, mais je me suis convaincue que c'était nécessaire, que ça ne durerait pas longtemps et que ça n'arriverait qu'une seule fois. J'ai cherché sur Indeed et Craigslist. J'ai modifié mon CV et j'ai remplacé mon diplôme actuel par une licence au lieu d'un MBA pour éviter d'avoir l'air surqualifiée.

J'ai postulé pour être serveuse dans des restaurants et des bars locaux. Les plus raffinés exigeaient des numéros de sécurité sociale et même des certifications pour manipuler de la nourriture ou de l'alcool, ce que je n'avais pas. J'ai postulé pour être réceptionniste ou agente d'accueil. J'ai postulé pour être vendeuse dans de petites boutiques et des magasins de vêtements. Je me suis levée tous les matins, j'ai postulé à des jobs en ligne, puis imprimé des copies de mon CV pour postuler à des jobs similaires en personne. Certains étaient payés moins que le salaire minimum de 14 dollars de l'heure, mais peu m'importait. Tout ce qui comptait, c'était que je reçoive un salaire.

La recherche d'un emploi était épuisante, mais je n'ai pas laissé mes premiers refus m'abattre. J'avais prié pour que mon voyage porte ses fruits, et j'allais trouver et cueillir ces fruits. Et chaque fois que je n'avais pas de réponse, je continuais à espérer que le prochain job serait le bon. Je me disais que quelque chose de mieux allait arriver. Peut-être que j'allais trouver quelque chose de mieux payé ? Peut-être que j'allais trouver quelque chose qui n'était pas trop loin de chez moi ; comme ça, je n'aurais pas à dépenser beaucoup pour le transport ? Peut-être que j'allais trouver quelque chose avec un meilleur environnement de travail ? J'ai continué à chercher. J'ai continué à espérer. J'ai continué à prier. J'ai continué à croire. Mais ma motivation a fini par s'estomper lorsque chaque porte à laquelle je frappais restait fermée, au sens propre comme au sens figuré.

Ma frustration s'intensifiait maintenant à chaque nouveau refus. Je dépensais le peu d'argent que j'avais pour imprimer des CV et prendre le métro ou le bus pour me rendre dans des endroits où j'allais postuler à un emploi sans l'obtenir. J'ai revu à la baisse tous les critères que je m'étais fixés pour un emploi. Je voulais juste faire quelque chose et être payée, quel que soit le travail ou la rémunération.

Pendant ce temps, mon LinkedIn bourdonnait tous les jours de notifications me disant de féliciter les gens qui commençaient un nouvel emploi. Je lisais à quel point les gens étaient excités d'annoncer qu'ils avaient accepté une offre, ou que c'était le premier jour de leur nouvel emploi. Je n'étais pas jalouse de leur réussite, mais j'avais l'impression de passer à côté de quelque chose. De plus, les types d'emplois pour lesquels je postulais n'étaient pas vraiment ma fierté.

La recherche d'un nouveau logement à distance comportait également des difficultés. Je ne pouvais pas rencontrer les propriétaires ou les locataires actuels pour visiter les appartements, et nous ne faisions pas de visites virtuelles. Je suis également tombée sur de nombreuses arnaques sur Craigslist, mais je ne suis heureusement pas tombée dans le panneau. Les annonces - les bonnes - recherchant des colocataires pour une date d'emménagement au 1er août se faisaient plus rares au fil des jours. Et cette fois, je devais vraiment déménager avant la fin du mois de juillet.

Regarder les gens sur les réseaux sociaux a continué à avoir des effets néfastes sur moi. Entre le souhait d'avoir assez d'argent pour voyager et faire des choses fun, le souhait d'avoir une peau nette, le fait de me demander ce qui se serait passé si j'avais fait mes études en Europe où je connaissais plus de monde et où le coût de la vie n'était pas aussi élevé, et le souhait d'avoir des choses plus intéressantes à dire sur ma vie quand on me demandait comment j'allais... il devenait de plus en plus difficile de rester positive. Presque toutes les plateformes avaient maintenant des stories. Même lorsque ce n'était pas mon intention, je finissais d'une manière ou d'une autre par voir ce que les gens faisaient. Je ne pouvais plus me contenter de discuter sur

WhatsApp : je me sentais obligée de glisser à droite vers l'onglet « statut » pour regarder les nouvelles stories. Ainsi, même lorsque je n'allais pas sur Instagram ou Snapchat, je voyais à quel point la vie des gens était plus fun que la mienne.

Cela faisait des semaines que je pensais à quitter les réseaux sociaux. Je ne postais pas, mais je ne voulais même plus ouvrir ces applications. J'avais besoin d'une pause, mais je ne voulais pas avoir à m'expliquer. J'avais essayé de limiter ma consommation quotidienne de certaines plateformes, mais ma tentative n'avait pas marché. Je ne me sentais pas bien. Je voulais quitter les réseaux sociaux. *J'avais besoin* de quitter les réseaux sociaux.

Le 5 juin 2018, Kate Spade s'est suicidée. Je ne la connaissais pas personnellement (très surprenant, je sais !), mais j'ai toujours aimé ses sacs. Je n'en possédais pas à l'époque, mais j'attendais avec impatience le moment où je gagnerais assez d'argent pour m'offrir mon premier sac à main Kate Spade. Le jour de sa mort, j'ai lu un tweet qui m'a fait écho :

Le décès tragique de Kate Spade nous rappelle douloureusement que nous ne connaissons jamais vraiment la douleur d'autrui ou le fardeau qu'il porte. Si vous envisagez le suicide, s'il vous plaît, cherchez de l'aide. [2]

Je ne pensais pas au suicide, du moins pas à ce moment-là. Cependant, j'avais commencé à comprendre pourquoi certaines personnes ne souhaitaient plus être en vie.

---

2   Trump, Ivanka. *Twitter*, 5 June 2018, https://x.com/IvankaTrump/status/1004050868025503749.

J'ai fait une capture d'écran du tweet et je l'ai posté sur mes stories WhatsApp. C'était l'une des rares fois où j'y postais quelque chose. Je n'avais même pas de photo de profil, enfin... pas une vraie. Ma photo de profil était un cercle noir, et ce depuis des mois. Je ne la changeais que lorsque je me sentais relativement heureuse : à mon anniversaire et à Pâques, par exemple.

Le fait que j'aie posté le tweet n'était pas un signe que j'allais me faire du mal ; j'ai simplement trouvé que la première phrase était très pertinente par rapport à ma situation. Je cachais mes émotions et je ne parlais pas de ce que je vivais. Que ce soit vrai ou non, je disais que j'allais bien chaque fois que quelqu'un me demandait comment j'allais. Révéler mes émotions aurait signifié révéler toute ma situation, ce que je ne voulais pas faire. Je voulais être et me sentir forte, alors j'ai tout gardé pour moi. Cela dit, je ne m'attendais pas à ce que les gens devinent que je n'allais pas bien ou fouillent dans mes réponses pour découvrir la vérité.

Trois jours plus tard, le 8 juin, j'ai touché le fond. Ce jour-là, j'ai passé mon premier entretien depuis Gucci à 12 h 30 pour un poste d'assistante de bureau. Le salaire était de 20 dollars de l'heure et l'annonce sur Craigslist mentionnait qu'il s'agissait d'un salaire en espèces. *Peut-être que c'est ça. Peut-être que c'est ce que je cherchais.* Tout a commencé à prendre un sens. Tous les rejets et toutes les déceptions que j'avais essuyés, toute la frustration que j'avais ressentie. *Il y avait quelque chose de mieux.*

Ma courte conversation avec le « manager » ne ressemblait pas à un entretien. J'étais tellement désespérée que je n'ai pas trouvé le moindre problème au fait qu'il m'a demandé de payer 60 dollars pour une « formation » et m'a fait signer à la hâte un contrat qu'il m'avait à peine laissé le temps de lire. En fait, le premier mauvais signe était d'avoir été informée par message que j'avais un entretien. Je n'ai même pas reçu d'appel téléphonique. Et certainement pas un e-mail non plus. J'ai été « embauchée » sur le champ et on m'a dit de commencer le lundi suivant. Cet emploi était une arnaque.

Après mon « entretien », j'ai appelé Naomi toute joyeuse pour lui annoncer la « bonne » nouvelle, et c'est là que j'ai appris que ces arnaques étaient monnaie courante. J'en ai eu la confirmation lorsque j'ai essayé d'appeler le numéro qui m'avait envoyé un message le matin pour me faire rembourser. Personne n'a décroché au début, puis mes deuxième, troisième et quatrième appel n'ont même pas abouti.

Tu pourrais penser que 60 dollars, ce n'est pas la fin du monde, mais quand il n'y en a pas plus d'où ils viennent, et quand tu as des rentrées d'argent très irrégulières, perdre 60 dollars, ce n'est pas rien.

Le même jour, le propriétaire d'une annonce pour une chambre que je cherchais à louer à Chicago l'a retirée de Craigslist. Je n'avais pas pu payer la caution, alors il a donné la chambre à quelqu'un d'autre. Et je ne savais toujours pas si je retournerais à l'école pour le semestre d'automne, qui commençait la dernière semaine d'août. Je n'avais plus la force de continuer à chercher et à postuler en personne comme j'étais en train de le faire ce jour-là, alors je suis rentrée chez moi avec des larmes qui menaçaient de couler de mes yeux.

Je n'en peux plus. J'étais épuisée physiquement, émotionnellement et mentalement. Je me suis assise à la table à manger et j'ai libéré mes larmes. Elles se sont déversées comme si je les avais retenues captives pendant des années.

Pourquoi Tu me fais subir ça ? Pourquoi Tu as laissé ces gens m'escroquer alors que Tu sais que je suis fauchée ? Pourquoi Tu ne m'aides pas à trouver quelque chose ? N'importe quoi. Tu ne sais pas à quel point j'ai besoin d'un job ? Pourquoi je continue même à essayer ? Tout cet espoir que je mets à essayer de trouver quelque chose de mieux, toute cette positivité que j'essaie de maintenir, à quoi ça sert ? Je continue de me dire que c'est juste une autre épreuve et que tout ira bien, mais ce n'est clairement pas le cas. Quel était l'intérêt de venir à New York ? Est-ce que je ne T'ai pas demandé d'annuler mon vol si le voyage n'en valait pas la peine ? Ou est-ce que Tu voulais juste me voir souffrir ? Tu ne m'as pas assez vu pleurer au cours de l'année écoulée ?

Essayer de donner un sens à ce qui se passait était décourageant. C'est surtout Dieu que je ne comprenais pas. Je ne savais pas trop à qui m'adresser pour les questions concernant Dieu, alors j'ai envoyé un message à la personne qui, selon moi, pouvait le mieux m'aider :

Danielle : Bonjour, mon Père.

Père André : Bonjour, Danielle. Comment vas-tu ?

Danielle : Je vais bien. Tu es occupé ?

Père André : Pas vraiment. Qu'est-ce qu'il y a ?

Danielle : Je ne veux pas te déranger. Si tu es occupé, nous pourrons peut-être parler plus tard.

Père André : Non, c'est bon. Veux-tu que je t'appelle ?

Danielle : Non, pas vraiment.

Père André : D'accord, dis-moi.

Danielle : J'ai juste une petite question. Alors, je sais que Dieu est bon et tout, mais pourquoi penses-tu qu'Il te donnerait quelque chose pour lequel tu as prié et qu'Il le reprendrait plus tard ?

Père André : C'est une excellente question. Parfois, il peut s'agir du jugement que l'on porte sur la séquence des événements.

Je n'ai peut-être pas de réponse, mais nous pouvons parler du problème proprement dit.

Danielle : Alors, tu sais que j'ai commencé l'école en janvier, et tout au long du semestre, j'ai prié pour prendre des cours d'été afin de « rattraper le temps perdu » et d'obtenir mon diplôme en mai prochain. En plus, du point de vue de l'immigration, ça a plus de sens d'obtenir le diplôme en mai à cause de l'OPT, de la demande de visa de travail et d'autres choses de ce genre. J'ai prié très fort et j'ai parfois craint que ça ne se produise pas parce que notre situation financière est devenue très serrée.

Juste avant la fin de mon semestre, ma maman m'a donné son accord pour m'inscrire aux cours d'été. J'étais tellement heureuse que Dieu ait entendu et exaucé ma prière, et je L'ai remercié de tout mon cœur. Puis, un mois plus tard, ma maman m'a dit qu'elle ne pourrait plus payer mes cours. (S'il te plaît, ne lui en parle jamais.)

J'étais tellement abattue que j'ai commencé à tout remettre en question. C'est pour ça que je te pose la question. Je ne veux pas me tromper.

Père André : Je ne dirai rien à ta mère. Je suis vraiment désolé d'entendre cela. Ce doit être une sacrée charge pour toi. Dans tout ce que nous demandons, on nous dit de demander : « Est-ce la volonté de Dieu ou la mienne ? » Cela nous ouvre davantage à Sa direction divine et nous aide à nous abandonner à lui pour qu'Il crée les moyens d'atteindre nos objectifs. Il est difficile de discerner Son dessein, mais il existe quelques moyens de savoir quand tu es sur la bonne voie :

1. Ai-je prié à ce sujet ?

2. Ai-je déclaré que « Sa volonté soit faite plutôt que ma volonté soit faite » ?

3. Ai-je pris en compte le bien-être des autres (question de la charité et de l'éco-justice) ?

4. Quel est l'objectif final ?

Danielle : Pour le numéro 3, si tu parles de ma maman, je ne lui en voulais pas parce qu'elle ne pouvait plus payer mon école. Je comprenais et je comprends toujours ça.

Je me demande simplement, si ce n'était pas Sa volonté, pourquoi Il a laissé que ça se produise ? Pourquoi Il m'a laissée être heureuse, sachant que je serais triste plus tard ? J'aurais préféré que ma maman ne m'ait pas dit de m'inscrire en premier lieu, car j'aurais alors deviné que ce n'était pas Sa volonté. J'aurais quand même été déçue, mais pas autant.

Aussi, chaque fois que je prie, je prie pour que tout se passe selon Sa volonté. J'ai appris à laisser tomber mes propres désirs. C'est ce qui rend tout ça plus décevant pour moi.

Père André : Le numéro 3 implique tout ce qui est extérieur à toi : ta mère, la disponibilité des fonds, ton école, tout autre facteur qui peut t'entourer et la décision à prendre. Je sais que tu aimes ta mère et que tu ne lui en veux pas. C'est normal d'être déçu lorsqu'un tel accord ne se concrétise pas, surtout s'il était déjà en place.

Il est difficile de savoir ce qui se passe dans de telles situations. Mais une chose est sûre : il se peut que tu aies interprété que

Dieu t'a laissé l'avoir plutôt qu'il te l'a réellement donné. Tu sais, il veut ce qu'il y a de mieux pour toi (Jérémie 29 : 11).

Dieu a les meilleurs plans pour toi ; même ceci, tu le vaincras.

Danielle : Je sais que je le vaincrai ; je n'ai pas d'autre choix. C'est juste que je ne sais pas quoi demander, ni même si je dois encore demander. Ce n'était qu'un exemple ; il y a tellement d'autres choses similaires qui me sont arrivées, et c'est tout simplement fatigant. Je ne perdrai pas la foi ; je sais que ce ne sont que des épreuves. C'est juste que je ne sais plus comment prier parce que j'ai peur d'être déçue encore et encore.

Père André : Le fait est que c'est exactement ce que le diable veut que tu fasses. Perdre espoir. Être confuse. Arrête de prier. Ne te lasse pas de demander, mais pose simplement les questions que j'ai énumérées plus haut.

Il est également important de savoir que les décisions des autres peuvent affecter nos objectifs, et que Dieu n'est pas un dictateur. Ainsi, Il ne lutte peut-être pas avec les autres, mais il travaille tout de même en arrière-plan. Rappelle-toi que nous avons eu une conversation similaire lorsque DePaul t'a frustrée, mais Dieu a ouvert une bonne voie à Roosevelt. Il ouvre des portes. Il continuera à le faire. Il ne comblera peut-être pas tous nos désirs, mais Il nous fera avancer vers notre objectif.

Danielle : D'accord, merci, mon Père.

Père André : Je te garderai dans mes prières. En particulier pour ta paix et ta tranquillité.

Danielle : Merci beaucoup.

Je ne voulais pas parler de ma situation professionnelle, alors j'ai choisi de parler de quelque chose de similaire. Je ne peux pas dire que j'allais complètement bien après notre conversation. J'avais encore beaucoup de questions et je n'étais pas entièrement convaincue, mais c'était un début.

J'ai essayé de me ressaisir pendant le week-end pour trouver la force de postuler à nouveau à des jobs. Ce serait la dernière fois, non seulement parce que j'étais fatiguée, mais aussi parce que je devais bientôt être à Chicago pour chercher un appartement, faire mes cartons et déménager. Ça signifiait que si je trouvais un job, je ne travaillerais pas plus de cinq semaines. Je ne savais même pas quel genre d'emploi allait m'embaucher pour seulement un mois, mais j'ai décidé de réessayer quand même. J'envisageais toujours de quitter les réseaux sociaux, mais en même temps, je voulais rester pour mes amis, pour ma famille.

Le lundi 11 juin, je suis rentrée chez moi épuisée. Encore une fois. J'ai enlevé mes chaussures, et le sol froid sous mes pieds endoloris m'a fait l'effet d'un massage. J'avais passé la journée à marcher et à prendre le métro pour aller et venir dans de nouveaux endroits qui avaient tous rejeté mes candidatures. Lorsque je recevais des nouvelles de mes candidatures en ligne, elles étaient toujours négatives. Tout mon corps me faisait mal. Peut-être était-ce dû au fait d'avoir marché sous le soleil pendant des heures, ou peut-être que mon épuisement mental avait irradié dans mon corps. Je me suis versé un verre d'eau, puis je me suis assise sur le canapé, me détendant progressivement et acceptant le fait que je n'allais pas trouver de travail. À ce moment-là, j'ai décidé d'arrêter de chercher. *C'est peut-être mieux ainsi.*

Je suis tombée sur une autre image qui m'a fait écho. Cette fois, elle provenait d'un compte Instagram qui publie généralement des citations amusantes. Curieusement, ce jour-là, la citation n'était pas drôle :

> *Veillez sur vos amis, s'il vous plaît. Assurez-vous qu'ils*
> *vont bien. Parfois, ils traversent des choses qui sont*
> *lourdes. Ils ne le disent peut-être pas, mais c'est le cas.*
> *S'il vous plaît, aimez-les et prenez soin d'eux.*

Cette fois-ci, j'ai adhéré à cent pour cent à ce message.

Je l'ai publié sur mes stories WhatsApp, puis j'ai regardé mon menu, me demandant si je devais simplement mettre en sourdine les notifications des réseaux sociaux ou supprimer complètement les applications. Je voulais rester. Si je partais, je n'allais le dire à personne. Mais je ne voulais pas que les gens s'inquiètent, surtout après mes récents posts.

Je ne pense pas que je doive partir. Je le veux, mais je veux aussi rester. Dieu, aide-moi à rester. Peut-être que ce n'est qu'une phase et qu'elle se terminera bientôt, et que je dois juste tenir bon. Donne-moi un signe que je dois rester, s'il Te plaît. Je veux rester.

Presque immédiatement après ma mini-prière, j'ai reçu un message de Lucas. *Okay... c'était rapide. Mais merci !*

Nous avons échangé quelques messages, puis notre conversation s'est transformée en un énième chantage affectif. J'étais tout simplement trop fatiguée pour ça. Je n'avais pas l'énergie d'écrire de longs paragraphes pour expliquer à quel point je détestais ce qu'il faisait. Je ne pouvais pas, alors je n'ai pas entretenu la conversation plus longtemps.

« Je ne serai plus là. À plus. » J'ai envoyé ce message quand il a dit qu'il voulait appeler.

Et je suis partie.

Je ne savais pas ou n'avais pas prévu combien de temps j'allais être partie ; je suis juste partie. J'ai désinstallé toutes mes applications réseaux sociaux, à l'exception de Facebook Messenger que mes amis, ma famille et moi n'utilisions plus vraiment. Je l'ai gardé au cas où les gens me chercheraient vraiment partout, ne me trouveraient pas et décideraient d'essayer Messenger. Je n'allais pas entamer de conversation, et je ne l'ai pas fait. C'était juste ma façon de faire savoir aux gens que j'étais toujours en vie.

Chaque fois que j'allais à New York, pour une raison ou une autre, j'avais des problèmes de connectivité avec le téléphone que j'utilisais à l'époque. Alors, quand Naomi est rentrée du travail ce soir-là, je lui ai dit que ces problèmes m'empêchaient désormais de me connecter à mes réseaux sociaux. C'est la meilleure excuse que j'avais trouvée pour justifier le fait que nous devions recommencer à nous envoyer des SMS ou à nous appeler par la voie normale au lieu de WhatsApp, comme nous le faisions, et que je ne serais plus active dans notre groupe familial. Elle en a prévenu tout le monde.

Quatre jours plus tard, le 15 juin, j'ai commencé à recevoir des messages sur Messenger demandant où j'étais. L'excuse des problèmes avec mon téléphone n'a pas marché. Mon départ soudain n'a pas été très bien accueilli par certaines personnes, mais ce n'était pas une surprise. Je savais que partir sans prévenir aurait des conséquences. Ce que je ne savais pas, c'est à quel point les commentaires seraient durs.

Une fois de plus, j'avais pris une décision très égoïste.

« Tu aurais au moins pu dire où te joindre au lieu de disparaître et de t'attendre à ce que les gens cherchent partout. » « Tu ne t'es clairement pas souciée de la façon dont ta décision allait affecter les gens de ta vie. Alors pourquoi on devrait se soucier de toi quand tu reviendras ? » « Tout le monde a des problèmes. Pourquoi tu avais besoin de traîner les autres parce que tu ne pouvais pas gérer les tiens ? On ne mérite pas ça. »

Et ça continuait. Le fait que je ne regrettais pas d'être partie n'a pas arrangé les choses.

Même si je comprends que partir sans prévenir a pu blesser les personnes qui se souciaient de moi, j'avais vraiment besoin d'une pause. Chaque jour était pire que le précédent ; je ne suis pas partie pour me sentir mieux. Je suis partie pour arrêter la spirale descendante, pour au moins stagner à un point bas plutôt que de descendre plus bas chaque jour.

J'ai fini par réinstaller mes applications à un moment donné et quand je suis revenue, je ne me sentais pas mieux. Mais je ne me sentais pas pire. Et même si je savais que c'était presque impossible, je ne voulais pas que les gens me cherchent pendant mon absence. J'espérais vraiment que plus de jours passeraient avant qu'ils ne me trouvent sur Messenger. Paradoxalement, encore une fois, j'avais besoin qu'on me laisse tranquille. Alors non, je n'ai pas regretté d'être partie, mais j'ai regretté d'avoir blessé des gens par la même occasion.

Partir sans prévenir était aussi un moyen pour moi d'éviter de répondre aux questions sur les raisons de mon départ. Je savais que les gens me poseraient des questions. Je savais qu'au moins une personne viendrait me chercher, puis qu'une se transformerait en deux. Je savais qu'on attendrait de moi que je lise et réponde aux messages. Je savais que je devrais à nouveau me forcer à donner l'impression d'aller bien. Je savais que je devrais aller chercher au fond de moi la force d'écouter, d'envoyer des messages, de parler et de rire quand je n'en avais pas envie. Je savais qu'en fin de compte, je ferais exactement ce que je faisais depuis des mois, alors que le but de mon départ était d'arrêter.

Comment est-ce que je le savais ? Eh bien, c'est un peu ce qui s'est passé lorsque de plus en plus de gens ont réalisé que mon compte Messenger était actif. J'ai recommencé à avoir des conversations, surtout pour m'expliquer. Deux jours s'écoulaient à peine sans que quelqu'un ne m'envoie un message. Je n'avais pas encore appris à fixer des limites, alors j'ai continué à répondre aux messages, à écouter les messages vocaux, à prendre des appels, jusqu'à ce que je sois vidée de toute mon énergie. Encore une fois.

Tout n'était pas mauvais. J'ai aussi reçu des appels et des messages réconfortants. Parmi les plus réguliers, il y avait ceux de George, qui venait voir comment j'allais. Je lui avais aussi menti au début et quand je lui ai dit la vérité, je me suis excusée, pensant que lui aussi était en colère contre moi. Il ne s'était pas laissé prendre par mon mensonge ; il n'était pas en colère et n'avait pas besoin d'explication. George m'a dit de prendre tout le temps nécessaire pour me sentir mieux et qu'une fois que ce serait fait, il serait là, prêt à m'accueillir à nouveau. Certaines personnes m'ont rappelé qu'elles m'aimaient et se souciaient de moi. D'autres, comme Cédric, que je connaissais depuis le collège mais qui n'est devenu mon ami qu'à l'université, regrettaient de ne pas avoir été assez présents pour remarquer que je n'allais pas bien.

Mon but n'était pas qu'ils me disent toutes ces choses, mais ça m'a fait beaucoup de bien de lire ou d'entendre ces mots.

CHAPITRE 9

LA DOULEUR

Qu'est-ce que c'est que ça ? Mes sourcils se sont abaissés en un froncement perplexe et j'ai saisi la carte rectangulaire blanche scotchée à la porte de ma chambre. En la retournant, j'ai découvert une amende de 100 dollars à payer par tous les locataires de l'appartement. Je me disais bien qu'il ne s'agissait pas d'une lettre d'amour d'un admirateur secret, mais je ne m'attendais pas non plus à recevoir une amende le jour de mon retour à Chicago.

La direction de l'immeuble effectuait des inspections de routine des appartements et des chambres tous les trimestres et donnait des amendes à certains ou à tous les résidents lorsqu'elle jugeait que l'endroit n'était pas assez propre. Les destinataires d'une amende variaient selon que la zone sale était commune ou individuelle. Je n'avais jamais reçu d'amende individuelle, mais c'était notre deuxième amende commune depuis janvier. Elle était datée du 5 juin et devait être payée dans la semaine pour éviter des frais supplémentaires, et nous étions maintenant le 23 juin. Quand j'ai demandé à mes colocs, elles m'ont dit qu'elles avaient déjà payé la leur. *Super !*

J'ai essayé de contester l'amende, en faisant remarquer à la direction que j'avais été absente, mais ils l'avaient déjà inscrite sur mon compte en ligne et ils refusaient de la supprimer. Ma maman avait accès à mon compte, c'est ainsi qu'elle payait mon loyer, mais je ne voulais pas qu'elle paie ma part de l'amende, même si je savais que ça ne la dérangerait pas. Encore une fois, 25 dollars ne semblent pas être une tonne d'argent, mais il me restait moins de 30 dollars sur mon compte bancaire pour tenir jusqu'à la fin du mois au moins.

J'ai vraiment besoin d'un job. J'ai recommencé à chercher un job, pensant que le problème à New York était peut-être que je manquais de temps. Mais maintenant que j'étais de retour chez moi, rien ne m'empêcherait de trouver un emploi. Une fois que j'en aurais trouvé un, et si j'allais à l'école à l'automne, j'allais continuer à travailler le jour et à aller à l'école le soir.

Mes journées étaient partagées entre la recherche d'un appartement et la recherche d'un job. Je prenais le bus ou le métro tous les jours, je descendais quelque part et je marchais à la recherche de boutiques, de restaurants ou de n'importe quel endroit où il y avait une affiche « Besoin d'aide » sur la porte d'entrée. J'ai continué à postuler sur Craigslist, veillant à ne pas me faire arnaquer à nouveau. J'ai fait une autre série de modifications sur mon CV, qui indiquait maintenant que je ne cherchais même pas à obtenir une licence, mais que je n'avais qu'un diplôme d'études secondaires.

J'ai cherché et postulé en ligne.

J'ai cherché et postulé sur place.

J'ai marché.

J'ai prié.

J'ai espéré.

J'ai cru.

Rien n'a fait. Je n'arrivais pas à trouver un seul emploi qui me paierait cash, à temps plein ou à temps partiel.

Ma recherche d'appartement ne se passait pas très bien non plus. Ce que je trouvais était soit trop cher, soit trop loin de l'école, ou uniquement disponible à partir de septembre. Lorsque je trouvais quelque chose de disponible qui correspondait aussi à mon budget, je rencontrais les locataires actuels et je visitais l'appartement, mais on ne me rappelait pas. Je relançais. Toujours rien. J'ai cherché des chambres dans des endroits où je n'irais pas normalement. Je suis allée dans des quartiers où je ne me sentais pas à l'aise ou en sécurité, simplement parce que c'est là où le loyer était moins cher. J'ai revu tous mes critères à la baisse. Je ne me souciais plus de partager la salle de bains avec quelqu'un d'autre. Je préférais toujours vivre avec des femmes plutôt qu'avec des hommes, mais j'ai commencé à consulter des annonces publiées par des hommes à la recherche de colocataires. Le temps se faisait court, et je voulais juste vivre dans un endroit moins cher. Et pourtant, je n'ai rien trouvé.

J'ai pensé à renouveler mon bail actuel, bien que j'aie une fois de plus manqué la date limite de renouvellement. Le fait est que ça allait être encore plus cher avec l'augmentation annuelle habituelle du loyer, et je ne voulais pas non plus passer un autre hiver froid dans ma chambre. Renouveler mon bail était mon dernier recours. J'allais le faire s'il le fallait, mais seulement à la toute dernière minute.

Au début du mois de juillet, j'ai sorti mon agenda pour faire mon habituel bilan de milieu d'année et voir ce que j'avais accompli jusque-là. J'ai ouvert mon agenda à la page où j'avais écrit mes objectifs et mes souhaits pour 2018. J'ai intérieurement soupiré, confirmant que je n'avais rien accompli ; je n'avais même pas obtenu un poste d'assistanat pour l'automne malgré ma moyenne de 4,0. J'ai barré tout ce que j'aurais déjà dû faire au lieu de cocher à côté. J'avais peu d'espoir d'atteindre les objectifs restants de l'année.

Après un mois d'absence, j'ai décidé de réinstaller mes applications réseaux sociaux et de revenir progressivement, en surveillant la fréquence à laquelle j'allais sur Instagram, Snapchat et même LinkedIn. Encore une fois, je ne me sentais pas mieux, mais j'étais contente d'avoir fait cette pause.

Mon épuisement mental a plongé à un autre niveau après un certain temps, mais cela n'avait rien à voir avec les réseaux sociaux. Je ne peux pas préciser le jour, ni le moment exact où ça a commencé, mais je me souviens d'avoir commencé à ressentir une douleur continue dans mon cœur, comme si un trou y avait été percé. Au début, c'était un trou de la taille d'un petit pois, mais il s'est agrandi au fil du temps. Ce n'était pas un vide, c'était une douleur. Et ce n'était pas non plus dans ma poitrine ; je la ressentais *dans mon cœur.* C'était une douleur muette, profonde et intense, qui s'intensifiait quand je pleurais ou quand je n'arrivais pas à dormir la nuit. Elle ne m'empêchait pas de me lever ou de marcher ; elle était juste là, comme une nouvelle partie de moi. Je la ressentais tout le temps. Mon corps aussi me faisait parfois mal, la douleur s'infiltrant au plus profond de mes os. Là, j'avais plus de mal à sortir du lit.

À la mi-juillet, j'ai repris mes horaires de sommeil habituels, c'est-à-dire aucun sommeil. Je me sentais seule. J'avais des nausées. Je ressentais *la douleur.* Mon esprit était fatigué. Mon corps l'était aussi. Quand je m'allongeais sur mon lit, je ne pensais qu'aux emplois, aux appartements et à l'école. C'est alors que mon cœur commençait à me faire souffrir plus intensément pendant des heures. Je ne pouvais pas garder les yeux fermés trop longtemps parce que je faisais des cauchemars. Certaines nuits, j'avais peur de m'endormir parce que je redoutais ce scénario de douleur et de cauchemars qui se produisait depuis des jours.

Et puis sont arrivées les crises d'angoisse. Un soir, vers 23 heures, je me suis couchée en me sentant comme je l'ai décrit plus haut. Quelques instants plus tard, j'ai sursauté, je me suis redressée sur mon lit et j'ai tâtonné pour trouver mon téléphone. J'ai appuyé sur le bouton du milieu pour vérifier l'heure : 1 heure 08. Je venais de me réveiller d'un autre cauchemar. Mon cœur battait à tout rompre et me faisait mal. Ma poitrine était serrée, comme si mes côtes avaient été tirées, pliées et cousues ensemble, et que je ne pouvais pas les détacher pour reprendre mon souffle. Les murs de ma chambre se refermaient sur moi tandis que des larmes se frayaient un chemin sur mes joues. J'avais peur. J'ai pressé mes yeux pour les fermer, roulé ma couverture que j'ai pressée contre ma poitrine, me balançant lentement d'avant en arrière, essayant de me calmer. Mon souffle était lourd. J'ai resserré mes mains autour du nœud de la couverture et j'ai fait une petite prière.

Seigneur, s'il Te plaît, aide-moi à dormir cette nuit. La douleur m'importe peu ; laisse-la rester si Tu veux, mais aide-moi à dormir. Je T'en supplie. Ça fait mal, ça fait tellement mal, mais je veux juste dormir. S'il Te plaît, juste ce soir.

Quelques instants plus tard, j'ai relâché mon emprise sur le nœud, déplié la couverture et l'ai tirée sur mon épaule, me glissant à nouveau dans le lit.

Lorsque j'ai rouvert les yeux, le soleil s'était levé, comme en témoignaient ses rayons qui pénétraient à travers les stores de la fenêtre. J'ai balayé de la main le côté vide de mon lit pour trouver mon téléphone. J'ai appuyé sur le bouton du milieu : 7 heures 35. Pour la première fois depuis des semaines, j'avais dormi plus de trois heures consécutives.

Merci beaucoup de m'avoir aidée à dormir, mon Dieu.

J'étais contente mais confuse.

Donc Tu m'entends, Tu entends mes prières ! Tu me vois pleurer ; Tu vois tout ce que je traverse. Alors pourquoi Tu ne me permets pas d'avoir un job ? Pourquoi Tu ne me permets pas d'aller à l'école ? Pourquoi Tu ne m'aides pas à déménager ? Pourquoi Tu laisses toutes ces choses m'arriver ? Je ne comprends pas.

J'ai continué à avoir des troubles du sommeil et des crises d'angoisse ici et là. J'ai essayé d'en parler une fois, mais les gens m'ont dit que depuis que j'étais aux États-Unis, j'avais des « problèmes de Blancs ». Lorsque je parlais de mes difficultés à trouver un emploi ou un appartement, ils me disaient que je n'avais pas suffisamment cherché ou que, me connaissant, j'étais probablement trop sélective ou que je visais trop haut. Les gens ne me comprenaient pas et ne savaient pas ce que je vivais, alors j'ai décidé de ne plus évoquer mes problèmes.

Le temps que je passais sur les réseaux sociaux avait diminué, mais ça ne changeait pas ce que je ressentais à l'intérieur. Mes pensées négatives se sont en fait aggravées. J'ai commencé à souhaiter pouvoir dormir et me réveiller des mois plus tard. J'ai réfléchi à la possibilité de trouver des comprimés qui pourraient soulager la douleur dans mon cœur, ou s'il y avait un moyen d'administrer une anesthésie locale à mon cœur. J'ai cherché des hôpitaux qui pouvaient faire cela. Je voulais être insensible à la douleur.

Je savais que ces pensées étaient négatives, et si on m'avait proposé des comprimés, honnêtement, je ne les aurais pas pris. Mais c'est aussi ce qui me frustrait : je n'allais pas commencer à boire ou à me droguer, et je ne faisais plus de shopping pour me sentir mieux. Alors, c'était quoi, *mon truc* ? Comment pouvais-je faire supporter la douleur ou cesser de la ressentir si toutes les choses auxquelles je pouvais penser étaient mauvaises pour moi ?

J'ai résisté à l'idée de penser ou de dire que je ne voulais plus être en vie, jusqu'à ce que je cède. Ce que je n'ai pas pensé ou dit, c'est que je voulais mourir, même si mes pensées signifiaient à peu près la même chose. Si je ne suis pas allée jusqu'à dire que je voulais mourir ou me suicider, c'est en raison de la promesse que j'avais faite à Dieu et à moi-même, une dizaine d'années plus tôt, de ne plus jamais penser ou dire ces mots.

Plus jeune, j'ai eu beaucoup de mal à être moi-même et à m'accepter. J'avais du mal avec ce que j'étais et ce dont j'avais l'air, surtout en comparaison avec mes camarades. Je ne sais pas si j'étais en surpoids, mais j'étais plus ronde que mes amis et mes camarades de classe pendant la majeure partie de mon enfance. À l'école primaire, les gens se moquaient déjà de moi et faisaient des commentaires désagréables sur mon corps, mais je parvenais soit à les ignorer, soit à en pleurer, puis passer à autre chose.

C'est au collège que les choses se sont gâtées. J'ai eu le plus grand mal à être moi-même et à m'intégrer. Pour commencer, le collège où j'allais était exponentiellement plus grand que mon école primaire, et je pouvais donc voir à plus grande échelle à quel point je n'étais pas mince comparé à tout le monde. À ce moment-là, je ne pouvais plus ignorer les commentaires des gens.

« Tu es trop grosse. » « Tu dois faire plus de sport. » « Tu as essayé le jus de citron ? » « Les garçons n'aiment que les filles minces. »

Mes joues et mes cuisses étaient trop grosses et mon ventre pas assez plat au goût des gens, et maintenant au mien non plus. Le cours d'éducation physique était, à coup sûr, celui que j'aimais le moins. Les commentaires étaient plus durs et les rires plus forts. Mes camarades de classe riaient à chaque course où je sortais dernière et à chaque fois que je ne pouvais pas sauter aussi haut que les autres ; ils riaient encore plus fort à chaque roulade avant ou arrière que je n'exécutais pas aussi bien.

Chaque gramme que je prenais semblait toujours perceptible.

« Tu as pris plus de poids ? » « À ce rythme, tu vas exploser. » « Tu manges toute la nourriture chez vous ? » « Tu manges tout le temps ; comment ne vas-tu pas prendre du poids ? »

À certaines périodes, je m'efforçais à ne manger qu'une fois par jour ou pas du tout, pour ne pas prendre plus de poids. Je me pesais plus souvent que nécessaire, c'est-à-dire tous les jours. Je me glissais dans la chambre de mes parents dès que je le pouvais pour monter sur la balance et voir où j'en étais. Maintenir mon poids, ou mieux encore en perdre, me donnait toujours le sourire. Un sourire qui se transformait en larmes lorsque je ne parvenais pas à maintenir mes habitudes alimentaires et que j'en voyais les répercussions sur la balance.

À d'autres périodes, je souhaitais tomber malade juste pour pouvoir perdre un peu de poids. Je n'étais pas une enfant maladive et même si je savais que c'était une bonne chose, je pensais qu'être malade était peut-être ce dont j'avais besoin pour enfin perdre quelques tailles. La plupart des membres de ma famille proche avaient subi une intervention chirurgicale pour divers problèmes qui n'avaient rien à voir avec leur poids. Cependant, en voyant le poids qu'ils perdaient à cause de leurs opérations, j'avais envie de me faire opérer aussi, ou à leur place. Chaque fois qu'Emma avait une maladie contagieuse, je faisais de mon mieux pour être contaminée afin de pouvoir moi aussi être malade et perdre du poids. Que ce soit en dormant dans le même lit alors que nous avions des chambres séparées, en mangeant dans la même assiette ou en passant un temps inhabituel avec elle... j'ai fait tout ce que j'ai pu, mais mes anticorps faisaient toujours échouer mes plans. Je n'aimais pas ce à quoi je ressemblais ; j'ai redouté, puis détesté voir mon reflet dans un miroir. Avec le temps, j'ai aussi commencé à détester et à éviter de prendre des photos. Des photos de moi.

Outre mon poids problématique, il y avait le fait que j'étais « trop émotive ». Je pleurais « trop » et « trop facilement ». Peu importe qu'il s'agisse de larmes de joie ou de tristesse.

« Tu devrais t'endurcir. » « Tu es trop sensible. » « Tu es comme un bébé. » « Tu devrais avoir la peau plus dure. »

J'étais aussi apparemment « trop bienveillante », « trop généreuse » et « trop gentille ». Les gens disaient que j'étais soit fausse, soit trop naïve.

« D'accord, Mère Theresa, on a compris. » « Pourquoi faut-il toujours que tu joues le rôle du bon samaritain ? » « Pourquoi tu fais toujours comme si tu ne faisais rien de mal ? » « Tu agis comme si tu étais parfaite mais tu ne l'es pas. » « Tu suis trop les règles, il faut que tu te décoinces. »

Quand on ne me critiquait pas pour ma générosité, on profitait de moi à cause d'elle. J'admets qu'il m'arrivait de faire des choses dans l'espoir d'être acceptée, de gagner une amie ou de me sentir enfin à ma place. Mais la plupart du temps, je faisais simplement preuve de gentillesse. J'étais moi-même.

Mon père était assez strict, je n'avais donc pas le droit de sortir beaucoup et je ne participais pratiquement pas aux activités extrascolaires. Je ne voyais mes amis qu'à l'école ou lorsqu'ils venaient me rendre visite à la maison, ce qui signifie que je passais à côté de beaucoup de choses que les autres faisaient le week-end ou pendant les vacances. Je voyais des photos sur Facebook montrant à quel point ils s'amusaient et je regrettais de ne pas être là. Je redoutais de retourner à l'école après les congés de Noël ou de Pâques et les grandes vacances à cause de tous les commentaires que je savais que je recevrais sur le poids que j'avais pris.

Venir au monde sept ans après que mes parents ont eu quatre enfants ne m'a pas non plus aidée à me sentir bien dans ma peau. Tous n'ont qu'un à trois ans d'écart, ce qui m'a amenée à penser que mes parents avaient déjà fini d'avoir des enfants au moment où ils ont eu mon frère aîné le plus proche. Je pensais qu'ils formaient déjà une famille parfaite, du moins du point de vue des chiffres : parents + deux filles et deux garçons. Je pensais qu'ils ne voulaient pas de moi. Je pensais que je n'étais pas prévue, et que mes parents s'étaient rattrapés en me donnant le prénom Aimée. Je comparais l'écart d'âge entre mon frère et moi aux quatre ans qui me séparaient d'Emma, me demandant pourquoi moi aussi je n'étais pas née quatre ans ou moins après mon frère au lieu de sept. Parfois, les gens soulignaient en plaisantant ces écarts d'âge et même si je riais, ce n'était pas drôle pour moi. C'était la confirmation de ce que je pensais déjà.

Et maintenant, ce que j'ai le plus redouté d'écrire ici : j'ai été agressée sexuellement par une personne qui travaillait chez nous. Je ne me souviens pas exactement de l'âge que j'avais quand c'est arrivé, mais je n'avais pas plus de onze ans ; tout cela a encore plus dégradé mon estime de moi.

J'avais l'habitude de calculer combien d'argent ma maman économiserait si je n'étais pas née, toutes les choses qu'elle n'aurait pas à acheter ou à payer.

Je me sentais comme un fardeau.

Je me sentais inutile et pas à ma place.

Je souhaitais ne jamais être née.

Au collège, je tenais un journal, un journal intime. Bien sûr, mes camarades de classe trouvaient que cela ne faisait pas assez « grande fille », mais c'était le seul moyen pour moi d'exprimer mes pensées et mes émotions. J'ai fini par arrêter d'écrire dans ce journal lorsque j'ai moi-même senti que j'étais un peu « trop vieille » pour ça.

Mais tant que je l'avais, j'écrivais à propos de mes journées tous les jours après l'école. J'écrivais à quel point je voulais être « normale », à quel point je voulais être comme tout le monde, à quel point je voulais rentrer dans des vêtements plus petits pour pouvoir enfin être jolie, à quel point je voulais pouvoir contrôler mes émotions et ne pas pleurer si facilement, à quel point je voulais pouvoir répondre quand les gens m'attaquaient, à quel point je voulais ne pas être aussi naïve.

Je me dégoûte. Je suis laide. Je suis inutile. Je me déteste. Je déteste mon corps. Je déteste ma vie. Je veux mourir. Je veux me suicider.

J'ai écrit ces mots et leurs variations dans mon journal intime pendant deux ans, en cinquième et en quatrième. Je réfléchissais souvent à des façons de mourir sans me faire du mal, sans me blesser ou me pendre. Lorsque j'ai réalisé que je n'avais pas le courage de m'ôter la vie, j'ai commencé à prier pour que Dieu me reprenne parce que j'étais une erreur. Parce qu'Il avait commis une erreur. Je me couchais en priant et en espérant ne pas me réveiller le matin. Je me réveillais chaque matin, déçue que Dieu n'ait pas répondu à ma prière et espérant que la nuit suivante serait peut-être la bonne.

Je me suis affamée.

J'ai prié pour perdre du poids.

J'ai prié pour tomber malade.

J'ai prié pour mourir.

Mais je me suis réveillée inchangée jour après jour, et j'ai fini par envisager de m'ôter la vie toute seule à nouveau.

Je ne l'ai pas fait, et la raison principale était ma peur d'aller en enfer. Quelqu'un m'a dit un jour, en sixième, que tous ceux qui se suicident vont en enfer. Vrai ou pas, je l'ai cru et ça m'a marquée.

Dans mon collège catholique, nous avions un cours de catéchèse hebdomadaire au cours duquel nous apprenions à connaître Dieu. En outre, les élèves qui voulaient se faire baptiser ou faire leur première communion suivaient des cours de catéchèse spécifiques pour se préparer à leur sacrement. Ces cours étaient distincts du programme scolaire et avaient lieu le mercredi ou le samedi après-midi tout au long de l'année scolaire au cours de laquelle le sacrement était prévu.

J'ai été baptisée enfant et j'ai fait ma première communion en quatrième. Dans le cadre de ma préparation au sacrement, je devais également me confesser ; ce serait ma première fois. Ainsi, quelques semaines avant la cérémonie, mes camarades de classe, qui se préparaient également à un sacrement, et moi-même nous sommes rendus à la chapelle de notre école pour confesser nos péchés. À notre arrivée, nous avons trouvé des livrets sur chaque chaise pour nous aider à faire notre examen de conscience avant d'entrer dans le confessionnal. J'ai pris le mien, je me suis assise et je l'ai lu. À la première page du livret, le fait d'avoir des pensées suicidaires était considéré comme un péché. Ce n'était pas une surprise, mais ça avait l'air *plus vrai* écrit comme ça. Alors que j'attendais mon tour pour aller au confessionnal, et que j'essayais de me rappeler mes (autres) péchés, l'un des catéchistes a conseillé et insisté pour que nous confessions d'abord nos péchés les plus graves, comme s'il savait que j'étais là et que j'hésitais à ne serait-ce que mentionner ce péché.

« N'oubliez pas, vos péchés les plus graves d'abord ». Il a dit ça dix-huit millions, quatre cent soixante-seize mille, neuf cent trente-deux fois. Sans blague, j'ai compté.

Je suis allée au confessionnal et j'ai confessé mon péché le plus grave en dernier, parce qu'il ne voulait pas sortir en premier.

De retour chez moi, j'ai écrit dans mon journal intime. Ensuite, j'ai déchiré un morceau de papier et j'ai écrit :

Je ne dirai plus jamais que je veux mourir. Je ne dirai plus jamais que je déteste ma vie. Je ne dirai plus jamais que je veux me suicider. Je fais cette promesse à Dieu et à moi-même.

J'ai plié le morceau de papier en un petit carré, je suis descendue en courant et je suis sortie dans notre jardin. J'ai creusé un trou dans le sol avec un petit bâton en bois, j'y ai mis ma promesse, puis j'ai recouvert le trou avec mes mains et mes pieds. J'avais déjà fait cette promesse à Dieu lorsque j'avais fait ma pénitence à la chapelle quelques heures plus tôt, mais je suppose que j'avais besoin d'un symbole.

Les choses ne se sont pas améliorées comme par magie. Je continuais de lutter contre les pensées négatives, et plusieurs des choses que j'ai mentionnées précédemment continuaient de me rendre triste. Mais maintenant que j'avais une promesse à tenir, je faisais tout ce qui était en mon pouvoir pour ne pas penser au suicide ou dire que je détestais ma vie. Avec le temps, j'ai pris confiance en moi et dans certains domaines de ma vie, l'opinion des gens m'importait moins. J'avais des pensées négatives çà et là, mais rien de bien méchant (je crois). Je n'ai plus souhaité être malade, même si je dois admettre que ça me rendait heureuse de perdre quelques kilos chaque fois que j'étais un peu mal en point.

Et à un moment donné, le suicide ou tout ce qui se rapporte à la mort ne m'a plus traversé l'esprit... jusqu'à cet été 2018. Lutter contre ces pensées, essayer de les repousser et de m'accrocher à la vie, a été l'une des choses les plus difficiles que j'ai faites cette année-là.

Une semaine avant la fin de mon bail, je n'avais toujours pas trouvé d'appartement. À ce moment-là, j'avais décidé de me concentrer sur la recherche d'un nouveau logement, et j'ai donc mis ma recherche d'emploi en attente. Ce qui rendait plus difficile la recherche d'une chambre dans un appartement en colocation, c'est le fait que certains locataires cherchaient à ce que leur futur colocataire leur corresponde, ce que je comprends. Cependant, l'une des façons de procéder consistait à demander les comptes sur les réseaux sociaux pour voir ce qui intéressait le colocataire potentiel : son mode de vie, ses loisirs, ses activités, etc. Ils voulaient « quelqu'un de fun et d'aventurier ». Eh bien... disons que ce critère à lui seul suffisait à me disqualifier.

Après une autre mauvaise journée, j'ai envoyé un message à Cédric - le camarade de classe au collège qui n'est devenu mon ami qu'à l'université - et je me suis ouverte pour la première fois depuis des mois à propos de mes difficultés. J'avais l'impression d'être un fardeau, je calculais ce que valait ma vie, additionnant le coût de toutes mes études et de toutes mes dépenses depuis ma naissance, et je me rendais compte qu'il dépassait probablement celui des personnes qui m'avaient précédée. Et pourtant, je n'arrivais pas à trouver un job.

Danielle : Hey.

Cédric : Hey. Qu'est-ce qu'il y a ?

Danielle : Je ne vais pas bien.

Cédric : Dis-moi.

Danielle : Je ne veux plus être en vie. Ou tout au moins, j'aimerais avoir une anesthésie du cœur.

Cédric : Lol ! D'accord, calme-toi.

Danielle : Tu crois que je suis en train de rigoler, pourtant je suis sérieuse.

Cédric : D'accord, je t'écoute. Qu'est-ce qui ne va pas ?

Danielle : Je ne veux pas être dramatique et dire que tout va mal. Je sais qu'il y a des gens dans des situations plus graves, mais j'ai vraiment l'impression que tout va mal.

Cédric : Tu veux que je t'appelle ?

Danielle : Non, pas vraiment. Du moins, pas maintenant.

Cédric : D'accord...

Danielle :

1. Je n'ai toujours pas trouvé un nouvel appartement, et mon bail expire dans quelques jours.

2. J'ai passé une mauvaise journée.

3. J'ai des crises d'angoisse. Oui, je sais ce que tu vas dire : « Des trucs de Blancs ». Et je suis sérieuse quand je dis que je ne vais pas bien. Je n'arrive pas à dormir la nuit. Quand j'arrive à fermer un peu les yeux, je me réveille au moins une fois au milieu de

la nuit. Et quand je me réveille, j'ai un terrible mal de tête et mon cœur bat très fort.

J'ai aussi des vertiges et des nausées la nuit. Pas toutes les nuits, mais ça arrive souvent. Les crises d'angoisse, en revanche, sont plus fréquentes.

J'ai pensé à prendre des somnifères, mais je ne veux pas en dépendre, et j'ai lu qu'ils pouvaient avoir des effets secondaires comme la dépression. Je suis déjà assez déprimée comme ça. Même si je ne veux plus être en vie, je ne veux pas m'ôter la vie.

4. J'ai peur de devenir folle. Je ne suis pas en train de blaguer. Je me sens extrêmement seule, et je ne peux pas faire grand-chose pour y remédier. Ajoute à ça le déménagement, le fait que je n'irai peut-être toujours pas à l'école le semestre prochain, ma situation financière... c'est beaucoup à supporter. Parfois, même pendant la journée, j'ai des vertiges, et je me sens comme... je ne sais même pas.

5. Pleurer est une catastrophe. Non seulement j'ai mal à la tête, mais maintenant on dirait que je suis allergique à mes larmes. Chaque fois que je pleure, je me réveille avec de nouveaux boutons sur le visage. La semaine dernière, je n'ai pleuré que deux fois (oui, « que »), et là, mon visage est juste...

C'est tellement frustrant parce que même quand je suis triste, j'essaie de ne pas pleurer. Mais parfois, j'ai vraiment envie de laisser couler. Et quand je le fais, mon visage réagit immédiatement. Et ce n'est pas comme si je ne dépensais pas déjà une tonne d'argent en produits pour la peau.

6. Ouais... il se peut que je n'aille pas à l'école cette année, à moins qu'un autre miracle ne se produise.

7. Je suis physiquement et mentalement épuisée. Je ne veux plus rien ressentir.

8. Je me sens faible. Je ne contrôle plus RIEN dans ma vie. Absolument rien !

9. Je déteste me sentir comme ça et avoir toutes ces pensées. Je fais tout ce que je peux pour les refouler, mais elles reviennent toujours et me consument. Je ne le fais pas exprès.

Ce qui me dérange le plus, ce sont mes crises d'angoisse. J'essaie de rester positive, mais si j'arrive à contrôler mes pensées, je n'arrive pas à contrôler mes crises. C'est pour ça que je voulais prendre des médicaments. Mais encore une fois, je ne veux pas en dépendre et éventuellement faire une overdose.

Cette nuit (ou plutôt ce matin, car je ne dors pas avant 2 heures du matin), j'ai eu très peur. Je me suis réveillée en sursaut vers 5 heures du matin, j'avais mal et mon cœur battait tellement fort ! Au moins cette fois, je n'avais pas fait de cauchemar.

10. Tu t'es déjà ennuyé ? Genre tu n'avais absolument rien à faire, et que personne n'était là avec toi - pas de famille, pas d'amis - alors que tu vis dans une chambre minuscule ? Tu peux t'imaginer vivre comme ça tous les jours ? C'est exactement comme ça que ça se passe pour moi. Le soleil se lève et se couche devant mes yeux. Je ne peux pas te dire ce que j'ai fait en juillet, et pourtant nous sommes à la fin du mois.

En supposant que je n'aille pas à l'école le semestre prochain (qui commence fin août), c'est ainsi que je passerai toutes mes journées jusqu'en janvier 2019, si je vais à l'école à ce moment-là.

C'est comme ça que je vis depuis l'année dernière, et c'est vraiment difficile. Je ne peux pas continuer comme ça. J'ai l'impression que ma tête va exploser. Même en ce moment, mon épaule me fait mal. Je veux juste qu'on m'anesthésie tout le corps.

Cédric : Wow ... c'est vraiment difficile, et je suis vraiment désolé. Mais Danielle, as-tu envisagé de revenir ? Pour prendre un nouveau départ peut-être ?

Danielle : Ce n'est pas aussi facile que ça en a l'air. Tu ne peux pas imaginer les sacrifices et les efforts qui ont été faits pour m'amener là où je suis maintenant. L'année dernière, j'ai failli rentrer vers septembre. J'étais prête à le faire jusqu'à ce que l'opportunité de rester se présente. C'est dur, très dur. Mais je ne veux pas perdre tous les efforts que j'ai fournis jusqu'à présent et revenir pour recommencer un autre master, alors que j'ai déjà fait un semestre de MBA (pas pour me vanter). Et si je retournais au pays, j'aurais l'impression d'avoir échoué.

Je ne me plains pas de mes problèmes. Je ne fais qu'en parler et regretter les effets qu'ils ont sur moi. Tout ce que je veux, c'est obtenir mon diplôme et passer à autre chose. Et ça peut sembler contradictoire avec ce que j'ai dit plus haut, mais je sais quelque part que je vais y arriver. Je veux travailler et obtenir mon diplôme ainsi que tout ce qui viendra après. Je ne suis pas dans la pire des situations. Je suis juste épuisée.

Cédric : Tu vois, tu es encore plus forte que tu ne le penses. Accroche-toi à ces valeurs, et tu trouveras encore plus de force.

Danielle : Pour l'instant, je n'en ai plus.

Cédric : Tu as juste besoin de repos. Fais une pause et relève-toi.

Danielle : Tu crois vraiment que la vie me laisse le temps de me reposer ? Même quand je suis à terre, elle continue de frapper. C'est pour ça que je dis que je ne veux plus rien ressentir.

C'est comme si je n'avais pas de limites et que je pouvais tout encaisser. Mon corps, ma tête, mon esprit... tous mes réservoirs sont vides, et pourtant les difficultés accroissent. Alors, il vaut mieux faire une anesthésie complète ; comme ça, je pourrai tout encaisser sans problème.

Cédric : Tu sais que ce n'est pas différent d'une pensée suicidaire, n'est-ce pas ?

Danielle : Oui, et j'ai aussi dit que je n'allais pas m'ôter la vie.

Cédric : Oui, mais tu es quand même très proche. Et laisse-moi te dire ceci tout de suite : tu feras plus de mal à ta famille qu'à toi-même.

Danielle : Je ne crois pas. Et je ne dis pas ça pour que tu essaies de me remonter le moral mais... regarde : tu sais comment on calcule la valeur actuelle nette d'un projet pour déterminer s'il faut investir dedans ? Je suis donc I0, l'investissement initial, et ma valeur actuelle nette est carrément négative. Je t'explique : je suis en vie, je ne produis aucun cash-flow, mais les gens continuent à dépenser pour moi. Je dois manger, vivre quelque part et aller à l'école aux États-Unis, où le coût de la vie est très élevé. En retour, qu'est-ce que j'apporte ? Du stress à ma maman, par exemple. Et quoi d'autre ? Rien. Et quand ton projet n'est pas rentable, que fais-tu ? Je sais que tu es intelligent.

Cédric : Lol. Eh bien oui, je suis intelligent, et la plupart des projets ne sont pas rentables immédiatement. Pour l'instant, c'est ta mère qui investit en toi. Personne ne te demande de gagner quoi que ce soit pour le moment.

Tu penses que tu la stresses ? Elle stresse depuis ta naissance parce qu'elle veut le meilleur pour toi. Elle est stressée par Emma parce qu'elle veut ce qu'il y a de mieux pour elle. Continue de te battre. Danielle, la vie est un combat. Tu es forte ; ne laisse pas ces challenges t'abattre.

Danielle : Merci.  

CHAPITRE 10

ENCORE PLUS PRÈS

L'après-midi du 29 juillet, deux jours avant de devoir quitter mon appartement, je n'avais toujours pas trouvé de nouveau logement. Je suis rentrée chez moi après avoir visité un appartement de trois chambres et une salle de bains à Lincoln Square, à quarante minutes par métro de chez moi. Je n'aimais pas le fait que j'allais partager la salle de bains avec deux autres personnes, mais à ce moment-là, ça n'avait plus d'importance. Je me sentais en sécurité dans le quartier et le loyer était dans mon budget, et c'est tout ce qui comptait.

J'ai attendu qu'une des filles qui y vivait me rappelle, comme elle avait dit qu'elle le ferait, mais quelques heures plus tard, elle n'avait toujours pas appelé. J'ai abandonné et décidé de voir si je pouvais encore renouveler mon bail au complexe pour étudiants. Avant de me rendre au bureau de location, j'ai consulté Craigslist une dernière fois, sans aucune raison. Je regardais avec un peu de désinvolture, quasiment certaine de ne rien trouver. Mais je suis tombée sur l'annonce d'une chambre disponible dans un appartement de quatre chambres et deux salles de bains situé à dix minutes à pied de mon immeuble. La chambre avait été postée plus tôt dans la journée, et le propriétaire cherchait à la louer le plus rapidement possible. J'ai regardé les photos, sans vraiment me soucier de ce à quoi ressemblait la chambre. Le loyer était de 950 dollars par mois, un peu au-dessus de mon budget, mais j'espérais que ce serait faisable pour ma maman. Le propriétaire habitait également à proximité, donc nous avons convenu de nous rencontrer à 17 heures le jour même.

L'appartement se trouvait au deuxième étage d'un immeuble de trois étages, sans autres installations ou espaces communs que la buanderie au sous-sol. Je n'avais pas réalisé, en lisant l'annonce, que la chambre disponible était la chambre principale, c'est-à-dire qu'elle avait sa propre salle de bains. Trois autres filles partageraient l'autre salle de bains, qui, comme mes futures ex-colocs, allaient toutes à l'Université de l'Illinois à Chicago, de l'autre côté de la rue. Je ne les avais pas vues ; l'une d'entre elles n'avait même pas encore emménagé, selon le propriétaire.

La chambre disponible était assez grande pour accueillir confortablement un grand lit et un bureau. Elle était plus grande que ma chambre actuelle. Les rayons qui passaient par l'unique fenêtre jetaient des carrés et des rectangles de lumière sur le plancher en bois, rendant les marques de pas plus visibles. Elles provenaient sans doute des autres visites que le propriétaire avait effectuées dans la journée. En entrant dans la salle de bains, j'ai remarqué les traces sur le miroir et les taches sur la porte en verre de la douche qui empêchaient de voir à travers. *Ce n'est pas grave, je peux arranger tout ça.*

La chambre n'était pas meublée, mais la cuisine comportait deux réfrigérateurs de taille moyenne - un pour deux locataires - un micro-ondes, ainsi qu'un four et un lave-vaisselle, qui ne fonctionnaient pas. Ça n'avait pas d'importance. Le salon n'avait pas de télévision, mais ça n'avait pas non plus d'importance parce que je ne regardais pas la télé chez moi, de toute façon. Ce n'est pas tant parce que je ne le voulais pas, c'est qu'elle avait un problème qui n'a jamais été résolu, malgré mes plaintes et celles de mes colocs auprès de la direction. J'ai donc fini par m'habituer à ne pas regarder la télé du tout. Les équipements étaient minimes par rapport à l'endroit où je vivais, mais je ne regardais plus les équipements quand je visitais des appartements. J'avais juste besoin d'un endroit où reposer ma tête.

Les frais de dossier s'élevaient à 70 dollars et, si ma candidature était acceptée, je devrais verser une caution d'un mois en plus du loyer du mois d'août, payable le 1er. Ça allait être difficile, mais au moins le propriétaire n'allait pas vérifier mes antécédents. Après qu'il m'a dit que les autres filles étaient toutes des étudiantes étrangères, je lui ai dit que j'en étais une, moi aussi. Il a compris pourquoi je n'avais pas de dossier de crédit, contrairement à d'autres propriétaires ou locataires que j'avais rencontrés auparavant.

— Alors, comment faites-vous pour subvenir à vos besoins ? a-t-il demandé pour savoir comment j'allais payer mon loyer.

—Je... alors euh... ma... ma maman ? Elle m'aide à payer, ai-je commencé, mais j'ai senti que ce n'était pas suffisant, alors j'ai continué : M... mais j'ai aussi un travail. Je travaille à plein temps comme serveuse dans un restaurant près de chez moi, et je continuerai à temps partiel quand je retournerai à l'école le mois prochain, ai-je lâché, aussi vite que mon cœur battait. Il m'avait prise au dépourvu. J'ai croisé les doigts dans mon dos en espérant qu'il n'allait pas demander confirmation.

— D'accord. Je viens de vous envoyer par e-mail le formulaire de demande. Remplissez-le et renvoyez-le-moi demain matin au plus tard avec les frais, m'a-t-il répondu.

Oh mon Dieu, merci !

— Oui, bien sûr ! Je le ferai dès que je rentrerai chez moi.

Je suis rentrée chez moi et c'est exactement ce que j'ai fait. Le propriétaire avait également besoin de références. Il voulait le numéro de téléphone de mon bureau de location actuel pour confirmer que je payais toujours le loyer à temps, ainsi que le numéro de téléphone d'une de mes colocs pour s'enquérir du type de colocataire que j'étais. J'ai demandé à Flora, dont j'étais le plus proche, si je pouvais donner son numéro de téléphone. Elle a accepté. J'ai envoyé la demande et j'ai payé les frais. Avec l'argent qui me restait, j'ai acheté un matelas bon marché sur Amazon et je l'ai fait livrer au nouvel endroit, en espérant que ma demande serait approuvée.

Peu après, j'ai envoyé un message à ma maman pour lui faire savoir que j'avais potentiellement trouvé un appartement. Elle savait que je voulais déménager et était déjà prête à payer le loyer du mois d'août, mais j'avais besoin d'aide pour acheter des cartons de déménagement, payer la caution et faire appel à des déménageurs. Tout cela devait se faire le lendemain, car je devais déménager au plus tard le 31 juillet à 10 heures du matin, sous peine de recevoir une amende.

Le lendemain, je me suis réveillée avec l'e-mail d'approbation de mon nouveau propriétaire. C'était super, mais ce n'était que la moitié de la bataille. Plus tard dans la journée, ma maman m'a envoyé un message avec les informations liées à l'argent qu'elle venait de m'envoyer. Elle avait envoyé suffisamment d'argent pour payer ma caution et mes frais de déménagement et allait envoyer le reste le lendemain, le 1er août.

J'ai marché jusqu'à l'agence Western Union la plus proche pour récupérer l'argent, mais ils ont eu du mal à débourser les fonds. J'ai essayé un autre endroit et j'ai eu le même problème. J'en ai essayé un troisième et on m'a dit que je ne pourrais pas récupérer cet argent parce qu'il semblait que j'avais reçu trop de versements. *Vous êtes sérieux là ?*

Ça veut dire quoi, « trop de versements » ? Ça n'avait aucun sens. Lorsque j'ai appelé le service client, ils m'ont dit la même chose, m'informant qu'ils avaient déjà renvoyé l'argent à ma maman. Je devais attendre encore *trente jours* si je voulais recevoir « plus » d'argent. Nous aurions bien essayé MoneyGram, mais les heures d'ouverture étaient déjà dépassées au pays. Nous avions déjà essayé PayPal, mais sans succès. Nous avons réessayé, et ça n'a pas marché.

J'ai fondu en larmes. *Pourquoi tout est toujours si compliqué ? Pourquoi cette seule chose ne peut se dérouler sans problème ?* Maintenant, ma maman allait devoir envoyer tout l'argent d'un coup le lendemain. Je sais que ce n'était pas ma faute, mais je me suis sentie comme un fardeau de lui faire subir tout ça. *Si je n'étais pas née, ça ne serait jamais arrivé. Elle n'aurait pas à vivre cela.* Cette voix resonnait fort dans ma tête alors que j'essayais de contacter Sophie pour lui demander de l'aide. Elle m'a envoyé suffisamment d'argent pour acheter du matériel de déménagement. Je suis allée chez U-Haul, j'ai acheté des cartons de déménagement et du ruban adhésif, puis je suis rentrée chez moi pour commencer à tout emballer.

Tout le monde dans mon appartement déménageait, et il semblait que beaucoup de gens dans l'immeuble démangeaient aussi quand je suis allée au bureau de location le 31 juillet pour récupérer mon formulaire de déménagement. J'avais trouvé des déménageurs sur Craigslist et leur avais dit d'être là à 9 heures 30. Ils ont appelé vers 9 heures pour me dire qu'ils auraient *un peu* de retard. J'ai regardé mes colocs partir et je n'ai pas pu m'empêcher de souhaiter avoir moi aussi des amis pour m'aider à déménager, afin que je n'aie pas à dépenser 150 dollars pour embaucher de déménageurs et quitter cet endroit.

À 11 heures 30, les déménageurs n'étaient toujours pas là et j'étais maintenant la seule dans l'appartement lorsque la direction est venue faire l'inspection. J'ai reçu une amende de 50 dollars pour n'avoir pas déménagé à temps. De plus, ils nous ont facturé, à mes anciennes colocs et à moi-même, 250 dollars pour le nettoyage qu'ils ont dit devoir faire dans notre suite.

Je n'ai payé que l'amende pour déménagement tardif parce qu'elle était due immédiatement. Je n'avais pas 62 dollars de plus qui traînaient, attendant d'être dépensés sur des amendes. Je n'avais pas eu une bonne expérience à cet endroit de toute façon et j'avais payé assez d'amendes et leur avais donné assez d'argent comme ça. L'autre amende a été inscrite sur mon compte en ligne ; comme je déménageais, je ne me suis jamais reconnectée. Ils ont appelé plusieurs fois par la suite, mais je n'ai pas décroché.

Les déménageurs sont arrivés à midi, et j'ai finalement repris mon souffle lorsque je suis arrivée à mon nouveau domicile avec toutes mes affaires vers 13 heures. J'avais marché environ vingt minutes jusqu'à South Morgan Street, plus longtemps parce que je portais quelques sacs. Mon matelas avait été livré plus tôt dans la journée, et les déménageurs m'ont aidée à l'apporter dans ma chambre. J'avais encore le sommier que j'avais acheté un an plus tôt lorsque j'avais voulu déménager dans le studio de Rogers Park, mais il fallait l'assembler. L'un des déménageurs s'était porté volontaire pour le faire mais s'est désisté à la dernière minute après que je lui ai donné son argent pour le déménagement.

J'ai passé le reste de la journée à essayer, sans succès, de finir de tout nettoyer en profondeur, de tout déballer et de mettre chaque chose à sa place. Qui eut cru qu'on ne pouvait pas tout faire en un seul jour ?

D'après ce que j'avais vu et entendu de la part des prestataires sur Craigslist lorsque je les ai appelés, l'assemblage de mon sommier allait me coûter entre 100 et 200 dollars. Je n'avais pas cette somme.

Mon matelas était encore dans son carton lorsque j'ai fini de déballer le reste de mes affaires, mais j'étais trop fatiguée pour l'ouvrir. Alors, pour ma première nuit, j'ai dormi par terre. J'ai posé une paire de draps quelque part au milieu de la pièce et j'ai enroulé un vieux T-shirt pour y poser ma tête, car je n'avais pas encore d'oreillers. C'était une nuit d'été, alors le sol n'était pas trop froid. Je ne peux pas dormir sans couverture, quelle que soit la saison de l'année, alors je me suis couverte avec la couverture grise légère et douce que j'avais achetée lorsque j'ai emménagé dans l'appartement précédent. Je ne peux pas non plus dormir dans le noir, alors j'ai laissé la lumière de la salle de bains allumée avant d'organiser mon poste de sommeil pour la nuit.

Mes mains et mon dos et mes pieds et mes os et mon cœur me faisaient mal. Mais malgré tout le stress et les péripéties que j'avais vécus ce jour-là et les jours précédents, j'étais reconnaissante d'être enfin là où j'étais. Avant de fermer les yeux, j'ai regardé autour de la pièce, partiellement éclairée par la lumière chaude qui brillait à travers la porte ouverte de la salle de bains. J'avais trouvé un nouvel endroit, et cet endroit avait une salle de bains privée. Dans cette salle de bains privée, il y avait une armoire avec miroir, une chose que je n'avais jamais eue auparavant mais que j'avais toujours voulu avoir. Ce n'était pas quelque chose que je recherchais quand je visitais des appartements ; c'était plutôt le genre de choses qui aurait été bien d'avoir. Le placard de ma chambre avait également des portes en miroir, une autre chose que j'aurais aimé avoir lorsque mon grand miroir à 10 dollars de chez Target s'était brisé dans mon dernier appartement. J'en avais acheté un autre, mais ç'aurait été bien ne pas avoir à le faire. De plus, j'aimais l'aspect des portes miroirs, l'illusion d'espace supplémentaire qu'elles donnent à une pièce. Il y avait aussi un rebord de fenêtre dans la chambre, assez large et profond pour s'asseoir dessus. Quelque chose d'autre que je ne recherchais pas, mais que j'avais toujours trouvé mignon et qu'il serait bien d'avoir un jour. J'ai souri en pensant au nombre de fois où j'allais m'asseoir dans ce petit coin et regarder la rue ou le ciel en écoutant de la musique.

Ma chambre n'était pas parfaite, mais elle contenait tout ce dont j'avais besoin et plus encore. L'appartement n'était pas parfait et pas aussi esthétique que le précédent, mais il avait tout ce dont j'avais besoin.

Merci, mon Dieu, de m'avoir aidée à trouver cet appartement et de m'avoir aidée à y emménager. S'il Te plaît, protège ma famille, mes amis et moi pendant toute la nuit, ainsi que ceux qui n'ont pas d'abri. Aussi, s'il Te plaît, donne-moi la force d'assembler mon sommier demain. Bonne nuit. Je T'aime.

J'ai fermé les yeux un peu avant deux heures du matin et les ai rouverts vers huit heures.

Après de nouvelles heures à défaire des cartons, ranger et nettoyer, j'ai fait une pause avant de commencer à assembler mon sommier. J'avais faim, mais je n'avais pas encore fait de courses. J'ai vérifié le solde de mon compte bancaire pour voir combien il me restait après toutes les dépenses que j'avais faites. *Quatre dollars et quatre-vingts centimes.* Taco Bell avait fait une offre de burritos à deux dollars cet été-là. Avec les taxes, j'allais encore être sous la barre des quatre dollars, alors j'ai décidé d'en prendre un plus tard dans la journée dans un emplacement près de chez moi.

Toutes ces pièces... Je regardais les petites et grandes pièces de mon sommier éparpillées sur le sol. C'était un cadre en métal avec des lattes en bois. Il était accompagné d'un manuel, mais jusque-là, je n'avais aucune idée de la façon dont j'allais l'assembler ; je n'avais jamais eu à faire quelque chose de ce genre auparavant. Une partie de l'assemblage nécessitait l'utilisation d'un marteau, et heureusement, j'avais déjà une boîte à outils. J'ai pris une photo « avant » pour ma propre gouverne, puis j'ai commencé à visser et à marteler.

Des heures difficiles plus tard, j'avais enfin terminé. J'ai pris une photo « après » du sommier assemblé et j'ai ouvert le carton de mon matelas. J'ai croulé sous son poids en essayant de le mettre sur le sommier, et quand j'ai enfin réussi, j'ai pris une autre photo, puis une dernière quand j'ai mis les draps et la couverture. J'ai regardé et souri à mon chef-d'œuvre pendant quelques secondes, ignorant mon dos brûlant, mes mains fourmillantes et mes genoux meurtris. J'étais fière de moi. J'aimais bien ma nouvelle chambre. Il me manquait encore quelques éléments, mais heureusement, il y avait une table et une chaise que le propriétaire avait dit que je pouvais utiliser sans frais supplémentaires. J'ai posé l'objet décoratif en bois **Les RÊVES deviennent RÉALITÉ** sur le coin gauche de la table et j'ai organisé le reste avec mes autres affaires de bureau.

J'ai fait le ménage, me suis douchée, puis je suis allée chez Taco Bell. En chemin, j'ai reçu une notification Venmo : Naomi venait de m'envoyer 50 dollars sans raison. Je voulais toujours mon burrito, alors je suis restée en route pour Taco Bell. De plus, j'allais utiliser cet argent pour acheter des provisions pour plus tard. Une fois arrivée à Taco Bell et prête à commander, la dame au comptoir m'a dit qu'il n'y avait plus de burritos à 2 dollars. C'est alors que j'ai compris de Qui provenaient vraiment les 50 dollars. J'ai commandé quelque chose de plus cher que le solde initial de mon compte n'aurait pu couvrir. J'ai mangé mon repas, puis je suis allée chez Mariano's pour faire des courses avant de retourner à ma nouvelle maison.

Le colis contenant mon nouveau livre de méditation et mon journal de prière a été livré le 6 août. J'avais arrêté de lire la Bible en avril parce que c'était devenu un peu ennuyeux et que j'avais peur de ce qui se passait dans l'Ancien Testament. Je n'avais pas encore fini de lire le Nouveau Testament, mais après quelques semaines à lire presque la même chose dans les Évangiles, j'ai eu envie d'essayer quelque chose de nouveau. Mais la lecture de l'Ancien Testament m'a fait avoir peur de Dieu. Je ne savais pas comment interpréter toute la destruction et la violence dans les livres. Je voulais mieux Le connaître, mais j'avais besoin d'être guidée. J'avais cherché des livres de méditation, effectué des recherches, regardé des vidéos sur YouTube, mais rien ne me parlait vraiment.

Alors que je luttais contre mes pensées négatives quelques semaines plus tôt, le 19 juillet, je suis tombée sur un post intéressant sur mes stories WhatsApp. Un ancien camarade avait l'habitude de poster chaque jour des pages du livre de méditation qu'il lisait : *Un moment avec Jésus* par Sarah Young. Ce jour-là, la méditation portait sur l'anxiété et la peur. Elle recommandait d'apporter tous nos sentiments à Dieu, y compris ceux que nous aurions souhaité ne jamais avoir ; elle soulignait que les sentiments eux-mêmes n'étaient pas un péché, mais qu'ils pouvaient conduire au péché.

L'ensemble du texte de ce jour-là m'a parlé ; j'ai donc décidé d'acheter le livre, espérant trouver un semblant de paix et lire la Bible sous un autre angle. J'ai vu sur le site un journal de prière qui était mignon, alors je l'ai acheté aussi. Le livre de méditation et le journal de prière sont tous deux arrivés un lundi, ce qui était parfait étant donné que je n'aimais pas commencer de nouvelles choses en milieu de semaine. J'ai lu le livre de méditation, puis j'ai écrit dans mon nouveau journal.

CHAPITRE 11

RETOUR AUX SOURCES – PARTIE I

Mon journal de prière n'était pas daté, mais chaque entrée était divisée en huit sections, en commençant par un champ pour entrer soi-même la date. Pour les entrées que je partagerai, j'inclurai certaines ou toutes les sections en fonction des informations qu'elles contiennent. Si une section n'apparaît pas, c'est qu'elle contient des informations sensibles ou qu'elle concerne d'autres personnes dont je veux protéger la vie privée. Parfois, je barrais aussi certaines sections en écrivant parce que j'avais besoin de plus d'espace pour exprimer librement mes sentiments. Je n'avais pas l'intention, en écrivant dans mon journal de prière ou dans tout autre journal, de rendre mes pensées publiques ; cela étant, tout ce que je partage est une représentation exacte de mon état d'esprit au moment où j'écrivais.

Ce que j'ai écrit dans le livre jusqu'à présent était basé sur des souvenirs, des messages, des photos et des e-mails. Bien que ça ne changera pas, à partir de ce chapitre et pour les trois suivants, je laisserai les pensées et les sentiments dans mes journaux parler d'eux-mêmes, tout en fournissant un contexte et des commentaires lorsque nécessaire. La narration ordinaire reprendra au chapitre 15, avec quelques entrées de journal ici et là.

Je n'ai pas écrit dans mon journal de prière tous les jours, ni uniquement le matin ou le soir. J'écrivais chaque fois que j'en ressentais le besoin, chaque fois que je voulais parler à Dieu ailleurs que dans mon cœur.

Date : 06/08/2018

Cher Père Céleste... Je T'aime et je Te remercie pour toutes tes bénédictions. S'il Te plaît, utilise-moi aussi comme un outil pour apporter ta lumière aux personnes de ma vie. Je veux être une bénédiction pour elles aussi.

Merci pour... M'avoir permis d'emménager dans un nouvel endroit, avec ma propre salle de bains. 😊

Je suis inquiète par rapport à... Ne pas pouvoir aller à l'école ce semestre. De ne pas ME SENTIR à nouveau heureuse. Ma vie professionnelle. Mon avenir.

Voici ce qui se passe dans ma vie... Je suis perdue, à plusieurs niveaux. Je ne sais rien de ce qui va se passer ensuite pour moi. Non pas que je doive tout savoir ou tout contrôler, mais je me sens juste impuissante.

J'ai besoin... Que tu me guides toujours sur le bon chemin. Je veux devenir la femme que tu m'as créée pour être.

D'autres choses que j'ai sur le cœur et que je voudrais partager avec Toi, mon Dieu... Je me sens seule et au fond de moi, je ne suis pas heureuse. 🙁

Date : 16/08/2018

Cher Père Céleste... Tu me connais, Tu connais mon cœur et mes pensées. Tu sais que j'essaie d'être positive et de rester reconnaissante pour ce que j'ai, mais je me sens tellement seule. S'il Te plaît, aide-moi à gérer mes sentiments.

Merci pour... Ma vie, ma famille et mes amis, tout ce que j'ai, de matériel ou d'immatériel. Ma santé, mon nouvel appartement, et toutes les choses que je considère involontairement comme acquises.

Je suis inquiète par rapport à... Ce qui m'attend cette année et au-delà. Ne pas pouvoir aller à l'école, ne pas trouver de stage, ne pas avoir de vie sociale.

Les personnes pour lesquelles je prie aujourd'hui... Ma maman. 

Voici ce qui se passe dans ma vie... J'ai peur de la vie, de mon avenir, des projets que Tu as pour moi et que je ne connais pas, de la façon dont je vais y arriver... Je sais que je T'ai Toi, mais la peur continue de m'assaillir. 😟

J'ai besoin... De force et, surtout, de paix. J'ai besoin que Tu sois toujours avec moi et que Tu m'aides à me débarrasser de ma peur de tout. J'ai besoin d'aide pour apprécier ce que j'ai maintenant et Te faire confiance tout au long du processus.

D'autres choses que j'ai sur le cœur et que je voudrais partager avec Toi, mon Dieu... Est-ce que Tu penses que je vais encore ME SENTIR heureuse ? Avoir un stage ? Obtenir mon diplôme l'année prochaine ? S'il Te plaît, aide-moi à ne pas oublier Tes bénédictions ; aide-moi à garder un cœur reconnaissant ; aide-moi à me débarrasser des pensées négatives.

Plus tard en août, ma sœur Sophie a obtenu un prêt qu'elle avait demandé pour continuer à aider ma maman à payer mes études. Environ trois jours avant le début du semestre d'automne, elle a payé le premier versement de mes frais de scolarité, et j'ai commencé les cours à temps. Cette fois, je n'avais pas rencontré ma conseillère pédagogique avant de m'inscrire à mes cours.

Si j'avais fait le semestre d'été, j'aurais pris trois cours pour obtenir mon diplôme en mai 2019. En prenant un cours supplémentaire au semestre d'automne (trois + un = quatre au total), les deux restants seraient reportés au semestre de printemps si je voulais obtenir mon diplôme ce semestre-là. Je me suis inscrite à ce cours supplémentaire pour l'automne, en espérant trouver un stage au printemps et obtenir des crédits académiques pour ce stage, plutôt que de suivre un cours proprement dit. De cette façon, au printemps 2019, j'aurais cinq cours (trois cours principaux, plus le stage, qui n'était techniquement pas un cours, et le cours restant que je n'avais pas pris pendant l'été).

L'objectif n'était plus de « rattraper le temps perdu ». Avec tout ce que j'avais vécu et ce que je vivais encore, obtenir mon diplôme « à temps » n'était plus quelque chose qui me tenait à cœur. Je ne me sentais en fait plus « en retard » d'obtenir mon diplôme après mai 2019, car aller à l'école tout court était déjà une bénédiction.

Mes expériences m'ont permis de réaliser et de comprendre que chacun a vraiment son propre calendrier. J'ai également accepté le fait que l'année d'obtention de mon diplôme n'avait pas d'importance, tant que j'obtenais effectivement mon diplôme. Et si, pour une raison ou une autre, j'avais dû rentrer chez moi, bien sûr, j'aurais été triste, mais je ne me souciais plus de ce que j'allais dire aux gens ou de ce qu'ils allaient penser. Ce qui allait me gêner, en revanche, c'était qu'ils voient mon visage. Cela dit, j'avais toujours une forte préférence pour l'obtention de mon diplôme en mai 2019, pour des besoins d'OPT et parce que je commençais à en avoir assez d'être aux États-Unis.

L'OPT, comme mentionné précédemment, est ce qui me permettrait de rester et de travailler aux États-Unis pendant un an après l'obtention de mon diplôme. Cependant, en raison des nombreuses règles qui l'entourent, il était plus judicieux d'en faire la demande au semestre du printemps, plutôt qu'au semestre d'hiver. Encore une fois, j'entrerai dans les détails une fois que nous serons arrivés au moment où j'ai eu besoin de faire ma demande d'OPT.

L'été 2018 est aussi le moment où j'ai commencé à envisager d'aller au Canada, même si ce n'était pas quelque chose de très sérieux au début. J'avais tellement apprécié mon cours de marketing pendant mon premier semestre à Roosevelt que je voulais en apprendre davantage et obtenir une sorte de diplôme en marketing. J'avais exploré l'idée d'obtenir une certification en marketing digital en particulier, mais je voulais d'abord travailler et économiser suffisamment d'argent pour me le payer moi-même.

Une nuit, alors que j'avais du mal à dormir, j'ai poursuivi mes recherches sur les certifications et les programmes de marketing en Amérique du Nord. Je ne voulais pas rester aux États-Unis, mais s'il le fallait, j'allais y rester. C'est alors que je suis tombée sur une annonce publicitaire concernant le programme de master en marketing nouvellement créé à la Schulich School of Business de Toronto. Je suis immédiatement tombée amoureuse de ce programme. Tout d'abord, l'école se trouvait à Toronto ; c'est là que je voulais vivre si je déménageais au Canada. Ensuite, j'ai pensé que le programme lui-même était parfait : un programme de master spécialisé d'un an axé sur le marketing moderne. Mais les frais de scolarité… ils s'élevaient à 75 000 dollars canadiens. C'était pour les étudiants étrangers, qui paient trois fois plus que les étudiants nationaux et les résidents permanents. En plus des frais de scolarité, je devais tenir compte des dépenses courantes et d'autres frais liés ou non à l'école.

J'ai décidé de garder cette école à l'esprit. J'allais y postuler à l'automne 2022 ou plus tard, une fois que j'aurais travaillé quelques années et accumulé suffisamment d'économies. J'ai gardé cette école dans un coin de ma tête, mais elle est revenue d'elle-même sur le devant de la scène.

Date : 09/09/2018

Cher Père Céleste... Tu sais que je suis reconnaissante pour ce que j'ai, et j'essaie de ne pas comparer ma vie à celle des autres, mais c'est si difficile quand j'ai l'impression de stagner et qu'il n'y a pas grand-chose qui se passe dans ma vie.

Merci pour... M'avoir permis de commencer mon deuxième semestre. Ma vie, ma famille et mes amis. La pousse de mes cheveux. 😊

Je suis inquiète par rapport à... Au fait de ne pas trouver de stage au prochain semestre. De ne pas trouver de travail pour mon OPT. Souffrir et rencontrer des difficultés pour tout.

Voici ce qui se passe dans ma vie... J'ai tellement peur que même pour les choses les plus basiques de ma vie, je vais toujours me battre et souffrir avant de les obtenir enfin. Ça fait un an que je cherche un job, Seigneur, s'il Te plaît, aide-moi !

J'ai besoin... « L'espoir différé rend le cœur malade ». C'est dans la Bible... S'il Te plaît, Seigneur, fais quelque chose pour moi aussi.

D'autres choses que j'ai sur le cœur et que je voudrais partager avec Toi, mon Dieu... Je sais que Ton temps est le bon, mais si tout ce qui arrive se produit à la dernière minute, pourquoi dois-je faire tant d'efforts avant cette dernière minute ? Pourquoi est-ce que je n'attends pas simplement la « fin » pour bouger ?

J'avais commencé les cours et j'allais bientôt commencer à chercher un stage. Après un été infructueux à essayer de trouver un emploi, j'ai décidé de ne recommencer à chercher que vers le mois d'octobre pour mon stage du printemps 2019. Au moins, d'ici là, j'aurais déjà été étudiante pendant deux semestres obligatoires consécutifs (printemps et automne 2018), et j'aurais donc droit à un numéro de sécurité sociale et au CPT. Prendre cette décision m'a rappelé la prière que j'avais faite le dimanche de Pâques de cette année-là.

En avril, je voulais toujours rester et vivre aux États-Unis le plus longtemps possible, mais je voulais le faire de la bonne manière, selon mes valeurs *personnelles*. Je ne voulais pas trop enfreindre les règles. Je ne voulais pas faire quelque chose d'illégal ou avoir à épouser quelqu'un pour obtenir une Green Card. Il est devenu plus difficile de ne rechercher que des opportunités d'emploi légales lorsque j'étais fauchée et que j'avais besoin d'argent juste pour manger. Mais ce sur quoi je ne voulais toujours pas faire de compromis, c'était le mariage. J'avais dit à Dieu que je préférais quitter les États-Unis plutôt que d'épouser quelqu'un pour rester, même, et surtout, s'il s'agissait d'un faux mariage.

Alors, en août, quand j'ai décidé d'attendre de pouvoir légalement travailler aux États-Unis, j'ai pensé que c'était peut-être Dieu qui me faisait une faveur et répondait à ma prière en ne me permettant pas d'obtenir un des emplois que je désirais tant pendant l'été.

Pour ce qui est des choses qui arrivent à la dernière minute, tu peux le voir, si tu as lu jusqu'ici, que chaque fois que quelque chose que je voulais ou pour lequel j'avais prié finissait par arriver, c'était juste à l'échéance. Je n'étais pas moins reconnaissante, mais chercher, marcher de long en large, effectuer des recherches pendant des mois seulement pour que quelque chose arrive à la toute dernière minute est épuisant et frustrant.

Date : 12/11/2018

Cher Père Céleste... Est-ce que je suis censée ne pas être frustrée si je Te fais confiance ? Quel genre de force est-ce que j'ai pour pouvoir supporter ce type de frustration ? Je ne veux pas que Tu penses que je ne Te fais pas confiance ou que je suis impatiente ; je suis simplement débordée !

Merci pour... Nous sommes à la mi-novembre et je n'ai pas trouvé de stage pour janvier. Oui, je dois être patiente, mais j'ai des échéances ! S'il Te plaît, ne Te mets pas en colère contre moi. J'essaie tellement d'être positive, et Tu sais que je n'arrête pas de me dire que Tu es là pour moi, mais est-ce que je suis censée ne pas ressentir la pression ?

Je suis inquiète par rapport à... Je suis extrêmement reconnaissante pour ce que j'ai déjà, mais mon Dieu, Tu sais que je ne suis pas à l'aise et ça fait un moment que je ne le suis pas. Pourquoi me Tu gardes si longtemps dans cet état ? Presque tout le monde autour de moi a un job ou au moins un stage, et je ne peux toujours pas manger sans l'aide de ma sœur.

Les personnes pour lesquelles je prie aujourd'hui... Je sais que c'est mal et que c'est probablement le diable qui murmure à mes oreilles, mais j'ai l'impression que quelque chose ne va pas chez moi. J'ai l'impression que Tu es fâché contre moi et chaque fois que je pleure, j'ai l'impression que ça Te met en colère et que Tu bloques encore plus mes bénédictions.

Voici ce qui se passe dans ma vie... S'il Te plaît, ne me punis pas. Je T'en supplie, débloque mes bénédictions. Ou montre-moi simplement ce que je dois encore apprendre pour que je puisse ENFIN avancer dans ma vie. S'il Te plaît, s'il Te plaît Seigneur, écoute mon appel.

J'ai besoin... Ma recherche d'emploi est tellement accablante que j'ai franchement envie d'abandonner. Je ne le ferai pas, mais je ne sais tout simplement plus comment ni où chercher. J'ai tellement peur que 2019 soit aussi remplie de difficultés en plus de ma solitude. S'il Te plaît, fais quelque chose.

À ce moment-là de mon histoire, cela faisait plus d'un mois que je cherchais un stage. Je sais aujourd'hui que ce n'est pas très long au pays de la recherche d'emploi ; cependant, ma frustration tenait compte de l'année entière pendant laquelle j'avais déjà cherché un job. Ma solitude et le fait que je n'avais pratiquement personne à qui parler n'aidaient pas non plus.

J'avais cours quatre fois par semaine ce semestre-là, toujours le soir. Je rentrais à la maison vers 21 heures 30, selon la rapidité avec laquelle je pouvais attraper un métro de la ligne bleue à la station Jackson. Je passais mes journées dans ma chambre à chercher des stages. Pendant la journée, mes colocs étaient à l'école, laissant la maison presque vide. Lorsque je rentrais de l'école, elles avaient déjà terminé leur dîner et s'étaient retirées dans leurs chambres. Elles passaient rarement les week-ends à l'appartement, surtout les samedis.

L'une des colocs, Charlotte, passait les week-ends chez son petit ami, ou bien il était chez nous, alors je ne la voyais pas beaucoup. Je ne sais pas trop où en étaient Zoé et Alice question relation, mais je ne les voyais pas beaucoup non plus. Quand je les voyais, c'était probablement le dimanche, en allant ou en revenant de la messe, ou quand je faisais la cuisine.

Pour être honnête, je ne passais pas non plus beaucoup de temps dans le salon, même quand je les entendais discuter toutes ensemble. Surtout au début, j'étais timide et je ne savais pas si je serais capable de tenir une conversation. Passer plus d'une année toute seule m'a fait oublier comment interagir avec les gens. Je ne pensais pas que ma vie était très intéressante, et je me demandais toujours de quoi nous parlerions si je me joignais à elles. Je restais donc dans ma chambre et n'écoutais que le son de leurs voix et de leurs rires.

J'avais encore des difficultés financières et je n'avais plus du tout d'économies. Je n'avais jamais passé autant de temps sans argent de côté. Je n'avais en fait jamais *pas eu* d'économies. Je pouvais à peine garder 50 dollars sur mon compte d'épargne sans avoir à tout transférer sur le compte courant dans la semaine qui suivait, parce qu'il y avait eu quelque chose à payer. Mon argent passait dans les dépenses liées à l'école ou dans l'épargne pour acheter mon prochain kit Clinique contre l'acné. Je ne pouvais plus me faire les ongles ou les cheveux, ni prendre soin de moi comme avant.

À ce moment-là, Sophie commandait des courses pour moi depuis presque deux mois. Elle m'avait appelée un jour pour savoir comment j'allais et, au cours de la conversation, j'ai mentionné que je n'avais pas assez d'argent pour acheter des provisions et que je ne voulais pas déranger Maman. Elle s'est portée volontaire pour me les acheter. Toutes les deux semaines environ, je mettais mes courses Mariano's dans mon Instacart, je le lui montrais et elle payait pour moi et faisait livrer les courses à mon appartement.

Je me souviens encore de la première fois où mes courses sont arrivées. Après les avoir toutes rangées, je suis restée là, seule dans la cuisine, à regarder les armoires et le freezer remplis de nourriture. Ça faisait longtemps que je n'avais pas acheté de riz jasmin. Si j'achetais de la viande, je n'en mangeais que le dimanche, mais pas tous les dimanches. Cette fois-ci, j'avais de la viande et du poulet à manger toute la semaine. J'étais tellement reconnaissante.

Avec le temps, cependant, cette situation m'a mise mal à l'aise. Ma sœur faisait déjà beaucoup pour moi, et je ne voulais pas lui en demander plus. Je voulais prendre soin de moi. Parfois, lorsqu'elle oubliait de me faire des courses, je ne lui rappelais pas.

Je pleurais tous les jours. Je ne rigole pas. Je pleurais chaque jour de chaque semaine, soit parce que je n'obtenais pas d'entretiens et que mes seules mises à jour étaient des rejets ; soit parce que je me sentais extrêmement seule et que je n'avais pas d'amis ; soit à cause de l'aspect de ma peau ; soit parce que je n'étais pas financièrement stable et que j'avais trop de factures et de choses à payer ; soit parce que parfois, je ne trouvais pas la force de continuer, mais je n'avais pas d'autre choix ; soit parce que je voulais à nouveau connaître le bonheur et arrêter de prétendre que j'allais bien ; soit parce que j'avais l'impression que Dieu ne m'écoutait pas ; soit parce que je me sentais comme un fardeau ; soit à cause de la douleur dans mon cœur ; soit à cause de tout ça à la fois.

Certains jours, je me demandais si le puits de larmes en moi allait un jour se tarir, et j'obtenais la réponse les jours suivants lorsque je pleurais encore plus.

J'en suis arrivée à un point où je mettais une limite au nombre de fois où je m'autorisais à pleurer chaque semaine, parce que je n'aimais pas le look des yeux gonflés et de la peau fatiguée tous les matins. Je me donnais des exercices, comme attendre le week-end pour pleurer et évacuer la frustration de la semaine. Quand ce n'était pas possible, je devais essayer de tenir au moins jusqu'au mercredi sans pleurer.

Certaines semaines, je faisais un effort intentionnel pour être positive et le rester le plus longtemps possible, mais ce n'était pas facile. Il y avait toujours une chose qui essayait de ruiner mes efforts. Parfois, ça fonctionnait, parfois pas. Certains jours, j'essayais de me convaincre que j'allais bien et que ce qui me dérangeait n'était pas grave. *Je suis heureuse. Je vais bien. La vie est belle.* Ce n'était pas du sarcasme. Je me répétais ces mots en espérant que plus je les prononçais, mieux je me sentirais. Certains jours, ça marchait ; la plupart du temps, ça ne marchait pas.

J'avais un autre journal dans lequel je conservais des citations motivantes et les versets bibliques que j'aimais, ceux qui me faisaient me sentir un peu moins seule, ceux qui me donnaient un peu d'espoir. Un jour, j'en ai écrit quelques-uns sur des morceaux de papier colorés que j'ai collés sur mon mur, juste au-dessus de mon bureau. Ils servaient de motivation, de rappels d'espérer et de continuer à m'accrocher.

« Les souffrances du temps présent sont incomparables à la gloire à venir. » (Romains 8 : 18).

Voici un verset que je me répétais à chaque fois que je pleurais et à chaque fois que mon cœur souffrait de *cette douleur*. Enfin ... peut-être pas *à chaque fois*, mais genre, la plupart du temps.

Date : 17/11/2018

Cher Père Céleste... Hey Dieu, je suis juste venue ici pour Te dire que je T'aime et que je Te fais confiance. Pour une fois, je ne viens pas me plaindre de l'état actuel de ma vie. Les choses sont encore toutes floues et confuses, mais je voulais juste Te dire que je Te fais confiance.

Merci pour... Le fait que Tu aies apaisé mon cœur et mon esprit. Je suis toujours stressée et accablée, mais je ne sais pas... Je ressens aussi une sorte de sécurité et de confiance dans le fait que les choses iront bien, que mon heure viendra ; et tout ça, c'est grâce à Toi.

Je suis inquiète par rapport à... JE NE VEUX PLUS ÊTRE INQUIÈTE. Oui, j'ai encore des difficultés, mais Tu m'aideras !

Les personnes pour lesquelles je prie aujourd'hui... Les personnes qui traversent des moments difficiles. Tous ceux qui sont à la recherche d'un emploi. Les sans-abris et les personnes en détresse.

Voici ce qui se passe dans ma vie... Je ne suis pas encore là où je voudrais être. Rien n'a changé de façon substantielle entre la dernière fois que j'ai écrit dans ce journal et aujourd'hui, mais je me sens un peu plus... en paix. Je T'aime.

J'ai besoin... que Tu continues à me guider et à être avec moi tout au long de ce parcours qu'est la vie. Je T'♥. J'ai confiance en Toi. ☺ ♥

D'autres choses que j'ai sur le cœur et que je voudrais partager avec Toi, mon Dieu... Ma recherche d'emploi est toujours aussi accablante. Le semestre touche à sa fin, donc ça signifie plus de travail et tous les devoirs à rendre bientôt. Je n'ai toujours aucune idée de ce que je vais faire l'année prochaine après l'obtention de mon diplôme, j'ai eu des éruptions cutanées, etc. MAIS je Te fais confiance, Dieu, je sais que Tu es avec moi. 🩶

Je ne me souviens pas exactement de ce qui m'avait mise de si bonne humeur ce jour-là. Je sais que je continuais à lire mon livre de méditation tous les matins, et ça m'aidait. J'avais aussi acheté un livre sur la recherche d'emploi quelques jours plus tôt, mais à part cela, il ne s'était rien passé d'important. Malheureusement, cette humeur n'a pas duré bien longtemps.

Date : 17/12/2018

Cher Père Céleste... Alors, aujourd'hui c'est le 17 décembre, et je n'ai toujours pas obtenu un seul entretien en personne pour un stage qui est censé commencer en janvier. Je ne viens pas ici pour me plaindre ; je me demande simplement si je ne devrais pas abandonner et comprendre que je n'obtiendrai pas de stage.

Merci pour... Les bonnes expériences récentes avec Zoé. Vraiment, du fond du cœur, merci pour ça.

Je suis inquiète par rapport à... Ma vie professionnelle et financière. J'ai tous ces rêves et objectifs, mais ils dépendent tous de mon indépendance financière, vers laquelle je n'arrive à faire AUCUN progrès. Ça semble TELLEMENT hors de portée !

Voici ce qui se passe dans ma vie... On dirait que je n'ai pas obtenu le poste d'assistanat. Ça fait plus d'un mois que j'ai posé ma candidature et je n'ai toujours pas reçu de réponse. Encore une fois, je ne me plains pas, je suis juste perdue et je n'arrive pas à trouver le but d'avoir toutes ces bonnes notes.

J'ai besoin... De force et de directives. Tu sais, c'est épuisant de chercher un job ; je ne sais même pas si Tu veux que j'en aie un.

D'autres choses que j'ai sur le cœur et que je voudrais partager avec Toi, mon Dieu... J'ai récemment lu que peu importe combien de temps, combien de fois ou avec quelle ardeur nous prions pour quelque chose qui ne correspond pas à Ta volonté, parce que Tu ne le laisseras pas se produire. Ça a du sens, et je le comprends. Mais alors, comment savoir quand prier pour quelque chose, et quelle est Ta volonté ?

Je commençais à bien m'entendre avec mes colocs, surtout avec Zoé. Elle savait que je parlais français et avait une amie qui suivait des cours de français à l'époque, alors elle l'invitait parfois pour que je puisse avoir des conversations avec elle ou que je l'aide à faire ses devoirs.

Un après-midi, Zoé et moi étions toutes les deux à la maison en même temps. Elle n'avait pas cours et j'étais dans ma chambre en train de chercher des stages. Elle voulait qu'on sorte.

— Coucou Danielle ? Zoé a frappé à ma porte, et je lui ai ouvert. Tu veux sortir faire un tour ? Il ne fait pas trop froid dehors aujourd'hui.

— Hmm... je ne suis pas sûre de pouvoir le faire maintenant, ai-je commencé. J'ai beaucoup de travail à faire pour mon cours de ce soir. J'ai terminé mon mensonge.

Je voulais sortir me promener, mais je craignais d'être trop ennuyeuse et qu'on ne s'amuse pas.

— Oh d'accord... C'est dommage. Elle a fait une tête triste et s'est éloignée alors que je refermais la porte.

Je me suis rassise à mon bureau et j'ai passé les dix minutes suivantes à me demander pourquoi je venais de refuser une occasion de ne pas marcher seule pour une fois.

— Hey, tu veux toujours sortir ? Je vais prendre mes affaires et finir mon travail à l'école avant les cours, ai-je demandé, rejoignant Zoé dans la cuisine.

— Tu es sûre ? a-t-elle demandé en levant les yeux de son bol, la bouche à moitié pleine.

— Ouais, t'inquiète. Mon devoir n'est pas super difficile, donc je pourrai le terminer en un rien de temps.

— Cool ! Ok, on y va !!

Zoé était un peu (ou beaucoup) plus extravertie que moi. J'ai apprêté mes affaires pour l'école pendant qu'elle finissait son repas, puis nous sommes sorties.

Nous avons marché, nous avons parlé, nous avons ri, nous avons pris des photos, nous avons passé un bon moment.

Le fait de n'avoir que peu ou pas d'interactions sociales pendant si longtemps m'avait fait oublier comment et qui j'étais. Je ne me souvenais plus si j'étais drôle, si j'étais sympa ou si j'avais des choses intéressantes à dire. Je n'interagissais pas beaucoup avec les gens à l'école non plus, pour les mêmes raisons. En plus de ça, j'étais extrêmement gênée par ma peau. Chaque fois qu'une personne s'approchait de moi, je ne pensais qu'à ce qu'elle voyait sur mon visage. Et à cause de ma situation financière, je ne pensais pas pouvoir me permettre d'avoir des amis avec qui sortir.

Cette petite promenade avec Zoé était ma première sortie avec quelqu'un de mon âge, et ça m'a fait du bien. Plus tard en novembre, elle m'a invitée au dîner « Friendsgiving » qu'elle organisait à l'appartement avec ses amis à l'occasion de la Thanksgiving. Un autre soir, pour me remercier d'avoir aidé son amie à faire ses devoirs et examens de français, elle voulait que nous allions toutes les trois dîner dans un endroit sympa. Nous sommes donc allées dans un restaurant italien situé dans le West Loop. J'ai dépensé environ 50 dollars ce soir-là, ce qui était un peu juste ; et même si ça ne deviendrait pas une habitude, j'étais reconnaissante d'être sortie manger avec elles.

En ce qui concerne le poste d'assistanat, j'y avais une fois de plus postulé. Cette fois, j'avais même des lettres de recommandation de deux de mes professeurs. J'ai eu des A dans tous mes cours et j'espérais que ces deux éléments joueraient en ma faveur pour obtenir le poste pour mon dernier semestre. Ça n'a pas été le cas.

Date : 29/12/2018

Cher père Céleste... Hey Dieu. Comment Tu vas ? Je vais bien, je suppose... J'ai juste l'impression que quelque chose (ou plusieurs choses) cloche(nt) chez moi. Tu sais que je ne dis pas ça pour faire cliché ; c'est vraiment ce que je ressens. Je veux dire... j'ai l'impression qu'il y a tellement de choses que je ne fais pas bien ou que je ne fais pas du tout, et c'est pourquoi j'en suis encore à ce stade de ma vie.

Merci pour... Ma sœur qui est venue me rendre visite pour les fêtes, ma famille et mes amis, mon éducation et ma vie en général.

Je suis inquiète par rapport à... Tu le sais déjà. Nous sommes presque en janvier et pas de stage jusqu'à présent. J'ai juste peur que Tu aies décidé que je n'aurai pas de stage. Peut-être que ce n'est pas encore le bon moment pour moi de travailler ?

Voici ce qui se passe dans ma vie... J'essaie de me trouver et de savoir qui je suis. Je veux être quelqu'un de bien, mais j'ai parfois l'impression que c'est « trop » ou que je DOIS avoir un « mauvais côté » pour réussir. Je ne sais pas. Je ne dis pas que je suis la « meilleure » personne sur terre ou que je suis parfaite, mais je veux vraiment être une bonne personne et suivre les règles autant que possible, mais apparemment, à un moment donné, il faut les enfreindre ?

J'ai besoin... Que Tu m'aides à me trouver et à être la personne que Tu m'as créée pour être. Que Tu me répares si quelque chose ne va vraiment pas chez moi. Je T'aime, Dieu.

D'autres choses que j'ai sur le cœur et que je voudrais partager avec Toi, mon Dieu... J'aimerais arriver à un point où je vis confortablement sans enfreindre les règles ou les contourner autant, et j'espère que c'est possible.

Naomi était venue à Chicago pour les fêtes de fin d'année et y était restée du 24 décembre 2018 au 1er janvier 2019. Nous avons fait le marché de Noël et des bars sur le thème de Noël, visité des musées et mangé dans des restaurants un peu plus raffinés. Nous avons passé un bon moment. J'étais reconnaissante de ne pas avoir passé les fêtes seule cette année-là.

Ma recherche de stage n'avançait toujours pas. J'avais parlé à quelques personnes, et il semblait que je n'allais rien trouver si je ne mentais pas sur mon CV. Je l'avais déjà fait auparavant, lorsque j'avais changé mon niveau d'éducation parce que je ne voulais pas paraître surqualifiée pour les emplois auxquels je postulais pendant l'été 2018. Mais cette fois-ci, c'était différent. Je cherchais un stage qui devait être en rapport avec mon diplôme et correspondre à mon niveau d'études. Et indépendamment des exigences du CPT, je ne voulais tout simplement pas avoir à mentir sur mon CV pour obtenir un emploi. Je ne l'ai pas fait, mais je commençais à avoir l'impression d'être trop « bonne fille » et qu'il fallait que je me « décoince ». Peut-être que j'avais besoin de mentir un peu plus. Au moins pour obtenir un stage.

Je ne dis pas que je suis une sainte et que je ne fais rien de mal. J'ai souvent pris et je prends encore de mauvaises décisions, mais ce sont les miennes. Elles ne me sont pas imposées et je ne suis pas tenue de les prendre. Je fais consciemment ou inconsciemment de mauvais choix, mais j'en suis responsable. Être poussée à mentir est différent de mentir par moi-même. Oui, le résultat est le même, mais le sentiment ne l'est pas.

J'ai été confrontée à trois problèmes principaux dans ma recherche de stage. Le premier était mon manque d'expérience en tant qu'étudiante en MBA. La plupart des offres de stage pour MBA sur lesquelles je tombais sur LinkedIn ou Indeed exigeaient au moins deux années d'expérience. Je pouvais postuler à des stages qui n'exigeaient qu'une licence, mais je serais surqualifiée ; et même si j'obtenais le poste, il ne serait pas éligible au CPT parce qu'il ne correspondait pas à mon niveau d'études. Le mieux que je pouvais faire aurait été de trouver quelque chose qui ne spécifiait pas le niveau d'études dans la description du poste, et qui disait plutôt quelque chose comme : « Le candidat doit étudier en vue d'obtenir *un diplôme* en XYZ. » Mais là encore, le diplôme devait être en rapport avec le commerce, sinon ma demande de CPT serait refusée parce qu'elle n'était pas en rapport avec mon domaine d'études.

Le deuxième problème auquel j'ai été confrontée, qui était probablement plus important et certainement le plus frustrant, était le fait même que j'étais une étudiante étrangère. Aux États-Unis, les étudiants étrangers doivent se conformer à un grand nombre de restrictions et de règles en matière de travail, et beaucoup d'employeurs ne veulent pas y être confrontés. Certains stages et offres d'emploi indiquaient clairement qu'ils n'étaient pas ouverts aux non-citoyens ou aux personnes ne possédant pas la Green Card. D'autres indiquaient qu'ils n'acceptaient pas les étudiants en CPT ou OPT et que leurs candidatures ne seraient pas prises en compte. Et la plupart des annonces contenaient une variante de cette déclaration : « Les candidats ne doivent pas, aujourd'hui ou à l'avenir, avoir besoin d'un parrainage pour travailler. » Des questions telles que « Aurez-vous besoin aujourd'hui ou à l'avenir d'un parrainage pour travailler ? » ou encore « Êtes-vous autorisé à travailler pour tout employeur sans parrainage aujourd'hui et à l'avenir ? » faisaient partie de presque toutes les annonces et étaient utilisées pour écarter les étudiants étrangers.

L'OPT et le CPT ne nécessitaient pas de parrainage, mais le visa de travail – le visa H1-B – si. On ne pouvait demander le visa H1-B qu'une fois diplômé d'une école américaine et après avoir effectué un OPT. Donc, en tant qu'étudiant étranger sur CPT ou OPT, même si on n'avait pas besoin de parrainage « aujourd'hui », on en aurait probablement besoin « à l'avenir » si l'objectif était de rester aux États-Unis après avoir obtenu un diplôme et de demander un visa H1-B.

L'exigence de parrainage par l'employeur signifiait qu'on ne pouvait pas faire de demande tout seul – on avait besoin d'un employeur pour soutenir cette demande. La fenêtre de candidature n'était ouverte qu'une fois par an pendant quelques jours. Et le fait de postuler, même avec tous les bons documents et le meilleur parrainage d'employeur au monde, ne garantissait pas l'obtention d'un visa. Il s'agissait effectivement d'un système de loterie où les demandes étaient sélectionnées au hasard jusqu'à ce que le quota soit atteint, et toutes les demandes non sélectionnées n'étaient évidemment pas prises en compte. Si la demande était approuvée, il y avait aussi la restriction de ne travailler que pour l'employeur qui sponsorisait (et donc payait) le visa. Le transfert de dossiers était possible, mais il s'agissait d'une autre procédure à part entière. Si la demande était rejetée, on perdait son statut et avait le délai de grâce habituel de soixante jours pour quitter le pays ou changer de statut avant de réessayer l'année suivante.

Mon troisième problème, surtout au début lorsque j'avais de grands espoirs pour le type de stage que je voulais obtenir, était le fait que je ne fréquentais pas une « école cible ». Les écoles cibles étaient celles qui avaient des partenariats avec les meilleures banques, les cabinets de services professionnels ou les entreprises technologiques, pour n'en citer que quelques-unes. Il s'agissait d'écoles renommées de l'Ivy League, comme Harvard, Yale ou Princeton, mais aussi d'écoles régionales comme l'Université Northwestern ou l'Université de Chicago dans l'État de l'Illinois où je vivais. Lorsque je regardais sur LinkedIn, il y avait un pourcentage plus élevé d'anciens élèves de l'Ivy League et d'autres écoles cibles dans des entreprises telles que Deloitte, où je voulais faire un stage.

Les meilleures entreprises étaient très présentes sur les campus et y organisaient fréquemment toutes sortes d'événements sociaux et de recrutement, réservant des places aux étudiants qui les fréquentaient. Bien que le fait de fréquenter ces écoles ne garantissait pas un emploi dans une grande entreprise, cela donnait certainement plus de visibilité et d'occasions de se faire des relations, de postuler et, en fin de compte, d'obtenir des entretiens.

Dans le domaine du conseil, j'avais souvent entendu dire qu'il était important d'avoir une école « de marque » sur son CV pour être pris en considération pour un poste. Et si pas une école de marque, au moins un stage ou une expérience dans une entreprise de marque. En effet, certaines offres d'emploi dans les grandes entreprises comportaient spécifiquement le nom de l'université dans le titre, indiquant que seuls les étudiants de cette école devaient postuler pour cette offre spécifique.

C'était le cas pour les meilleures écoles, puis il y avait une « offre générale » pour toutes les autres écoles.

Tout cela à l'esprit, en plus de l'opinion d'autres personnes, j'ai décidé de me *décoincer* et de rédiger un nouveau CV avec plus d'expérience que je n'en avais en réalité. Pour plus de sécurité, j'ai indiqué que l'expérience que j'avais fabriquée avait été acquise dans mon pays d'origine plutôt qu'aux États-Unis. Dans le même esprit, j'ai baissé ma moyenne cumulative et j'ai mis 3,5 au lieu de 4,0. Ça, c'était *ma* décision et celle de personne d'autre. Je me suis dit que 4,0 sonnait peut-être trop « parfait » et dissuaderait les employeurs de me convoquer à des entretiens, d'autant plus que je ne participais pas à des activités extrascolaires.

Pour certaines demandes de stage, j'ai utilisé mon « bon » CV, et pour d'autres, j'ai utilisé le « mauvais », espérant secrètement que tout résultat positif serait dû à qui j'étais vraiment. Je me suis également promis que ce serait la dernière fois que je mentirais sur mon CV. Une fois que j'aurais acquis cette première expérience aux États-Unis, je n'allais plus rien inventer.

Lorsque Naomi est partie, j'ai sorti mon agenda pour faire le bilan de mon année. Les seuls objectifs que j'avais pleinement accomplis en 2018 étaient ceux liés au Carême. J'avais bien fêté mon anniversaire, mais pas hors de Chicago comme je le souhaitais, ce qui ne m'a pas empêchée d'être reconnaissante. J'avais bien déménagé, mais je ne payais pas mon loyer moi-même comme j'espérais pouvoir le faire.

J'ai rayé tous les autres éléments de la liste. Je pensais avoir pleuré en 2017 ; 2018 avait été encore pire. Ce n'était *définitivement pas* mon année.

Je n'avais pas encore acheté d'agenda pour 2019, alors j'ai écrit mes objectifs pour la nouvelle année au verso de la dernière page de mon agenda 2018. Je n'en avais que deux : obtenir mon diplôme avec une moyenne générale d'au moins 3,8 et sortir de ma zone de confort autant que possible, c'est-à-dire être moins timide. J'avais été tellement brisée tout au long de l'année que je ne voulais même pas avoir d'objectifs pour la nouvelle. Je ne voulais pas avoir à retourner dans mon agenda pour rayer des choses parce qu'elles ne s'étaient pas produites. Je ne voulais pas revivre ce genre de déchirement. J'avais presque perdu espoir et j'avais peur d'espérer à nouveau.

Tout ce que je voulais, et tout ce que j'ai demandé à Dieu pour l'année, était que je ne sois plus déprimée, que je ne pleure plus autant qu'en 2018. Je ne me souciais pas de ne pas être *heureuse*. Je ne pensais en fait pas que j'allais un jour me sentir heureuse à nouveau.

La douleur, ce trou autrefois de la taille d'un petit pois sur mon cœur, avait atteint la taille d'une pièce de monnaie. Et elle continuait à grandir et à faire mal. Je ne pensais pas qu'elle disparaîtrait. Je voulais juste ne plus autant pleurer.

Je me suis confessée à nouveau avant Noël et j'ai renouvelé ma promesse à Dieu de ne plus avoir de pensées suicidaires. Cette fois, cependant, j'ai demandé Son aide.

Je n'étais pas prête et je n'avais pas hâte de voir ce que 2019 me réservait.

Ce serait simplement *une* année.

CHAPITRE 12

FORMATION PRATIQUE DANS LE CADRE D'UN PROGRAMME D'ÉTUDES (CPT)

Date : 01/01/2019

Cher Père Céleste... Merci de m'avoir réveillée aujourd'hui en ce premier jour de l'an. Merci pour tout ce que Tu as fait en 2018, et merci pour Tes bénédictions. Je déteste venir à Toi en étant triste parce que j'ai sérieusement l'impression d'en faire trop, mais je n'y peux rien.

Merci pour... Une autre année, ma vie, ma famille et mes amis.

Je suis inquiète par rapport à... C'est une nouvelle année, mais j'ai peur d'avoir les mêmes soucis et les mêmes problèmes tout au long de cette année. Ne pas réaliser mes rêves. De me fixer des objectifs et de ne pas les atteindre.

Voici ce qui se passe dans ma vie... Alors, à propos de cette nouvelle année... Oui, j'ai peur, je ne vais pas te mentir. J'ai peur d'avoir des projets et des objectifs rien que pour les voir s'écrouler à nouveau. Je ne demande pas une vie facile, mais s'il Te plaît, ne me laisse pas pleurer cette année autant que l'année dernière. S'il Te plaît !

J'ai besoin... De la force nécessaire pour affronter les challenges que 2019 mettra sur mon chemin. De directives tout au long de l'année. Je T'en supplie, améliore mes finances cette année.

D'autres choses que j'ai sur le cœur et que je voudrais partager avec Toi, mon Dieu... J'ai envie d'abandonner ma recherche de stage pour ce semestre. Je veux dire... nous sommes officiellement en janvier, et mon stage était censé commencer ce mois-ci, et pourtant... toujours rien. Je ne suis pas fâchée contre Toi ou quoi que ce soit de ce genre ; j'accepterai simplement ce que Tu décideras, même si ça fait mal.

J'avais encore deux semaines de vacances d'hiver, pendant lesquelles j'ai continué à chercher des stages. Mes chances d'en obtenir un ne semblaient pas très prometteuses : les stages commençant en janvier avaient déjà été pourvus, et les offres de stage que je trouvais étaient maintenant pour l'été. J'ai tout de même postulé ; si j'en obtenais, je les utiliserais pour mon OPT, puisque j'aurais déjà obtenu mon diplôme à ce moment-là. Je me suis également inscrite à toutes sortes de salons pour l'emploi : à mon école, à l'Université DePaul, bien que je n'y étais plus étudiante, et même à des salons organisés par la ville de Chicago.

En plus de cela, j'ai retravaillé mon profil LinkedIn et commencé à envoyer plus de demandes de connexion et de requêtes pour des « coffee chats[3] ». Sur les plus de cent demandes que j'ai envoyées, seule une poignée de personnes ont accepté mes demandes de connexion et une seule personne a accepté de me rencontrer pour discuter. Je dois dire que je n'étais pas très douée pour le réseautage à l'époque, surtout en personne, et que mes demandes de connexion n'étaient pas très convaincantes.

---

3   Un « coffee chat » est une conversation informelle au cours de laquelle une personne s'informe sur une carrière souhaitée (ou un autre sujet d'intérêt) auprès d'une personne qui la poursuit déjà.

Les coffee chats sont une pratique courante aux États-Unis et au Canada et se déroulent généralement en personne (autour d'un café), mais aussi par téléphone ou en ligne.

À un moment donné, j'ai commencé à recevoir des appels pour des entretiens. Pas une tonne, mais suffisamment pour me donner l'impression que les choses allaient s'améliorer. Malheureusement, je ne dépassais presque jamais le premier entretien et quand c'était le cas, je ne recevais pas d'offre.

Le doyen de mon école avait approuvé ma demande pour suivre tous les cours restants pendant le semestre de printemps et obtenir mon diplôme en mai. Cependant, comme je n'avais toujours pas trouvé de stage, mes cinq cours étaient des cours magistraux. La date limite pour s'inscrire ou se désinscrire des cours était le 22 janvier ; il aurait donc fallu que j'aie déjà trouvé un stage à ce moment-là pour me désinscrire de l'un de mes cours et le remplacer par le « cours de stage ».

Pas de stage, pas de lettre d'offre. Pas de lettre d'offre, pas de lettre d'appui de la part de l'école pour ma demande de numéro de sécurité sociale. Pas de lettre d'appui, pas de demande de numéro de sécurité sociale. Pas de numéro de sécurité sociale, pas de CPT. Pas de CPT, pas d'échange de classes et pas d'expérience professionnelle aux États-Unis. Pas d'expérience professionnelle aux États-Unis = plus difficile de trouver un emploi pour l'OPT après l'obtention du diplôme.

Cette interrelation perpétuelle entre les choses auxquelles je faisais face, ainsi que la pression constante des délais, étaient très frustrantes. Le 10 janvier, au cours d'une conversation avec Cédric, j'ai de nouveau exprimé ma frustration, et j'ai *en quelque sorte* explosé.

Danielle : À ce stade, je ne pense pas que le bonheur soit pour moi. Je ne sais pas pourquoi j'ai des rêves. Tous mes efforts sont vains.

Cédric : Certaines personnes n'ont pas la même chance que toi, et je sais que tu n'es pas elles, mais Danielle, tu es aux États-

Unis, le pays de tes rêves. Tu as un excellent niveau d'études. Tu as juste quelques difficultés. Ou peut-être que tu ne mènes pas le bon combat.

Danielle : Tu crois que je ne me rends pas compte de la chance que j'ai ? Tu penses que je suis ingrate et que je ne réalise pas qu'il y a des gens qui meurent de faim dans le monde ou qui subissent toutes sortes d'injustices ? Ce n'est pas le cas ! Je suis reconnaissante pour ce que j'ai et j'en remercie Dieu tous les jours, mais ça n'enlève rien au fait qu'il y a aussi beaucoup de choses que je n'ai pas et que d'autres personnes ont. Oui, il y a pire, mais il y a aussi mieux. Je suis aux États-Unis... oh, comme c'est merveilleux ! Les États-Unis ne sont plus le pays de mes rêves depuis longtemps.

Cédric : Je sais que c'est difficile, mais c'est juste pour un moment.

Danielle : Un moment qui dure pour toujours. Apparemment, mes tunnels sont très spéciaux parce qu'ils ne semblent pas avoir les mêmes dimensions que ceux des autres. Tout le monde a une fin à son histoire où il peut dire : « Mais je suis arrivé au bout, et j'ai réussi. » Quelqu'un peut être confronté à la même difficulté que moi aujourd'hui, mais au bout d'un moment, ça s'améliore pour lui alors que je me débats toujours avec ce même problème. Je suis et serai toujours heureuse de savoir que les gens autour de moi évoluent. Je prie même toujours pour que ce soit le cas, mais on dirait que mes prières ne sont entendues que lorsqu'elles ne me concernent pas.

Ça fait maintenant plus d'un an que je suis à la recherche d'un job. J'ai cherché du plus « petit » au plus « grand » (en fonction de mon niveau d'études), mais rien jusqu'à présent. Tu penses toujours que je plaisante quand je dis que la prostitution et le trafic de drogue sont les seules choses que je n'ai pas essayées, parce que d'après toi et beaucoup d'autres personnes, on ne peut pas autant chercher sans rien trouver. « Il y a forcément quelque chose que tu aurais pu faire ». Et c'est fatigant et blessant d'entendre ça parce que personne ne sait à quel point j'ai cherché ni combien de temps ça m'a pris, ni combien de fois j'ai été rejetée, même par les « petits » boulots. J'ai également cherché dans d'autres villes, mais le résultat est le même.

Je cherche un stage sans relâche tous les jours depuis octobre. Je ne me soucie plus du type d'entreprise. Je me fiche de la rémunération. Je me fiche que l'entreprise dise que c'est un stage de comptabilité, mais que j'irai commander du café et faire des photocopies. Tous les jours, j'envoie des CV et des lettres de motivation, j'appelle des entreprises, je contacte et essaie de rencontrer les gens qui y travaillent... Mais aucune réponse, à moins qu'elle ne soit négative.

Tu as une idée de ce que c'est que de ne pas savoir à quoi on est bon ? Ni serveuse, ni comptable, ni analyste financière, ni rien du tout. Je ne sais plus où me mettre. Je ne sais pas ce que je vaux. En tant qu'étudiants en master, les gens ont au moins deux stages sur leur CV, mais je me trimballe mon seul et unique stage pour essayer de prouver je ne sais quoi. Certains stages nécessitent une expérience préalable. Même quand je fabrique cette expérience, ça ne marche pas. Mais je suis censée être forte, n'est-ce pas ? Tout ça, ce sont de petites difficultés. La vie est belle, je suis là où j'ai toujours voulu être.

Bref, revenons au stage... J'ai une date limite au 22 janvier et sachant qu'en ce moment toutes les offres de stage sont pour l'été, je pense que je peux laisser tomber.

J'ai même encore postulé à un poste d'assistanat, qui exigeait une moyenne générale d'au moins 3,8 et devine quoi ? J'ai une moyenne de 4,0 et je n'ai toujours pas obtenu le poste, bien que j'aie été recommandée par deux professeurs. Mais la vie est belle, j'ai un parcours scolaire de rêve et des notes parfaites qui pour l'instant ne servent à rien.

Tu crois que je veux abandonner au premier challenge ? Tu crois que je n'essaie pas de me motiver chaque jour ? Tu crois que je n'essaie pas de me dépasser ? Mais je ne me fatigue pas ? Même lorsque je fais une pause pour me ressourcer, je me heurte aux mêmes problèmes, voire pire. Je suis censée faire quoi ? Je prie. Je suis reconnaissante pour ce que j'ai. Je travaille bien à l'école. J'essaie de faire les choses dans les règles. Je les enfreins. Je n'abandonne pas. Je tombe et je me relève. Mais quel est l'intérêt de tout ça si je ne peux pas voir les résultats ? Quand est-ce que mon moment se termine et que je peux aussi dire : « Mais j'y suis arrivée » ? Je suis plus forte que qui ?

Et ce n'est pas comme si je n'avais pas d'autres problèmes. J'ai encore des difficultés financières. Oui, je suis reconnaissante d'avoir de la nourriture sur ma table et un toit au-dessus de ma tête. Mais même ça, c'est un combat. Ma sœur doit toujours commander les courses pour moi, et j'espérais trouver un stage pour qu'elle n'ait plus à le faire. Et je sais que tout le monde n'a pas cette chance, mais il y a aussi des gens qui peuvent manger tout seuls.

Je me sens triste depuis des semaines et je ne voulais pas tout laisser sortir, juste pour ne pas avoir l'air d'être ingrate. Mais je suis aussi un être humain. J'ai aussi des faiblesses.

Bref, bonne nuit, et désolée que mon message ait été si long.

Date : 22/01/2019

Cher Père Céleste... Bien sûr que je n'ai pas obtenu de stage. Qu'est-ce que je croyais ? Je ne sais pas pourquoi tu me fais ça, mon Dieu. Y a quelque chose qui ne va pas chez moi ? Tu ne m'aimes pas ? Ou bien Tu aimes plus Tes autres enfants ? Oui, j'ai déjà été heureuse, mais c'était donc tout ? Maintenant, je peux souffrir pour le reste de ma vie ?

~~**Merci pour...**~~ La seule chose que je T'ai demandée pour 2019 n'était même pas le bonheur. Je T'ai supplié pour que je ne pleure pas autant qu'en 2018 et 2017, et me voici noyée dans mes larmes, ressentant la même douleur qu'avant. Est-ce que ça Te fait plaisir ? Je suis sérieuse, est-ce que Tu aimes me voir triste ? Si c'est le cas, alors okay.

~~**Je suis inquiète par rapport à...**~~ J'ai juste envie d'abandonner. Peut-être que Tu as décidé que je ne travaillerai pas et que je resterai fauchée. Je vais devoir l'accepter si c'est Ta volonté.

~~**Les personnes pour lesquelles je prie aujourd'hui...**~~ Je suis tellement fatiguée de pleurer. Je suis tellement fatiguée de ressentir cette douleur. Je suis tellement fatiguée d'essayer d'être forte. Je suis tellement fatiguée d'être frustrée. Je suis tellement fatiguée de ne pas obtenir de réponses à mes prières lorsqu'elles me concernent. À quoi bon essayer ?

~~**Voici ce qui se passe dans ma vie...**~~ À quoi servent tous les efforts que je fais pour essayer d'être une bonne personne, pour trouver un job ou un stage ? Pas d'appel. Pas d'emploi. Pas d'argent. Mais quand je prie pour que d'autres personnes obtiennent ces choses, alors Tu réponds à ma prière.

~~**J'ai besoin...**~~ Tu ne veux pas que je me SENTE aussi heureuse ? Pas juste faire semblant. Pas juste que je me contente de telle ou telle autre chose. Je parle de ME SENTIR heureuse. Avoir une vie sociale, une vie professionnelle...

~~D'autres choses que j'ai sur le cœur et que je voudrais partager avec Toi, mon Dieu...~~ J'ai juste envie d'abandonner. Je ne sais pas comment je suis censée continuer à faire ça. Mon cœur est tellement brisé, mais mes problèmes sont toujours là. Je dois encore sourire tous les jours, parler aux gens comme si tout allait bien, me convaincre que tout ira bien quand ça n'en a pas l'air. J'ai juste besoin d'une petite pause.

C'est l'un des moments où j'ai craqué pendant l'année. Je faisais tellement d'efforts pour persévérer malgré la douleur et continuer à me motiver quand j'avais envie d'abandonner. Chaque appel ou e-mail pour un entretien ramenait de l'espoir dans mon cœur, mais les rejets le faisaient disparaître. La lumière apparaissait chaque fois que j'avais un entretien, et j'avais l'impression d'être au bout du tunnel. Mais chaque refus éloignait la lumière encore et encore. J'avais l'impression de faire une course sans ligne d'arrivée.

J'avais un entretien prévu à 9 heures 30 le 22 janvier avec un cabinet comptable français, pour un poste de stagiaire bilingue en comptabilité. J'avais postulé sur Indeed et contacté sur LinkedIn la responsable des ressources humaines et un employé dont je me disais qu'il serait mon superviseur, en leur faisant savoir que j'étais intéressée par le poste et que je voulais avoir l'occasion de passer un entretien. La responsable des ressources humaines m'avait rappelée et a accepté de planifier un entretien. Elle n'était pas dans la ville, donc nous nous rencontrerions sur Skype.

Ce jour-là, je me suis réveillée plus tôt que d'habitude, je me suis apprêtée et j'ai allumé mon ordinateur. J'ai vérifié mes paramètres pour m'assurer que tout allait bien. Je me suis assise devant mon ordinateur vers 8 heures 30 (très tôt, mais je ne voulais pas prendre de risque). La responsable des ressources humaines m'a envoyé un e-mail à 9 heures

20 pour m'informer que quelqu'un d'autre avait été sélectionné pour le rôle, et elle a annulé notre appel. Dix minutes avant. *Super.*

Je ne pouvais pas pleurer trop longtemps parce que j'avais un coffee chat à 11 heures 30 avec la seule personne sur LinkedIn qui avait accepté de me rencontrer. Je voulais annuler, mais je me suis dit que ça en vaudrait peut-être la peine. Et c'était le cas, en quelque sorte. C'était une expérience un peu angoissante parce que c'était mon premier coffee chat avec une parfaite inconnue, mais j'ai appris de cette expérience. En plus, elle était sympa.

Nous avons discuté pendant environ trente minutes, au cours desquelles elle a répondu à toutes les questions que j'avais préparées pour elle. À la fin, elle a accepté de consulter mon CV et m'a recommandé de postuler à un poste de stagiaire qui était disponible dans son entreprise. Elle travaillait chez Mazars, un cabinet d'expertise comptable.

J'ai quitté le café ou nous étions me sentant mieux que lorsque j'y suis entrée. J'ai pris le métro pour rentrer chez moi, mais j'ai décidé de m'arrêter d'abord chez Mariano's pour manger quelque chose. J'étais assise dans le coin repas de l'épicerie, en train de grignoter mes nems, lorsque j'ai reçu un message LinkedIn du contact que je venais de rencontrer. Elle m'informait que le poste pour lequel j'allais postuler n'était plus disponible.

Le trou dans mon cœur s'est agrandi et la douleur s'est accentuée. Je fais de mon mieux pour ne pas pleurer en public, mais à ce moment-là, je n'ai pas pu m'en empêcher. Je n'ai même pas réalisé que je pleurais jusqu'à ce que j'entende les larmes atterrir sur la boîte en plastique.

Tout comme je l'avais fait avec la responsable des ressources humaines plus tôt dans la journée, j'ai remercié mon contact LinkedIn de m'avoir informée. J'ai ensuite ouvert WhatsApp et remplacé ma photo de profil du réveillon du Nouvel An par un cercle noir, et j'ai changé ma section « À propos » de la phrase « Les choses iront mieux » à un simple point. *Elles n'iront pas mieux. Je suis fatiguée et je n'en peux plus.*

J'ai décidé d'arrêter de chercher et j'ai désactivé toutes mes alertes de recherche d'emploi. J'avais encore quelques candidatures en attente, mais je n'avais plus beaucoup d'espoir. J'avais l'habitude de noter mes candidatures dans un carnet puis j'ai perdu le fil, mais à ce moment-là, j'avais déjà envoyé des centaines de candidatures.

Quelques jours sont passés, et j'ai obtenu deux entretiens téléphoniques ; l'un pour un stage d'assistante fiscale chez Octagon, une grande entreprise de sport et de divertissement, et l'autre pour un stage de marketing et développement commercial chez CIVC Partners, une société de capital-investissement de taille moyenne. J'ai passé la dernière série d'entretiens dans les deux entreprises, mais le 4 février, Octagon m'a fait savoir que je n'obtiendrais pas le poste. À ce moment-là, j'étais déjà insensible au rejet. De toute façon, je ne m'attendais pas à ce que cet entretien débouche sur quelque chose de bon, alors l'e-mail ne m'a pas affectée.

Je n'ai plus écrit dans mon journal de prière. J'étais fatiguée d'écrire toujours sur les mêmes choses et je ne voyais pas l'intérêt de continuer à le faire. Ce que j'ai continué à faire, c'est prier et lire mon livre de méditation. Je ne priais plus pour un job ou pour moi-même ; je me contentais de faire des prières génériques ou de prier pour d'autres personnes. Je ne voulais pas me l'avouer, mais j'étais fâchée contre Dieu.

Le 7 février, je me suis une fois de plus effondrée après avoir lu la méditation du jour. Il y était question d'aller vers Dieu pour se reposer et se rafraîchir ; il y était dit de ne pas abandonner malgré la sensation d'être à bout de souffle et malgré l'épuisement, et le texte reconnaissait que le parcours avait été trop dur. Il disait de continuer à espérer parce que nous louerions Dieu une fois de plus.

Les deux premières phrases du texte n'auraient pas pu être plus justes. J'étais effectivement à bout de souffle, et ce n'était pas la première fois.

« Donc Tu sais que je suis fatiguée », ai-je dit à voix haute en couvrant mes yeux qui versaient déjà des larmes. « Tu sais que le parcours a été trop dur ! Je ne peux plus venir vers Toi voir pour me reposer, si ça signifie que Tu vas encore frapper par la suite. Continue de faire ce que Tu fais, mais ne me demande pas de venir à Toi pour me reposer ». Les larmes continuaient à rouler sur mes joues. J'étais assise sur le rebord de mon lit, face à mon bureau. Mes yeux se sont levés d'eux-mêmes pour regarder le mur de citations et de versets bibliques motivants. Et la première chose que j'ai lue était celle-ci :

« Car je connais les projets que j'ai formés sur vous, […] projets de paix et non de malheur, afin de vous donner un avenir et de l'espérance. » (Jérémie 29 : 11)

« Ce n'est pas vrai », ai-je dit. « Je ne veux plus y croire. Comment Tu peux me laisser souffrir ainsi si Tu ne me veux vraiment pas de malheur ? Quels sont ces plans qui consistent à me faire souffrir ? Je sais que Tu as d'autres personnes dont Tu dois T'occuper, et si c'est pour ça que Tu ne réponds pas à mes prières, il n'y a pas de problème. Tu as probablement beaucoup à faire, mais ne me dis pas de me reposer quand je sais qu'une douleur encore pire m'attend ».

La douleur était un étau sur mon cœur. *Les souffrances du temps présent sont incomparables à la gloire à venir.* « Ce n'est pas vrai. Laisse-moi juste souffrir et avoir mal. »

À ce moment précis, j'ai voulu supprimer à nouveau mes applications de réseaux sociaux. Je voulais partir. Encore une fois. Je me comparais à des gens sur LinkedIn. À des gens que je ne connaissais pas, qui avaient fait des écoles prestigieuses et qui travaillaient dans les entreprises où je voulais travailler. À ceux que j'avais connus au collège ou à l'université et qui travaillaient déjà à temps plein en France ou étaient au moins dans un programme d'alternance pendant que moi, je n'arrivais pas à obtenir un stage.

Tout le monde semblait travailler soit dans l'un des Big Four (Deloitte, PwC, KPMG, EY), soit dans un bon cabinet un peu plus petit, soit dans des banques, des compagnies d'assurance ou d'autres sociétés de services financiers. Je me demandais sans cesse si je n'avais pas fait le mauvais choix en allant aux États-Unis, étant donné que j'avais eu l'occasion d'aller en France après le collège, mais que je n'en avais pas eu envie. Pour être honnête, je savais au fond de moi que je n'avais pas fait le mauvais choix, et je n'aurais rien changé si j'étais revenue en arrière. Mais j'étais très confuse.

J'étais épuisée et j'avais besoin d'une nouvelle pause. Je voulais partir et ne rien dire à personne. Encore une fois. Mais je ne l'ai pas fait. Je suis restée parce que je ne voulais pas manquer la naissance de ma nièce. Mon frère aîné et sa compagne attendaient un bébé, et j'aurais détesté ne pas pouvoir voir les photos du bébé et féliciter mon frère au moins par message. Luna est née huit jours plus tard, et j'étais contente d'être restée.

Date : 08/03/2019

Cher Père Céleste... C'est avec un cœur reconnaissant que je viens T'écrire ici. Merci de m'avoir donné l'opportunité d'avoir enfin un stage. Je Te remercie vraiment pour ça.

Merci pour... Mon stage, avant tout. Mon éducation. Toutes Tes bénédictions dans ma vie.

Je suis inquiète par rapport à... au fait ne pas être assez bien pour ce stage. Ne pas être à la hauteur des attentes. Échouer ?

Les personnes pour lesquelles je prie aujourd'hui... Tous ceux qui sont à la recherche d'un emploi ou d'un stage, en particulier les étudiants étrangers ici. Ma famille et mes amis.

Voici ce qui se passe dans ma vie... Tu sais que ça a été un parcours du combattant pour finalement obtenir ce stage que, d'ailleurs, je ne pensais pas obtenir. Encore une fois, merci, je suis vraiment ... heureuse pour ça. Le bonheur est un mot tellement fort ; je ne veux pas l'utiliser sans précaution. Mais je suis définitivement soulagée.

J'ai besoin... De Ta force et de Tes directives tout au long de ce stage et pour la suite, après l'obtention du diplôme. Je T'aime. 🩶

Après des semaines sans nouvelles, j'ai reçu un e-mail du directeur de la société de capital-investissement le 21 février, avec la lettre d'offre en pièce jointe. J'étais dans le salon avec Zoé quand l'e-mail est arrivé, et j'avais laissé mon téléphone branché dans ma chambre. Je donnais des cours de français à Zoé depuis quelques semaines, alors chaque fois que nous avions du temps, nous nous rencontrions et faisions quelques exercices. Lorsque nous avons terminé ce jour-là, je suis retournée dans ma chambre et j'ai allumé mon téléphone pour lire la bonne nouvelle.

> **De :** *Directeur*
>
> **À :** *Moi*
>
> **Objet :** *Lettre d'offre*
>
> **Date et heure :** *21/02/2019 à 13 h 55*
>
> *Danielle,*
>
> *Merci encore pour votre patience pendant que nous étions retenus en interne. Nous sommes ravis de vous proposer le poste de stagiaire ici, chez CIVC Partners.*
>
> *Consultez s'il vous plaît la lettre d'offre ci-jointe et faites-moi savoir si vous avez des questions. Je suis disponible par téléphone aujourd'hui si nécessaire.*
>
> *Le directeur*

Honnêtement, je ne pensais pas que j'allais obtenir ce poste. Non seulement à cause des refus précédents, mais aussi parce que je ne ressemblais pas exactement aux personnes qui travaillaient dans l'entreprise, et que je n'avais pas fait les mêmes écoles qu'elles.

Avant mes entretiens, j'avais fait des recherches sur l'entreprise et les personnes qui y travaillaient. Des hommes pour la plupart. Des hommes blancs. Des hommes blancs qui avaient fréquenté l'Ivy League et d'autres écoles de commerce prestigieuses. Des hommes blancs qui avaient fréquenté l'Ivy League et d'autres écoles de commerce prestigieuses, et qui avaient travaillé auparavant dans des banques d'investissement de haut niveau comme Goldman Sachs, ou dans des sociétés de conseil de haut niveau comme MBB (McKinsey & Company, Bain & Company, et la Boston Consulting Group). La seule femme noire, à l'époque, était à la réception le jour de mon entretien physique. Il n'y a rien de mal à être réceptionniste, bien sûr. Mais tu vois le tableau.

De plus, le bureau était situé au onzième étage d'un gratte-ciel en verre en plein centre-ville sur Wacker Drive, surplombant la Chicago River et offrant une vue splendide sur celle-ci. Étant donné à quel point j'avais réduit mes attentes quant au type de stage que j'allais obtenir (si j'en obtenais un), j'ai croisé les doigts, mais je n'aurais pas été surprise si je ne remettais pas les pieds dans cet immeuble après mon entretien.

Quoi qu'il en soit, j'étais contente d'avoir reçu l'offre. D'autant plus que le CV qui m'a permis d'obtenir le poste était mon « bon » CV. Je ne peux pas exprimer à quel point j'étais soulagée. Ça m'a confirmé que je n'avais pas besoin de mentir pour obtenir un job et qu'il était possible d'en obtenir un en restant totalement fidèle à moi-même.

J'allais travailler vingt heures par semaine (conformément à l'exigence du CPT de ne pas travailler plus de vingt heures) et être payée 12 dollars de l'heure, le salaire minimum de Chicago à l'époque. Je savais que je pouvais être mieux payée, mais honnêtement, ça n'avait pas beaucoup d'importance. J'ai même essayé de négocier, mais j'avais de si terribles compétences en négociation que ça n'a pas fonctionné. Mais au moins, j'avais une offre d'emploi pour mon CPT. J'allais enfin travailler et gagner de l'argent.

En parlant de CPT, le jour où j'ai reçu l'offre, je l'ai immédiatement envoyée à la conseillère pour les étudiants étrangers (et responsable académique) avec tous les autres documents nécessaires, pour que je puisse obtenir ma lettre d'appui pour une demande de numéro de sécurité sociale.

Pour obtenir l'approbation du CPT, un étudiant devait recevoir un nouvel I-20 qui contenait les informations relatives à son job dans la section concernant l'autorisation d'emploi sur la deuxième page du formulaire. Sans le nouvel I-20, je ne pouvais pas commencer à travailler, puisque ce nouveau formulaire servirait désormais de preuve d'autorisation de travail.

En ce qui concerne l'inscription au « cours de stage » après la date limite du 22 janvier, une chose étrange s'est produite avec l'un de mes cours. Je m'étais inscrite à un cours qui avait apparemment un prérequis, mais je n'en avais aucune idée, et la plateforme d'inscription de l'école ne m'avait pas empêchée de m'y inscrire. Je me sentais vraiment perdue dans ce cours et je ne comprenais presque rien.

Un jour, avant que je n'obtienne mon stage, le professeur nous a donné un devoir que je n'ai absolument pas compris. Je suis allée le voir après le cours pour le lui dire, et il m'a confirmé que le cours s'appuyait sur un cours précédent. Je ne pouvais pas rester dans ce cours-là, alors je me suis désinscrite.

Je me suis inscrite à un autre cours qui devait commencer dans la deuxième moitié du semestre ; cependant, quelques jours après m'y être inscrite, j'ai obtenu mon stage. J'étais donc encore dans la période où je pouvais me désinscrire de ce cours spécifique sans pénalité, puisqu'il n'avait pas encore commencé. Je me désinscrite de ce cours et l'ai remplacé par mon « cours de stage ». Tu parles de projets !

Mon CPT a commencé le 8 mars et heureusement pour moi, mon nouvel I-20 a été délivré avant cette date. J'ai demandé mon numéro de sécurité sociale et je l'ai reçu quelques jours après avoir commencé le stage, ce qui n'était pas grave puisque j'avais déjà mon nouvel I-20.

Dans le contexte de l'emploi, le numéro de sécurité sociale est principalement utilisé pour la vérification des antécédents et à des fins fiscales, et ne sert pas de preuve d'autorisation d'emploi. C'est l'I-20 avec l'autorisation du CPT à la page 2 qui joue ce rôle. En effet, sur les cartes de numéro de sécurité sociale des étudiants étrangers, la mention suivante est écrite en haut en majuscules :

VALIDE POUR L'EMPLOI UNIQUEMENT
AVEC AUTORISATION DU DHS.

DHS est l'abréviation de Department of Homeland Security (ministère de la sécurité intérieure). Donc, en théorie, sans autorisation, on ne pourrait pas travailler *légalement* en tant qu'étudiant étranger aux États-Unis, même si on avait un numéro de sécurité sociale. En théorie.

Les rêves deviennent réalité, et les miens le deviendront aussi

FORMATION PRATIQUE FACULTATIVE (OPT)

J e vais maintenant te faire part de mon expérience en ce qui concerne la demande d'OPT. L'OPT post diplôme commençait après l'obtention du diplôme, mais il fallait postuler tôt, et tu comprendras pourquoi bientôt.

Avant de commencer, j'aimerais te rappeler que les informations données ici ne sont pas complètes, sont valables au mieux de mes connaissances au moment de la rédaction, et ne servent pas de conseils juridiques. Si tu es un étudiant étranger aux États-Unis, ou si tu envisages de le devenir, fais tes propres recherches, consulte les ressources de ton école pour les étudiants étrangers, parle à ton responsable académique, et assure-toi que tu utilises les informations les plus récentes et les plus exactes.

Ma demande de CPT était gratuite, ce qui était très bien parce que je venais de dépenser 410 dollars en frais de demande d'OPT. Le délai de traitement des demandes OPT étant d'au moins quatre-vingt-dix jours, l'école recommandait de faire la demande jusqu'à trois mois avant la date prévue d'achèvement du programme.

La fenêtre de demande était au plus tôt quatre-vingt-dix jours avant la date d'achèvement du programme et au plus tard soixante jours après. Il fallait demander un nouvel I-20 qui inclurait la recommandation du Bureau des étudiants étrangers pour la demande d'OPT à la page 2, et, le cas échéant, il devait également refléter la nouvelle date d'achèvement du programme. Une fois que cela avait été fait, le nouvel I-20, accompagné de tous les autres documents pertinents et des frais de dossier, devaient être envoyés par la poste au Service américain de citoyenneté et d'immigration (U.S. Citizenship and Immigration Services, ou USCIS en anglais). Ceci devait être fait dans les trente jours suivant la délivrance du nouvel I-20.

La demande d'OPT se faisait par l'intermédiaire du USCIS et n'était approuvée que par lui, contrairement au CPT qui se faisait par l'intermédiaire de l'école et était approuvé par elle.

L'OPT exigeait généralement un travail à temps plein, bien qu'un travail à temps partiel de vingt heures ou plus par semaine pouvait également être pris en compte. Cela dit, les étudiants pouvaient cumuler deux emplois ou plus. Les emplois pouvaient être rémunérés ou non, tant qu'ils étaient liés au domaine d'études de l'étudiant.

L'un des aspects délicats de la demande d'OPT était qu'on devait choisir une date future à laquelle on voulait que l'OPT commence et spécifier cette date sur la demande. Il n'était pas nécessaire d'avoir obtenu un emploi pour faire une demande d'OPT ; cependant, qu'on en ait obtenu un ou non, on devait choisir une date future à laquelle l'OPT commencerait effectivement, et idéalement, ce serait la date à laquelle l'emploi commencerait aussi.

Si la demande était approuvée, une carte d'autorisation de travail était envoyée par la poste. Elle contenait des informations de base sur l'identité de l'étudiant et sur l'OPT, comme les dates approuvées de début et de fin. La date prévue de début (celle choisie par l'étudiant) et la date de début approuvée (celle approuvée par USCIS) pouvaient être différentes en fonction de la date à laquelle on avait fait la demande ou du temps qu'il avait fallu pour la traiter. La carte d'autorisation de travail était valable un an, le compte à rebours commençant à la date de début approuvée, que l'emploi ait commencé ou non. Et, comme pour certaines procédures dont j'ai parlé jusqu'à présent, il y avait un délai de grâce de soixante jours à la fin de l'OPT pour quitter les États-Unis ou changer de statut d'immigration.

On ne pouvait pas non plus commencer à travailler avant d'avoir reçu la carte d'autorisation de travail ou avant la date de début approuvée qui y était imprimée, même si on avait trouvé un emploi qui commençait malheureusement avant. De plus, pendant la durée de l'OPT, on n'avait pas le droit d'être au chômage plus de quatre-vingt-dix jours au total, consécutifs ou non, et un travail de moins de vingt heures par semaine était considéré comme du chômage. Le compte à rebours du chômage commençait également à la date de début approuvée sur la carte d'autorisation de travail.

Je sais que ça fait beaucoup d'informations, et ce n'est même pas tout. Pour moi aussi, c'était beaucoup à assimiler et, comme tu peux l'imaginer, cela a créé beaucoup de stress et d'anxiété. Prenons ma situation en exemple, et j'espère que tu comprendras mieux.

J'allais obtenir mon diplôme le 10 mai 2019, je ne pouvais donc pas demander mon OPT avant le 9 février ou après le 9 juillet (la fenêtre de demande). Connaissant le délai de traitement moyen d'au moins quatre-vingt-dix jours, j'avais prévu dès 2018 de faire ma demande d'OPT en février ou mars 2019 au plus tard.

Le 11 février 2019, j'ai rempli ma demande de recommandation pour l'OPT sur le site de mon école. Les délais de traitement des I-20 pour le CPT et l'OPT étaient généralement plus courts, car il ne s'agissait pas de premières délivrances. Ainsi, le 14 février, la conseillère pour les étudiants étrangers m'a informée que mon I-20 était prêt à être récupéré.

__De :__ Conseillère pour les étudiants étrangers

__À :__ Moi

__Objet :__ Recommandation pour l'OPT

__Date et heure :__ 14/02/2019 à 19 h 50

Votre recommandation pour l'OPT a été effectuée. Vous avez reçu 2 formulaires I-20. Vous devez en conserver 1 pour vous-mêmes et en envoyer 1 au USCIS avec votre demande. Des instructions supplémentaires vous seront fournies avec vos formulaires I-20.

USCIS doit recevoir votre demande dans un délai maximum de 30 jours à compter de la date d'émission de la recommandation. Si USCIS ne reçoit pas les documents dans ce délai, votre demande d'OPT sera refusée. Si vous n'envoyez pas la demande à temps (et que vous êtes proche de la fin de cette période de 30 jours), il est possible d'annuler votre demande actuelle et d'émettre une nouvelle recommandation pour l'OPT ; toutefois, vous devez le faire avant d'envoyer la demande au USCIS.

Vous êtes toujours considérée comme une étudiante F1 à Roosevelt pendant que vous êtes en OPT. Veillez à nous informer si vous déménagez, afin que cette information soit mise à jour dans votre dossier SEVIS. N'oubliez pas d'informer SEVIS lorsque vous trouvez un emploi ; vous serez invitée à créer un portail SEVP où vous pourrez

> *indiquer les dates de début et de fin de votre emploi. Vous n'avez droit qu'à 90 jours de chômage pendant votre OPT ; cette information est enregistrée dans le système SEVIS. Il est donc très important que vous déclariez tous vos emplois.*
>
> *Si vous avez des questions, n'hésitez pas à me contacter.*
>
> *La conseillère*

Mes nouveaux I-20 indiquaient la date de fin de programme actualisée, qui était maintenant le 10 mai 2019, au lieu de la date initiale de décembre 2019. Du point de vue de l'immigration, mon I-20 initial n'était plus valide, car mon dossier SEVIS avait également été mis à jour avec la date de fin de programme appropriée.

À ce moment-là, je n'avais aucune idée de la date à laquelle j'allais trouver un job. Je souhaitais certainement en avoir un assez rapidement après l'obtention de mon diplôme, mais rien n'était garanti. Je ne pouvais pas choisir une date postérieure au 9 juillet comme date prévue de début (soixante jours après la date de fin de mon programme). Cependant, je ne voulais pas risquer de choisir une date en début juillet, puis d'obtenir un emploi avec une date de début en juin que je ne pourrais pas accepter si USCIS avait approuvé ma date de début pour juillet (parce qu'on ne pouvait pas commencer à travailler avant la date indiquée sur la carte d'autorisation de travail). De même, je ne voulais pas choisir une date comme le 13 mai, car ça ne m'aurait donné qu'un week-end pour me détendre si je trouvais un job qui commençait ce jour-là, à condition d'avoir déjà reçu ma carte d'autorisation de travail. Ma famille assisterait à ma remise de diplôme, et je voulais être avec elle autant que possible.

J'ai beaucoup réfléchi (et je veux dire *beaucoup* réfléchi, du genre à rester éveillée toute la nuit), et j'ai choisi le 27 mai comme date prévue de début de mon OPT, en espérant trouver un emploi qui commencerait à peu près à cette date. Tous les autres documents requis étant prêts, alors j'ai envoyé ma demande accompagnée d'un billet à ordre de 410 dollars au USCIS le 16 février. C'était deux jours après avoir reçu mon nouvel I-20 avec la recommandation pour l'OPT pour que ma demande parvienne au USCIS dans les vingt-huit jours suivants.

Ma demande a été approuvée et ma carte a effectivement été envoyée par la poste trois mois plus tard, au mois de mai. Ma date prévue y figurait en tant que date de début approuvée. Ainsi, mes comptes à rebours OPT et chômage ont tous deux commencé le 27 mai 2019. La date d'expiration était le 26 mai 2020, mais je pouvais rester aux États-Unis jusqu'au 25 juillet 2020 (fin du délai de grâce de soixante jours). Je ne pouvais rester jusque-là que si j'avais trouvé un emploi avant le 25 août 2019 (quatre-vingt-dix jours après la date de début de l'OPT, soit la durée maximale de chômage autorisée) et que je n'avais pas accumulé plus de quatre-vingt-dix jours de chômage entre plusieurs emplois. Si je n'avais pas trouvé de job avant le 25 août 2019, je devrais soit quitter les États-Unis, soit changer mon statut pour un autre que F-1.

Est-ce que ça a plus de sens, maintenant ? Ouais, je sais, moi aussi.

Je n'avais absolument aucune envie de rester aux États-Unis après mon OPT et je ne me voyais pas y rester au-delà. Cela avait plus à voir avec le fait que je ne pensais pas que mon rêve de travailler dans le conseil allait se réaliser dans ce pays. De plus, je ne voulais pas vivre le stress d'essayer d'obtenir d'un employeur qu'il me parraine pour le visa H1-B. Les cabinets de conseil avaient un nombre *très limité* de places réservées aux étudiants étrangers, s'il y en avait, et ces places étaient généralement réservées aux étudiants en STIM.

En plus de cela, j'avais continué à penser à aller au Canada et à étudier à Schulich. Comme j'allais de toute façon quitter les États-Unis à l'été 2020, je me disais pourquoi pas rejoindre le programme à l'automne de cette même année ? Je ne voulais plus attendre 2022 pour postuler au programme de master en marketing. Tout ce que je voulais, c'était trouver un travail pour mon OPT, économiser le plus d'argent possible et partir. J'espérais ne pas chercher de job pendant plus de trois mois, pour ne pas dépasser mon quota de chômage. Comme c'est mignon. Nous y reviendrons plus tard.

Date : 30/03/2019

Cher Père Céleste... Hey Dieu, ça va ? J'espère que Tu vas bien malgré tout ce qui se passe dans le monde. Je voulais juste venir ici et Te dire à quel point je suis reconnaissante pour les bénédictions dont Tu me comble depuis un moment.

Merci pour... Ma vie, qui je suis et deviendrai, mon éducation, ma famille et mes amis, mon stage, et toutes les choses que je prends inconsciemment pour acquises.

Je suis inquiète par rapport à... Je ne veux pas parler de mes soucis aujourd'hui, pour une fois. Je veux juste être reconnaissante et profiter de ce que j'ai en ce moment. Demain s'occupera de lui-même. 😊

Les personnes pour lesquelles je prie aujourd'hui... Toute personne à la recherche d'un emploi et/ou traversant des moments difficiles.

J'ai besoin... De Ton aide pour rester reconnaissante pour ce que j'ai et là où je suis, même si ce n'est pas encore là où je voudrais être. Aide-moi à avoir confiance et à me fier à Ton plan. Aide-moi à ne pas me précipiter, mais plutôt à apprécier chaque instant.

D'autres choses que j'ai sur le cœur et que je voudrais partager avec Toi, mon Dieu... Alors... ça fait un moment que j'ai envie de le dire mais je me demande si c'est vraiment le cas et s'il n'est pas trop tôt pour le dire. Mais... je crois que je suis heureuse ? Je ne sais pas... j'ai peur de le dire et puis quelque chose vient tout chambouler et je redeviens... déprimée. En tout cas, je T'aime. ☺

Mon humeur s'était égayée, comme tu peux le constater. La douleur, ce trou autrefois de la taille d'un petit pois sur mon cœur qui a ensuite atteint la taille d'une pièce de monnaie, cette douleur avait un peu rétréci.

En janvier, j'avais participé à un salon de l'emploi à DePaul où j'ai rencontré Christie, une autre fille camerounaise. Elle m'avait entendu au téléphone avec Sophie à un moment donné. Il n'était pas très courant d'entendre des gens parler français à Chicago, alors je suppose qu'elle a été intriguée en m'entendant. Elle s'est approchée de moi et s'est présentée. J'ai fait la même chose et nous avons échangé nos numéros. Nous sommes sorties pour la première fois avec deux de ses amis peu après que j'ai obtenu mon stage. Puis nous sommes ressorties une autre fois. Et encore. Chaque fois que je rentrais chez moi après l'une de mes sorties, j'en remerciais Dieu, presque incrédule que ce soit arrivé. Par-dessus tout, j'étais reconnaissante.

Je travaillais enfin et j'étais capable d'acheter des provisions par moi-même. J'ai repris le sport deux fois par semaine à la gym, et j'ai adoré ça. Comme pour la plupart des jobs, ma paie arrivait deux fois par mois, le 15 et le 30. Je ne gagnais pas beaucoup d'argent, mais j'ai recommencé à mettre quelques dollars sur mon compte d'épargne. J'économisais pour m'acheter une belle robe et de belles chaussures pour ma remise de diplôme, ainsi que le Google Pixel 3 XL comme cadeau de fin d'études. Je commençais à avoir des problèmes avec mon

Samsung à l'époque et ça faisait un moment que je voulais un Pixel (#AndroidPourLaVie).

J'avais espéré fêter mon anniversaire et avoir un gâteau, mais cela ne s'est malheureusement pas produit. J'étais un peu triste, mais je considérais mon stage comme mon cadeau d'anniversaire. J'avais aussi reçu un peu d'argent pour mon anniversaire, et j'en ai économisé la plus grande partie pour mes objectifs et je me suis fait les ongles avec le reste. J'ai aimé retrouver ce contrôle sur mes finances.

Date : 02/05/2019

Cher Père Céleste... Aujourd'hui, j'ai pleuré pour la première fois depuis plus de deux mois. Et pour la première fois depuis plus de deux ans, ce n'étaient pas des larmes de douleur. Je repense aux deux dernières années, à ce que j'ai traversé et je le compare à maintenant. Je suis TELLEMENT reconnaissante, Seigneur.

~~**Merci pour...**~~ Bien que je ne sois pas (encore) là où je voudrais être, je suis tellement reconnaissante de ne pas être là où j'étais. Je vais obtenir mon diplôme dans une semaine et avec un peu de chance, je recevrai une offre à mon stage ; j'ai rencontré des amis ; je suis en bonne santé ; ma peau n'est plus aussi irritée, etc.

~~**Je suis inquiète par rapport à...**~~ S'il Te plaît, aide-moi à trouver un moyen de Te remercier et de Te rendre un peu de ce que Tu me donnes, non pas comme remboursement, mais comme cadeau de remerciement. Et sache que je ne prends rien pour acquis, pas après ce que j'ai vécu. S'il m'arrive de le faire, ce n'est pas intentionnel.

~~**Les personnes pour lesquelles je prie aujourd'hui...**~~ Wow ! Maintenant que je l'ai mis par écrit, je réalise encore plus à quel point Tu m'as bénie ces derniers temps. Je ne Te remercierai jamais assez, Seigneur, mais sache que je suis reconnaissante.

Voici ce qui se passe dans ma vie... Je T'aime tellement, et je suis vraiment reconnaissante. Je n'imaginais pas que j'écrirais de telles choses, tellement je pensais que je serais triste pour le reste de ma vie. Je ne suis peut-être pas aussi à l'aise que je le voudrais, mais je suis reconnaissante pour ce que j'ai déjà.

J'ai besoin de... Pardonne-moi de me comparer encore aux autres et aide-moi à vivre ce moment, à l'apprécier et à en profiter avant que la prochaine tempête n'arrive, car je sais que la vie n'est pas un long fleuve tranquille.

D'autres choses que j'ai sur le cœur et que je voudrais partager avec Toi, mon Dieu... Je suis triste que maman ne puisse pas venir à ma remise de diplôme et j'ai secrètement l'impression qu'elle n'a pas fait assez d'efforts, mais bon... Je T'aime. 😊 🖤

Quelque chose était survenu, et ma maman ne pouvait plus assister à ma remise de diplôme comme prévu initialement. Avant que la dernière partie de cette entrée de journal ne soit mal interprétée, je tiens à préciser que le problème, cette fois-ci, n'était pas l'argent. J'ai été déçue et, pour être franche, un peu fâchée contre ma maman pendant un certain temps ; ce diplôme était autant le sien que le mien, et je voulais qu'elle voie où étaient passés tous ses efforts et ses sacrifices. Cela dit, je ne pourrais jamais lui reprocher de ne pas être financièrement en mesure de faire quelque chose.

Le jour de la remise des diplômes est enfin arrivé. Mon dernier jour au bureau et à l'école était la veille, le 9 mai. Je n'ai finalement pas reçu d'offre à mon stage comme je l'espérais, ce qui était dommage, mais j'ai essayé de ne pas me focaliser dessus. J'allais enfin obtenir mon diplôme. Je m'étais fait faire les cheveux et les ongles quelques jours plus tôt et je m'exerçais quelque fois à me maquiller.

La cérémonie commençait à 10 heures 30 le 10 mai, mais les papillons dans mon estomac m'ont réveillée vers 3 heures du matin. J'avais hâte de traverser le podium. Lorsque j'ai vérifié l'heure trois heures plus tard, il n'était que 3 heures 45. Le temps ne pouvait pas passer plus lentement.

Je m'étais couchée peu avant minuit, mais j'avais l'impression d'avoir dormi dix heures. Je suis restée au lit une heure de plus, fixant le plafond et pensant à ce qui allait se passer quelques heures plus tard. J'allais obtenir mon diplôme. En mai, pas en décembre. J'ai repensé à l'époque où je m'accrochais à l'idée de « rattraper » les autres et où c'était ma motivation pour obtenir mon diplôme ce semestre-là. J'ai pensé à la frustration que j'avais ressentie un an plus tôt et tout au long de l'été, lorsque je ne pouvais pas aller à l'école ou trouver un emploi. J'ai pensé à ce qui s'est passé en juin de cette année-là et aux mois qui ont suivi.

Le parcours. La sueur. La douleur. Le sang. Les larmes. L'épuisement. *La douleur.*

Et voilà que j'étais sur le point de faire quelque chose qui me semblait trop éloigné dans le futur. Sophie et Naomi dormaient à côté de moi, et j'aurais aimé que ma maman soit là aussi.

Heureusement que je m'étais levée tôt, parce qu'il m'a fallu trois bonnes heures pour faire un maquillage très simple. Je regardais des vidéos YouTube, je faisais et refaisais mon fond de teint, j'ai essayé et échoué plusieurs fois de faire un fard à paupières style « cut-crease » avant de réaliser que c'était probablement trop ambitieux.

J'avais une robe noire et des chaussures à talons façon léopard. J'ai pris quelques (plutôt des tonnes de) photos, puis j'ai enfilé ma toge noire et sa capuche verte, blanche et dorée. Du ruban décoratif doré tapissait les côtés de mon chapeau et les lettres autocollantes dorées au milieu indiquaient : *Arrêtez, et sachez que je suis Dieu.* J'avais décoré mon chapeau de cette façon pour me rappeler mon parcours jusqu'à l'obtention de mon diplôme.

Sophie m'a aidée à prendre mille autres photos et vidéos pendant que Naomi s'apprêtait. Je me suis dirigée vers la sortie de l'appartement vers 9 heures, en marchant sur la pointe des pieds, évitant soigneusement tous les ballons qui se trouvaient sur le sol. Zoé recevait également son diplôme, et ses amis et sa famille avaient ramené des tonnes de ballons à la maison. Mes sœurs étaient des invitées ; elles n'étaient donc pas tenues d'être à l'auditorium de Roosevelt aussi tôt que moi.

La cérémonie de 10 heures 30 était dédiée aux étudiants de l'école d'éducation, de l'école de pharmacie et de l'école de commerce. Mes camarades de promotion et moi-même nous sommes rassemblés dans une salle de l'auditorium de Roosevelt avant d'être conduits dans nos sections respectives de l'amphithéâtre. Tout le monde était sur son trente-et-un. Nous étions tout sourire ce vendredi matin, et on aurait dit que rien ne pouvait entamer notre humeur, pas même les six degrés de température que nous avions espérés être au moins dix degrés de plus.

Mes pieds ont commencé à me faire mal dans mes talons hauts après quarante minutes passées à faire la queue, attendant d'entrer dans l'amphithéâtre. Mais c'était le jour de la remise des diplômes. Quelques filles et moi avons échangé des regards et des sourires complices, nous encourageant mutuellement à persévérer jusqu'à ce que nous puissions enfin prendre nos places.

Je recevais mon diplôme. Le jour était enfin arrivé.

En regardant autour de moi chaque visage souriant et chaque main agitée, je me suis demandé si ce jour avait la même signification pour tout le monde, et si ce n'était pas le cas, quelles étaient les différences. Je me suis demandé si quelqu'un d'autre était là sans avoir pensé qu'il le serait. J'étais maintenant pleinement consciente qu'on ne pouvait pas savoir ce que les gens vivaient uniquement en les regardant.

Après ce qui m'a semblé être une éternité, nous sommes finalement entrés dans l'amphithéâtre de l'auditorium. Je n'y étais allée qu'une seule fois, pour un autre événement organisé par l'école, mais l'amphithéâtre était un lieu populaire pour les événements musicaux et les spectacles à Chicago.

Après les écoles d'éducation et de pharmacie, c'était notre tour. Ils ont finalement appelé mes noms, tous les cinq. J'ai traversé le podium pour la toute première fois sous les acclamations retentissantes de mes camarades de classe et de mes sœurs qui, je l'ai confirmé, étaient déjà là. L'école n'avait pas encore imprimé les diplômes, il n'y avait donc rien à l'intérieur de la pochette vert foncé que le doyen m'a donnée après m'avoir serré la main. Mon sourire ne s'est pas effacé tandis que je continuais à me rendre de l'autre côté du podium pour redescendre les marches, faisant bien attention de ne pas trébucher.

Une fois la cérémonie terminée, mes sœurs, mes amis et moi avons pris d'autres séries de photos, puis nous nous sommes rendus au cocktail organisé par mon école au douzième étage en l'honneur des diplômés. Certains d'entre nous sont ensuite allés au Z Bar – un lounge sur le toit d'un hôtel – pour boire quelques verres. Nous ne sommes pas restés dehors très longtemps ; la température était encore d'environ six degrés, mais nos photos et nos vêtements ne le laissaient pas deviner.

Plus tard dans la soirée, nous sommes tous sortis pour mon dîner officiel de fin d'études. J'avais réservé Cité, un restaurant haut de gamme située au soixante-dixième étage de la Lake Point Tower dans le quartier Streeterville. Nous avons dîné avec une vue à 360 degrés sur la ville, la contemplant à travers les fenêtres qui s'étendaient du sol au plafond. Nous avons observé les teintes bleues, rouges et orange du soleil couchant et son reflet parfait et étincelant sur le Lake Michigan. Nous l'avons regardé disparaître et laisser place au spectacle des lumières des bâtiments environnants, ainsi qu'aux étoiles qui se sont jointes à la fête, nous observant depuis le ciel bleu velours. Toutes chantaient : *félicitations, Danielle !*

Date : 16/05/2019

Cher Père céleste... Me revoici... Je ne vais pas dire retour à la case départ parce que ce ne serait pas juste ou vrai, mais comme Tu le sais, je suis de nouveau au chômage. Je ne me sens pas aussi mal que la semaine dernière mais quand même....

Merci pour... Ma cérémonie de remise de diplôme et tous les moments agréables avec ma famille et mes amis.

Je suis inquiète par rapport à... au fait de ne pas trouver de travail (encore une fois). Pour être honnête, je sais que Tu m'aideras ; je ne sais juste pas quand ça arrivera, et j'ai peur de passer tout l'été à chercher un job.

Voici ce qui se passe dans ma vie... Je ne sais pas comment me sentir par rapport au fait qu'ils ne m'ont pas fait d'offre d'emploi. Je ne sais pas si c'est parce que Tu as d'autres projets pour moi ou si j'ai échoué comme je le pensais au départ.

J'ai besoin... De directives. Je ne sais pas ce que Tu as prévu pour moi après mon diplôme, surtout maintenant que je n'ai pas de travail, mais s'il Te plaît, ne m'oublie pas. Je T'en supplie, ne me laisse pas me sentir à nouveau fatiguée et/ou déprimée, S'IL TE PLAÎT ! Je ne veux pas retourner dans cet endroit sombre. S'il Te plaît, ne me laisse pas y retourner.

D'autres choses que j'ai sur le cœur et que je voudrais partager avec Toi, mon Dieu... J'ai l'impression que je n'étais pas assez bien pour ce travail. J'ai l'impression de T'avoir lâché et de m'être lâchée moi-même en ne recevant pas d'offre. Oui, j'ai bien exécuté les tâches, mais j'étais aussi très calme, et j'ai l'impression que c'est l'une des raisons pour lesquelles ils n'ont pas fait d'offre. Mais comme toujours, je Te fais confiance. Écoute-moi, s'il Te plaît.

J'avais espéré être retenue comme employée à temps plein à mon stage pour ne pas avoir à me soucier de trouver un autre job. Ça aurait parfaitement fonctionné pour mon OPT également, mais ça ne s'est pas produit. Ce n'était pas le travail que je préférais au monde, tant au niveau du contenu que de l'environnement, mais j'étais prête à m'y tenir pendant la durée de mon OPT. Surtout, je ne voulais pas revivre la frustration de la recherche d'un emploi, en particulier avec mes nouvelles échéances et contraintes.

Je n'avais pas arrêté de chercher un emploi quand je faisais mon stage, mais je n'étais pas très assidue non plus. Quelques jours après avoir obtenu mon diplôme, j'ai de nouveau mis à jour mon profil LinkedIn et j'ai commencé à chercher des jobs de manière plus agressive.

Mes comptes à rebours ont commencé le 27 mai comme prévu et à ce moment-là, j'avais déjà reçu ma carte d'autorisation de travail. Il ne restait plus qu'à trouver ce travail. Même si l'euphorie de la remise des diplômes commençait à s'estomper, je n'étais pas encore stressée. J'étais même plutôt optimiste. Je veux dire... la vie semblait me sourire depuis mars, et je venais d'obtenir un MBA, alors j'espérais trouver quelque chose (et pas n'importe quoi) d'ici juillet.

Je prévoyais également de rentrer chez moi cet été-là pour faire une pause plus que nécessaire, mais il fallait absolument que je trouve un travail avant. Ainsi qu'un nouveau logement. Le jour où j'ai reçu ma carte d'autorisation de travail par la poste, je n'ai pas compris ce qui était écrit en majuscules au recto de la carte :

NON VALABLE POUR ENTRER À NOUVEAU AUX ÉTATS-UNIS.

J'ai donc envoyé un e-mail à la conseillère pour les étudiants étrangers à ce sujet.

De : Moi

À : Conseillère pour les étudiants étrangers

Objet : Préoccupation liée au voyage / à l'immigration

Date et heure : 21/05/2019 à 16 h 15

Bonjour madame,

Je viens de recevoir ma carte d'autorisation de travail, mais il est indiqué au recto qu'elle n'est pas valable pour revenir aux États-Unis. J'avais prévu de rentrer chez moi cet été, donc je me demande quels sont les autres documents dont j'aurai besoin pour pouvoir revenir aux États-Unis.

Cordialement,

Danielle

Elle m'a répondu quelques minutes plus tard.

> **De :** *Conseillère pour étudiants étrangers*
> **À :** *Moi*
> **Objet :** *À propos de : Préoccupation liée au voyage /à l'immigration*
> **Date et heure :** *21/05/2019 à 16 h 30*
> *Bonjour Danielle,*
> *Cela signifie que vous ne pouvez pas revenir avec seulement la carte d'autorisation de travail. Vous aurez également besoin de votre I-20 avec une signature de voyage, d'un visa F-1 valide, d'un passeport valide et, idéalement, d'une preuve d'emploi dans votre domaine pour l'OPT.*
> *Cordialement,*
> *La conseillère*

Mon passeport était encore valide, mais mon visa avait expiré depuis longtemps, car on ne m'avait délivré qu'un visa F-1 à Entrée unique de six mois en 2017. Si je rentrais chez moi au Cameroun, je devrais à nouveau demander un visa étudiant, ce qui ne serait probablement pas faisable étant donné que je ne voulais rester que quelques semaines. Et en tant qu'étudiante étrangère, il m'était impossible de demander un visa étudiant à l'intérieur des États-Unis.

L'été 2019 était aussi la période de l'année où je devais déménager à nouveau. Je ne pouvais pas (et honnêtement, je ne voulais pas) rester dans mon logement actuel parce que je n'étais plus étudiante. Je voulais aussi vraiment vivre seule. Je voulais avoir une cuisine pour moi toute seule, mais surtout, je voulais contrôler la température de mon appartement.

Je suis assez frileuse, et mes colocs et moi n'étions jamais d'accord sur la bonne température de notre appartement. Le chauffage et la climatisation étaient contrôlés de manière centralisée, de sorte que nous ne pouvions pas avoir des réglages de température différents pour chaque pièce. Les températures hivernales de 2019 ont été pires que celles l'année précédente (nous avons eu un vortex polaire), mais heureusement, le système de chauffage de notre appartement fonctionnait. J'ai tout de même eu très froid, mais mes colocataires ne voulaient pas allumer le chauffage au-delà d'une certaine température en raison de l'impact sur nos factures. C'était logique, mais le chauffage n'était jamais assez fort pour moi, et j'ai fini par m'acheter un chauffage d'appoint.

Et maintenant que c'était l'été, mes colocs mettaient la climatisation si haut que j'avais parfois besoin de sortir juste pour prendre le soleil et me réchauffer un peu avant de rentrer dans l'appartement. Je n'avais pas le choix : c'était trois contre une. Maintenant que j'avais obtenu mon diplôme, c'était le moment idéal pour avoir mon propre endroit.

Le 11 juin, j'ai passé un entretien physique avec la compagnie Fitch Ratings, une grande agence de notation de crédit. Après la présélection téléphonique initiale, j'ai contacté quelques employés actuels sur LinkedIn pour en savoir plus sur le rôle et le processus de candidature au cas où je passerais à l'étape suivante. Une seule personne avait accepté de me rencontrer, mais ce n'était pas bien grave parce que nous avons eu une excellente conversation. Je me souviens d'avoir appelé George après mon coffee chat avec cette employée, parce que j'étais tellement fière de moi d'avoir enfin pu tenir une conversation de trente minutes avec une inconnue sans me sentir gênée.

La conversation s'était tellement bien passée qu'elle m'avait même serré dans ses bras à la fin. Il est vrai qu'elle était un peu plus jeune. Elle était analyste des opérations au sein de l'entreprise et avait obtenu sa licence un an plus tôt, donc elle devait avoir sensiblement mon âge. Quoi qu'il en soit, j'étais fière de moi pour être sortie de ma zone de confort. Elle m'a donné des conseils utiles que j'ai utilisés plus tard lors de mon entretien en présentiel et m'a même envoyé un message de bonne chance le jour même.

L'entretien avec le panel devait durer une heure et demie. Alors que je m'y préparais quelques jours plus tôt, je n'arrêtais pas de me demander si je pourrais tenir aussi longtemps. Je me demandais de quoi j'allais parler pendant *quatre-vingt-dix minutes* avec des personnes que je n'avais jamais rencontrées auparavant. Tous mes entretiens précédents avaient duré entre trente et quarante minutes, et même là ce n'était pas évident pour moi. J'ai fait de mon mieux et ils ont semblé bien m'apprécier.

Le recruteur m'a appelée le lendemain pour savoir si j'avais des questions et pour s'enquérir de mes attentes salariales et de mon autorisation de travail.

— Bonjour, Danielle a l'appareil, ai-je dit en décrochant l'appel téléphonique.

— Bonjour Danielle, ici John de Fitch Ratings, comment allez-vous ? Il avait l'air si joyeux que ça m'a mise de bonne humeur.

— Je vais bien, merci ! Et vous-même, comment allez-vous ?

— Je vais très bien ! Je sais que vous avez eu votre entretien hier, alors je voulais vous contacter pour voir si vous aviez des questions.

— Non... euh... je pense que ça va. J'espère simplement recevoir de bonnes nouvelles. Je suppose que ma seule question serait de savoir quand je peux compter recevoir une réponse. Je n'étais pas préparée à cet appel.

— Bien sûr ! Nous sommes encore en train de passer des entretiens avec d'autres candidats, et nous espérons avoir une décision d'ici la fin de la semaine prochaine.

— Oh okay, super !

— Absolument. Alors, juste pour suivre le protocole, j'aimerais savoir quel est votre statut aux États-Unis : aurez-vous besoin d'un parrainage à un moment ou à un autre ?

— Je suis en OPT mais je n'aurai pas besoin de parrainage avant l'année prochaine. *Je déteste cette question.*

— Oh, d'accord. Je le note... Et dites-moi, quelles sont vos prétentions salariales ?

— D'après mes recherches et compte tenu de la description du poste et de mon cursus, je m'attends à gagner environ soixante mille par an.

— Cinquante mi...

— Soixante, ai-je précisé.

— Oh, soixante mille dollars ! Il avait l'air surpris.

Est-ce que je me suis surcotée ?

— D'accord, eh bien merci d'avoir pris le temps de me parler, a-t-il poursuivi, et comme je l'ai dit tout à l'heure, vous devriez avoir de nos nouvelles d'ici la semaine prochaine. Prenez soin de vous !

— Parfait ! Merci, vous aussi, bye !

Je n'avais pas spécifiquement demandé à mon contact au sein de l'entreprise des informations sur le salaire pendant notre coffee chat, mais elle avait mentionné que la fourchette de salaire pour le poste était de cinquante à cinquante-cinq mille dollars par an. Ça correspondait à ce que j'avais vu sur Glassdoor.

Ma réponse au recruteur tenait compte de mon éducation, de ce que je pensais mériter en tant que jeune diplômée d'un MBA, même avec une expérience professionnelle limitée. Il ne me restait plus qu'à attendre.

Deux semaines plus tard, le 26 juin, je n'avais toujours pas reçu de réponse, bien que j'aie relancé le recruteur. Je commençais à descendre dans une spirale d'émotions tristes et anxieuses, craignant de retourner *à cet endroit*. Ce soir-là, je me suis adressée à Dieu dans mon journal de prière pour Lui faire part de mon état d'esprit et Lui demander de m'aider à passer à autre chose si ce job n'était pas fait pour moi, même si je l'aimais beaucoup.

CHAPITRE 14

RETOUR AUX SOURCES – PARTIE II

J e ne me sentais vraiment pas bien le 26 juin lorsque j'ai écrit dans mon journal de prière. Et comme c'est le cas lorsque je ne me sens pas bien, je n'arrivais pas à dormir non plus. Mon esprit débordait de pensées et mon cœur de sentiments qui ne demandaient qu'à sortir, mais je ne savais pas vers qui me tourner. Je me suis donc tournée vers moi-même.

Quelques heures plus tard, vers 1 heure du matin le 27 juin, j'ai sorti le journal où je garde des citations et des versets, et pour la première fois depuis le collège, je me suis écrit à moi-même. Mon journal de prière était bien, mais il était dédié à Dieu, et les pages étaient structurées de cette façon. Bon... ça, et j'avais aussi un peu honte de mes pensées. Même si je savais que Dieu est omniscient, écrire ailleurs me semblait quand même un peu plus « privé ». J'avais d'autres journaux, mais je ne m'étais plus écrit à moi-même.

Je n'écrivais pas non plus tous les jours dans mon « journal de citations et de versets », mais je commençais à y recourir plus souvent que mon journal de prière. Encore une fois, mon intention n'a jamais été de partager mes pensées, donc ce que tu lis est ce que je ressentais vraiment.

Date : 27/06/2019

Je suis tellement perdue et confuse. Je suis déçue par moi-même, et j'ai l'impression que Dieu l'est aussi. Je ne me sens pas forte ; je ne sais pas si je suis vraiment résiliente. J'ai l'impression de manquer de foi et j'en ai honte. Ça fait un moment que je remets la vie en question, les prières aussi, et je ne me sens vraiment pas bien, mais je suis tellement perdue. Je me demande juste si les prières ont vraiment un effet sur les résultats. Je veux dire... Dieu sait et planifie tout à l'avance. Avant que nous nous levions le matin, il a tout prévu. Alors, si je ne prie pas pour quelque chose, est-ce qu'il n'arrivera pas quand même, si c'était prévu, et n'arrivera pas si ça ne l'était pas ? La Bible dit qu'il faut demander et que nous recevrons. Qu'en est-il des moments où nous demandons mais ne recevons pas ? Non, ce n'est peut-être pas le bon moment, mais pourquoi ne pas attendre ce moment pour demander ? Et plus important encore, comment déterminer CE moment ?

Ces dernières années, il y a eu tellement de cas où j'ai demandé et n'ai pas reçu, où j'ai prié et cru que mes prières seraient exaucées, mais elles ne l'ont pas été. J'ai prié pour TANT de choses qui ne se sont pas produites, placé tant de confiance dans certaines actions qui se sont avérées inutiles. Je sais que Dieu est bon et qu'il a fait des choses INCROYABLES pour moi, et je ne l'ignore en aucun cas, mais je suis tellement perdue.

Je ne sais même pas si je suis forte, si je suis vraiment résiliente. Est-on vraiment fort si c'est la seule option qu'on a, compte tenu des circonstances ? Est-on vraiment fort si on doit endurer la douleur non pas parce qu'on le veut ou qu'on sait que ça en vaudra la peine, mais parce qu'on n'a pas d'autre choix ? En somme, est-on vraiment fort si la seule raison pour laquelle on nage, c'est pour ne pas se noyer ?

J'ai l'impression de ne plus me connaître. On dit « Ce qui ne nous tue pas nous rend plus fort », et bien que j'aie beaucoup appris de mes expériences précédentes, elles semblent m'avoir rendue plus faible et plus effrayée par la vie. J'ai peur d'espérer de tout mon cœur. J'ai peur de me laisser aller à croire que quelque chose va arriver, pour finalement être déçue. Tout ça ne veut pas dire que je n'ai pas confiance en Dieu. Je Lui fais confiance, je suppose que c'est à moi que je ne fais pas confiance, ainsi qu'à… la vie ? Je ne sais pas de quoi je suis vraiment capable.

Je n'ai pas encore complètement récupéré de mes expériences passées, et ça me fait me sentir mal. J'ai l'impression d'être une mauvaise chrétienne. J'aimerais tellement être une femme des Proverbes 31, qui rit littéralement de l'avenir parce qu'elle sait que Dieu est avec elle. Je sais que Dieu est avec moi, mais c'est difficile de rester assise à ne rien faire pendant qu'Il travaille. (Est-ce que c'est ce que je suis censée faire ?) Je regarde aussi ces gens sur YouTube qui semblent avoir plus de foi que moi, et j'aimerais pouvoir penser comme eux. Ça fait un moment que je refoule mes sentiments parce que je ne veux pas que Dieu soit en colère. En ce moment même, j'ai l'impression qu'Il l'est à cause de toute cette confusion qui règne dans ma tête. J'aimerais mieux Le connaître.

Une autre question que j'ai est celle de savoir comment faire la différence entre les obstacles et les signes qu'on ne devrait pas continuer ? Comment savoir que Dieu veut qu'on fasse telle ou telle chose ? J'ai lu un jour que peu importe combien de temps on prie pour quelque chose ou combien de fois, ou qu'on croit que ça arrivera, si ce n'est pas pour nous, ça n'arrivera pas. Ça a tout le sens du monde. Maintenant, comment puis-je savoir ce qui est pour moi ? Comment puis-je savoir ce pour quoi je dois prier et espérer ? J'ai un entretien plus tard dans la journée et je cherche désespérément un travail. Dois-je prier pour obtenir ce job alors que je sais que j'ai déjà prié pour des jobs et que je ne les ai pas obtenus ? Et si ce n'est pas le travail qu'il me faut, dois-je quand même prier pour l'obtenir, même si je ne l'obtiendrai pas, mais que je ne sais pas ? La prière aura-t-elle vraiment un effet sur le résultat ?

La vie est juste tellement bizarre, et elle m'a fait tellement de mal que j'ai l'impression que je vais toujours souffrir ou être frustrée. En deux ans, je n'ai eu que deux mois de paix, et j'ai l'impression que c'est ainsi que la vie (ou du moins la mienne) est censée être. J'espère secrètement me tromper.

Des jours et des semaines se sont écoulés pendant lesquels j'ai continué à chercher un emploi et un nouvel appartement. Aucune de ces recherches n'a donné de résultats positifs. Je cherchais des emplois par moi-même et je travaillais également avec des agences de recrutement. Parfois, Sophie m'envoyait des offres d'emploi, mais rien ne marchait. Elle m'a probablement entendue pleurer cet été-là au téléphone plus qu'elle ne l'avait fait lorsque j'étais bébé.

L'une de mes récentes candidatures comprenait un test de personnalité, qui a suscité beaucoup de confusion chez moi. L'une des questions demandait si je me considérais comme résiliente et dans quelle mesure. On m'a donné un court scénario, et je ne savais pas si ma réponse était motivée par un état d'esprit de résilience ou de survie.

Une fois de plus, j'ai revu à la baisse mes critères concernant les types d'emplois que je voulais obtenir. Bien sûr, ç'aurait été bien de trouver un job qui me plaise vraiment, mais en tant qu'étudiante étrangère dont les comptes à rebours d'emploi et de chômage avaient commencé un mois plus tôt, le choix était un luxe que je n'avais pas. À partir du 27 juin, je ne pouvais plus être au chômage que pendant deux mois et il me restait maintenant onze mois sur mon OPT.

Un recruteur de la première agence d'emploi avec laquelle j'ai travaillé m'avait dit qu'il serait quasiment impossible d'obtenir un emploi rémunéré à 60 000 dollars par an avec mon expérience professionnelle limitée, quel que soit mon niveau d'études. La plupart des postes de débutant pour lesquels ces agences de recrutement recrutaient étaient des postes contractuels ; le salaire horaire variait entre 18 et 22 dollars, ce qui représentait environ 37 000 à 45 000 dollars par an avant impôts. Après avoir essayé, sans succès, de trouver des jobs plus rémunérateurs (même si pas nécessairement rémunérés à 60 000 dollars), j'ai commencé à me soucier moins de ce que j'allais être payée, du moment que je l'étais. J'ai aussi complètement abandonné mon désir d'avoir un joli studio ou un appartement d'une chambre au centre-ville. Je voulais juste quelque chose, d'autant plus que je n'avais pas tout le temps au monde pour chercher.

Date : 02/07/2019

Je suppose qu'une leçon à tirer de ma situation actuelle est que « mieux », comme dans « Dieu a quelque chose de mieux pour toi », ne signifie pas nécessairement « plus grand » ou, dans mon cas, « plus lucratif » que ce qui a été enlevé ou ne s'est pas produit.

Je ne veux pas donner l'impression que je suis ingrate ou que je ne serai pas reconnaissante pour le travail que j'obtiendrai, quel qu'il soit, mais maintenant que j'ai postulé aux jobs que j'aimais vraiment et que je me suis heurtée à un refus pour chacun d'entre eux, je me rends compte que mieux n'est pas plus grand. Je n'arrête pas de penser à Fitch Ratings. Je veux dire... j'ai fait TOUT ce que je pouvais pour obtenir le poste, d'un entretien d'information jusqu'à étudier et m'exercer pendant une journée entière. Et pour être honnête, j'étais persuadée que j'obtiendrais une offre. Et voilà, trois semaines plus tard, rien ! Non, ils n'ont pas spécifiquement dit « non », mais le travail commence lundi (dans six jours), et ils étaient censés avoir choisi tous leurs candidats la semaine dernière, mais devine quoi ? Ils ne m'ont ni appelée ni envoyé d'e-mail. Société de services financiers, bonne culture, personnes de mon âge, environnement corporate, parrainage de l'examen CFA... Je me suis même fait une « amie ». Je pensais que c'était le travail qu'il me fallait, mais ce n'était clairement pas le cas. J'ai fait tellement d'efforts et maintenant... Pourquoi j'ai fait tout ça ? Où est-ce que je me suis trompée ? Ou alors c'est simplement qu'ils ne parrainent pas les étudiants étrangers ? Ils ne m'ont même pas donné de feedback quand je leur ai demandé.

Quoi qu'il en soit, me voilà en train de postuler à n'importe quel emploi. L'emploi pour lequel je passe un entretien demain est payé la moitié de ce que j'aurais gagné chez Fitch. Ce ne sera pas suffisant pour vivre seule, je ne suis même pas sûre de pouvoir payer moi-même mon examen de CFA ou d'épargner pour mes autres objectifs. Je sais qu'un emploi vaut mieux que rien, mais encore une fois, je me rends compte que mieux n'est pas toujours plus grand.

Je suis une étudiante étrangère aux États-Unis (et nous savons ce que ça signifie). Je n'ai pas fréquenté ces grandes écoles où les entreprises pour lesquelles j'aimerais travailler recrutent (je ne sais même pas pourquoi je vise si haut). Mon bail se termine à la fin du mois, et j'ai besoin d'un travail qui me paye au moins trois fois le loyer dès que possible. Je n'ai pas eu de nouvelles de Fitch, il faut au moins deux à trois semaines pour obtenir des entretiens, si j'en obtiens... tu vois où je veux en venir ?

Il se peut que je doive vivre au jour le jour et je ne serai probablement pas aussi à l'aise que je l'espérais, mais je m'adapterai. Ceci m'amène à mon deuxième point (de douleur) : qui peut avoir le travail de ses rêves après l'université ? Travailler dans le secteur de la finance n'est même pas mon rêve ; c'est juste quelque chose que j'ai appris à aimer (beaucoup). Mais qui a le droit de réaliser son rêve en un clin d'œil et qui doit attendre des années ou des décennies ? Et pourquoi ces différences ? Si tu ne t'en rends pas déjà compte, je suis très confuse ces derniers temps. Depuis quand est-ce que je tiens même un journal ?

Bref... nous verrons comment évolue la situation de mon emploi. Je prendrai tout ce qui se présentera à moi ; je n'ai pas vraiment le choix. J'espère juste (?) que mon rêve se réalisera un de ces jours.

Mon stage et le cours de finance que j'ai suivi pendant mon dernier semestre m'ont tellement intéressée que j'ai pensé à me lancer dans un parcours pour obtenir le titre CFA (Chartered Financial Analyst, en anglais). Bien que j'aie été intimidée par les gens de CIVC Partners (en raison de leurs diplômes et de leur expérience professionnelle antérieure, et non en raison de leur race ou de leur sexe), ils m'ont ouvert les yeux sur un monde dont j'ignorais l'existence : je ne connaissais que très peu de choses sur le capital-investissement. Le fait d'avoir participé à des réunions avec des cadres supérieurs de l'entreprise et de ne pas avoir bien compris de quoi ils parlaient, m'a donné l'impression de ne pas être très intelligente. Mais en même temps, cela m'a donné envie d'en savoir plus sur la finance.

Une partie de mon travail consistait à faire des recherches ; le fait de ne pas voir beaucoup de femmes, et encore moins de femmes *noires*, a également fait naître dans mon cœur le désir de travailler dans la finance. Cependant, il est difficile de percer dans la banque d'investissement, le capital-investissement ou le capital-risque, même avec le « bon » pedigree.

Je voulais surtout passer l'examen de CFA pour moi-même, mais avoir un emploi dans le domaine de la finance n'aurait pas fait de mal, d'autant plus que l'une des conditions pour avoir le titre CFA était d'acquérir un minimum de trois ans d'expérience professionnelle dans le domaine de l'investissement.

Le CFA est un examen coûteux dont les frais dépendent de la date d'inscription. Je pensais m'inscrire dans le courant du mois d'août ou de septembre pour l'examen de décembre 2019, mais je voulais d'abord économiser de l'argent. L'inscription allait me coûter environ 2 000 dollars.

Et même si je déteste l'admettre, à un moment donné, j'ai eu honte de mon école, ou du moins je n'étais pas fière de l'avoir sur mon CV. La plupart des entreprises que je visais demandaient spécifiquement des diplômés de certaines écoles. Chaque fois que je voulais m'inscrire à un événement organisé par l'une de ces entreprises ou que je postulais à un emploi, je ne voyais jamais mon école sur la liste ; je devais la taper séparément ou cocher la catégorie « Autre ». Je n'avais jamais été acceptée à ces événements, et je n'ai certainement pas obtenu les jobs non plus. Cela, ainsi que les autres rejets auxquels j'avais dû faire face, m'a fait temporairement oublier les sacrifices qui m'avaient permis d'entrer dans l'école en premier lieu.

Date : 07/07/2019

Hey, c'est encore moi. Alors aujourd'hui, je suis confuse à propos de quelque chose (ouais, je sais). Je ne sais pas pourquoi je pense autant à la vie ces derniers temps. Ce qui me préoccupe en ce moment, ce sont les rêves. J'ai peur de mes propres rêves. J'ai l'impression qu'ils sont trop grands et TROP SPÉCIFIQUES ! Ça m'effraie parce que les gens ont généralement des rêves vagues ou génériques, puis ils découvrent peut-être les choses au fur et à mesure. Moi, en revanche, j'ai le titre exact du travail de mes rêves, l'industrie exacte, la spécialité et, devine quoi, les entreprises exactes aussi. J'ai ces deux énormes entreprises pour lesquelles je voudrais travailler, la deuxième étant encore plus grande. J'ai récemment ajouté cette entreprise comme entreprise de rêve et il s'avère que la plupart des gens qui finissent par y travailler viennent de ma première entreprise de rêve. Génial, tu dirais, mais pas vraiment. Pour moi, c'est juste bizarre que ça s'aligne si parfaitement, parce que certaines choses sont trop belles pour être vraies, et ce n'est pas parce qu'elles ont l'air bien alignées qu'elles se produiront dans cet ordre, ou jamais.

Est-ce que ça se voit que j'ai été blessée par la vie ? Est-ce que ça se voit que j'ai peur d'espérer ? Est-ce que ça se voit que j'ai peur de mon avenir ? Bah, tout ça est bien vrai, même si je n'en suis pas fière. Au fond de moi, j'ai un peu le souhait que mes rêves se réalisent, mais ils me font peur parce qu'ils sont tellement grands. Je me dis : « Qui suis-je pour arriver chez Deloitte, puis chez McKinsey ? » genre, sérieusement, ces deux cabinets sont des géants du conseil en management, et je ne sais pas si je dois les poursuivre. Je sais pertinemment qu'à l'heure actuelle, je n'ai pas l'étoffe de quelqu'un qui travaillerait chez McKinsey (PAS DU TOUT !), mais je ne sais pas si je l'aurai un jour. J'ai peur d'essayer et d'essayer encore sans jamais y arriver, mais en ayant toujours ce feu qui brûle dans mon cœur...

C'était la partie « j'ai peur ». Je dirai cependant (ou plutôt, j'écrirai) que pendant que je réfléchissais à la vie et aux rêves, et au fait que certaines personnes peuvent réaliser les leurs et d'autres non, j'ai réalisé que je pourrais/devrais avoir une approche différente en ce qui concerne ma vie et mes rêves. Plutôt que de m'apitoyer sur le sort des autres toute ma vie et de penser qu'elle est injuste, je devrais être reconnaissante de la position dans laquelle je me trouve, de chaque bénédiction et de chaque opportunité qui se présente à moi. Je veux me rendre compte de la chance que j'ai de pouvoir faire certaines choses, et je veux aller au bout de mes rêves tant qu'ils sont en accord avec le plan de Dieu.

S'Il veut que je sois consultante, je ferai tout ce qui est en mon pouvoir (avec Son aide bien sûr) pour y parvenir. En fin de compte, à quoi bon vivre si on n'accomplit pas le dessein de Dieu pour soi ? C'est donc ce que je veux faire, et aider les gens autour de moi (et même ceux qui ne le sont pas) au mieux de mes capacités. Si j'ai la chance d'être dans une position favorable/confortable dans ma vie, si Dieu a permis que mes rêves se réalisent, pourquoi ne pas partager les retombées avec les personnes avec qui je partage le don de la vie ? C'est ce que je veux faire. Oui, la vie est injuste, mais je ne veux pas rester assise à me plaindre de son injustice et ne pas réaliser ce que je pourrais faire avec ce que j'ai personnellement et essayer de rendre le parcours sur terre de quelqu'un d'autre un peu plus agréable.

J'espère vraiment (?), cependant, que mon dessein, le but de ma vie, est de devenir consultante en gestion. J'espère que la plus grande Moi regardera ce journal et pleurera parce qu'elle aura accompli ou sera en train d'accomplir le but de sa vie. J'espère qu'elle pleurera en se souvenant de ce jour et qu'elle n'arrivera pas à croire qu'elle a maintenant le travail de ses rêves, tout en aidant tous ceux qui ont besoin d'un petit coup de pouce dans leur vie. J'espère que je deviendrai ultimement ce pour quoi j'ai été créée. 🤍 🤍

Eh bien... je pense que cette entrée parle d'elle-même. Quelques jours plus tard, cependant, les choses sont devenues un peu plus sinistres.

Date : 17/07/2019

Cher Père céleste... J'essaie tant bien que mal de rester près de Toi et de ne pas laisser mes circonstances m'éloigner. Je ne sais pas comment me sentir ; je ne sais plus quoi faire. J'ai cherché partout, et pourtant, pas de travail. Encore une fois, j'ai des échéances, j'ai d'autres choses qui dépendent de mon obtention d'un job, et pourtant nous en sommes ici.

Merci pour... J'avais peur de devoir chercher un travail tout l'été, et c'est exactement ce qui est en train de se produire. Je ne voulais pas passer des jours à pleurer mais encore une fois, je m'y remets. Pourquoi es-Tu toujours aussi silencieux ? Je ne sais même pas si je fais les bonnes choses ou non ; je ne sais pas si je suis sur le bon chemin. Rien n'en a l'air, rien ne fonctionne.

Je suis inquiète par rapport à... Pourquoi dois-je toujours subir autant de frustrations ! Ce n'est pas comme si je n'essayais pas d'être positive ; ce n'est pas comme si je n'essayais pas de trouver un job. Au point où j'en suis, il faut peut-être que je rentre à la maison.

Les personnes pour lesquelles je prie aujourd'hui... Encore une fois, est-ce que je ne suis pas censée RESSENTIR la pression extérieure parce que je Te fais confiance ? J'ai essayé d'être positive, même quand j'ai postulé pour des emplois que je n'aimais pas. Je ne les ai pas obtenus. Ceux qui me plaisaient, je ne les ai pas obtenus non plus.

Voici ce qui se passe dans ma vie… Qu'est-ce que ça signifie ? Aucun des emplois pour lesquels j'ai postulé n'était fait pour moi ? Alors qu'est-ce qui l'est ? Ni les petits, ni les grands ! Est-ce que je dois juste être au chômage en ce moment ?

J'ai besoin… Je suis tentée de regarder à nouveau ma vie se dérouler devant moi et de ne rien faire car même lorsque j'agis, les choses ne bougent pas.

D'autres choses que j'ai sur le cœur et que je voudrais partager avec Toi, mon Dieu… Je sais que Tu sais ce que Tu fais. C'est juste que je n'ai plus envie de faire quoi que ce soit. Je n'ai pas l'impression de faire ce que je dois faire. Fais ce que Tu as à faire. Je suis fatiguée.

Je n'ai plus écrit dans ce journal jusqu'en janvier 2020.

Les gens autour de moi bougeaient. Littéralement. Christie – l'amie camerounaise que j'avais rencontrée lors d'un événement à DePaul – a obtenu son diplôme un mois après moi et se préparait à commencer son nouveau job en août. J'aidais ma colocataire Zoé à préparer son entretien pour un job à New York, alors certains soirs, nous nous exercions à répondre à des questions d'entretien. Alice, mon autre colocataire, avait obtenu son diplôme en décembre 2018 ; elle était restée quelques mois de plus avec nous, puis a dû déménager pour se rapprocher de son lieu de travail. Charlotte entamait la dernière année de son doctorat, mais une fois son bail terminé, elle allait emménager avec son petit ami. De mon côté, je n'avais pas passé un seul entretien depuis des semaines. Pour presque tous les jobs auxquels je postulais, je contactais les recruteurs sur LinkedIn pour leur faire savoir que j'avais postulé. J'essayais également d'avoir des coffee chats avec des employés actuels, mais je recevais refus sur refus.

J'avais moins de deux semaines pour trouver un nouvel appartement. Comme je cherchais à louer un logement seule, sans colocataire, c'était beaucoup plus compliqué. Je ne pouvais plus vivre dans des résidences estudiantines et je devais présenter une preuve d'emploi. Je devais également avoir un bon dossier de crédit, ce qui prend des mois à construire. Même si j'avais déjà un numéro de sécurité sociale, c'est un emploi à temps plein qui me permettrait d'obtenir une carte de crédit pour établir mon dossier de crédit. Et l'une des façons de me constituer un dossier de crédit était de payer le loyer avec une carte de crédit, puis de la rembourser plus tard. Mais je ne pouvais pas le faire parce que je n'avais pas d'emploi. Une fois de plus, mes problèmes étaient interdépendants.

Sans surprise, je ne me sentais pas bien le 17 juillet et je n'arrivais pas à dormir la nuit. J'ai ressorti mon autre journal et, les yeux pleins de larmes, j'ai déversé mon cœur sur le papier.

C'est le seul journal dans lequel j'ai écrit pendant le reste de l'année.

Date : 17/07/2019

Je me sens tellement nulle. J'ai sérieusement l'impression de ne pas être assez bien, ou du moins pas pour les choses que je désire. Non seulement j'ai l'impression que mes rêves sont trop grands et que je ne suis pas à la hauteur, mais j'ai aussi l'impression que les choses que je dois faire pour y arriver sont bien au-dessus de moi et sont hors de portée, ce qui signifie que je ne peux pas non plus atteindre mes rêves.

Je suis tellement triste. Je n'ai pas encore trouvé de travail, je ne sais même pas si j'en trouverai un. J'ai l'impression que je vais rentrer à la maison, que c'est tout pour moi ici. Ça me rend tellement triste, non pas parce que c'est une mauvaise chose, mais parce que je ne m'attendais pas à ce que ça arrive si tôt, pas après tous les efforts que j'ai déployés pour essayer de faire quelque chose de mon séjour ici. J'ai l'impression de ne même plus savoir pourquoi je suis venue ici. Je suis extrêmement reconnaissante d'avoir obtenu mon diplôme, mais tout a été TELLEMENT DIFFICILE. Il y a eu des obstacles à CHAQUE étape. Le seul moment où je me suis sentie en paix, c'était de mars à mai cette année, et même si je suis reconnaissante pour ça, je ne veux pas d'une vie où je peux littéralement compter les moments de paix. Je déteste dire/écrire ce genre de choses parce que ça donne l'impression que je suis ingrate, ce qui n'est absolument pas le cas. J'ai juste traversé beaucoup d'épreuves, et les choses ne deviennent pas plus facile. Je comprends que la vie n'est pas facile, et je ne demande pas qu'elle le soit, mais mes frustrations et mes challenges ont l'effet inverse de ce qu'ils sont censés faire : je me sens plus faible ; je n'ai pas d'espoir pour l'avenir ; je doute de moi ; je ne sais pas de quoi je suis capable, etc.

Je n'ai obtenu aucun des jobs auxquels j'ai postulé, qu'ils soient petits ou grands. Qu'est-ce que je peux faire ? D'accord, je ne suis pas assez bien pour les grandes entreprises, mais qu'en est-il des petits boulots ? Travail à temps plein ? Non. Un contrat ? Non. Ce que j'aime ? Certainement pas. Ce que je n'aime pas ? Pas de chance non plus. Que dois-je comprendre ? Pour l'instant, je ne fais que subir et je n'ai plus envie de gaspiller mon énergie parce que c'est à ça que ça ressemble. Une question demeure : puis-je encore me permettre de rêver grand et d'espérer de grandes choses ? Suis-je digne d'un emploi dans une entreprise à l'heure actuelle ? Serai-je un jour prête et arriverai-je un jour à ce que je veux ? Oui, je sais que c'est plus d'une question, mais elles sont toutes pertinentes.

Je suis de nouveau désespérée de trouver n'importe quel emploi. Fatiguée de me sentir comme un puits sans fond dans lequel les gens déversent leur argent sans jamais voir un retour sur investissement.

Non, je n'avais pas de pensées suicidaires, mais je me sentais constamment comme un fardeau.

Environ une semaine après cette entrée dans le journal, on m'a proposé un poste de vendeuse non rémunéré que je n'avais pas l'intention d'accepter. Le 26 juillet, je n'avais toujours pas d'emploi et je ne semblais pas prête d'en trouver un. J'étais officiellement au chômage depuis deux mois et il ne me restait plus qu'un mois pour trouver un job, j'ai donc décidé d'utiliser le poste non rémunéré pour mettre en pause mon compte à rebours de chômage.

Je me suis connectée à mon portail SEVP pour signaler cet emploi. J'ai rempli les champs obligatoires : nom et adresse de l'employeur, titre du poste, type d'emploi (à temps plein ou à temps partiel), date de début, description et lien avec mon domaine d'études. Je ne suis pas vraiment allée travailler ; j'avais épuisé mes économies et je n'allais pas utiliser ce que j'avais sous la main pour payer le transport vers un emploi qui ne me payait pas.

Ce jour-là, j'ai également envoyé un e-mail à mon bailleur pour lui demander si je pouvais rester un mois de plus, puisque je n'avais pas encore trouvé de nouvel appartement. Je n'étais pas sûre qu'il accepterait : il ne faisait que des contrats annuels et je ne pouvais pas en signer un parce que je n'étais plus étudiante. Il m'a répondu, et il s'est avéré que la nouvelle locataire de ma chambre n'allait emménager que le 31 août, et que je pouvais donc rester jusqu'à la veille. Ça m'arrangeait bien, mais ça signifiait aussi que je devais vraiment trouver quelque chose d'ici là. J'ai soupiré après avoir lu son e-mail ; c'était à la fois un soupir de soulagement et d'épuisement, car je me rendais compte que si je ne trouvais pas rapidement un job rémunéré, ma maman devrait continuer à payer mon loyer.

Le mois d'août est arrivé et j'ai décidé de mettre davantage l'accent sur ma recherche d'appartement. Je continuais à postuler pour des emplois, mais je passais plus d'heures devant l'ordinateur à chercher des appartements, au téléphone à parler avec des agents de location et à l'extérieur à visiter des appartements. De toute façon, je n'avais pas d'entretiens d'embauche.

Zoé était déjà partie ; on lui avait offert le poste à New York. J'étais heureuse pour elle. Je savais à quel point elle avait cherché un job et à quel point nous nous étions préparées pour ses entretiens. Elle était aussi une étudiante étrangère qui essayait de trouver un emploi pour son OPT avant la date limite, alors je savais ce qu'elle ressentait. Je savais aussi à quel point elle voulait travailler à New York avant de retourner en Corée du Sud. Je l'ai vue se décourager chaque fois qu'elle était rejetée ou qu'elle n'avait pas de nouvelles de certains emplois, et je l'ai encouragée du mieux que j'ai pu.

J'étais heureuse pour elle, mais je mentirais si je disais que je ne me demandais pas pourquoi moi aussi je ne trouvais rien. N'importe quoi. Pourquoi étais-je la seule à ne pas avoir de travail ? De nouvel appartement ? Pourquoi les choses n'avançaient-elles pas pour moi aussi ? N'avais-je pas assez pleuré ? Ne m'étais-je pas assez découragée ? Ne m'étais-je pas assez exercée lors de mes entretiens qui se sont soldés en refus ? N'en avais-je pas fait assez ? Combien de temps devais-je encore attendre ?

Quelques jours avant son départ, Zoé et moi étions dans la cuisine en train de parler de son travail et de son impatience de commencer. Après un moment de silence, un froncement de sourcils a plissé son front et elle m'a regardé droit dans les yeux pendant quelques secondes. Elle semblait se demander pourquoi j'étais toujours au chômage.

— Je prierai ton Dieu pour que tu trouves un job, a-t-elle dit enfin, avec un ton inhabituellement calme et pas très Zoé.

— Merci. J'ai souri. *J'espère qu'Il t'entendra.*

Elle faisait référence à Celui que je lui avais dit prier tous les dimanches à l'église. J'allais toujours chez Old St. Pats, qui se trouvait maintenant à une vingtaine de minutes à pied de notre appartement sur South Morgan Street. Zoé me voyait sortir tous les dimanches à peu près à la même heure, et une fois, elle m'a arrêtée pour me demander où j'allais.

— Pourquoi tu sors toujours le dimanche à cette heure-ci ? m'a-t-elle demandé, alors que je marchais dans le couloir en direction de la porte. Sa curiosité était adorable et m'a fait sourire.

— Je vais à l'église, ai-je répondu, toujours amusée.

— Ooh...

Je sentais venir une autre question, alors je suis restée un peu plus longtemps.

— Et donc, qu'est-ce que tu y fais ; à quoi ça ressemble ?

J'ai finalement laissé échapper un rire.

— Bah, je prie simplement Dieu. Je Le remercie pour tout et je Lui demande ce dont j'ai besoin, pour moi, mes amis, ma famille et tout le monde. La messe dure environ une heure, donc ce n'est pas trop long.

— Ok ! On se voit dans une heure !

Je ne pensais pas que cette conversation allait l'affecter de quelque manière que ce soit, et encore moins rester dans son esprit. Alors, quand des semaines plus tard, Zoé m'a dit qu'elle prierait pour moi, sachant que ce serait probablement une première pour elle, ça m'a vraiment fait chaud au cœur. Enfin... ça m'a d'abord surprise, puis ça m'a vraiment fait chaud au cœur.

Le 7 août, la douleur, ce trou autrefois de la taille d'un petit pois sur mon cœur qui a ensuite atteint la taille d'une pièce de monnaie et s'est un peu rétréci à un moment donné, cette douleur était de retour et plus grande que jamais. Plus *profonde* que jamais. Mon cœur souffrait tous les jours, mais ce jour-là, j'étais brisée. J'ai à nouveau sorti mon journal, ignorant à quel point mes larmes mouillaient le papier.

Date : 07/08/2019

À deux semaines de ma date limite, et je n'ai toujours pas trouvé de travail. J'ai l'impression d'être une ratée. Je ne devrais peut-être pas dire ça, mais c'est vraiment ce que je ressens. J'ai échoué. Je me suis déçu moi-même ; j'ai déçu Dieu. Il a peut-être commis une erreur en me donnant ce stage. Peut-être qu'Il pensait vraiment que je serais capable d'obtenir une offre, mais je ne l'ai pas été. Je l'ai déçu. Il m'a donné quelque chose, et je n'ai pas été capable de le garder. J'ai l'impression que même après ça, il y avait un autre job pour moi qu'Il a mis sur mon chemin pendant ma recherche d'emploi, mais je n'étais pas assez bien pour saisir l'occasion. Parmi tous les jobs pour lesquels j'ai passé des entretiens, il doit y en avoir au moins UN que j'aurais pu obtenir, mais je ne l'ai pas fait.

J'ai envie d'abandonner. Je suis tellement nulle. Rien n'a de sens. Je commence à regretter d'avoir obtenu un MBA en gestion. Mon diplôme est tellement vaste. Un MBA est déjà assez vaste, alors pourquoi j'ai choisi de me « spécialiser » en un autre sujet vaste ? Qu'est-ce qu'on peut faire avec un diplôme de gestion au niveau débutant ? Et pourquoi je me suis intéressée à la finance ? J'ai l'impression que la situation dans laquelle je me trouve est de ma faute, et je ne sais pas comment m'en sortir. J'ai échoué et j'ai envie d'abandonner.

Parfois, j'ai l'impression de trop en faire avec mes études et qu'elles ne seront même pas si utiles que ça. Tu vois, je veux obtenir un autre master, et je pense passer tous les niveaux du CFA. J'ai déjà un MBA, et certaines personnes ne vont même pas aussi loin, et pourtant elles ont de bons jobs et de belles vies. Mais le fait est que je ressens dans mon cœur le désir de faire toutes ces choses, et il ne s'agit même pas de l'argent que je pourrais potentiellement obtenir grâce à toutes ces études. Je suis vraiment passionnée par le marketing et, plus récemment, par la finance. Mais je n'ai littéralement AUCUNE expérience professionnelle à temps plein, et je me sens stupide de vouloir poursuivre mes études. Mais ce n'est pas comme si je n'essayais pas de trouver un job non plus...

Toutes ces bonnes notes ; une moyenne de 4,0. Wow... mais j'en suis là. Tu sais comme les gens disent que les notes n'ont pas d'importance et que les personnes qui ont les meilleures notes ne sont pas celles qui réussissent le mieux ? J'en suis l'exemple parfait ! Non, je ne regrette pas d'avoir de bonnes notes, mais j'ai parfois l'impression qu'elles ne jouent pas en ma faveur. Je suis toute brillante à l'extérieur, mais je n'ai rien à l'intérieur. Quelqu'un m'a demandé l'autre jour si avec tous mes diplômes et mes bonnes notes, j'avais moi aussi du mal à trouver un emploi. Eh bien oui, ça semble m'arriver aussi. Je ne sais même pas de quoi je suis capable.

La dernière semaine du mois d'août, je n'avais ni travail ni appartement. Ce que j'avais, c'était un nouveau téléphone, le Google Pixel 3 XL que je m'étais offert comme cadeau de fin d'études. Un téléphone tout neuf qui a commencé à faire des siennes sans crier gare cette même semaine.

Le lundi 26 août, j'ai appelé un agent de location pour planifier une visite d'un studio que je venais de trouver, mais il ne pouvait pas m'entendre. *Sérieusement, Google ? Ce n'est pas le bon moment !* Après avoir essayé plusieurs fois sans succès, j'ai repris mon ancien Samsung. Il ne fonctionnait plus. *Wow... je ne peux donc jamais avoir un déménagement normal ?*

Je me suis levée de mon bureau pour m'allonger sur mon lit, essayant mais n'arrivant pas à réprimer ma panique grandissante. *Je dois prendre des rendez-vous. Je dois appeler les agents quand j'arriverai dans les appartements. Et si je reçois un appel d'un recruteur ? Les gens devraient pouvoir me joindre. C'est un signe que je dois partir ? Et si c'est le cas, qu'est-ce que je vais faire de toutes mes affaires ? Je ne suis même pas prête. Peut-être que je ne vais trouver pas de job et qu'il vaut mieux partir maintenant plutôt que de dépenser plus d'argent à essayer de rester ici. Tout cet argent que nous dépensons pour le loyer, les factures, la nourriture. Tous ces impôts et ces frais. Mais qu'en est-il des bénéfices de mon diplôme ? J'ai payé pour faire une demande d'OPT, est-ce que je ne devrais pas au moins obtenir un emploi qui me paie aussi ? Et qu'en est-il des économies que je dois faire pour le Canada ? Et le CFA ? Tout ça est tellement confus. Rien n'a de sens.*

C'est ce même jour que la nouvelle locataire a commencé à apporter ses affaires dans l'appartement. Le jour officiel de son emménagement n'était pas avant samedi, mais elle voulait d'abord apporter des affaires plus lourdes dans sa nouvelle chambre (mon actuelle chambre). Compréhensible. Ce que ça signifiait pour moi, c'est que je devais partir avant vendredi.

Je me suis calmée et je suis retournée à mon bureau pour continuer mes recherches d'appartements. J'ai écrit une liste d'appartements disponibles avec leurs adresses et leurs coordonnées sur une feuille de papier, en espérant que le lendemain, l'un de mes téléphones voudrait bien remplir sa fonction la plus élémentaire.

En attendant, je devais réfléchir à une autre façon d'aborder la recherche d'appartement. Le fait d'être un jeune diplômé sans emploi, sans dossier de crédit, sans garant et sans économies n'allait pas me permettre d'obtenir un appartement. Et il est clair que je n'allais pas trouver un emploi avant la fin de la semaine. Et même si j'en trouvais un, je ne serais pas payée avant au moins deux semaines. Je devais trouver une alternative à ce que je disais aux agents de location.

J'avais encore mon I-20 initial avec la date de fin d'études de décembre 2019, mais je n'ai d'abord pas voulu l'utiliser parce que je savais qu'il n'était plus valide. Mais ça, c'est *moi* qui le savais, pas les agents. J'étais dos au mur. J'allais faire comme si j'étais toujours étudiante et utiliser cet I-20 pour faire une demande de location.

Le lendemain, mon Pixel ne fonctionnait toujours pas. La garantie étant encore valable, je l'ai renvoyé à Google pour qu'il soit remplacé. Par chance, mon vieux Samsung a accepté de m'aider. J'avais rendez-vous l'après-midi même pour visiter un studio à Wrigleyville, à cinquante minutes de chez moi en bus.

L'appartement n'était disponible que pour onze mois, ce qui était parfait étant donné que je prévoyais de quitter les États-Unis en juillet 2020, exactement onze mois plus tard. Il se trouvait au dernier étage d'un immeuble de cinq étages, et je l'aimais en tout, sauf le fait de devoir à nouveau payer pour la lessive. La société de gestion immobilière avait plusieurs partenariats avec des entreprises locales, de sorte que si j'y vivais, j'obtiendrais des réductions dans les restaurants et les salles de sport de la zone.

Après avoir passé en revue les conditions d'admissibilité, j'ai montré mon I-20 à l'agent de location. Il m'a dit que tout irait bien, mais qu'il devait d'abord vérifier auprès de son manager. Il l'a donc appelé.

— Alors… il a dit que ça ne marcherait pas, je suis désolé, m'a dit l'agent dit lorsqu' il a raccroché.

J'ai soupiré intérieurement. Le montant relatif aux dépenses courantes sur mon I-20 devait être quatre fois supérieur au loyer annualisé, ce qui n'était pas le cas.

— D'accord, pas de problème. Merci d'avoir vérifié quand même ! J'espérais que mon visage ne trahirait pas ma déception montante, mais je n'ai probablement pas réussi parce que l'agent avait l'air désolé pour moi.

Je suis sortie et j'ai appelé une autre agente de location pour un autre studio disponible dans le même quartier. Elle était disponible le lendemain à 14 heures.

Le mercredi 28 août à 14 heures, la deuxième agente de location m'a fait visiter le studio et l'immeuble. Le studio disponible se trouvait au quatrième étage d'un immeuble à cinq étages. Il n'était pas meublé, mais la cuisine était équipée des appareils habituels : réfrigérateur, micro-ondes, cuisinière, four et lave-vaisselle, qui fonctionnaient tous les deux. Ce que j'aimais le plus dans ce studio, c'était l'abondance de la lumière du soleil. Les rayons se déversaient par l'unique fenêtre, esquissant des motifs sur le plancher en bois, illuminant toute la pièce. Porter des lunettes de soleil dans ce studio n'aurait pas été un crime. Il y avait un espace pour les ordures à chaque étage et des machines à laver et à sécher au premier, qui fonctionnaient lorsqu'on y insérait des pièces de monnaie. Le loyer s'élevait à 1 014 dollars, factures non incluses. Contrairement à ce qui se passait dans mes précédents logements, je devrais installer et payer mon propre Wi-Fi et ma propre électricité, ainsi qu'acheter et montrer une preuve d'assurance avant d'emménager si j'étais acceptée. Le chauffage, l'eau et le gaz étaient installés mais n'étaient pas non plus inclus dans le loyer.

L'agente de location a continué à discuter des conditions d'admissibilité et a posé les questions habituelles.

— Oh wow, félicitations ! Vous devez être tellement contente ! s'est-elle exclamée lorsque je lui ai dit que j'étais une étudiante qui allait recevoir son diplôme en décembre. Elle avait l'air presque aussi excitée que je l'étais le jour de ma remise de diplôme quelques mois plus tôt.

— Merci beaucoup ! Et oui, j'ai *vraiment très* hâte ! Mon sourire était le même que le sien.

Je lui ai montré mon I-20 pour prouver que je n'étais pas citoyenne, et j'ai expliqué que c'était la raison pour laquelle je n'avais pas de dossier de crédit. J'ai dit que j'étais aux États-Unis depuis janvier 2018 - la date de début du programme sur mon I-20 - et que je n'avais pas encore eu l'occasion de demander une carte de crédit.

— D'accord. Pas de souci ! Je pense qu'on peut travailler avec ça, a-t-elle commencé en examinant minutieusement les papiers qu'elle tenait dans sa main. Je vais d'abord devoir revérifier avec mon manager, mais vous pouvez déjà faire votre demande et télécharger une copie de ce document, a-t-elle poursuivi. Et si vous effectuez votre demande dans les vingt-quatre heures qui suivent cette visite, nous pourrons vous dispenser de l'obligation de caution et des frais de dossier.

Oh, mais n'en dis pas plus. Je fais ma demande dès que je rentre à la maison.

— Très bien, merci !

Je me suis précipitée chez moi et j'ai fait ma demande. J'ai envoyé un message à ma maman en chemin pour lui dire que j'aurais encore besoin de son aide pour mes frais de déménagement. Le loyer mensuel n'était pas beaucoup plus élevé que ce qu'elle payait déjà et au moins, cette fois, c'était pour un studio et non une chambre dans un appartement partagé. Je croisais les doigts pour que la vérification de mes antécédents soit validée.

Ma demande a été approuvée le matin du vendredi 30 août. C'était super, parce que je n'avais pas d'autre choix et que je devais déménager le jour même. J'avais continué à chercher, mais je n'avais rien trouvé d'autre qui soit disponible dans des délais aussi serrés. Je te laisse imaginer à quel point j'étais stressée avant de recevoir l'e-mail d'approbation.

À midi, j'avais fait mes valises et j'étais prête à me rendre à mon nouvel appartement sur West Sheridan Road. Il ne me restait plus qu'à nettoyer ma chambre, ce que j'ai fait après avoir aidé le déménageur à charger son camion plus tard dans l'après-midi. Je pouvais quitter l'appartement à tout moment de la journée sans pénalité, mais je voulais quand même partir assez tôt, pour arriver à mon nouvel appartement et finir de défaire mes cartons avant la fin de la journée.

Le bailleur n'était pas disponible pour l'inspection finale, alors j'ai mis les clés sur le rebord de la fenêtre comme il l'avait demandé. *Ça va me manquer de ne pas m'asseoir ici.* Mes yeux ont balayé la pièce pour la dernière fois. J'avais un demi-sourire sur le visage, le genre de sourire qu'on a quand un endroit va vous manquer ainsi que les souvenirs qu'on ne savait pas qu'on y créerait.

Si quelque chose n'allait pas lorsque le bailleur viendrait inspecter la chambre plus tard dans la soirée, il retirerait l'argent de ma caution et m'enverrait le solde. J'ai récupéré la totalité de ma caution.

Christie s'était portée volontaire pour m'aider à emménager, elle m'a donc rejointe à ma nouvelle adresse et nous avons monté mes affaires dans mon studio avec le déménageur. J'étais reconnaissante de ne pas tout faire toute seule cette fois-ci. Elle est restée quelques heures, pendant lesquelles nous avons parlé de tout et de rien. De son travail et de son évolution. De ma recherche d'emploi et de son évolution.

— Ce qui est pour toi ne te passera pas sous le nez, a-t-elle dit à un moment donné, probablement parce que j'avais encore échoué à ne pas laisser transparaître la désolation sur mon visage.

J'avais déjà entendu des mots comme ceux-là. J'avais déjà lu des citations de ce genre. C'est juste que je n'y croyais plus.

— Ouais, on verra. J'ai souri, puis j'ai changé de sujet.

J'ai fini de déballer et d'organiser mes affaires tout au long du week-end. On ne peut donc vraiment pas tout faire en un seul jour.

L'après-midi du 1er septembre, j'étais assise sur le rebord de mon lit et je regardais mon nouvel appartement. Vide, mais beau et lumineux. J'étais une fois de plus reconnaissante d'avoir trouvé un nouvel endroit malgré tout le stress. Mais c'est alors que j'ai réalisé que je venais de signer un bail d'un an sans savoir ce qui allait se passer ensuite. Je me suis demandé si ce n'était pas une erreur. Je me suis demandé si ce n'était pas une perte de temps et d'argent. Je me suis demandé ce que j'allais faire pour le reste de mon séjour aux États-Unis si je ne trouvais pas de job pour mon OPT. Je me suis demandé quelle entreprise voudrait m'embaucher pour seulement huit mois, en supposant que je puisse même commencer en octobre. Je me suis demandé ce que j'allais faire de mes journées.

CHAPITRE 15 :

PAS ASSEZ

À partir du 9 septembre, mes journées étaient partagées entre révisions pour l'examen du CFA et recherche d'emploi. Sophie m'avait prêté de l'argent pour payer les frais d'inscription ; même elle ne croyait plus que je trouverais un emploi pour mon OPT, mais elle était prête à m'aider à m'occuper jusqu'à mon retour au pays. En plus de satisfaire aux exigences en matière d'expérience professionnelle, pour devenir titulaire du titre CFA, je devais réussir les trois niveaux du programme (niveau I, niveau II et niveau III). Chaque niveau d'examen s'appuie sur le précédent, j'ai donc commencé par le niveau I.

J'avais maintenant trois mois pour me préparer à un examen difficile de six heures. J'étudiais de 8 heures à 22 heures, avec quelques pauses au milieu.

J'aimais ce que j'étudiais, et certaines choses que je n'avais pas comprises lors de mon stage chez CIVC Partners avaient maintenant plus de sens. Mais au bout d'un moment, la répétitivité de mes journées a commencé à me lasser. Parfois, je devais me forcer à étudier parce que ma recherche d'emploi avait drainé toute l'énergie de mon corps, et m'asseoir à mon bureau pendant des heures pour étudier le module *fixed income* (revenu fixe) n'était pas la meilleure façon de me ressourcer. Au moins, j'avais maintenant une meilleure réponse à donner lorsque les recruteurs me demandaient ce que je faisais depuis l'obtention de mon diplôme. Apparemment, ce n'était pas très bien vu d'être au chômage et de chercher simplement un emploi sans faire grand-chose d'autre.

Le 9 septembre est aussi le jour où une entreprise suspecte m'a proposé un emploi pour lequel je ne me souvenais pas avoir postulé. Ça ressemblait à une arnaque. Il s'agissait de collecter des données sur Facebook, de faire des sortes d'investissements avant de convertir les fonds en crypto-monnaie. L'entreprise était introuvable sur Internet. Je n'avais pas passé un seul entretien ; j'avais juste reçu comme par magie une lettre d'offre mal rédigée, sans date de début. C'était vraiment louche.

Je ne voulais pas accepter le travail, mais j'avais aussi besoin d'argent. Je n'ai pas répondu tout de suite ; au lieu de cela, je me suis fixé une date limite, vendredi, pour prendre une décision. Ce lundi-là, ma décision était à cent pour cent « non », mais je voulais voir ce qu'il en serait vendredi.

Le jeudi matin, j'ai reçu un appel d'une recruteuse de l'une des sociétés de recrutement avec laquelle je travaillais. Elle recrutait pour un poste d'analyste débutant dans une société d'investissement immobilier qui cherchait quelqu'un qui les rejoindrait dès que possible. Les missions semblaient intéressantes. Non pas que j'avais le choix, mais ça me faisait plaisir de savoir que j'aimerais mon job si je rejoignais la société. De plus, il était rémunéré 25 dollars de l'heure, le salaire horaire le plus élevé que l'on m'ait présenté.

Un entretien avec la société immobilière n'était pas nécessaire parce que j'avais déjà passé deux entretiens avec la société de recrutement avant que nous ne commencions à travailler ensemble. Ils m'ont dit que pour certains postes, en particulier ceux qui devaient être pourvus rapidement, je n'aurais pas à refaire d'entretiens. Ils se contentaient de recommander les candidats qui, selon eux, correspondraient le mieux à certains postes, en se basant sur les informations dont ils disposaient déjà. Ils avaient toutes mes informations : mon autorisation de travail, mon CV et les réponses aux questions d'entretien les plus courantes.

La recruteuse m'a demandé si j'étais intéressée et si je l'autorisais à partager mes informations avec l'entreprise. Bien sûr, j'ai répondu par l'affirmative. Elle allait me communiquer la décision de l'entreprise plus tard dans la journée. J'avais *bon espoir*. C'était peut-être un signe que ma réponse à cette offre d'emploi bizarre devait rester un « non » catégorique. La lumière a de nouveau commencé à prendre forme.

La recruteuse m'a rappelée en milieu d'après-midi pour m'annoncer la nouvelle.

— Je suis vraiment désolée, Danielle, mais la société ne sponsorise pas les étudiants étrangers, a-t-elle dit, mais nous vous tiendrons au courant si quelque chose d'autre se présente. Elle avait l'air moins enthousiaste.

— D'accord, pas de problème, merci de me l'avoir fait savoir. J'avais la gorge serrée, mais je n'ai pas pleuré.

La lumière a disparu.

La même recruteuse m'a rappelée quelques heures plus tard. Elle était tombée sur une autre opportunité dont elle voulait discuter avec moi. Il s'agissait d'un poste temporaire de coordinatrice des ventes dans un hôtel, poste qui ne durerait que deux semaines. La description du poste n'avait pas l'air très passionnante, surtout comparée à celle du poste précédent. Mais là encore, je n'avais pas vraiment le choix. En gros, je devais répondre au téléphone, prendre les réservations et donner un coup de main pour d'autres tâches. Le salaire horaire était de 14 dollars et devait être payé chaque semaine. L'hôtel cherchait également quelqu'un pour commencer le lundi suivant, sans entretien.

La recruteuse a essayé de rendre l'opportunité plus excitante qu'elle ne l'était, et même si j'ai apprécié son effort, je n'étais pas très enthousiaste, surtout après l'appel de ce matin-là. Je n'étais pas enthousiaste, mais j'étais désespérée et j'aurais accepté n'importe quel emploi à ce moment-là.

— Comme il s'agit d'une mission de deux semaines, il n'y aura pas de problème avec votre autorisation de travail si vous acceptez le poste, m'a-t-elle dit après quelques secondes de silence. Voulez-vous que je partage vos informations avec le directeur ? a-t-elle demandé, un peu trop joyeuse.

— Oui, bien sûr. Mon ton ne correspondait pas au sien.

Un autre moment de silence s'est écoulé avant qu'elle ne dise enfin :

— Parfait, félicitations ! Vous allez adorer, l'équipe est vraiment géniale !

Oui, bien sûr.

Lorsqu'elle a raccroché, je me suis attardée sur les pensées qui avaient fait leur chemin dans mon esprit pendant notre appel. *Je ne suis pas assez bien. Je ne mérite pas d'avoir un job bien rémunéré. Je ne gagnerai jamais plus que le salaire minimum. C'est tout ce que je peux obtenir, et je devrais m'en contenter. Je ne travaillerai jamais dans un cabinet. C'est trop pour moi ; je ne le mérite pas. Je serais probablement trop heureuse si j'obtenais le poste dans la société d'investissement immobilier, et Dieu ne veut pas que je sois aussi heureuse. Le bonheur n'est pas pour moi.*

Au moins, je n'avais plus à penser à cette offre d'emploi louche. Mais toute cette situation m'a fait réfléchir. Je me suis demandé si j'aurais obtenu le poste à l'hôtel si je ne m'étais pas fixé une date limite pour répondre à l'offre louche, et si j'aurais obtenu le poste à l'hôtel tout court, si on ne m'avait pas proposé l'offre louche en premier lieu. Je me suis demandé pourquoi les choses devaient se passer ainsi, pourquoi je n'aurais pas pu obtenir le travail à l'hôtel plus tôt. Je me suis demandé ce qui se passait entre les échéances et moi qui faisaient que tout arrivait toujours à la dernière minute. J'avais l'impression de ne pas pouvoir obtenir un emploi par moi-même, qu'il fallait qu'on me le donne. Avec mes entretiens infructueux, tout ce à quoi je pouvais penser, c'était à quel point j'avais échoué.

« Tout le monde, je vous présente Danielle. Elle va nous rejoindre pour les deux prochaines semaines et aider Gina et Chris au niveau des ventes », a annoncé le directeur des ventes et du marketing en me présentant à l'équipe, lors de leur réunion hebdomadaire le lundi 16 septembre. J'aurais sans doute dû prendre le code vestimentaire plus au sérieux lorsque la recruteuse m'en a parlé lors de notre appel téléphonique. Je ne savais pas de quel hôtel il s'agissait avant d'arriver sur place le jour même. J'avais l'adresse mais je n'avais pas pris la peine de vérifier de quel hôtel il s'agissait. De toute façon, j'aurais dû le savoir parce que le Z Bar – le lounge où j'ai organisé mon cocktail de fin d'études – se trouvait dans cet hôtel : The Peninsula, l'un des hôtels les plus luxueux de Chicago.

Je portais un chemisier noir que j'avais enfilé dans un pantalon noir à taille haute. J'avais trouvé que ça faisait beaucoup de noir, alors j'avais mis des ballerines rouges. Mauvaise idée. Au moins, mes cheveux étaient tirés en queue de cheval, ce que la recruteuse m'avait recommandé de faire pour mon premier jour. Je n'étais pas maquillée, mais mes sourcils étaient faits. Je n'étais pas si mal ; j'aurais juste aimé pouvoir cacher mes pieds. Les mettre à l'abri des regards. À l'abri de *tous* les regards. Les employés, eux, avaient tous l'air de sortir tout droit d'un magazine de mode de luxe. Ils sentaient la même chose. Et pendant une seconde, je me suis demandé pourquoi je n'étais payée que 14 dollars de l'heure.

J'ai passé la première moitié de cette matinée à parcourir les politiques de l'hôtel et à feuilleter un livret sur le code vestimentaire qui comptait trop de pages à mon avis.

Pas de motifs ni de couleurs vives.

Oh… c'est donc pour ça que les gens me regardaient ! D'accord, j'ai compris. J'ai pressé les lèvres et hoché la tête. Il y avait aussi des directives spécifiques sur la couleur des ongles. *D'accord, je me fais les ongles ce week-end avec ma première paie.* Je n'y étais pas obligée ; c'était juste ma façon de justifier le fait de me faire les ongles. *Les gars, je peux faire mieux que ça, promis. Nous sommes juste partis du mauvais pied.*

Le bureau était glacial : la clim était trop élevée pour cette période de l'année à Chicago, alors j'ai pris note de toujours apporter une écharpe. J'ai saisi le petit miroir carré sur mon bureau pour me regarder. *Je me sens tellement bizarre sans ma boucle de nez.*

Ma boucle de nez était tombée pendant que je m'apprêtais ce matin-là, et après l'avoir cherchée moins longtemps que je ne le faisais par le passé, je l'ai laissée partir. C'était en partie parce que je pensais que ça n'aurait pas l'air professionnel et en partie parce que j'étais en quelque sorte prête à la laisser partir.

Me faire percer le nez était un cadeau que je m'étais offert lorsque j'ai obtenu mon baccalauréat. Ça faisait environ trois ans que je voulais le faire, mais mes parents et mon collège ne m'y ont pas autorisée. Je suis allée dans une université catholique qui n'autorisait pas non plus les piercings, mais je me suis débrouillée pour déjouer les gardiens pendant les premiers mois de ma première année, jusqu'à ce qu'ils finissent par s'habituer à me voir avec une boucle dans le nez. Et ce n'est pas comme si j'étais la seule étudiante avec un piercing, de toute façon.

Mon piercing au nez a taché mon image à l'université, surtout pendant ma première année. Il était mal vu d'avoir un piercing ailleurs que sur le lobe de l'oreille, et les gens me jugeaient beaucoup parce que j'en avais un sur le nez. Le fait que j'aille souvent à des fêtes et que je sois plus sociable n'a pas arrangé les choses, car cela ne correspondait pas à la façon dont les gens me percevaient au collège, ni à la façon dont ils pensaient que je devais me comporter. Je me suis fait traiter de toutes sortes de noms et j'ai entendu des histoires abracadabrantes sur les choses que j'avais prétendument faites. Ces histoires se répandaient comme un virus et se reproduisaient en variantes, et il semblait que je ne pouvais pas m'en débarrasser, quoi que je fasse.

Ces histoires n'étaient pas réelles. Même si elles m'atteignaient parfois, elles ne m'ont pas dissuadée de garder ma boucle de nez. J'*adorais* mon piercing. Il m'allait bien, alors je ne l'enlèverais que lorsque *je* le déciderais. Ce qui est drôle, c'est qu'au fil des ans, de plus en plus de gens se sont fait percer le nez. Je ne veux absolument pas dire que j'ai lancé la mode, mais certaines personnes qui me jugeaient parce que j'avais un piercing sur le nez en avaient maintenant un aussi. Ce n'est pas drôle, ça ?

J'avais dix-sept ans quand je me suis fait percer le nez et je m'étais dit que j'arrêterais de porter des boucles quand j'en aurais vingt-cinq. Je me disais que cet âge avait quelque chose de spécial, sans savoir exactement quoi. J'ai vingt-cinq ans au moment où j'écris ce chapitre, et je ne sais toujours pas quelle est cette chose spéciale.

J'avais vingt-trois ans et six mois quand j'ai perdu ma boucle de nez dans ma salle de bains, mais je pensais que c'était assez proche de vingt-cinq ans. De plus, je ne voulais pas avoir à forcer une boucle dans mon nez tous les soirs parce que je ne pouvais pas la porter pendant la journée au travail.

Comme tous les jours, Gina est arrivée au bureau une heure après Chris et moi. Je l'ai suivie pendant le reste de ma première journée et elle m'a formée aux tâches que j'allais effectuer. J'allais aimer préparer les cadeaux pour les invités et écrire à la main les notes de bienvenue, mais répondre au téléphone allait être un challenge.

Parler à des inconnus au téléphone, des inconnus qui travaillaient dans des entreprises prestigieuses et étaient habitués à un certain niveau de service lorsqu'ils appelaient au sujet de leurs événements, ou parler à des inconnus très riches et très exigeants, était en effet la partie la plus difficile de mon travail.

J'ai regardé Gina répondre au téléphone et avoir des conversations avec des personnes qu'elle ne connaissait pas. *Comment les gens font-ils ça ?* Je me suis demandé si moi aussi j'en arriverais là. Je me suis demandé si j'arriverais à dépasser le bégaiement lorsque je décrochais le téléphone et que je ne me souvenais plus de ce que j'étais censée dire, et que ma bouche s'était complètement asséchée. Je me suis demandé si j'arriverais à dépasser le fait de perdre ma voix et de ne pas m'entendre parler, même quand je me souvenais de ce que je devais dire, parce que mon cœur battait trop vite et trop fort dans mes oreilles. Je me suis demandé si j'arriverais à dépasser le sentiment écrasant que tout le monde au bureau m'écoutait pendant que j'étais au téléphone. Je me suis demandé si j'arriverais à dépasser le stade des mains tremblantes et ma peur de ne pas bien faire les choses.

CHAPITRE 16 :

UNE LUEUR D'ESPOIR

Tout en travaillant à The Peninsula, j'ai continué à postuler à des emplois et à étudier pour le CFA. Je rentrais chez moi vers 18 heures et je commençais à étudier une heure ou deux plus tard, jusqu'à minuit. Le samedi, j'étudiais de 8 heures à 22 heures, avec des pauses au milieu, et le dimanche, j'étudiais de 8 heures à 10 heures avant la messe et de 14 heures à 20 heures après.

Le jeudi 19 septembre, j'ai eu un entretien téléphonique avant le travail pour un poste d'analyste en performance d'investissement chez Marquette Associates, une société de conseil en investissement. Comme d'habitude, je ne pensais pas qu'ils m'appelleraient. J'avais postulé sans m'attendre à grand-chose, alors c'était bien de voir que mon CV avait suscité de l'intérêt.

À ce moment-là, j'étais déjà beaucoup plus à l'aise avec les entretiens téléphoniques, ce que j'attribue à mes multiples entretiens précédents et aux coffee chats, mais aussi aux multiples événements de réseautage et salons de l'emploi auxquels je m'étais rendue au cours de l'année et demie écoulée. Même si mes débuts ont été très difficiles – faire la causette et parler de moi n'était pas du tout naturel –, passer outre la gêne et me présenter plusieurs fois à des inconnus a porté ses fruits.

Ma conversation avec la responsable des ressources humaines de Marquette Associates s'est bien passée. Mon stage dans une société de capital-investissement et le fait que j'étudiais maintenant pour le CFA ont contribué à expliquer mon intérêt pour ce poste lié à la finance.

Je me sentais bien à la fin de cet appel téléphonique de quarante-cinq minutes. Je n'étais pas sûre de passer à l'étape suivante, mais je n'ai pas été très surprise non plus lorsque la responsable des ressources humaines m'a envoyé un e-mail plus tard dans la journée pour m'inviter à la deuxième série d'entretiens. Ce qui m'a surprise, c'est la rapidité avec laquelle ça s'est produit, d'autant plus qu'elle était censée me recontacter une semaine plus tard, ce qui était aussi ce à quoi j'étais habituée.

Je lui ai envoyé mes disponibilités pour la semaine suivante, et elle m'a répondu en m'indiquant le programme de mes entretiens. J'allais la rencontrer pendant quelques minutes, puis des consultants seniors et des vice-présidents pour deux entretiens d'une heure sous forme de panel. Sept personnes au total. Mon cœur s'est enfoncé dans mon estomac. *Ça fait beaucoup de monde, et beaucoup de temps...*

Depuis le mois de mai, j'avais passé au total quatre entretiens en personne, et un seul était un entretien sous forme de panel (celui chez Fitch Ratings). Les entretiens d'une heure ne m'effrayaient plus tellement ; je m'y étais habituée. Même si j'avais généralement terminé avant les soixante minutes, j'essayais au moins de dépasser les trente premières. Je me demandais comment les gens faisaient pour passer deux entretiens consécutifs ou plus en une seule journée. J'allais le découvrir.

Lorsque j'ai cherché mes interlocuteurs sur LinkedIn, certains d'entre eux avaient déjà consulté mon profil. Je savais très bien à quoi il ressemblait, mais j'ai quand même cliqué sur mon profil pour voir ce qu'ils avaient vu avant de continuer ma traque. Sans surprise, presque toutes les personnes que j'allais rencontrer détenaient le titre CFA. J'ai également consulté les profils de quelques analystes en performance d'investissement. La plupart d'entre eux avaient obtenu leur licence ou leur master au cours des deux dernières années. Ils venaient d'un mélange d'écoles de commerce renommées et d'universités moins connues, ce qui m'a fait penser que j'avais une chance. Ils avaient l'air sympa. Je voulais travailler avec eux.

Le mercredi 25 septembre, j'ai pris la deuxième moitié de ma journée de travail pour me rendre à mon entretien. Les bureaux de Marquette Associates étaient situés au trente-cinquième étage d'un gratte-ciel dans le Loop. Mon premier entretien était prévu à 14 h 15, mais je suis arrivée une heure plus tôt, alors j'ai décidé de ne pas entrer dans le bâtiment tout de suite. À la place, je me suis rendue au café Dunkin' Donuts dans le Thompson Center, de l'autre côté de la rue. Je me suis commandé un café glacé à siroter pendant que je relisais nerveusement les questions et les réponses dans mon cahier d'entretien. Ce cahier était devenu une mine d'or. À chaque nouvel entretien auquel je devais me préparer, j'ajoutais d'autres questions et réponses. J'ajoutais également des conseils que je trouvais sur YouTube ou LinkedIn, ainsi que toutes les informations que je recueillais lors de mes visites au centre de carrière de l'école.

Mon estomac était noué sous ma jupe crayon noire à taille haute, dans laquelle j'avais enfilé un chemisier turquoise sans manches. J'avais ce chemisier depuis plus d'un an mais je ne l'avais jamais porté : je le gardais pour une occasion spéciale. Pour quand je me rendrais à un entretien d'embauche pour un job que je voulais vraiment. Un blazer assorti à ma jupe couvrait mes bras et une paire de collants noirs couvrait mes jambes. Ça faisait sans doute beaucoup de noir, mais j'avais aussi des ballerines noires.

Ce travail est trop grand et trop bien pour toi. Tu ne le mérites pas. Tu n'y arriveras pas. La voix était forte dans mes oreilles alors que je priais pour que tout se passe bien pendant mon entretien.

Lorsque je suis entrée, tout le bureau était inondé de la lumière du soleil de 14 heures, qui pénétrait par les fenêtres allant du sol au plafond. Je me suis présentée à la réception, puis j'ai attendu que la responsable des ressources humaines vienne me chercher.

Mon entretien avec elle s'est bien passé. Il s'agissait plus d'une conversation informelle : elle connaissait déjà mes qualifications grâce à mon CV et à notre appel téléphonique. Nous avons parlé pendant quelques minutes, nous avons ri, puis je devais rencontrer mes autres interlocuteurs. Ces entretiens étaient plus stressants, mais se sont mieux déroulés que je ne l'avais imaginé. J'ai même dépassé le temps imparti lors du deuxième entretien avec le panel. Il s'est avéré que j'avais beaucoup de choses à dire. Les gens étaient également sympathiques, et j'ai été ravie de voir que l'une des vice-présidentes était une femme enceinte asiatique.

Avec toutes les discussions stressantes et la consommation d'eau que j'avais faites pendant plus de deux heures, je devais aller au petit coin avant mon trajet d'une heure en bus pour rentrer chez moi. J'ai ensuite rencontré la responsable des ressources humaines dans la salle principale et je l'ai remerciée d'avoir programmé les entretiens.

— Je sais qu'il est presque 17 heures et que vous n'aviez que trois entretiens prévus pour aujourd'hui, a-t-elle commencé, ne me laissant pas aller au bout de mon au revoir, mais je viens de parler avec notre directeur général, et je voulais voir si vous aviez quelques minutes de plus pour parler avec lui. Si ce n'est pas le cas, il n'y a pas de problème du tout ; vous pouvez toujours revenir la semaine prochaine.

Non mais tu rigoles ? Fais-les tous venir. L'associé, le directeur général, tout le monde !

— Bien sûr ! Je serais heureuse de discuter avec lui aussi, ai-je répondu en essayant de contenir mon excitation.

Une fois de plus, on m'a fait passer rapidement à l'étape suivante. J'aurais normalement dû revenir pour la dernière série d'entretiens quelques jours, voire quelques semaines après ce jour, mais apparemment, je leur avais plu.

La responsable des ressources humaines est venue me chercher à la fin de mon entretien de vingt minutes avec le directeur général. Elle m'a demandé comment je me sentais et a compati avec le fait que j'avais passé tout mon après-midi à passer des entretiens. Puis elle m'a fait visiter le bureau.

Le soleil commençait à se coucher, imprégnant progressivement le bureau de rayons ambrés dégradés. Je me suis émerveillée devant son reflet sur les bâtiments en verre environnants, rouge brillant et orange chaud avec de douces touches de bleu. Je me suis vue assise au bureau vide le plus proche de la fenêtre, discutant avec mes nouveaux collègues une minute et contemplant le paysage la minute suivante.

Je me suis recentrée lorsque la responsable des ressources humaines m'a dit que l'échelle salariale pour ce poste était de 50 à 55 000 dollars par an. Elle m'a expliqué la progression de carrière, en précisant que les analystes étaient généralement promus consultants au bout de deux ans ; non pas que je serais encore aux États-Unis, mais j'ai aimé l'entendre. Nous avons également discuté des avantages, et elle m'a dit que je pourrais prendre un jour de congé avant le CFA pour étudier si je rejoignais le cabinet. Elle m'a demandé quand j'en aurais fini avec l'hôtel et j'ai répondu le vendredi suivant, ce qui apparemment convenait bien au cabinet. Elle m'a dit qu'elle me recontacterait quelques jours plus tard. Nous avons encore ri un peu et puis je suis partie.

Je suis partie me sentant bien. Je suis partie étant fière d'avoir passé trois heures d'entretien. Je suis partie étant reconnaissante, même si je ne voulais pas supposer que j'avais obtenu le job. Je suis partie confiante. Je suis partie *pleine d'espoir*. La lumière est réapparue. Cette fois, elle était plus brillante, plus claire. Peut-être que c'était le plan de Dieu depuis le début. Il me préparait à quelque chose de mieux, de *plus grand*. Quelque chose que j'allais vraiment aimer.

Une fois chez moi, j'ai remercié Dieu pour cette expérience, pour m'avoir aidée à passer les entretiens et pour m'avoir fait comprendre qu'il y avait quelque chose de mieux. Ce travail me plaisait encore plus que celui chez Fitch Ratings. Il était parfait pour moi. Je voulais obtenir ce job. J'ai prié pour obtenir ce job. J'ai espéré obtenir ce job. J'ai cru que j'obtiendrais ce job.

Le lendemain, la responsable des ressources humaines m'a envoyé un e-mail pendant que je travaillais.

De : Responsable des ressources humaines

À : Moi

Objet : Poste d'analyste

Date et heure : 26/09/2019 à 9 h 58

Bonjour Danielle,

J'ai été ravie de vous rencontrer hier ! Je voulais juste vous faire savoir que nous devrions avoir une réponse pour vous d'ici demain ou lundi. En attendant, merci de m'indiquer si vous êtes légalement autorisée à travailler aux États-Unis et si vous avez besoin d'un parrainage pour le visa d'emploi (visa H-1B) ?

Cordialement,

La responsable

J'ai longuement réfléchi à la façon dont je voulais répondre à son e-mail. J'ai pensé à la fois où j'avais menti pendant un entretien disant je n'avais pas besoin de parrainage et que je n'étais pas sur OPT, parce que j'en avais assez d'être discriminée en raison de mon statut d'immigrante. Mais ensuite, ils m'ont demandé mes documents de résidence permanente, que je n'avais évidemment pas. J'ai pensé à la qualité de mes entretiens avec Marquette et au fait que je ne voulais rien gâcher en mentant. S'ils m'appréciaient vraiment, peut-être que mon statut n'aurait pas d'importance.

Je lui ai répondu pendant ma pause.

De : Moi

À : Responsable des ressources humaines

Objet : À propos de : Poste d'analyste

Date et heure : 26/09/2019 à 13 h 15

Bonjour madame,

C'était un plaisir de vous rencontrer hier ! J'apprécie vraiment le temps que vous m'avez consacré pour m'en dire plus sur le rôle, l'entreprise et pour me faire visiter.

Je suis autorisée à travailler aux États-Unis et je n'aurai pas besoin de parrainage avant juin prochain. J'espère que ce n'est pas un problème.

J'ai hâte d'avoir de vos nouvelles et, je l'espère, de rejoindre l'équipe !

Cordialement,

Danielle

Sa réponse m'a rassurée.

De : Responsable des ressources humaines

À : Moi

Objet : À propos de : Poste d'analyste

Date et heure : 26/09/2019 à 15 h 45

Bonjour Danielle,

Merci de me le faire savoir ! Cela ne devrait pas poser de problème, mais je suis contente d'être au courant. Pouvez-vous me dire quel type de visa vous avez en ce moment ?

Cordialement,

La responsable

Je lui ai dit que j'avais un visa F-1 et que j'avais déjà ma carte d'autorisation de travail. Elle ne m'a pas répondu avant le lundi suivant.

Lors de mon dernier jour à The Peninsula, le vendredi 27 septembre, le directeur des ventes et du marketing m'a demandé si je voulais bien travailler une semaine de plus.

À ce moment-là, j'étais déjà plus à l'aise dans mon rôle. Je n'irais pas jusqu'à dire que ça ne me dérangeait pas du tout de parler avec des inconnus au téléphone, mais je le faisais beaucoup mieux et beaucoup plus naturellement que lors de mes trois premiers jours.

Je ne bégayais plus quand je répondais au téléphone. En fait, lorsque le téléphone sonnait, je ne faisais plus semblant de travailler sur autre chose, pour que Gina ou Chris réponde à ma place. Je décrochais le téléphone, je savais quoi dire et quoi demander et ma bouche ne s'asséchait plus. Je ne perdais plus ma voix et je m'entendais parler, ainsi que la personne à l'autre bout du fil, parce que mon cœur battait à une vitesse normale dans ma poitrine. Ça ne me dérangeait plus autant que d'autres personnes dans le bureau m'entendent pendant que j'étais au téléphone. Mes mains ne tremblaient plus. Je faisais du bon travail et la peur avait disparu. Un jour, je me suis même surprise à rire avec un client au téléphone ! Un parfait inconnu ! Tu te rends compte ?

J'appréciais les gens avec lesquels je travaillais, ainsi que l'environnement : j'aime le luxe. Et la plupart des gens étaient gentils.

En tant que coordinatrice des ventes, je travaillais dans le service des ventes et du marketing, qui était réparti dans deux bureaux au quatrième étage. Nous collaborions aussi beaucoup avec d'autres services, principalement le service de restauration au même étage et le service de chambre au deuxième. Gina, Chris et moi dépendions chacun d'un ou deux managers des ventes, qui s'occupaient de leurs comptes et régions respectifs. Il y avait plusieurs autres employés dans le service, mais Gina et moi étions les seules femmes noires. Les seules *employées* noires. Gina faisait bien son travail, ce que les managers et les directeurs reconnaissaient souvent. Je me souviens avoir trouvé ça dommage quand elle m'a dit qu'on lui avait refusé ce poste plusieurs fois dans le passé parce qu'elle n'avait pas de licence. Elle travaillait à l'hôtel depuis plusieurs années, mais avait d'abord été embauchée comme femme de ménage. Elle a gravi les échelons jusqu'au poste de coordinatrice des ventes, littéralement.

Gina avait les histoires les plus folles sur les célébrités qui séjournaient à l'hôtel, ayant travaillé à différents postes et dans différents services au fil des ans. Elle me les racontait pendant nos pauses, pendant que nous mangions notre déjeuner gratuit préparé par le chef à la cafétéria, ou vers la fin de la journée, quand il n'y avait plus autant de travail. Chris travaillait sur les comptes de la NBA et d'autres organisations sportives et il avait lui aussi des histoires drôles à raconter. Je travaillais sur certains comptes d'entreprises et de particuliers, donc je savais toujours quand les consultants des MBB ou des Big 4 étaient en ville et pour quoi faire. Je prenais leurs réservations et écrivais leurs cartes de bienvenue, en espérant qu'un jour je me retrouverais de l'autre côté. Le travail était agréable, et même si je ne me voyais pas en faire une carrière (surtout à ce niveau de salaire), j'étais reconnaissante de ne pas faire quelque chose que je détestais.

Alors, quand le directeur des ventes et du marketing m'a demandé si je voulais bien revenir, j'ai dit oui. Bon… j'aurais dit oui de toute façon, mais c'était bien ne pas avoir à me forcer. De plus, j'y ai vu une occasion de gagner du temps en attendant la réponse de Marquette, et ça ne pouvait pas faire de mal d'avoir une paie de plus. Le timing était parfait, et je me suis dit que c'était peut-être Dieu qui faisait bouger les choses.

Le lundi 30 septembre, la responsable des ressources humaines de Marquette m'a envoyé un e-mail.

> ***De :*** *Responsable des ressources humaines*
>
> ***À :*** *Moi*
>
> ***Objet :*** *À propos de : Poste d'analyste*
>
> ***Date et heure :*** *30/09/2019 à 15 h 52*
>
> *Bonjour Danielle,*
>
> *J'espère que vous avez passé un excellent week-end ! Je vous contacte pour dire bonjour et vous faire savoir que je ne vous ai pas oubliée ! Le processus d'approbation prend parfois plusieurs jours, alors je vous prie d'être patiente. J'espère reprendre contact avec vous très bientôt.*
>
> *Prenez soin de vous et à bientôt,*
>
> *La responsable*

Okay, ceci ne s'était *jamais* produit auparavant. Une responsable des ressources humaines qui m'envoie un e-mail pour me dire bonjour et me rassurer de ce qu'elle travaille toujours sur ma candidature ? Jamais. J'ai vraiment apprécié son e-mail, et pendant une seconde, j'ai pensé que même si je n'obtenais pas le poste, je serais reconnaissante pour cette expérience grâce à elle. Mais je n'allais pas laisser les pensées négatives prendre le dessus : j'allais bientôt recevoir de bonnes nouvelles. Je l'ai remerciée de m'avoir tenue au courant.

Puis... plus rien. Les jours sont passés, je n'ai pas eu de réponse et je n'ai pas eu d'autre entretien d'embauche. Je dois admettre que je me suis un peu relâchée quand j'ai vu à quel point les choses allaient bien avec Marquette, mais je me suis rapidement rappelé toutes les fois où je pensais qu'un entretien d'embauche s'était bien passé, mais où je n'avais pas reçu d'offre. J'ai donc continué à chercher, mais je n'ai pas été rappelée.

CHAPITRE 17 :

VAISSEAU BRISÉ

Le jeudi 3 octobre au travail, lors de ma troisième et dernière semaine à l'hôtel The Peninsula, j'ai entendu le directeur des ventes et du marketing parler de ma remplaçante. Elle allait commencer le lundi suivant.

J'ai fait quelque chose de mal ? Pourquoi ils ne veulent pas me garder ? Je ne comprends pas ce qui ne va pas chez moi. Pourquoi ils ne me l'ont pas dit si je ne faisais pas bien quelque chose ? Pourquoi ils m'ont répété que je faisais du bon travail ? Pourquoi il voulait que je revienne cette semaine s'il avait déjà trouvé quelqu'un d'autre ? Pourquoi Marquette ne m'a pas rappelée ? Pourquoi tout ça est en train de se passer ? Je suis tellement fatiguée de chercher et il ne me reste plus qu'un mois de chômage sur mon OPT. Qu'est-ce que je vais faire ?

Je n'ai pas réalisé que je n'avais pas dit un mot ce matin-là, jusqu'à ce que Gina m'envoie un message sur la plateforme de messagerie privée de l'hôtel, me tirant de la piscine de pensées dans laquelle nageait mon esprit.

> **Gina :** Tout va bien ? Tu es tellement silencieuse aujourd'hui.
>
> **Danielle :** Ah ouais ? Je suis vraiment désolée ! Je vais bien, t'inquiète ; j'ai juste beaucoup à faire ce matin avec tous ces contrats que je dois rendre. Comment ça se passe pour toi ?
>
> **Gina :** Je t'assure ! Le travail est complètement dingue ces derniers jours. Les rapports me tuent en ce moment.
>
> **Danielle :** Tellement vrai ! Dis-moi si tu as besoin d'aide !

J'ai menti. Bien sûr, j'ai menti.

Plus tard dans la matinée, j'ai envoyé un e-mail au responsable des ressources humaines chez Marquette pour vérifier l'état d'avancement de ma candidature. L'attente était insupportable. J'avais besoin de savoir quelle était la décision.

> ***De :*** *Moi*
>
> ***À :*** *Responsable des ressources humaines*
>
> ***Objet :*** *À propos de : Poste d'analyste*
>
> ***Date et heure :*** *03/10/2019 à 11 h 32*
>
> *Bonjour madame,*
>
> *J'espère que vous allez bien. Mon intention n'est pas de vous presser, mais je voudrais savoir s'il y a du nouveau par rapport à ma candidature, ou si une décision a déjà été prise.*
>
> *J'ai hâte d'avoir des nouvelles, en espérant qu'elles soient bonnes. Faites-moi savoir dans tous les cas, s'il vous plaît.*
>
> *Merci et bonne journée,*
>
> *Danielle*

Elle n'a pas répondu ce jour-là, ni le lendemain. Voici donc l'expérience que j'avais eue avec les responsables des ressources humaines dans le passé. Arrivée chez moi, j'ai laissé couler les larmes que j'avais retenues toute la journée. Entre le déménagement, les révisions et le nouveau job, je n'avais pas eu l'occasion d'écrire dans un journal depuis ce que je considérais comme un long moment. Là, c'était le bon moment. J'avais besoin de me parler à moi-même. Je ne voulais toujours pas écrire dans mon journal de prière, alors j'ai écrit dans l'autre. Pendant que j'écrivais et sans raison apparente, j'ai pensé à ma petite sœur, Emma. Au fond de moi, j'espérais qu'elle n'aurait jamais à vivre ce que je vivais et à endurer autant de douleur. J'espérais que je ressentais la douleur pour nous deux.

Date : 03/10/2019

Je crois que c'est fini pour moi. Honnêtement, j'en ai fini avec la recherche d'emploi. Je me désabonne de tous les sites d'emploi parce que ma recherche d'emploi ne sert à rien. J'ai honnêtement l'impression qu'il y a un certain niveau de bonheur que Dieu ne veut pas que j'atteigne. J'ai l'impression de ne pas pouvoir m'épanouir. Mon état normal, c'est le malheur, le stress, la dépression. C'est tout. Même lorsque je parviens à sortir de cet endroit sombre pendant un certain temps, je retrouve toujours le chemin du retour parce que c'est là que je dois être. J'essaie autant que possible de rester « non triste », mais c'est comme si la tristesse était la façon dont je devais vivre. Je ne peux pas m'échapper.

Nous sommes en octobre et je n'ai toujours pas de job. À ce stade, je ne pense pas que j'en aurai un, et je commence à m'y faire parce que peu importe mes efforts, le nombre d'heures que je passe à chercher, le nombre de prières que je fais, le nombre de larmes que je verse... je n'arrive toujours pas à trouver un job. J'ai obtenu un emploi temporaire de trois semaines, ce dont je suis et serai toujours reconnaissante, mais devine quoi ? Ils ont déjà trouvé quelqu'un pour me remplacer. Pourquoi ? Pourquoi est-ce que je ne pouvais pas y rester ? Ils ont dit que je les avais beaucoup aidés. Alors, quel est le problème ? Pourquoi ils ne veulent pas que je reste ? J'ai vraiment l'impression que quelque chose ne va pas chez moi.

J'en ai assez d'espérer trouver un emploi. L'espoir est un piège, et ça fait mal. J'ai passé un entretien pour un poste parfait (encore une fois) et j'ai eu l'impression que je pouvais l'obtenir. Je sentais que c'était pour moi, j'avais de l'espoir... mais ça finit toujours de la même façon. Je me sens tellement stupide d'avoir pensé que je pourrais un jour obtenir un job ici. Genre, pour qui je me prends pour penser obtenir un emploi à temps plein avec des avantages et tout ce qui va avec ? Qui suis-je pour être épanouie et heureuse ? Le bonheur est insaisissable. Je ne comprends pas pourquoi Dieu ne me laisse pas être heureuse pendant une longue période. Chaque fois que je pense avoir atteint la paix, elle est à nouveau perturbée peu de temps après. Je NE PEUX PAS maintenir un état d'esprit paisible et heureux.

Il ne me reste que quelques mois sur mon OPT. Qui voudra réellement m'embaucher ? Toutes ces choses que je vis ne servent à rien, je n'essaie même plus de donner un sens à ma situation. Je suis fatiguée, comme je l'ai déjà dit des millions de fois. Je n'ai pas la moindre confiance en moi, et je ne sais pas si les épreuves sont censées aider. Quoi qu'il en soit, j'en ai fini. Fini d'espérer, fini de chercher du travail, fini d'être positive, fini d'essayer d'être heureuse. Le bonheur n'est pas pour moi.

Le lendemain, c'était mon dernier jour à l'hôtel. Ça m'a vraiment dérangée de ne pas savoir pourquoi ils ne voulaient pas que je reste. Je n'ai pas demandé de feedback lors de mon stage précédent, en partie parce que je redoutais ce qu'ils avaient à dire. Je ne dirais pas que je le regrettais, mais je ne voulais pas répéter la même chose à The Peninsula.

J'ai donc demandé un feedback. Enfin... pas à l'un de mes managers ou au directeur, mais à Gina. C'est alors que j'ai appris que le poste n'avait en fait jamais été disponible. La personne qui me précédait avait été transférée dans un autre service ; l'équipe avait déjà trouvé sa remplaçante, mais elle ne cessait de repousser sa date de début. Elle pouvait finalement commencer le lundi suivant, c'est pourquoi ils ne m'ont pas demandé de revenir. Ce n'était donc pas quelque chose que j'avais fait ou que je n'avais pas fait. Gina a dit qu'ils étaient en fait satisfaits de mon travail. Quel soulagement !

Avant que je ne parte, Gina voulait me montrer la suite la plus chère de l'hôtel, alors environ une heure avant la fin de la journée de travail, elle a demandé les clés à l'un de nos managers. Elle m'a fait visiter la chambre d'hôtel la plus luxueuse que j'avais jamais vue.

Lorsque nous sommes retournées au bureau, il était environ 16 heures 30. C'est généralement à ce moment-là que je rassemblais toutes les cartes de bienvenue pour les clients qui arriveraient dans les prochains jours et que je les apportais au service de chambre. Je retournais ensuite au bureau pour aider Gina si elle travaillait encore sur quelque chose. Elle me faisait également savoir si quelque chose devait être fait le lendemain avant qu'elle n'arrive au bureau. À 16 heures 45, nous avions presque terminé notre journée et étions prêtes à partir. Je ne partais pas avant 17 heures et Gina avant 18 heures, étant donné qu'elle commençait une heure plus tard le matin. Nous passions mes dernières minutes au bureau à bavarder et à répondre aux appels téléphoniques qui se faisaient de plus en plus rares.

Lorsque je suis revenue au bureau après avoir été au service de chambre, vers 16 h 40, le dernier jour, Gina m'a demandé de passer en revue des contrats sur lesquels elle travaillait. Il n'y avait que trois dossiers, alors je l'ai fait assez rapidement. Elle m'a ensuite demandé de préparer un paquet cadeau pour une personne que son manager devait rencontrer la semaine suivante. Fait. Elle s'est ensuite démenée pour trouver des enveloppes et des cartes vierges afin que je puisse imprimer des messages de bienvenue sur les cartes et écrire à la main les noms des clients au dos des enveloppes, mais nous étions vendredi et j'avais préparé toutes les cartes de bienvenue pour les clients qui arriveraient pendant le week-end et jusqu'au lundi suivant. J'ai vérifié l'heure, et il était presque 17 heures.

— Tu vas me manquer aussi, ai-je dit avec un demi-sourire, réalisant ce qu'elle était en train de faire.

Elle a fait une tête triste, le genre de tête que l'on fait quand on ne veut pas voir partir quelqu'un.

Oh non non non, ne fais pas ça, je ne peux pas pleurer. Pas maintenant, pas ici.

— Mais est-ce que ça fait déjà trois semaines ? a-t-elle demandé en reprenant son visage.

J'ai souri.

— Je sais, où est passé le temps ?

J'ai vérifié l'heure une nouvelle fois : 17 heures 05. Je me suis levée et j'ai accroché mon sac à mon épaule. J'avais une boule dans la gorge, et mes yeux et mon nez me picotaient. Gina s'est levée pour me serrer dans ses bras, et j'ai refusé de laisser tomber ces larmes têtues. J'ai fait mes adieux à l'équipe et j'ai remercié une nouvelle fois le directeur de m'avoir donné cette opportunité. Une autre chose que je n'avais pas faite lors de mon stage, mais que j'ai rectifiée à The Peninsula, était d'envoyer un e-mail de remerciement et d'au revoir. Plus tôt dans la journée, j'avais envoyé cet e-mail au service des ventes et du marketing, ainsi qu'aux personnes des autres services avec lesquelles j'avais travaillé.

Le vendredi 4 octobre 2019, à 17 heures 10, j'étais officiellement au chômage. Encore une fois.

Le dimanche qui a suivi a été particulier pour moi. Ce matin-là, je suis allée à la messe à la paroisse St. Mary of the Lake comme je le faisais depuis que j'avais emménagé dans mon appartement sur West Sheridan Road. L'église Old St. Patrick's dans le West Loop me manquait, mais elle était désormais trop éloignée de moi, ce qui nécessitait de nombreux trajets en bus et une planification plus poussée pour arriver à l'heure. Même si j'aimais y aller et que j'avais essayé de continuer à y aller même après avoir déménagé, j'avais besoin de quelque chose de plus pratique. St. Mary of the Lake se trouvait à quinze minutes de marche de mon nouvel appartement, et j'ai découvert avec joie que je pouvais aimer une autre église autant que jamais Old St. Pats.

Au cours de son homélie du 6 octobre, le prêtre a dit quelque chose qui a résonné en moi. En fait, c'est toute la messe qui a résonné en moi. La première lecture portait sur le fait de crier à Dieu pour obtenir de l'aide lorsqu'Il semble ne pas répondre, la deuxième sur le fait de persévérer face aux épreuves avec la force qui vient de Dieu, et l'évangile sur le fait d'accomplir des choses par la foi. Le prêtre a dit d'approfondir sa foi, de faire un saut de foi, quelle que soit la situation que nous, dans le public, vivions. Il a dit de faire un saut de foi dix-huit millions, quatre cent soixante-seize mille, neuf cent trente-deux fois. Sans blague, j'ai compté. Alors, je me suis dit : *Okay, mon Dieu, j'ai compris.*

À ce moment-là, j'ai décidé que je ferais un saut de foi. J'ai décidé d'espérer une fois de plus, *une dernière fois.* J'ai décidé d'avoir la foi et de croire une dernière fois. De croire qu'Il avait quelque chose pour moi. De croire qu'au cours de la semaine ou lorsque que j'aurais des nouvelles de la responsable des ressources humaines chez Marquette, ce seraient de bonnes.

Ça n'arrive pas souvent, mais j'ai pleuré ce dimanche à l'église. Je me suis mise à genoux, ouvrant grand mon cœur à Dieu comme je ne l'avais jamais fait auparavant. Je Lui ai dit que j'allais utiliser la toute dernière once de force qu'il restait dans mon corps pour espérer de tout mon cœur. Je Lui ai dit que pour une fois, je ne me retiendrais pas, comme le prêtre l'avait suggéré. Je Lui ai dit que je ne laisserais pas ma peur d'être déçue m'empêcher de tout donner. Et je lui ai dit que ce serait la dernière fois. En cas d'échec, je m'attendais à ce qu'Il comprenne que je ne veuille plus jamais espérer. J'ai prié de tout mon cœur. Je L'ai supplié d'écouter mon appel. Je Lui ai demandé de me venir en aide. Je me suis abandonnée.

Le lundi suivant, le 7 octobre, j'ai repris mon programme de préparation à l'examen du CFA qui était maintenant deux mois plus tard, programme d'avant mon job à l'hôtel. J'avais eu du mal à atteindre mes objectifs quotidiens pendant que je travaillais, alors j'avais hâte de rattraper mon retard. J'allais profiter de cette semaine et peut-être de la suivante pour rattraper tout mon retard avant de me rendre chez Marquette Associates en tant que nouvelle analyste en performance d'investissement au sein de l'équipe. J'avais hâte de faire quelque chose en rapport avec ce que j'étudiais. The Peninsula était génial, mais ça n'avait rien à voir avec la finance.

J'ai patiemment attendu l'e-mail de la responsable des ressources humaines ce lundi-là, mais il n'est pas venu. *Ce n'est pas grave, personne n'a dit que ça allait arriver aujourd'hui.* Le mardi, je n'étais pas en paix à cent pour cent, mais j'étais consciente des missiles de stress qui me fonçaient dessus. J'ai fait tout ce qui était en mon pouvoir pour les esquiver, et ça a marché. Le mercredi, j'ai résisté à l'envie de vérifier mon téléphone toutes les dix minutes pour voir si elle m'avait envoyé un e-mail. Je me suis souvenue de la promesse que j'avais faite à Dieu : c'était la semaine du saut de foi, alors j'ai attendu et j'ai gardé espoir.

Le jeudi 10 octobre, j'étais assise à mon bureau, en train d'étudier. La pause déjeuner venait de se terminer et j'étais plongée dans le module *equity invesments* (placements en actions). Mon téléphone de remplacement a vibré à côté de moi sur la table et s'est allumé. J'ai vu l'icône rouge de l'enveloppe Gmail. Ç'aurait pu être n'importe quel e-mail ; ce n'était en fait pas mon premier e-mail de la journée, mais je savais que c'était l'e-mail que j'attendais. Mon cœur fait un bond. J'ai pris mon téléphone et j'ai posé mon index droit sur le lecteur d'empreintes digitales à l'arrière de mon Pixel pour le déverrouiller. J'ai ouvert l'e-mail.

De : Responsable des ressources humaines
À : Moi
Objet : À propos de : Poste d'analyste
Date et heure : 10/10/2019 à 14 h 50
Bonjour Danielle,
Je suis vraiment désolée pour le retard dans la réponse. Par souci de temps et afin que vous puissiez poursuivre d'autres opportunités, je tiens à vous faire savoir que nous ne sommes pas en mesure de vous faire une offre pour le moment.
Nous vous remercions de nous avoir donné l'occasion de nous entretenir avec vous et d'apprendre à mieux vous connaître. Nous apprécions le temps que vous avez pris

> *pour nous parler et la patience dont vous avez fait preuve tout au long du processus d'embauche.*
> *Nous vous remercions et vous souhaitons bonne chance !*
> *La responsable*

Chaque mot que j'ai lu m'a fait l'effet d'une lame appuyée sur mon cœur. Un mot faisait monter la lame, le suivant la faisait descendre. J'ai lu l'e-mail aussi lentement qu'il est possible de lire un e-mail, et la lame sur mon cœur se déplaçait à ma vitesse de lecture. Des larmes de la douleur la plus profonde que j'ai *jamais* ressentie ont lentement et silencieusement coulé sur mes joues. J'étais complètement absorbée par l'e-mail. Tout ce qui m'entourait s'était évaporé. La lumière, pour sûr, avait disparu. Et cette fois-ci, elle ne reviendrait jamais.

Je ne sais pas combien de temps il m'a fallu pour lire l'intégralité de l'e-mail. Quand j'ai eu fini, j'ai posé mon bras droit sur mon bureau pour y reposer ma tête brûlante et faire face au plancher déjà humide. J'ai pleuré silencieusement pendant un moment, puis plus fort, quand j'ai senti la douleur déchirer mon cœur et exploser à travers mon corps. J'ai éclaté en sanglots ; des sanglots de douleur, de *tant* de douleur. J'avais mal comme je n'avais jamais eu mal auparavant. J'ai retiré ma main du bureau après quelques minutes et je me suis retournée sur ma chaise pivotante pour faire face à mon lit. Mon cœur saignait. Des ruisseaux de sang coulaient le long de ma poitrine. La douleur était insupportable. Je me suis penchée et j'ai continué à pleurer, en tenant le côté gauche de ma poitrine à deux mains, en appuyant pour arrêter l'hémorragie et sauver ce qu'il restait de mon cœur.

La douleur, ce trou autrefois de la taille d'un petit pois sur mon cœur qui a ensuite atteint la taille d'une pièce de monnaie, la douleur qui s'est un peu rétrécie à un moment donné puis qui est revenue plus profonde, cette douleur a déchiré mon cœur et l'a laissé ouvert. Presque aussi ouvert que lorsque j'ai crié à Dieu quatre jours plus tôt, sauf que cette fois, mon cœur était brisé et que je n'arrivais pas à trouver tous les morceaux pour les recoller.

Si tu as lu jusqu'ici, tu sais combien j'ai pleuré. Peut-être as-tu une idée du nombre de fois où cela s'est produit. Peut-être que tu peux même imaginer à quel point j'ai parfois eu mal. Cette fois-ci n'était en rien comme les autres. J'ai pleuré ce jour-là comme je ne veux plus jamais pleurer de ma vie.

Ce n'était pas tant le fait de ne pas avoir obtenu le poste, plutôt le sentiment que Dieu m'avait laissé tomber. Pour la toute première fois de ma vie, j'avais fait confiance à quelqu'un de tout mon cœur. Pour la toute première fois de ma vie, je ne m'étais pas retenue. Pour la toute première fois de ma vie, j'ai fait un saut de foi.

J'avais déjà entendu l'expression. *Faire un saut de foi.* J'avais entendu des gens dire à quel point ça pouvait transformer la vie. Je l'avais même entendue un an plus tôt à l'église Old St. Patrick's, lorsque j'habitais encore dans le West Loop. Mais je ne m'étais jamais complètement *abandonnée à la chute.* J'avais trop peur de m'écraser.

Alors, quand je me suis abandonnée, qui plus est, à Dieu, quand je me suis laissée tomber dans un vide profond, confiante qu'il me rattraperait, quand je me suis enfin abandonnée et que j'ai complètement lâché mon emprise sur la peur, mais que j'ai ensuite eu l'impression qu'Il m'avait laissée m'écraser, j'ai craqué. Je suis tombée et je me suis cassée partout. Mon cœur et mon corps étaient brisés, mon cœur plus que mon corps.

Mon corps me faisait mal et ma tête était en feu. J'ai pleuré. J'ai sangloté. Je me suis étouffée avec mes larmes. Quand j'ai senti que *quelque chose* allait se passer, j'ai essayé de me calmer. Cette fois, sortir marcher n'était pas une option car je ne pouvais pas le faire. Mon cœur était trop brisé et les larmes n'arrêtaient pas de couler. Je ne pouvais même pas marcher correctement.

À ce moment précis, j'ai mis fin à ma relation avec Dieu. C'était fini. Je n'avais jamais été blessée comme ça auparavant, et je ne pouvais pas continuer à Le laisser me briser chaque fois qu'Il en avait l'occasion.

Je me suis levée de ma chaise et me suis dirigée vers mon lit, penchée en avant et les mains tenant toujours le côté gauche de ma poitrine, incapable d'arrêter les flots de sang qui s'écoulaient de mon cœur. En passant devant la table de nuit sur laquelle j'avais posé ma croix en bois, j'ai parlé à Dieu pour ce que je pensais être la dernière fois. Je Lui ai dit de me laisser tranquille. Bien qu'il ne m'ait jamais parlé directement, je Lui ai dit de ne plus jamais me parler. Quant à moi, je ne le prierais plus jamais.

« Tu brises les gens ; c'est ce que Tu fais, et je suis tellement fatiguée de Toi. Je ne peux plus croire ce que Tu dis et je ne le croirai plus jamais. Quel genre de père aimant fait ça à son enfant ? Tu es tellement méchant. Puisque Tu aimes me voir au plus bas, puisque c'est là que Tu veux que je sois pour que je puisse courir vers Toi, j'espère que Tu es heureux maintenant. Mais ne crois pas que je courrai à nouveau vers Toi. Oublie-moi, même si je sais que Tu l'as déjà fait. Je continuerai à essayer d'être une bonne personne, mais ne crois pas que ça a quoi que ce soit à voir avec Toi. Je ne veux plus jamais entendre parler de Toi ».

Même en écrivant cela maintenant, et après de multiples révisions de ce livre, j'en ai encore les larmes aux yeux.

Ce jeudi après-midi, les mots sont sortis de ma bouche ; je ne les ai pas seulement pensés. Je ne m'attendais pas à me briser comme ça et à décider de ne plus croire en Dieu. Je pensais que je perdrais simplement espoir comme je l'avais dit dimanche. Mais là encore, j'avais espéré de tout mon cœur que ça n'arriverait pas. Je ne niais pas l'existence de Dieu, mais j'étais maintenant certaine qu'il avait des favoris. Pour moi, c'était un Dieu méchant et coercitif. C'était un tyran qui n'aimait pas me voir heureuse parce que me rendre triste était sa façon de me garder près de Lui, de s'assurer que je dépendais toujours de Lui.

Je voulais enlever la croix de ma table de nuit et la ranger quelque part, mais je ne l'ai pas fait. Je ne sais pas trop pourquoi.

Je me suis allongée sur mon lit et j'ai plongé plus profondément dans mes pensées négatives, donnant raison à la voix qui m'avait prévenue que quelque chose comme ça allait arriver, donnant raison et acceptant le fait que certaines choses étaient définitivement trop bonnes pour moi, donnant raison au fait que je n'aurais plus jamais d'espoir et que je ne serais plus jamais heureuse. Comme d'habitude, mon appartement baignait dans la lumière du soleil. Et pourtant, j'étais dans le noir.

Je ne pense pas qu'il était déjà 17 heures quand je me suis mise dans mon lit, mais je n'en suis sortie que le lendemain. Je n'ai pas dormi tout ce temps ; je ne pouvais juste rien faire, pas même ranger les livres que j'avais laissés ouverts sur mon bureau ou ramasser les surligneurs qui étaient tombés par terre. Je n'avais plus aucune force. Pas d'espoir. Pas de lumière.

Conformément à ma nouvelle perception de Dieu, je me suis demandé si c'était le jour où j'allais mourir, pour qu'Il puisse me juger sur la base de ce que je venais de Lui dire et m'envoyer en enfer. Je ne vais pas mentir, ça m'a fait peur. Très peur. Mais j'étais plus brisée et blessée qu'effrayée.

Les souffrances du temps présent sont incomparables à la gloire à venir. « Quel mensonge ! »

———⸎———

Je ne priais plus le matin. Le lendemain, par habitude, je me suis assise sur le rebord de mon lit pendant un moment, mais je me suis souvenue.

« Fais ce que Tu veux », ai-je dit en me levant pour m'apprêter pour la journée.

Les jours suivants, je n'ai pas oublié. Je n'ai pas prié avant de manger. Je n'ai pas prié avant d'aller me coucher. Je ne suis pas allée à la messe le dimanche. Je ne voulais plus entendre parler de Dieu.

Malgré ma fragilité, j'ai décidé de recommencer à chercher un emploi au bout de quelques jours. Aussi paradoxal que ça puisse paraître, mon expérience avec Marquette m'a redonné un peu de confiance. Pour la première fois, j'ai eu l'impression que la seule raison pour laquelle je n'avais pas reçu d'offre était que j'avais un visa d'étudiant, et pas tellement que je ne convenais pas au poste. J'avais demandé un feedback à la responsable des ressources humaines, mais elle n'a jamais répondu à mon e-mail, alors j'en ai tiré ma propre conclusion.

Dans le même temps, je n'avais absolument aucun espoir. J'avais déjà accepté au fond de moi que je ne trouverais pas de job. Malgré tout, j'ai de nouveau configuré les alertes d'emploi sur LinkedIn et d'Indeed et, cette fois, je n'ai postulé qu'à des « emplois plus sérieux ». J'ai de nouveau mis en pause mon compte à rebours de chômage sur mon portail SEVP, en utilisant le job de vente non rémunéré que j'avais déjà utilisé à cette fin avant mon passage à The Peninsula. Je ne pouvais rester au chômage que trois semaines de plus.

J'ai décidé d'ignorer les suggestions que l'on m'avait faites récemment de me marier et de faire une demande de Green Card de cette façon ; je n'allais pas le faire. Chaque fois que quelqu'un me le suggérait, ça me rappelait à quel point je voulais quitter les États-Unis. Je n'avais pas l'impression de pouvoir atteindre mes objectifs sans faire quelque chose d'illégal, d'immoral ou d'opposé à mes valeurs et principes *personnels*. Je ne détestais pas le pays ; je me suis même promis de ne pas devenir amère envers lui, de ne jamais décourager quelqu'un d'y aller à cause de mon expérience. Mais en même temps, je n'allais pas essayer de rester par tous les moyens, pour le simple fait de vivre aux États-Unis d'Amérique.

Octobre 2019, c'était aussi l'ouverture des candidatures au programme de master en marketing de la Schulich School of Business au Canada, pour la rentrée de 2020. J'avais commencé à préparer ma candidature des mois plus tôt et tout était prêt fin septembre. Il ne me restait plus qu'à réviser mes lettres de motivations et à mettre à jour mon CV. Les conditions d'admission comprenaient deux vidéos en ligne, des exercices et un entretien après la présélection.

Je me souviens avoir été anxieuse à l'idée de toutes ces étapes, surtout en avril et en mai, lorsque je n'avais pas encore passé autant d'entretiens. Je me demandais si je pourrais supporter *deux* tests vidéo consécutifs, ce que je dirais, combien de temps ils dureraient, quels types de questions on me poserait, et même comment me préparer. J'avais contacté deux étudiantes du master de marketing sur LinkedIn et bien qu'elles m'aient donné plus d'explications, j'étais toujours anxieuse.

Mes recherches m'ont permis de découvrir que Schulich était l'une des meilleures écoles de commerce du Canada. L'une des raisons pour lesquelles elle m'obsédait était que Deloitte – l'entreprise de mes rêves – recrutait massivement sur le campus. D'après ce que j'avais vu sur LinkedIn, des centaines d'anciens élèves de Schulich y travaillaient, et j'avais hâte de rejoindre le programme pour arrêter de les traquer et enfin les contacter pour des coffee chats.

J'ai fait beaucoup de recherches sur l'école, j'ai passé des heures sur des forums à lire les expériences des étudiants, de ceux qui avaient été admis dans d'autres programmes, à ceux qui ne l'avaient pas été. Le programme de master en marketing étant nouveau, il n'y avait pas encore beaucoup d'informations à son sujet. La plupart de ce que je lisais concernait le programme de MBA et sa compétitivité. Je ne pensais pas que je *n'allais pas* être acceptée dans mon programme, mais je n'excluais pas cette possibilité non plus. Une fois de plus, je n'allais parler du programme aux gens que si j'étais admise.

Ma candidature était aussi bonne que possible. J'assistais à des webinaires sur le programme depuis 2018, alors dans mes lettres, j'avais intégré certaines des informations que j'avais recueillies lors de ces webinaires, ainsi que lors de mes conversations avec des étudiantes actuelles. J'ai soumis ma candidature le 20 octobre et j'ai payé les frais avec l'argent que j'avais économisé en travaillant à The Peninsula.

CHAPITRE 18

CŒUR RÉPARÉ

Le 24 octobre, j'étais assise à mon bureau et je terminais le module *equity investments* du niveau I du CFA lorsque mon téléphone s'est allumé pour indiquer la réception d'un nouvel e-mail. Il provenait d'une responsable de l'acquisition des talents chez Duff & Phelps, une entreprise qui avait précédemment rejeté l'une de mes candidatures.

De : Rose

À : Moi

Objet : Duff & Phelps - poste au sein du service de la fiscalité sur les biens non réclamés

Date et heure : 24/10/2019 à 15 h 48

Bonjour Danielle,

Je vous contacte au sujet d'un autre poste que nous venons de mettre en ligne. J'ai mis le lien ci-dessous.

Si vous êtes intéressée par le poste, veuillez postuler en utilisant le lien et m'envoyer un e-mail une fois que vous aurez rempli le formulaire de demande.

> *Veuillez me contacter au 123-456-7890 ou m'envoyer*
> *au moins trois plages horaires disponibles et je vous*
> *contacterai alors.*
> *Cordialement,*
> *Rose*

Nous ne nous étions jamais parlé auparavant. Je suppose que certaines entreprises conservent vraiment les informations des candidats en vue d'opportunités futures. J'ai fait un faux sourire. *C'est encore une de Tes blagues ? Okay, amusons-nous un peu. Tu ne m'auras pas cette fois.*

Je n'allais pas me laisser berner à nouveau. J'ai regardé la description et je n'ai même pas aimé le poste. Je n'ai rien compris, et le titre lui-même ne m'attirait pas : je n'aimais pas la fiscalité.

Je n'ai pas répondu à son e-mail, mais j'ai postulé au poste et je l'ai appelée le lendemain pour lui en faire part. L'appel a davantage ressemblé à un entretien que le simple fait de l'informer que j'avais postulé. Vers la fin de l'appel, elle m'a posé la question à un million de dollars :

— Merci de m'avoir consacré du temps aujourd'hui, Danielle, a-t-elle dit. Mais avant de vous laisser partir, j'ai une dernière question à vous poser : avez-vous besoin d'un parrainage aujourd'hui… ?

— Non, ai-je répondu avant d'entendre la fin de sa phrase.

— … ou en aurez-vous besoin à l'avenir ? Oh, d'accord, citoyenne américaine. Parfait ! On aurait dit qu'elle prenait des notes.

Elle m'a dit au revoir avant que je puisse dire quoi que ce soit d'autre et a raccroché. La fin de notre conversation s'est déroulée si rapidement que je n'ai pas eu le temps de lui dire que je n'étais pas citoyenne américaine, comme elle avait commencé à le penser. Je voulais en fait la rappeler pour lui dire que je n'en étais pas une. Mais je ne l'ai pas fait. *De toute façon, je n'obtiendrai pas le poste, donc ça n'a pas d'importance.* J'ai laissé couler et j'ai continué à étudier.

Deux jours plus tard, c'était dimanche. Je n'étais pas allé à la messe depuis le début du mois et je m'ennuyais. Dieu ne me manquait pas. Je m'ennuyais, et c'est exactement ce que je Lui ai dit avant d'aller à l'église : « Ne va pas penser que je reviens à Toi. Je m'ennuie et je veux quitter cet appartement. Ceci ne signifie rien ».

J'aurais pu faire n'importe quoi. J'aurais pu continuer à étudier, ou si je voulais vraiment faire une pause, j'aurais pu regarder un film. J'aurais pu aller à l'épicerie ou marcher. Je n'avais pas vu Christie depuis longtemps et j'aurais pu lui demander ce qu'elle faisait. J'aurais pu faire une sieste. J'aurais pu ne rien faire pendant une heure et demie. Mais au lieu de cela, je suis allée à l'église, je ne sais pas pourquoi.

J'ai marché quinze minutes jusqu'à St. Mary of the Lake. Quand je suis arrivée, je me suis assise sur l'un des derniers bancs au lieu de m'asseoir au milieu, comme je le faisais d'habitude. Je n'ai pas chanté, je n'ai pas dit de prière, je ne me suis pas levée quand tout le monde l'a fait, je n'ai pas prêté attention aux lectures. Je suis restée assise sans rien faire. Je ne savais pas pourquoi j'étais là.

Puis le prêtre a fait son homélie et j'ai écouté parce que j'avais l'impression qu'on me parlait à nouveau. L'homélie n'avait rien à voir avec les lectures, alors je ne sais pas même pourquoi il a parlé de ce dont il a parlé. Mais il a parlé du fait d'être blessé. Il a parlé du retour à Dieu. Il a parlé d'amour. Et j'ai failli craquer à nouveau. Mon attitude n'a pas changé pendant le reste de la messe, mais quand je suis rentrée chez moi, j'ai tout laissé sortir.

« Pourquoi est-ce si difficile de T'aimer, mon Dieu ? Pourquoi ? » J'étais assise sur mon fauteuil dans le salon de mon studio, face à la croix en bois que je n'avais toujours pas enlevée de ma table de nuit. Alors que je commençais à parler, mes yeux se sont transformés en nuages un jour de pluie.

« Pourquoi Tu me fais ça ? Qu'est-ce que je suis censée faire maintenant ? Pourquoi faut-il toujours que Tu me brises ? Ne l'as-Tu pas assez fait ? N'ai-je pas assez souffert ? Comment puis-je revenir vers Toi ? Que dois-je faire de cette douleur ? Tu ne sais donc pas à quel point ça fait mal ? Mon cœur n'a jamais été aussi brisé, et j'essaie simplement de le réparer. Je t'ai demandé des milliers de fois de ne pas laisser la vie me briser à nouveau, de ne pas me faire retourner dans des endroits obscurs, mais Tu n'écoutes pas. Comment puis-je savoir que Tu ne vas pas arracher le pansement sur mon cœur, puis le briser à nouveau si je reviens ? C'est tellement difficile, mon Dieu, c'est tellement difficile. Je veux revenir, mais je ne sais pas comment faire ».

J'ai passé le reste de la journée à faire les choses habituelles du dimanche, comme la lessive et la cuisine. Pendant que je faisais la cuisine, je me suis souvenue de certaines choses que Dieu avait faites pour moi dans le passé. Comme la façon dont il m'avait aidée à trouver des appartements, à aller à l'école alors que je ne savais pas comment ce serait possible, et à obtenir mon diplôme au cours du semestre où je souhaitais initialement l'obtenir. Je me suis souvenue qu'Il m'avait donné à manger alors que je n'avais pas d'argent pour le faire, qu'il m'avait aidée à dormir malgré mes cauchemars et mes crises d'angoisse. Je voulais revenir à Lui, mais je ne savais pas comment. Je voulais revenir à Lui, mais j'étais brisée. Mon cœur était un champ de bataille où deux forces se disputaient des ressources non existantes.

Au moment de dormir, je me suis assise sur le rebord de mon lit. Je suis restée là, la tête baissée, regardant en silence mes doigts tripoter ma chemise de pyjama, ne sachant que faire d'autre. Quelques minutes plus tard, et comme les jours et les nuits qui ont suivi, j'ai prié pour ma famille, mes amis et le reste du monde. Je ne savais pas quoi demander pour moi-même. En réalité, je savais. Mais je ne savais pas *comment* le demander, ni même si je devais le faire. Je voulais aller bien. *Me sentir* bien. Je voulais être entière. *Me sentir* entière. Je voulais que la douleur disparaisse. Mais j'avais peur d'être blessée à nouveau. J'ai donc prié pour d'autres personnes.

Le mardi 29 octobre au matin, j'ai reçu un e-mail d'une recruteuse de la société Kraft Heinz. J'avais postulé à une offre d'analyste financière au sein de leur division marketing, et elle souhaitait connaître mes disponibilités pour un entretien téléphonique. Je ne pensais pas que quelqu'un regarderait mon CV. C'était une très grande entreprise et, d'après ce que j'avais vu sur LinkedIn, elle aussi recrutait principalement dans les universités de renom et les meilleures écoles de commerce.

Plus tard dans la journée, une autre personne de chez Duff & Phelps m'a contactée pour me demander si j'étais disponible pour un autre entretien téléphonique, cette fois avec des analystes seniors actuels. Je n'aimais toujours pas ce job. Je m'en fichais toujours. Je préférais Kraft Heinz, mais je me rappelais constamment que cette entreprise était trop grande et trop bien pour moi. Le fait que le poste était lié à la finance et au marketing était trop beau pour être vrai.

J'ai passé les deux entretiens téléphoniques le jeudi suivant. Lors de mon entretien avec Kraft Heinz, la recruteuse m'a demandé quelles étaient mes attentes salariales. J'avais déjà répondu à cette question lorsque j'avais soumis ma candidature en ligne et j'avais indiqué 55 000 dollars. Lorsque la recruteuse m'a posé à nouveau la question, j'ai eu peur et j'ai pensé que je m'étais fixé un montant trop élevé. J'ai donc indiqué une fourchette de 50 à 55 000 dollars. J'ai également précisé que j'étais ouverte à la négociation. Et par « ouverte à la négociation », je voulais dire qu'ils pourraient me payer moins s'ils m'embauchaient. Je ne l'ai évidemment pas dit, mais c'est ce que j'avais en tête.

Nous avons eu une bonne conversation dans l'ensemble, mais je ne pouvais pas me permettre de penser ou même d'imaginer entrer dans l'Aon Center pour un entretien en personne, et encore moins pour le poste lui-même. Chaque fois que je laisser aller à rêvasser de travailler là-bas, je revenais rapidement à la réalité, me rangeant une fois de plus du côté de la voix qui me disait que je serais trop heureuse si j'y travaillais, et que Dieu ne pouvait pas laisser cela se produire.

Je suis passée aux entretiens suivants avec les deux entreprises. Je devais rencontrer la directrice et le directeur général de Duff & Phelps le 7 novembre, tandis que je devais passer un autre entretien téléphonique avec la directrice adjointe des finances et du marketing de Kraft Heinz. Je n'arrivais pas à y croire. Littéralement. Je devais toujours me rappeler qu'aucune de ces opportunités ne fonctionnerait. Je devais m'assurer de ne m'attacher à aucune d'entre elles, quel que soit le sentiment qu'elles me procuraient.

Mon deuxième entretien téléphonique avec Kraft Heinz a eu lieu le mercredi 6 novembre. Au cours de notre appel, la directrice adjointe m'a demandé si j'étais à la recherche d'autres opportunités, ce à quoi j'ai répondu par l'affirmative. Je lui ai fait savoir que j'avais un autre entretien le lendemain, mais je n'ai pas révélé le nom de l'entreprise. À ma (bonne) surprise, cela a créé un sentiment d'urgence, et elle voulait maintenant accélérer le processus d'entretien et me faire passer un entretien sur place dès que possible. Mais d'abord, elle devait se renseigner auprès de son directeur.

Outre Kraft Heinz et Duff & Phelps, j'avais un entretien avec une autre entreprise, une société de marchés financiers, pour un poste d'analyste de portefeuille. J'avais passé la présélection téléphonique et deux séries d'entretiens en personne de trois heures, et j'attendais une réponse. Je ne savais pas trop quoi penser de tout ce qui se passait.

Est-ce que tout ça est réel ? Kraft Heinz veut vraiment me faire passer un entretien à ce point ? Est-ce que je suis vraiment passée à la prochaine étape pour l'entretien en personne avec Duff & Phelps ?

Je n'aimais toujours pas le poste chez Duff & Phelps, mais passer un entretien dans une grande entreprise multinationale n'était plus quelque chose que je pensais possible.

Tout ça est trop beau pour toi. Tu ne vas pas l'avoir. Tu n'es pas assez bien. Tu ne peux pas te laisser prendre au piège de l'espoir encore une fois. Tu seras à nouveau brisée. Ces jobs ne sont pas pour toi.

Et j'ai acquiescé.

Le matin du jeudi 7 novembre, mon entretien en personne avec Kraft Heinz a été confirmé pour le lundi suivant au siège de l'entreprise. Plus tard dans la journée, j'ai pris le métro pour me rendre au 311 South Wacker Drive pour mon dernier entretien avec Duff & Phelps.

Je suis entrée dans l'immeuble de soixante-cinq étages situés juste en face de la Willis Tower, et me suis enregistrée dans le hall d'entrée. Une jeune femme m'a remis une carte de visiteur sur laquelle figuraient mon nom et celui de la société où je me rendais. Elle était noire et avait de beaux ongles sur lesquels je l'ai complimentée. J'ai pris les escaliers roulants jusqu'au hall du deuxième étage où j'ai été accueillie par deux messieurs. Deux messieurs noirs. Je me suis ensuite dirigée vers le bloc d'ascenseurs situé à ma gauche, comme me l'avait indiqué la réceptionniste, et j'ai placé mon laissez-passer sur le lecteur de cartes du portique de sécurité pour passer.

Je devais me rendre au quarante-deuxième étage, mais je devais d'abord prendre un ascenseur jusqu'au sky lobby au quarante-sixième étage, puis un autre ascenseur pour descendre au quarante-deuxième. Après beaucoup de marche et de confusion dans le bâtiment, je suis finalement arrivée au bureau principal. J'étais presque en retard ; ça ne m'a pas dérangé. Je me suis enregistrée à nouveau, puis je me suis assise dans la salle d'attente, face à des fenêtres allant du sol au plafond, et appréciant la lumière du soleil de l'après-midi.

J'ai passé environ deux heures et demie à parler avec quatre personnes au total. J'ai eu trois entretiens consécutifs : un avec deux analystes seniors et deux entretiens distincts avec la directrice et le directeur général. Ils étaient tous blancs, à l'exception de la directrice, qui était la seule femme noire que j'avais vue lors d'un entretien depuis mon arrivée à Chicago en 2017. Elle était en fait la seule *personne* noire à m'avoir jamais fait passer un entretien pour un poste en entreprise.

En regardant mon CV et en soulignant mes qualifications, la directrice m'a demandé ce que je faisais à un poste de service à la clientèle dans un hôtel. Elle ne l'a pas formulé comme si c'était dégradant, mais j'ai bien vu qu'elle était curieuse. Comme je n'allais pas raconter l'histoire de ma vie, j'ai simplement dit que j'y étais pour développer mes compétences en communication, ce qui n'était pas tout à fait faux.

Je ne me préparais plus aux entretiens et le fait de ne pas avoir d'attentes me permettait d'être plus détendue. Je considérais désormais les entretiens comme des conversations, au cours desquelles j'apprenais à connaître mes interlocuteurs et l'entreprise autant qu'ils apprenaient à me connaître, moi. Le fait d'être inscrite au programme CFA m'a également donné un sujet de discussion supplémentaire avec l'un des analystes seniors, qui étudiait pour le niveau II.

À la fin de mes entretiens, j'avais une vision différente du job et je l'aimais même peut-être un peu. Même s'il était axé sur la fiscalité, le fait qu'il s'agisse d'un poste de consultant le rendait plus attrayant.

— Vous devriez être fière d'être arrivée à ce stade de la procédure d'entretien, m'a dit Sam, le directeur général de Duff & Phelps, en me raccompagnant à la sortie du bureau. Nous avions plusieurs candidats à rencontrer ; il y a actuellement deux finalistes, et vous êtes l'un d'entre eux.

— Eh bien, j'ai hâte d'avoir des nouvelles ! Le sourire sur mon visage était trop grand pour paraître réel. J'ai appelé l'ascenseur jusqu'au quarante-sixième étage.

Avec toute la confusion qui m'animait lorsque j'essayais de trouver le bureau quelques heures plus tôt, je n'avais pas pu apprécier la beauté du bâtiment. Le sky lounge avait des fenêtres hautes qui donnaient sur le Lake Michigan. Les sols et les murs en marbre, les tables en bois foncé, les chaises de couleur neutre et les suspensions lumineuses blanches donnaient à l'endroit une atmosphère sophistiquée. Il était environ 16 heures 30 et certaines personnes quittaient déjà leur bureau. En passant devant elles, en les regardant et en les écoutant, je me suis demandé ce que ce que ça faisait de travailler dans ce bâtiment. De déjeuner au café du sky lounge ou de prendre un verre au bar après une longue journée de travail. J'ai souri et secoué un peu la tête, puis j'ai appuyé sur le bouton d'ascenseur pour descendre dans le hall.

Debout sur l'escalier roulant menant au hall du premier niveau, je me suis émerveillée de ce qui se trouvait devant moi. Des sols et des murs en marbre gris et blanc, une statue de fontaine vert foncé qui me regardait depuis son oasis de verdure dans l'atrium du niveau inférieur. Un haut plafond de verre recouvrait l'atrium, que les rayons lustrés du soleil de fin d'après-midi transperçaient pour imprégner l'ensemble du hall d'entrée. À mesure que je descendais, les rayons du soleil se déplaçaient à la même vitesse. J'ai plissé les yeux pour observer leur reflet scintillant d'un côté à l'autre du mur.

C'est tellement beau. D'une beauté aveuglante. Dommage que je n'aurai pas l'occasion de revoir cela. J'avais accepté et étais en accord avec le fait de ne pas revoir cela.

Il ne faisait pas trop froid et je n'avais plus grand-chose à étudier ce jour-là, alors j'ai décidé de marcher un peu avant de prendre le bus pour rentrer chez moi. J'ai marché vingt minutes jusqu'à Target sur State Street pour prendre un casse-croûte, puis j'ai attendu le bus 146 juste à l'extérieur du magasin. En entrant dans le bus, j'ai senti mon téléphone vibrer dans mon sac. J'avais du mal à le sortir tout en essayant de taper ma carte Ventra sur le lecteur pour payer le trajet et, en même temps, faire attention aux personnes qui se tenaient devant et derrière moi.

L'indicatif du numéro de téléphone était Atlanta. La seule personne à Atlanta qui pouvait m'appeler à ce moment-là était la responsable de l'acquisition des talents chez Duff & Phelps qui supervisait ma candidature. Un froncement de sourcils s'est dessiné sur mon front.

— Allô, Danielle à l'appareil. J'ai décroché l'appel, tout en m'efforçant de trouver une place dans le bus.

— Bonjour, Danielle, ici Rose de chez Duff & Phelps. Est-ce un bon moment pour parler ?

Tu sais que tu n'avais pas besoin de m'appeler pour me dire que je n'ai pas obtenu le poste, n'est-ce pas ? Un e-mail aurait suffi.

—Je suis assez occupée en ce moment. Est-ce que nous pourrions discuter plus tard ? ai-je répondu, en essayant d'éviter une conversation gênante.

— Oh, d'accord, je ne serai pas trop longue. Je voulais juste vous dire que l'équipe vous a vraiment appréciée et qu'elle veut vous offrir le poste ! Je sentais qu'elle souriait.

Mon cœur s'est enfoncé dans mon estomac, puis a sauté dans ma gorge. *Attends, quoi ?* J'ai ravalé mon cœur pour le remettre en place.

— Oh... oh... okay, uhm... c'est... c'est vraiment excitant. Merci de me l'avoir fait savoir ! Je ne savais pas quoi dire.

— Il n'y a pas de quoi ! Je vous rappellerai demain matin pour vous donner les détails ; je voulais juste vous annoncer la bonne nouvelle avant la fin de la journée, a-t-elle dit, toujours souriante.

— Oui, merci beaucoup. J'attends avec impatience notre appel de demain !

Je n'arrivais pas à y croire. Littéralement. Mes lèvres ont tenté de former un sourire, mais j'ai rapidement secoué la tête pour l'effacer, me rappelant que je ne pouvais pas me laisser prendre à ce genre de piège une nouvelle fois. Il s'agissait certainement d'une autre supercherie. Un autre brisement de cœur m'attendait quelque part, si je choisissais de croire que j'avais vraiment obtenu le poste. La douleur dans mon cœur m'a rappelé de ne pas l'utiliser.

En rentrant chez moi, je n'ai pas remercié Dieu pour l'offre. Je ne croyais pas qu'elle était réelle. Mais je n'arrivais pas non plus à me concentrer. Je ne pouvais plus étudier, car je n'arrivais pas à croire ce qui venait de se passer. J'étais dans un brouillard d'émotions contradictoires. *Est-ce qu'il leur a vraiment fallu trente minutes pour prendre une décision ? Le directeur général n'a-t-il pas dit qu'ils envisageaient un autre candidat ? Est-ce qu'ils m'ont vraiment choisie ? C'est trop beau pour être vrai.*

Le lendemain, Rose m'a appelée comme promis. Je n'attendais son appel, mais je mentirais si je disais que je n'étais pas contente qu'elle ait tenu sa promesse. Elle a abordé les questions habituelles de ressources humaines et les procédures d'intégration. Elle n'avait pas posé de questions sur mes attentes salariales ; durant cet appel, elle a bien mentionné combien j'allais être payée, mais je n'écoutais pas. Je n'arrivais pas à croire que j'avais cette conversation. Enfin... ce n'était pas vraiment une conversation puisque je n'ai rien dit pendant tout ce temps. Je l'ai juste remerciée à la fin et lui ai dit que j'attendais avec impatience de recevoir l'offre par écrit pour en examiner les termes.

Elle a envoyé l'offre juste après notre appel.

De : Duff & Phelps

À : Moi

Objet : Offre d'emploi pour le poste d'analyste en fiscalité des biens non réclamés : Veuillez répondre en ligne

Date et heure : 08/11/2019 à 11 h 55

Danielle Ndende,

Au nom de Duff & Phelps (D&P), j'ai le plaisir de vous adresser l'offre d'emploi ci-jointe pour le poste d'analyste en fiscalité des biens non réclamés.

Veuillez prendre connaissance des détails de cette offre d'emploi et répondre en ligne. Il se peut que vous devriez répondre avant la date d'expiration de l'offre, veuillez donc vous rendre rapidement sur le site.

Connectez-vous avec le nom d'utilisateur et le mot de passe que vous avez créés lors de votre candidature.

N'hésitez pas à contacter votre responsable de l'acquisition des talents pour toute question ou préoccupation.

Nous nous réjouissons tous de vous voir rejoindre l'équipe de D&P !

C'est donc à ça que ressemble un e-mail d'offre d'emploi à temps plein ? C'est ce qu'on ressent lorsqu'on en reçoit un ? J'ai cliqué sur le lien et me suis connectée pour examiner l'offre, qui expirait le 22 novembre. J'ai fait défiler l'écran pour voir le salaire : 58 750 dollars. J'ai regardé par deux fois. *Wow !* Je n'en croyais pas mes yeux, et mes oreilles ne fonctionnaient effectivement pas durant l'appel. Comme la veille, je n'arrivais plus à me concentrer. Je n'arrivais pas à étudier. J'étais confuse, mais je voulais croire que c'était vrai. Je voulais *espérer* que c'était vrai.

Je me suis levée de mon bureau pour m'asseoir sur le fauteuil. Et j'ai finalement demandé de l'aide à Dieu.

« Merci. Merci de me montrer que je suis moi aussi digne de belles choses. Mais pourquoi ? Pourquoi ai-je dû endurer tant de souffrance ? Pourquoi est-ce que je dois toujours arriver à un point où je suis à bout et où je n'en peux plus ? Pourquoi faut-il toujours que je tombe presque d'une falaise pour que Tu te souviennes de moi ? Pourquoi Tu ne m'as pas donné ce job il y a trois mois, quand j'avais plus de force et d'espoir ? J'aurais quand même été reconnaissante, Tu sais. Je suis tellement confuse, mon Dieu, et je suis tellement désolée. Je suis désolée d'être confuse et je suis désolée pour toutes les méchancetés que j'ai T'ai dites. J'étais tellement blessée. Je le suis toujours, mais je… je ne sais pas. Je suppose que je demande de l'aide. De l'aide pour gérer cette douleur. Je voudrais redevenir entière. Et s'il Te plaît, ne me brise pas, pas maintenant. Mon cœur est meurtri ; il ne peut pas supporter plus de douleur en ce moment. Je T'en supplie. Ne me brise pas à nouveau. Attends peut-être jusqu'à l'année prochaine pour mon prochain brisement de cœur ? Je ne suis pas aussi forte que Tu le penses, mon Dieu. »

Je suis restée là, les coudes appuyés sur mes genoux et mes paumes pressées sur mon front, écoutant le seul son des larmes qui tombaient sur mon jean.

Et je suis retournée à l'église le dimanche suivant, et tous les dimanches après. Je me suis assise sur les bancs du milieu, j'ai chanté, j'ai dit des prières, je me suis levée avec tout le monde et j'ai prêté attention pendant les lectures et les homélies.

Jusqu'en mars 2020.

CHAPITRE 19

ESPOIR RENOUVELÉ

Il était environ 13 heures 10 lorsque je suis arrivée au 200 East Randolph Street le 11 novembre. J'étais en avance de vingt minutes pour mon entretien. Si trouver le bureau de Duff & Phelps à l'intérieur de son bâtiment était déroutant, je ne sais pas comment décrire mon expérience lorsque j'ai essayé de me rendre au soixante-douzième étage de l'Aon Center. Après avoir beaucoup marché avec confusion, les portes de l'ascenseur se sont finalement ouvertes sur de grandes lettres peintes en bleu foncé et en rouge vif sur un mur blanc : Kraft Heinz. Je me suis enregistrée à la réception, puis me suis assise sur une chaise dans la salle d'attente, encore une fois face à des fenêtres allant du sol au plafond. J'étais dans les nuages. Au sens propre comme au sens figuré. J'ai attendu là, émerveillée. *Comment suis-je arrivée là ?* Bien sûr, je venais de prendre un ascenseur jusqu'au soixante-douzième étage d'un bâtiment devant lequel je passais, me demandant ce que ça faisait d'y entrer, mais je veux dire, *comment* ? Comment l'entreprise Kraft Heinz s'était-elle intéressée à moi ? Comment en étais-je arrivée là ?

— Danielle ? Une voix grave venant de derrière m'a tirée de mes pensées.

— Oui ! Je me suis levée et me suis retournée.

— Bonjour, je suis le directeur des finances et du marketing. Désolé pour le retard, je sors d'une réunion. Il m'a tendu la main et je l'ai serrée fermement. Comment allez-vous ?

— Je vais bien. Enchantée de vous rencontrer ! Je n'avais même pas remarqué qu'il était en retard.

— Moi aussi ! Avez-vous eu l'occasion de prendre une photo avec Mr. Peanut ? Il a désigné la statue géante d'une arachide déguisée dans la salle d'attente, la mascotte de la marque Planters, qui appartenait à l'époque à Kraft Heinz.

— J'ai pris des photos *de* lui, mais je suis sûre qu'après l'entretien, j'aurai le temps d'en prendre beaucoup d'autres. Nous avons partagé quelques rires avant de nous rendre dans une salle pour mon entretien.

La route était recouverte d'une neige épaisse qui crissait sous mes bottes, et mon souffle se transformait en un nuage de vapeur chaque fois que j'expirais. Je venais de terminer mon entretien et je n'allais pas marcher ailleurs qu'à la station de bus la plus proche. Une fois chez moi, j'ai sorti mon journal.

Date : 11/11/2019

Alors, pour changer, aujourd'hui je ne viens pas avec la douleur dans le cœur et les larmes aux yeux. Je n'irais pas jusqu'à dire que je suis heureuse, mais je me sens mieux, du moins par rapport à moi-même. Après avoir décidé de me désabonner des sites d'emploi, je me suis remise à postuler UNIQUEMENT à des emplois liés à la finance (et je veux dire les plus « sérieux ») et non plus pour n'importe quel emploi. Je ne voulais pas « perdre » mon temps quelque part alors que je pourrais plutôt étudier pour mon CFA.

Bref... ces dernières semaines, je me suis rendue à des entretiens sans vraiment espérer quoi que ce soit, mais je me disais que si j'obtenais quelque chose, ce serait au moins en rapport avec mon CFA. Et devine quoi ! J'ai reçu une offre de Duff & Phelps ! Je t'assure ! Genre ... qui suis-je ? Je ne m'attendais vraiment pas à ce que ça arrive, d'autant plus qu'ils ne recrutent même pas dans mon école. En plus, je n'aimais pas vraiment le poste (il est lié à la fiscalité), donc je me suis dit : « bof, peu importe ». Mais moins d'une heure après mon entretien, ils m'ont fait une offre ! Ça m'a vraiment permis de retrouver une certaine confiance en moi, que j'avais totalement perdue, comme tu le sais. J'étais sous le choc ! Je n'arrive toujours pas à croire qu'ils me veulent dans leur équipe, sachant qu'ils ont également interviewé d'autres personnes. Je dois dire que ça fait du bien d'être de ce côté pour une fois, et j'ai l'impression que Dieu m'a montré que j'ai de la valeur, que je peux obtenir un job dans un cabinet et que je peux réaliser mon rêve.

Passons maintenant à quelque chose de moins joyeux... J'ai menti. Je leur ai dit que je n'aurais pas besoin de parrainage, et ils cherchent vraiment quelqu'un pour évoluer avec eux, ce qui n'est pas mon cas. Honnêtement, je veux juste économiser de l'argent et partir d'ici juillet 2020 ! J'ai peur qu'une fois qu'ils verront ma carte d'autorisation de travail, ils annuleront l'offre.

Je reviens également d'un entretien en personne avec Kraft Heinz à l'Aon Center ! (Je t'assure !! QUI SUIS-JE ?!) Je n'arrive toujours pas à croire que de si grandes entreprises m'ont regardée et ont voulu me parler.

Quoi qu'il en soit, je n'ai pas reçu d'offre de leur part et, honnêtement, je suis déjà reconnaissante qu'ils aient au moins voulu me voir. J'ai envie de travailler chez eux, mais il y a aussi la question du parrainage. Mais je n'ai pas non plus l'impression de m'être très bien débrouillée pendant l'entretien. Je tiens cependant à faire une comparaison côte à côte entre Duff & Phelps et Kraft Heinz, au cas où je devrais me décider entre les deux (je n'arrive pas à croire que je fais ça).

Duff & Phelps		Kraft Heinz	
Ce que j'aime	**Ce que n'aime pas**	**Ce que j'aime**	**Ce que je n'aime pas**
- Corporate, beau bâtiment et belles vues.	Je me suis sentie noire.	Corporate, beau bâtiment et belles vues.	Code vestimentaire trop décontracté.
Le code vestimentaire est professionnel-décontracté.	Petite équipe, j'ai l'impression que je n'aurais personne avec qui passer du temps.	Des gens plus sympas, des employés plus jeunes.	
Travail de type conseil.	Culture un peu snobe/rigide ?	Équilibre vie professionnelle et vie privée.	Le salaire serait moins élevé (j'ai besoin d'autant d'argent que possible).
Pas beaucoup de gens comme moi (pourrait être une motivation).	Je n'avais pas l'impression d'être à ma place ou de pouvoir me fondre dans la masse.	Entreprise de marque.	
Voyages nationaux, travail dans différents secteurs d'activité.	Pas beaucoup de gens comme moi.	Je me suis sentie à ma place (bien que les données démographiques soient les mêmes).	Un seul secteur d'activité (biens de consommation).
- Salaire.	Équilibre vie professionnelle et vie privée.	Job lié au marketing et à la finance	

L'excitation autour de l'Aon Center vient du fait que, eh bien, je passais devant ce bâtiment et me demandais ce que ça faisait d'y entrer. Il était vraiment style corporate, et abritait des sociétés telles que Microsoft et KPMG. Je n'y étais entrée qu'une seule fois, pendant l'été, à l'occasion d'un coffee avec une employée de Slalom, un cabinet de conseil également installé dans le bâtiment. À l'époque, je n'avais expérimenté que le rez-de-chaussée, qui était déjà assez grand et déroutant pour que je sorte du bâtiment par le mauvais côté. En sortant, je ne pensais pas y entrer à nouveau. Certainement pas pour passer un entretien chez Slalom, car en plus de recruter dans des écoles spécifiques, le processus d'entretien de l'entreprise pour les postes de consultants débutants comprenait entre trois et cinq entretiens consécutifs. Au moment de mon coffee chat, je ne pensais pas pouvoir passer autant d'entretiens. Mais maintenant que je l'avais fait plusieurs fois et que j'étais à nouveau entrée à l'Aon Center, tu peux comprendre mon enthousiasme lorsque j'ai écrit dans mon journal après l'entretien avec Kraft Heinz.

Le lendemain, j'étais assise à mon bureau et j'étudiais le module *alternative investissements* (investissements alternatifs) lorsque j'ai reçu un appel d'un numéro inconnu. L'indicatif était Chicago, j'ai donc supposé qu'il s'agissait de Kraft Heinz.

— Allô, Danielle à l'appareil.

— Bonjour, Danielle, c'est Sam qui vous appelle depuis Duff & Phelps. Comment allez-vous ?

Je le savais, ils ne veulent plus de moi. Ils veulent annuler l'offre. Je le savais ! Je le savais !

— Je vais bien, merci. Comment allez-vous ? Ma gorge s'est serrée et mon cœur s'est mis à battre très fort.

— Je vais très bien. Écoutez, je voulais savoir si vous aviez reçu notre offre et si tout allait bien.

Attends, quoi ?

— Oui, je l'ai reçue, merci ! J'ai dégluti pour faire disparaître le nœud dans ma gorge. J'ai parlé à Rose vendredi dernier et je lui ai fait savoir que je prendrais ma décision d'ici la fin de la semaine. J'ai eu un entretien hier et j'attends des nouvelles d'une autre entreprise, donc dès que les choses seront plus claires, je vous tiendrai au courant.

— D'accord, je comprends. Faites-nous savoir si vous avez des questions entretemps, d'accord ? Il avait l'air occupé. Il a indiqué qu'il était à l'aéroport pour se rendre chez un client, comme le font souvent les directeurs généraux dans les cabinets de conseil.

— Je n'y manquerai pas ! Merci pour votre appel et bon voyage !

Qu'est-ce qu'il vient de se passer ? Oh, mon Dieu, qui suis-je ?

Le mercredi 13 novembre, la recruteuse de Kraft Heinz m'a appelée pour m'informer que le poste pour lequel j'avais postulé et passé un entretien avait été fermé. Ils avaient décidé de ne plus embaucher (personne) pour ce poste. Elle s'est excusée pour le désagrément et m'a remerciée pour mon temps. Je l'ai remerciée en retour. Je n'étais pas du tout triste ; j'étais vraiment reconnaissante de cette expérience. Peut-être avais-je simplement besoin de voir qu'aucun emploi ou aucune entreprise n'était trop bien pour moi, que je pouvais moi aussi passer un entretien dans une entreprise de marque, même si je n'avais pas fréquenté une école de marque. Peut-être était-ce là, le seul but de l'entretien chez Kraft Heinz.

Je pesais les pour et les contre, essayant de décider quelle entreprise rejoindre si j'obtenais également une offre de Kraft Heinz. Même si je commençais à apprécier davantage Duff & Phelps, j'avais le sentiment que la marque Kraft Heinz aurait plus de poids sur mon CV. L'appel avec la recruteuse m'a confortée dans mon choix de Duff & Phelps.

Le lendemain, j'ai reçu une offre de la société de marchés financiers. *Mon Dieu, qui suis-je ?* C'est ce que je me répétais sans cesse. J'étais submergée par tout ce qui se passait. Je préférais Duff & Phelps, c'est donc l'offre que j'allais accepter.

La responsable de l'acquisition des talents chez Duff & Phelps m'a appelée le lendemain pour savoir si j'avais pris ma décision. J'ai demandé s'il était possible de négocier. Même si mon autre offre était moins élevée (à 55 000 dollars, ce que je ne lui ai pas dit), je voulais en tirer parti pour obtenir quelque chose d'encore mieux chez Duff & Phelps. Dans le pire des cas, j'aurais toujours quelque chose sur quoi compter.

En véritable RH, Rose m'a dit qu'elle n'était pas sûre qu'il y avait un budget à cet effet et qu'elle devrait d'abord vérifier avec le directeur général. Quelques minutes plus tard, Sam m'a appelée.

— Bonjour, Danielle, j'ai appris que vous aviez reçu une autre offre, félicitations ! On sentait bien qu'il souriait.

— Oui, Sam, merci beaucoup ! Je souriais aussi. Et comme je l'ai dit à Rose tout à l'heure, je voudrais voir s'il est possible de négocier votre offre. J'aime beaucoup ce job et je voudrais rejoindre votre équipe, mais la rémunération est aussi quelque chose que je dois prendre en compte. Serait-il possible d'au moins égaler mon autre offre ?

— C'est compréhensible. Ecoutez, s'il n'y a pas une grande différence, je peux voir ce que je peux faire. Combien vous proposent-ils ?

J'ai réfléchi à sa question pendant une fraction de seconde, car je n'y avais pas réfléchi avant.

— Soixante-deux mille dollars. J'ai essayé de le dire plus lentement que le rythme des battements mon cœur.

— D'accord, c'est raisonnable. Nous allons réviser l'offre et vous l'envoyer d'ici demain.

— C'est parfait ! Merci, au revoir !

Oh, mon Dieu, qui suis-je ?

J'ai reçu l'offre révisée le vendredi 15 novembre. Le salaire annuel était de 62 000 dollars et ma date de début était fixée au 2 décembre. Rose m'avait appelée au préalable pour m'informer qu'elle avait mis à jour ma rémunération et pour me demander si j'accepterais maintenant l'offre, ce à quoi j'ai répondu par l'affirmative. Et c'est exactement ce que j'ai fait en me connectant à mon compte. Je n'arrivais pas à y croire lorsque j'ai envoyé l'e-mail déclinant l'autre offre. Je me suis même sentie mal pour cette entreprise, même si je savais qu'il y avait d'autres candidats.

Alors que j'entamais mon parcours pour retrouver un cœur plein d'espoir, la peur et l'anxiété envahissaient mes pensées. La peur que tout ça ne soit qu'un mensonge. La peur que mon cœur se brise à nouveau et que ma douleur soit encore plus profonde. La peur qu'une fois que j'aurais montré ma carte d'autorisation de travail, mon offre soit annulée.

Je savais que c'était illégal : tant qu'un document d'autorisation d'emploi était valide, les employeurs ne pouvaient pas retirer une offre parce que le document avait une date d'expiration proche. Je le savais, mais malgré tout, si Duff & Phelps retirait mon offre, je n'aurais pas eu les ressources ni même la force et le courage de poursuivre l'entreprise en justice.

Pour éviter toute déception, j'ai décidé de ne pas parler de mon job avant d'avoir commencé à travailler, jusqu'à ce que j'aie passé la vérification des antécédents et que l'entreprise ait vérifié mon autorisation de travail. Je ne voulais pas donner de faux espoirs à qui que ce soit – y compris à moi-même – au cas où Duff & Phelps ne fonctionnerait pas.

Les rêves deviennent réalité. J'ai saisi l'objet décoratif triangulaire en bois qui se trouvait sur mon bureau et je l'ai regardé pendant quelques secondes, en passant mon pouce droit sur les lettres. J'ai souri d'une oreille à l'autre, puis je l'ai reposé. *Peut-être que c'est le cas.* J'ai replongé la tête dans mes livres. *Dreams come true, and mine will too (Les rêves deviennent réalité, et les miens le deviendront aussi).* J'ai arrêté de lire et je me suis redressée. Mes sourcils se sont relevés, mes yeux et ma bouche se sont ouverts tous seuls. J'ai posé ma main gauche sur ma poitrine et j'ai regardé droit devant moi, frappée par ce qui venait de me traverser l'esprit. Non seulement ça rimait (en anglais), mais en plus ça sonnait bien. J'ai gloussé et j'ai fait une petite danse du *bonheur*. « Les rêves deviennent réalité, et les miens le deviendront aussi ». Je l'ai dit une fois, puis plus fort avant de le laisser jouer dans ma tête pendant que j'étudiais. C'était un peu avant la fin du mois de novembre, un jour dont je ne me souviens pas.

Le matin du 2 décembre, alors que je terminais de m'apprêter, j'ai regardé mon reflet dans le miroir, émerveillée. J'étais superbe dans la robe crayon noire et blanche que j'avais achetée spécialement pour mon premier jour, et que j'ai associée à un maquillage léger. Et bien sûr, mes ongles étaient faits. Mais ce n'est pas pour ça que j'étais stupéfaite : je ne me reconnaissais pas. Non pas parce que j'étais magnifique, mais parce que je n'arrivais pas à croire que j'étais en train de m'apprêter pour mon premier jour de travail en tant qu'analyste à temps plein dans un cabinet réputé au centre-ville de Chicago. *Comment suis-je arrivée là ?*

J'ai repensé aux mois précédents, à l'année écoulée et aux deux années et demie qui venaient de s'écouler.

Le parcours. La sueur. La douleur. Le sang. Les larmes. L'épuisement. *La douleur.*

Et j'étais là, ce matin-là, sur le point de commencer une journée que je pensais ne plus voir arriver. *Mon Dieu, qui suis-je ?* J'ai pris quelques photos, puis j'ai filé.

Je suis entrée (à nouveau) au 311 South Wacker Drive à 9 heures 12, et le bâtiment était encore plus lumineux et plus beau. Ou peut-être qu'il ne l'était pas. J'avais douze minutes de retard à la première session de prise de contact, alors que j'avais quitté mon appartement à 7 heures 45 pour un trajet qui prenait normalement quarante-cinq minutes en métro. Le métro de la ligne marron à destination de Quincy avait décidé de s'arrêter de manière imprévue au milieu de nulle part, pendant vingt minutes, ce matin-là. Mais cela n'a pas gâché ma bonne humeur ; je devais juste courir. Par chance, l'un de mes analystes seniors m'a reconnue alors que je courais dans le sky lounge, ne sachant toujours pas comment me rendre au quarante-deuxième étage. Comme il avait pris la même ligne de métro que moi, je n'ai pas eu à trop m'expliquer.

Les deux autres employés qui ont commencé ce jour-là étaient déjà présents lorsque je suis entrée dans la salle où se déroulait l'orientation. On aurait dit qu'ils m'attendaient. Une jeune demoiselle m'a souri et je lui ai rendu son sourire. J'ai salué le jeune homme et me suis assise sur la chaise vide à côté de lui.

« Désolée pour le retard », ai-je dit en avançant ma chaise et en essayant de ne pas avoir l'air stressée. « Ce n'est pas grave, vous n'avez pas manqué grand-chose », m'a dit le responsable de l'orientation technologique, en me tendant mon ordinateur portable et mes informations de connexion.

Oh, on nous donne aussi des téléphones ? Je n'en avais aucune idée. C'est ce que j'ai pensé lorsqu'il a demandé si nous voulions nous faire enregistrer pour obtenir un téléphone de l'entreprise. Si nous choisissions d'obtenir un téléphone professionnel au lieu de voir notre facture de téléphone actuelle payée par l'entreprise, nous recevrions un iPhone XR avec l'option de passer au modèle supérieur tous les deux ans, tant que nous resterions dans l'entreprise. Cela ne s'appliquait pas à moi. Je ne voulais pas transporter deux téléphones en permanence, et je n'aime pas les iPhones de toute façon, mais j'aimais encore moins l'idée que mon téléphone personnel soit contrôlé par mon entreprise. J'ai donc choisi d'obtenir un téléphone professionnel et de continuer à payer moi-même la facture de mon téléphone personnel. Après tout, j'avais un job.

Après l'orientation technologique, une autre personne nous a fait visiter les étages que Duff & Phelps occupait dans le bâtiment, avant de nous conduire à nos postes de travail respectifs. Les autres nouveaux employés faisaient partie d'équipes différentes, mais nous allions tous travailler au trente-cinquième étage. J'étais heureuse, reconnaissante, excitée, mais aussi un peu anxieuse. Je ne savais pas si j'allais *m'intégrer*.

Nous avons marché jusqu'à la cellule de l'autre jeune demoiselle en premier et lorsque nous nous en sommes approchés, elle a couru vers ses amies qui l'attendaient déjà, et elles se sont toutes réjouies et commencé à bavarder. Elles étaient des amies de l'université, semblait-il. Nous avons ensuite marché jusqu'à la cellule du jeune homme, et il ne semblait pas qu'il aurait des difficultés à trouver des amis non plus. Il était une recrue venant d'EY, et il y avait pas mal d'anciens Big 4 dans l'entreprise. Ma directrice et mon directeur général étaient eux-mêmes des anciens de KPMG. Nous avons marché jusqu'à ma cellule en dernier, et c'est à ce moment-là que mon anxiété s'est dissipée.

— Et voilà, vous y êtes ! Je vous souhaite une excellente première journée, m'a dit la dame qui nous faisait visiter le bureau.

— Merci beaucoup, bonne journée ! ai-je répondu, totalement distraite.

Ma cellule était de la même taille que les autres, mais plus spacieuse que je ne l'avais imaginé. Mon nom et ma fonction étaient inscrits sur une plaque dorée apposée sur le côté extérieur. J'ai souri d'une oreille à l'autre. Ma plaque était la même que celle de tout le monde, mais différente.

Bureau 3548-B

Danielle Ndende

Analyste

Wow ! Mon nom a l'air tellement beau, écrit comme ça. J'ai pris une photo de mon beau nom avant d'accrocher mon manteau sur le bord de la cloison de la cellule, comme j'ai vu tout le monde le faire. J'ai déposé mon sac sur la chaise et placé mon ordinateur portable sur la station en dessous de mes deux moniteurs. Je suis ensuite remontée au bureau principal, au quarante-deuxième étage, pour faire vérifier mon autorisation de travail. À ce stade, j'avais déjà passé la vérification des antécédents.

J'ai montré ma carte d'autorisation de travail et d'autres documents au gestionnaire. Il m'a ensuite demandé de saisir toutes mes informations sur une plateforme en ligne. Je me suis étonnée que mes mains ne tremblent pas, compte tenu du chaos qui régnait en moi. Mon cœur battait trop fort dans mes oreilles, quand il n'essayait pas d'exploser hors de ma poitrine, tandis que le gestionnaire examinait mes documents et me regardait saisir. *Aide-moi, s'il Te plaît. S'il Te plaît, ne laisse pas cette opportunité partir, s'il Te plaît.* Le gestionnaire a fait des copies de tout, puis m'a rendu mes documents sans un mot. Enfin... il a souri et a dit « Merci », mais c'était tout. J'ai repris l'ascenseur pour redescendre. À peine assise à mon bureau, j'ai reçu un e-mail.

De : Schulich School of Business

À : Moi

Objet : Excellentes nouvelles de la Schulich School of Business !

Date et heure : 02/12/2019 à 14 h 48

Chère Danielle,

Félicitations, nous vous offrons l'admission à la Schulich School of Business ! Veuillez lire la pièce jointe pour tous les détails.

Pour comprendre vos prochaines étapes, obtenir des informations sur l'inscription aux cours et d'autres détails importants pour les nouveaux étudiants jusqu'au début de votre programme, veuillez visiter la page de notre site Web pour les nouveaux étudiants.

Je vous félicite à nouveau pour votre admission au programme de master en marketing pour l'automne 2020. Je me réjouis de vous accueillir à Schulich.

Coordinatrice du recrutement et de la communication

C'est le plus beau jour de ma vie ou quoi ? J'ai souri d'une oreille à l'autre pour la deuxième fois en une seule matinée. *Les rêves deviennent réalité, et les miens le deviendront aussi.* Ma tâche la plus difficile de la journée était de contenir mon excitation. Dieu s'est aussi probablement lassé de m'entendre Le remercier.

J'ai passé ma première semaine chez Duff & Phelps à suivre des modules de formation en ligne et à effectuer d'autres tâches d'orientation. J'ai souscrit aux avantages, demandé mes cartes de visite, ma carte d'employée et mes cartes d'accès aux bâtiments. J'ai également demandé ma carte de crédit d'entreprise, à utiliser pour les dépenses liées au travail, comme les voyages ou les repas lorsque je travaillerais plus de dix heures au bureau. Comme il ne s'agissait pas d'une carte de crédit personnelle, elle ne pouvait pas m'aider à construire mon dossier de crédit. Mais ce n'était pas grave.

J'étais à la fois excitée et effrayée. La peur que tout s'écroule me guettait. Et même si je savais que ce n'était pas le cas, j'avais l'impression d'être une fraudeuse, et chaque jour me semblait être le jour où je me ferais prendre. Il m'a fallu toute la première semaine pour comprendre que tout était réel et que rien de mal n'allait arriver. Ce n'est qu'à la fin de cette première semaine que j'ai finalement fait savoir que j'avais commencé un nouvel emploi. J'ai également mis à jour mon profil LinkedIn ainsi que mon portail SEVP avec la date de début du 2 décembre.

C'est également au cours de cette première semaine que le cabinet a organisé sa fête de Noël, le jeudi 5 décembre. Elle s'était déroulée au Metropolitan Club, au soixante-septième étage de la Willis Tower. Le bâtiment étant situé juste en face, certains de mes collègues et moi-même nous y sommes rendus à pied après le travail.

La vue était à couper le souffle à travers les fenêtres allant du sol au plafond. Des serveurs et serveuses sillonnaient la salle avec des plateaux de vin mousseux et des amuses-bouches, tandis que les gens bavardaient, riaient, buvaient et mangeaient. J'ai été surprise de constater à quel point l'école fréquentée par les personnes présentes faisait partie de leur identité. Ils ajoutaient tous l'école qu'ils avaient fréquentée à leurs présentations, et j'ai entendu la question « Et toi, tu étais où ? » ou encore « Tu as fait quelle école, toi ? » trop souvent en une seule nuit. Comme j'étais l'une des rares personnes de l'université Roosevelt au sein de l'entreprise, il était parfois gênant de ne pas pouvoir participer pleinement aux conversations, parce que je ne partageais pas les mêmes souvenirs d'université que mes collègues. Bizarrement, j'ai également dû indiquer à certaines personnes où se trouvait mon école, alors qu'elle était située en plein centre-ville, sur Michigan Avenue, et que je suis sûre que ces personnes étaient toutes passées devant à un moment ou à un autre.

Je me suis éloignée de l'agitation et du bavardage après un moment pour me ressourcer. Je me suis installée à un coin pour regarder à travers les fenêtres et confirmer que je ne m'habituerais jamais à la beauté de la ville. La ligne d'horizon était une constellation de lumières éblouissantes ; le ciel lui-même était un concert d'étoiles dansant au rythme de la musique. Toutes chantaient : *félicitations, Danielle !*

Comment suis-je arrivée là ? Bien sûr, je venais de prendre un ascenseur jusqu'au soixante-septième étage du plus haut bâtiment de Chicago, mais je veux dire, *comment ?* Après tout ce que j'avais vécu, je ne pouvais pas m'imaginer aller dans de tels endroits ou assister à de tels événements. Une fois de plus, Dieu était peut-être fatigué de m'entendre Le remercier.

Lorsque j'ai jeté un coup d'œil à l'intérieur de la salle, j'ai réalisé avec tristesse qu'il n'y avait pas beaucoup de gens comme moi. Bien sûr, il y avait des femmes, mais nous n'étions pas de la même race. Celles qui partageaient ma race sillonnaient la salle avec des plateaux de nourriture et de boissons, ou étaient à la réception pour enregistrer les manteaux des invités, ou encore faisaient partie des équipes d'assistantes administratives de Duff & Phelps. Il n'y a rien de mal à ces emplois, bien sûr. Mais tu vois le tableau. Pendant une seconde, je me suis demandé où toutes les femmes noires diplômées étaient aller travailler. Je suis retournée à la fête et j'ai cherché ma directrice – une autre femme noire – mais en vain. Lorsque j'ai demandé où elle était, on m'a répondu qu'elle travaillait beaucoup et qu'elle ne participait pas souvent à ce type d'événements. Je ne comprenais pas tout à fait à l'époque, mais je sais maintenant ce qu'il en est.

J'ai quitté la fête plus tôt que prévu parce que je devais étudier pour le niveau I du CFA, dont l'examen avait maintenant lieu deux jours plus tard. Mon équipe le savait et m'a permis de prendre mon vendredi pour finir d'étudier. Je n'ai en fait pas *fini* d'étudier parce qu'il me restait trop d'exercices à faire. Mais j'ai fait ce que j'ai pu.

Sophie est revenue plus tard dans le mois pour les fêtes de fin d'année, et nous nous sommes bien amusées, comme d'habitude. La différence, cette fois, c'est que je pouvais enfin l'inviter au restaurant ou à d'autres activités, ce qui m'a fait plaisir. Après son départ, j'ai effectué mon exercice habituel de fin d'année.

Pour 2020, je me suis offert un agenda LifePlanner de chez Erin Condren que j'ai personnalisé. Il y avait une section effaçable à sec au verso de la couverture. J'ai pris mes feutres de couleur et j'ai commencé à écrire.

Dans l'espace réservé au titre en haut de la page, j'ai écrit :

Le Mantra de Ma Vie

Et en dessous, j'ai écrit :

Les Rêves Deviennent Réalité
Et Les Miens le Deviendront Aussi.
CROIS !!

Ce mantra avait effectivement joué dans ma tête tout au long du mois de décembre. J'ai ensuite fait le bilan de mon année dans mon journal, et j'ai écrit mes objectifs pour l'année à venir. En voici quelques-uns.

Objectifs, souhaits, peurs et espoirs pour 2020
Les choses que je qualifie de souhaits parce que j'ai trop peur de les qualifier d'objectifs de peur de ne pas les atteindre :

— Réussir le niveau II du CFA (à condition de réussir le niveau I).

— Obtenir mon permis d'études et étudier à Schulich.

— Participer aux événements de Deloitte et prendre des mesures plus intentionnelles pour réaliser mon rêve.

— Je ne suis pas sûre que ça s'applique à 2020, mais je voudrais (peut-être) écrire un livre un jour ou avoir une sorte de plateforme où je partagerai mon histoire, et je l'espère inspirer des gens.

Peurs :

— Souffrir, être à nouveau déprimée.

- Ne pas faire un assez bon travail.

- La douleur.

- Postuler au job de mes rêves, passer des entretiens et ne pas obtenir d'offre. Échouer encore et encore. En fait, je ne sais même pas ce que je ferai si je n'obtiens pas le job de mes rêves. Bien sûr, je trouverai quelque chose d'autre pour payer les factures, mais j'ai l'impression que je ne serai jamais (professionnellement et même personnellement) heureuse et épanouie tant que je n'aurai pas obtenu le job de mes rêves.

Objectifs :

- Faire confiance à Dieu de TOUT mon cœur, ne pas me retenir ; m'abandonner à Lui, me rapprocher de Lui.

- Être plus flexible dans mes projets.

- Renforcer ma confiance en moi et trouver le juste équilibre entre humilité et assurance.

- Ne pas laisser la peur prendre le dessus.

- Sortir le plus possible de ma zone de confort.

- Arrêter d'accumuler des choses. Utiliser ou porter ce que j'achète.

Espoir : Me trouver, mieux me connaître, savoir qui je suis et ce que je suis, accepter d'être différente. Trouver mon identité, mon moi unique.

J'ai écrit mes objectifs mensuels dans un autre journal (tu comptes ?). Puis j'ai prié, ignorant qu'une pandémie se profilait à l'horizon.

CHAPITRE 20

RDRMDA

Date : 09/01/2020

Cher Père Céleste... Ça fait un bon moment que je n'ai pas écrit ici parce que j'avais perdu espoir et que je n'avais plus envie de T'écrire. Mais me voici aujourd'hui, avec un cœur reconnaissant et plein d'espoir.

Merci pour... 2019, ses bas, mais surtout ses derniers hauts (job et admission à l'école de mes rêves), ma famille et mes amis. Avoir ouvert mes yeux pour voir que Tu es là ; Tu m'écoutes ; Tu me connais ; Tu m'aimes ; et Tu veux que mon rêve se réalise aussi. Toutes tes bénédictions.

Je suis inquiète par rapport à... au fait de ne pas être assez bien au travail. Au fait de ne pas obtenir mon permis d'études pour le Canada. Au fait de ressentir encore cette année CETTE douleur. Au fait que Schulich ne soit pas dans Ton plan pour moi cette année.

Les personnes pour lesquelles je prie aujourd'hui... Les personnes qui traversent des moments difficiles. Ma famille et mes amis. Les sans-abris par ce temps froid. Toute personne qui a besoin d'une prière.

Voici ce qui se passe dans ma vie... Je ne sais pas comment je vais pouvoir aller à Schulich. Mais je sais et je crois maintenant vraiment que rien ne T'est impossible.

J'ai besoin... De directives comme d'habitude. De force pour affronter les challenges de cette année. De Ton aide pour combattre mes peurs.

D'autres choses que j'ai sur le cœur et que je voudrais partager avec Toi, mon Dieu… Je voudrais juste Te dire merci pour cette saison dans laquelle je suis. Elle n'est pas parfaite, mais je me sens plus en paix. Je T'aime. Bonne année !

Être admise à la Schulich School of Business signifiait que je devais commencer à planifier ma demande de permis d'études et mon logement au Canada. J'avais déjà commencé à effectuer des recherches sur la façon d'obtenir un permis d'études ; dès que j'ai été admise, j'ai commencé à assister aux webinaires sur les permis d'études organisés par les services aux étudiants étrangers de Schulich. Je savais aussi déjà où je voulais vivre si j'étais admise, et lorsque les candidatures pour ces résidences estudiantines ont été ouvertes en janvier, j'ai immédiatement posé la mienne. En gros, je me suis occupée de tout ce que je pouvais contrôler et payer.

La partie la plus importante et la plus effrayante était les frais de scolarité. Je n'avais aucune idée de la façon dont j'allais les payer, et je voulais enfin laisser ma maman tranquille. Elle m'avait déjà aidée à payer la caution de 3 000 dollars exigée pour accepter l'offre d'admission – puisque je n'avais pas encore assez d'économies – et la date limite pour accepter l'offre (et donc payer la caution) était un mois après l'avoir reçue. Mon objectif était de trouver un moyen de financer mon séjour au Canada par mes propres moyens.

Trois jours plus tard, j'ai sorti un autre journal (je t'ai dit que j'en avais plusieurs). Cette fois, c'était celui où j'écris mes rêves, mes objectifs et mes souhaits, les choses que j'espère et que je voudrais accomplir dans le futur.

Date : 12/01/2020

Je ne suis pas sûre que ce soit un objectif ou même un souhait, mais je suppose que c'est un souhait, lol. Bref, j'ai le désir (voilà) d'inspirer les gens. Je voudrais écrire un livre un jour (je sais, c'est complètement fou), ou avoir une sorte de plateforme où je partagerai mon histoire, je l'espère, de réussite, surtout avec les gens qui s'identifieront le plus à moi. Je voudrais parler de rêves, de mon parcours spirituel absolument pas parfait. Je voudrais parler de passions, de l'école, du travail, du fait d'avoir ou de vouloir obtenir plusieurs diplômes et/ou certifications, d'être une femme et d'avoir des principes fermes. Bref, des choses que j'ai vécues et de mes expériences. J'espère que mon histoire dans quelques années montrera que mon travail a payé et que mes épreuves étaient surmontables ; et j'espère qu'elles auront fait de moi une meilleure personne. J'espère avoir la légitimité et l'authenticité nécessaires pour inspirer et encourager d'autres personnes.

C'est donc comme cela que tout a commencé. Je pensais à écrire un livre depuis décembre 2019, mais je n'ai rien écrit à ce sujet dans mes journaux jusqu'en janvier 2020 (j'ai d'abord écrit à ce sujet dans un *agenda*, pas dans un journal).

Le 3 mars 2019, c'était un dimanche. Et comme tous les dimanches matin, j'étais allée à la messe. À l'époque, j'habitais South Morgan Street dans le West Loop et je fréquentais encore l'église Old St. Patrick's. Pendant son homélie, le prêtre a parlé du fait d'être un compagnon crédible et authentique pour les autres grâce à nos propres expériences (je gardais des notes des messes auxquelles j'assistais dans mes agendas ; c'est comme ça que je sais exactement quel jour on était). Il a expliqué comment ces expériences nous donnent la légitimité d'aider les autres qui vivent peut-être les mêmes situations.

À l'époque, et même si je n'avais pas vécu autant de choses qu'en fin 2019, je voulais déjà aider les autres grâce à mes expériences. Je me souviens d'avoir essayé d'aider Christie, qui à l'époque cherchait un emploi, en partageant ce que j'avais fait pour obtenir mon stage chez CIVC Partners, mais je n'étais pas satisfaite. Je n'avais pas l'impression que c'était *le truc*. Je voulais faire plus, rendre à Dieu et donner aux gens qui m'entouraient. Je me souviens avoir demandé de l'aide à Dieu à plusieurs reprises. Je me souviens m'être sentie frustrée pendant des mois alors que je n'avais toujours aucune idée de la façon dont j'allais être une compagnonne légitime et authentique pour les gens dans ma vie, d'autant plus que j'avais moi-même des difficultés. Je me souviens avoir eu l'impression qu'Il n'avait pas entendu mes prières. Et quand j'ai perdu espoir, j'ai perdu espoir pour tout, y compris pour devenir une compagnonne légitime et authentique pour les gens dans ma vie.

Et nous y voilà.

Un mois plus tard, j'ai écrit dans mon autre journal ordinaire après avoir obtenu mes résultats à l'examen du CFA.

Date : 17/02/2020

Je commence à me sentir un peu submergée par les choses que je veux et que je dois maintenant faire. Les résultats du niveau I du CFA sont sortis il y a quelques semaines, et j'ai échoué. J'étais triste et j'ai remis beaucoup de choses en question. Avant qu'ils ne soient publiés, je me suis dit que si je ne réussissais pas, je ne m'y inscrirais plus. Aujourd'hui, je me suis inscrite pour repasser l'examen parce que j'aime vraiment la finance et que je veux travailler dans ce secteur à un moment donné de ma carrière. Ce n'est absolument PAS une question d'argent ; c'est juste une nouvelle passion pour la gestion des portefeuilles, la valorisation et même la finance d'entreprise (fusions et acquisitions). Qui l'eût cru ?

Bref, le problème est que je ne suis pas du tout motivée pour étudier. Je procrastine beaucoup et je me sens fatiguée. Même aujourd'hui, j'ai toute la journée de libre et au lieu d'étudier, je suis en train de d'écrire dans un journal et il est déjà 14 heures. Je ne sais vraiment pas pourquoi, d'autant plus que personne ne me force et que j'ai payé les frais de ma poche ! Je n'ai tout simplement pas la même motivation que la première fois, mais je veux toujours obtenir le titre de CFA.

Ce qui me submerge, c'est que j'ai également été admise dans l'école de mes rêves (ouais, encore l'école) pour le programme de master en marketing qui commence en septembre. Parfois, j'ai l'impression d'en faire trop et que ça n'a pas de sens de poursuivre autant de diplômes/ certifications. Mais en même temps, je suis vraiment passionnée par le marketing et la finance. De plus, cette école est l'une des meilleures au Canada et elle a beaucoup de contacts avec les meilleures entreprises, en particulier l'entreprise de mes rêves. Pour moi, c'est donc une voie d'accès à mon rêve. Mais avec le CFA qui s'étendra maintenant jusqu'en 2022 si je réussis tous les examens consécutivement, j'ai l'impression que c'est beaucoup, et je ne sais pas comment je vais faire. Je voulais en avoir complètement terminé avec l'école en 2021, ce qui n'arrivera pas. Je ressens aussi de la pression concernant les choses que je veux réaliser mais je ne sais pas par où commencer, et j'ai l'impression d'être en retard.

Je vais avoir vingt-quatre ans dans moins d'un mois, ce qui signifie que l'année prochaine, j'aurai vingt-cinq ans et je serai encore à l'école, et il me semble que j'aurais déjà dû en faire plus. Ce n'est pas sain, je le sais, mais c'est plus fort que moi.

Bref... je vais essayer d'étudier. Bonne chance, Danielle. 

Les résultats du CFA sont tombés le 30 janvier 2020. Après avoir pleuré dans les toilettes du bureau pendant dix minutes ce jour-là, avoir beaucoup réfléchi tout au long de la semaine qui a suivi et avoir parlé avec mon analyste senior chez Duff & Phelps, qui passait le niveau II pour la deuxième fois, j'ai décidé de m'inscrire à nouveau au programme.

Ce n'est jamais drôle d'échouer à un examen, mais ce qui m'a fait pleurer, ce n'est pas tant l'échec que le temps et les efforts que j'ai consacrés à l'étude. Alors que je cherchais un emploi et que je n'en trouvais pas, et après que Marquette Associates m'a brisé le cœur en octobre 2019, j'ai essayé de justifier la situation en me disant qu'il était sans doute préférable pour moi de me concentrer sur les révisions.

Je dois aussi admettre que le fait de voir à quel point les choses commençaient à bien se passer m'a donné l'impression que c'était le début d'une vie sans trop d'ennuis. Alors, quand j'ai eu les résultats, plus rien n'avait de sens. Mais j'ai voulu faire une nouvelle tentative.

Duff & Phelps sponsorisait le CFA, mais pas rétroactivement et seulement si l'employé le réussissait. Je n'ai donc pas été remboursée des frais que j'avais payés en septembre 2019 parce que c'était avant que je ne commence à travailler pour l'entreprise, et je ne serais pas remboursée des frais que j'ai payés en février 2020 parce que l'examen était censé avoir lieu en juin, et que j'allais quitter les États-Unis juste après, que je réussisse ou non.

Mon anniversaire en 2020 était tombé un vendredi, que j'ai pris en congé pour me faire plaisir. C'est aussi le jour où j'ai ouvert le cadeau d'anniversaire que je m'étais offert quelques jours plus tôt. Je jetais un coup d'œil à la boîte à côté de ma table de nuit plusieurs fois par jour tous les jours, attendant impatiemment que mon anniversaire arrive pour pouvoir enfin l'ouvrir, même si je savais bien ce qu'il y avait à l'intérieur.

Ce vendredi matin, j'ai ouvert la boîte, j'ai sorti la montagne débordante de papier de remplissage rose pour révéler un sachet rose parfaitement plié avec un logo imprimé au milieu. On pouvait y lire *Kate Spade*. J'ai souri. En dessous, il y avait un sac à main de taille moyenne en cuir. Il était entièrement noir, mais les accents rose pâle sur les côtés ajoutaient un joli contraste. Le logo était imprimé à l'avant, en haut, en petites lettres dorées.

La dernière chose dans la boîte était une enveloppe rose vif. Je l'ai ouverte et j'ai souri à la carte que j'avais oublié que je m'étais m'écrite.

De moi à moi. Joyeux anniversaire, Beauté ! 😊

J'ai pris des photos de moi avec mon beau sac avant de partir pour ma journée de soins, pleinement consciente de ce que ce cadeau signifiait pour moi.

Le lendemain, 14 mars, j'ai célébré mon anniversaire avec mes amis. J'avais fait une réservation au BLVD, un somptueux restaurant situé dans le West Loop. Personne ne savait qu'un confinement serait bientôt ordonné, alors tout fonctionnait encore comme d'habitude. J'avais une robe mauve à encolure large et des talons noirs à lanières. On pouvait voir que j'avais recommencé à faire de l'exercice. Les cicatrices sur ma poitrine s'étaient estompées, tandis que mon maquillage couvrait l'acné et les cicatrices sur mon visage. Un collier scintillant ornait mon cou et était mon seul bijou. Et tu devines bien que mes ongles étaient faits. Je me suis bien amusée. Et j'ai mangé du gâteau.

Lorsque Chicago est entrée en confinement le lendemain, j'étais reconnaissante d'avoir pu fêter mon anniversaire avant que tout ne ferme et avant de quitter le pays. Je ne le savais pas encore, mais je ne sortirais plus avant de partir. Je suppose donc que ma fête d'anniversaire était aussi une fête d'adieu.

Avec la pandémie de COVID-19 qui battait son plein et les nouvelles de licenciements dans tout le pays, j'étais reconnaissante de ne pas avoir perdu mon emploi. Je travaillais de la maison et j'ai pu continuer à payer le loyer et les autres factures par moi-même, tout en économisant de l'argent pour mes objectifs. Cependant, revenir à rester dans ma chambre toute la journée, tous les jours, n'était pas drôle. Ce qui était au départ un confinement de deux semaines s'est transformé en un confinement d'un mois, puis plusieurs mois, ce qui m'a donné encore plus envie de rentrer au Cameroun. Le fait que USCIS ne fasse preuve d'aucune souplesse à l'égard des étudiants étrangers n'a pas aidé non plus.

Le billet d'avion que j'avais acheté en avril et dont le vol devait partir le 5 juin avait été annulé à cause de la fermeture des frontières. Le niveau I du CFA, initialement prévu pour le 6 juin, avait été annulé. C'était un soulagement, car cela signifiait que je ne me forcerais plus à étudier. Cela signifiait également que je n'avais plus aucune raison de rester aux États-Unis après l'expiration de ma carte d'autorisation de travail le 26 mai. Si l'examen n'avait pas été reporté, je l'aurais passé pendant ma période de grâce de soixante jours qui expirait le 25 juillet. Mais maintenant, je voulais partir le plus tôt possible à la fin de mon OPT.

Le 29 avril, j'ai envoyé un e-mail à la conseillère pour les étudiants étrangers de l'Université Roosevelt, pour lui faire part de ma situation et lui demander ce qui se passerait si je n'arrivais pas à quitter les États-Unis à temps. Elle m'a répondu que USCIS n'avait *malheureusement* pas publié de nouvelles directives et que je serais toujours en situation irrégulière, si je ne pouvais pas partir avant la fin de mon délai de grâce (même si cela n'aurait ni été ma faute ni celle de quelqu'un d'autre). Elle m'a dit qu'une étudiante avait posé une question similaire directement au USCIS deux semaines plus tôt, et qu'on lui avait dit de changer son statut pour un visa de visiteur B1/B2 (ce qui coûte de l'argent) ou de se réinscrire dans un autre programme universitaire (ce qui coûte encore plus d'argent). *Super !*

Lorsque tu ajoutes à cela toutes les fusillades et tous les meurtres de Noirs, toutes les manifestations, tous les pillages et toutes les violences dans la rue pendant une pandémie, je ne pouvais tout simplement pas passer un jour de plus aux États-Unis. Je voulais partir. *J'avais besoin* de partir.

J'ai quitté mon emploi chez Duff & Phelps le vendredi 15 mai 2020. J'avais d'abord appelé Sam, mon directeur général, pour lui faire part de mon intention de partir. J'ai expliqué que la raison principale de mon départ était la pandémie et tout ce qui se passait dans le pays, ce qui n'était pas un mensonge. Ce n'était juste pas totalement la vérité. Il a compris ma décision et, à ma grande surprise, il m'a dit qu'il envisagerait de me réembaucher si je revenais à Chicago plus tard dans l'été, « une fois la pandémie passée ». Évidemment, à l'époque, personne ne savait combien de temps cette chose allait durer. Je l'ai remercié, sachant très bien que même sans pandémie, je ne retournerais pas au cabinet.

Tous les commentaires positifs que j'ai reçus lorsque j'ai envoyé mon e-mail d'au revoir le dernier jour ont également été une agréable surprise. Les gens m'ont remerciée pour mon travail acharné. Ceux avec qui j'avais commencé à travailler vers la fin du mois d'avril m'ont dit qu'ils avaient entendu de bonnes choses à mon sujet et qu'ils me souhaitaient bonne chance. La professionnelle des ressources humaines qui a mené mon entretien de départ a essayé de me faire rester, et même si je savais qu'elle faisait son travail, ça m'a fait du bien de me sentir appréciée.

Elle a demandé pourquoi je partais, si j'avais trouvé un nouvel emploi et combien cet emploi allait me payer. Lorsque je lui ai dit que je me sentais un peu seule à Chicago, elle m'a proposé de me transférer au bureau de Dallas ou de New York, où il y avait beaucoup plus d'analystes, et que l'entreprise paierait mes frais de déménagement. L'offre était tentante, mais je ne pouvais pas rester. Même si j'avais pu, je ne serais pas restée parce que je n'en avais pas envie. Et aucune somme d'argent, aucun avantage supplémentaire, rien ni personne n'aurait pu me faire rester.

Je voulais partir. *J'avais besoin* de partir. Alors je suis partie.

Pendant que je mettais mon ordinateur portable, mon téléphone et les autres accessoires de travail dans un carton pour les expédier au bureau, je me suis souvenue du chemin parcouru pour arriver chez Duff & Phelps. J'étais reconnaissante pour cette expérience et pour le sentiment de liberté financière qu'elle avait ramenée dans ma vie, bien que temporairement.

Le vendredi 29 mai 2020, à 14 heures, j'étais officiellement au chômage. Encore une fois. Mais cette fois, je ne cherchais pas un autre job. J'avais hâte d'être à la maison.

J'ai finalement pu réserver un vol de retour qui n'a pas été annulé ; il est parti le 7 juin. J'avais vendu ou donné tout ce dont je n'avais plus besoin ou que je ne pouvais pas mettre dans mes bagages, et j'ai gardé l'argent pour payer les frais d'excédent de bagages que je savais devoir payer à l'aéroport. Il ne restait plus qu'un problème, peut-être le plus important.

J'avais emballé des vêtements d'hiver et d'autres objets personnels (comme mes journaux) dans des cartons que je voulais expédier à Toronto. Mais j'ai passé des nuits blanches à me demander si c'était la bonne chose à faire, étant donné que je n'étais pas sûre à cent pour cent d'obtenir mon permis d'études pour le Canada. Je ne savais pas quoi faire si je ne les envoyais pas à Toronto. Les expédier chez moi n'était pas une option car les services d'expédition avaient cessé d'envoyer des colis au-delà d'une certaine distance, et Yaoundé était tout simplement trop loin de Chicago.

Vendre ou donner signifierait perdre beaucoup d'objets personnels et devoir acheter à nouveau des vêtements d'hiver si j'obtenais mon permis d'études. Et si j'envoyais les cartons à Toronto mais que je n'obtenais pas mon permis d'études, je ne savais pas ce qui allait se passer. Je ne connaissais personne à Toronto - ou au Canada - qui pourrait expédier mes cartons chez moi ou les garder pendant un certain temps. Et qu'en était-il de l'argent ? L'expédition de ces quatre cartons au nord de la frontière allait coûter plus de 1 000 dollars, en plus des frais mensuels de location de l'espace d'entreposage. De plus, tous les services d'entreposage que j'avais contactés exigeaient que quelqu'un signe le contrat et prenne possession des clés en personne. Encore une fois, je ne connaissais personne à Toronto ou au Canada. En même temps, j'avais déjà payé le premier et le dernier mois de loyer de la résidence estudiantine où je voulais vivre si j'allais à Schulich.

Le 2 juin, ma demande de prêt étudiant privé soumise en mars a été approuvée. Les étudiants étrangers au Canada n'étaient pas admissibles aux prêts gouvernementaux et à la plupart des prêts bancaires, alors j'ai dû choisir la voie privée (et malheureusement plus coûteuse). J'économisais de façon agressive pendant que je travaillais, accumulant environ 10 000 dollars à la fin du mois de mai. Cependant, ça ne suffirait pas à prouver que j'avais les fonds nécessaires pour payer les frais de scolarité et les dépenses courantes. Je prévoyais d'utiliser le prêt étudiant pour les frais de scolarité, en affectant mes économies aux dépenses courantes.

Le fait que mon prêt étudiant ait été approuvé était le signe que je pouvais expédier mes cartons à Toronto, ce que j'ai fait la veille de mon départ. J'avais fini par trouver un service d'entreposage qui avait accepté de recevoir mes cartons et de les garder sans que j'aie à récupérer les clés. J'ai signé un contrat digital pour une petite unité de stockage et j'ai payé trois mois d'avance. C'est la durée pendant laquelle je pensais que mes affaires resteraient là, étant donné que le programme de master en marketing et le bail de mon appartement commençaient en septembre.

Ma sœur aînée Naomi a passé ma dernière semaine à Chicago avec moi et m'a accompagnée à l'aéroport le matin du 7 juin. J'ai passé la sécurité avec des larmes qui coulaient encore sur mes joues, et avant de disparaître dans le couloir vers ma porte d'embarquement, je me suis retournée pour saluer Naomi pour la dernière fois.

Un moment doux-amer. Autant cette ville m'avait fait du mal, autant Chicago et son magnifique paysage allaient me manquer. Mais je rentrais enfin chez moi. Plus de soucis pour trouver mon prochain appartement ou mon prochain job, plus de stress pour trouver des moyens de rester aux États-Unis, plus de visa F-1, plus d'I-20, plus de CPT, plus d'OPT et plus de restrictions. Juste la paix et la liberté.

J'avais hâte de manger tous les bons plats que ma maman avait apprêtés pour moi.

Hmmm... des bananes frites.

CHAPITRE 21

JAMAIS MIEUX AILLEURS QUE CHEZ SOI

« Danielle !!! » Emma a crié de l'autre côté du parking de l'aéroport. Elle m'a sauté au cou, me prenant par surprise et ignorant le chariot rempli de valises que je poussais dans le parking, en essayant de retrouver ma famille. Je l'ai entourée de mes bras, laissant le chariot au milieu de la route, bloquant les gens derrière et les voitures à côté de moi. Ils étaient agacés, mais je m'en moquais. Ma petite sœur et moi étions un mélange de larmes et de bonheur. Je me suis déplacée pour prendre Nora dans mes bras ; j'avais l'impression d'être la vieille tante qui remarquait à quel point elle était devenue grande. Peut-être avions-nous la même taille, peut-être était-elle plus grande. Mais ce n'est pas la question. Et ma maman... oh, ma maman. « Ming Mang Moung ! » Je me suis réjouie, la serrant dans mes bras comme si je ne l'avais pas vue depuis une autre décennie. « Ma personne ! » J'ai sauté sur mon frère, ignorant ses commentaires sur le fait qu'Emma et moi étions moches parce que nous pleurions. J'ai fait un câlin à sa partenaire et j'ai immédiatement pris Luna de ses mains. C'était une si grande fille ; pendant un instant, je me suis demandé si les vêtements que j'avais achetés pour elle lui iraient. J'ai aussi salué mon père.

Il nous manquait quelques personnes, mais j'aurais le temps de voir tout le monde, de toute façon. Luna était calme sur ma hanche, se demandant sans doute pourquoi toute cette agitation. Elle était calme, adorable, innocente et ignorait complètement qu'elle était la raison pour laquelle je n'avais pas supprimé à nouveau mes applications de réseaux sociaux en février 2019.

J'ai aidé à mettre mes bagages dans les malles, et direction la maison pour manger de l'okok, et des bananes frites avec du poulet braisé.

Mon premier mois à Yaoundé était rempli de rires, de repos, de liberté, de paix et de beaucoup de nourriture. Je ne sais pas comment ni quand ça s'est produit exactement, mais un jour, elle avait disparu. J'étais dans ma chambre, assise tranquillement sur mon lit, en train de recharger mon téléphone et ma batterie personnelle après avoir passé des heures à bavarder, rire, manger et danser avec ma famille. Quelque chose m'a semblé bizarre. J'ai froncé les sourcils, confuse, et j'ai passé ma main droite de l'avant à l'arrière de mon cou, en l'étirant d'un côté à l'autre. Il me manquait quelque chose. J'ai ensuite passé ma main sur ma poitrine. *Là.* J'ai souri d'une oreille à l'autre, réalisant que la douleur, ce trou autrefois de la taille d'un petit pois sur mon cœur qui avait ensuite atteint la taille d'une pièce de monnaie, la douleur qui s'était un peu rétrécie à un moment donné puis était revenue plus profonde, la douleur qui avait déchiré mon cœur et explosé à travers mon corps, cette douleur avait disparu. Je m'étais tellement habituée à l'avoir en permanence sur mon cœur que je n'ai même pas remarqué lorsqu'elle s'en est allée. Je ne l'ai tout simplement plus ressentie.

Malheureusement, il n'y a pas eu que des arcs-en-ciel, des papillons et des bananes frites. J'ai aussi versé quelques larmes, des larmes qui n'étaient pas de joie. Je n'avais pas réalisé à quel point j'allais vivre un choc culturel en rentrant chez moi. Et je ne parle même pas des mots dont l'équivalent en français m'échappait parfois ou que je ne connaissais même pas. Partie depuis un peu plus de trois ans, je pensais que rien ne serait trop différent d'avant mon départ. Après tout, Yaoundé était ma maison ; ses gens étaient les miens. Je savais que ces gens parlaient beaucoup et avaient toujours quelque chose à dire sur tout. J'avais juste oublié à quel point ils pouvaient manquer de filtre (et très honnêtement, de considération). Je réalise bien que ces caractéristiques ne sont pas spécifiques à un pays et qu'elles peuvent être observées à travers le monde, mais je les ai vécues différemment lorsque je suis rentrée chez moi.

Les Américains parlent beaucoup ; c'est la première chose que j'ai remarquée à Chicago. Pendant presque toute ma première année, j'ai été prise de court par les réponses des gens quand je leur demandais comment ils allaient, surtout ceux que je ne connaissais pas. Les inconnus dans les ascenseurs me disaient *vraiment* comment ils allaient au lieu de me renvoyer la réponse « Ça va » que je venais de leur donner. Lorsque je leur demandais s'ils avaient passé un bon week-end, certains me racontaient ce qu'ils avaient effectivement fait chaque jour de ce week-end au lieu de répondre simplement « Oui » comme je le faisais. D'autres personnes encore, parlaient ouvertement de ce qui n'allait pas dans leur journée et d'à quel point elles étaient frustrées, ce à quoi je ne savais jamais vraiment quoi répondre à part « C'est dommage » ou encore « Désolée pour ça ». Alors oui, je trouvais que les Américains parlaient beaucoup, parfois trop à mon goût.

Ce que personne n'a fait, en revanche, c'est un commentaire sur ma peau. Certes, je n'ai pas rencontré beaucoup de gens et j'ai passé quatre-vingt-dix pour cent de mon temps dans une chambre, mais en trois ans et trois mois aux États-Unis, aucun étranger dans le bus ou dans la rue ne m'a dit à quel point ma peau était moche. Et je savais que les gens voyaient ma peau. Je devinais lorsqu'ils regardaient mon visage en raison de l'état de ma peau, à quel point elle était abîmée. Pourtant, je ne recevais aucun commentaire.

Lorsque j'ai obtenu mon job chez Duff & Phelps et que je pouvais enfin me le permettre, j'ai décidé de me faire faire des soins du visage personnalisés tous les mois pour aider ma peau à guérir. Je n'ai pu le faire qu'une seule fois, quelques semaines avant mon anniversaire. Puis la pandémie a frappé, et tout a fermé ; je n'ai donc pas pu continuer le traitement que je venais de commencer. C'était dommage, mais j'avais prévu de commencer un autre traitement un fois rentré chez moi, car les choses n'étaient pas aussi graves là-bas.

L'après-midi du samedi 4 juillet, je suis allée à mon premier rendez-vous pour un soin du visage dans un spa assez réputé, et ce fut de loin ma pire expérience. Dès que j'ai enlevé mon masque, l'esthéticienne qui m'« aidait » a commencé à critiquer ma peau. À ce moment-là, j'avais déjà reçu trop de commentaires sur ma peau de la part de différentes personnes. Chaque personne que je rencontrais pour la première fois (à part les membres de ma famille proche et quelques amis) commençait par un commentaire sur ma peau. J'avais réussi à balayer tous ces commentaires jusqu'au jour de mon soin du visage.

Lorsque je suis rentrée chez moi après mon rendez-vous, ma gorge était pleine de larmes refoulées. Je n'avais aucun de mes journaux, alors j'ai déversé mon cœur et mes larmes sur mon ordinateur portable.

Date : 04/07/2020

Titre : Ma peau

Comment suis-je censée avoir confiance en moi avec une aussi mauvaise peau ? Chaque jour, on me rappelle, d'une manière ou d'une autre, que l'état de ma peau s'est radicalement détérioré, et ni hier ni aujourd'hui n'ont été différents.

Tu t'imagines entrer dans un salon de beauté pour un soin du visage et l'esthéticienne commence à critiquer ta peau au point de te faire mal à l'intérieur et à l'extérieur ? Les gens supposent que je ne fais rien ou pas assez pour ma peau et que c'est pour ça qu'elle est comme elle est. Les gens supposent que je ne prends pas l'état de ma peau au sérieux et que c'est pour ça qu'elle ne s'est pas encore améliorée. Tout le monde essaie de donner des conseils sur ce qu'il faut faire, sur les produits à utiliser, comme si je ne faisais pas déjà mes recherches, comme si je ne dépensais pas déjà des centaines de dollars en produits pour la peau.

Ceux qui donnent des conseils ne pensent pas mal, et je le sais. C'est juste que ça me fait mal qu'on me rappelle que ma peau a mauvaise mine. Ce qu'ils ne savent pas, c'est que ma peau est en fait beaucoup plus belle aujourd'hui qu'elle ne l'était l'année dernière ou encore il y a deux ans, et j'ai même regagné un peu de confiance en moi lorsque j'ai constaté une certaine amélioration. J'avais l'impression de pouvoir assumer ma peau et avoir de l'assurance malgré les imperfections restantes. Depuis que je suis revenue, j'ai l'impression que je ne peux pas travailler sur ma confiance en moi parce que ma peau n'est pas belle. Je me sens moche. Aussi mal que ça puisse paraître et même si je sais que je ne devrais pas dire ça, je ne me sens tout simplement pas jolie.

On m'a dit que je ne me ressemblais plus, que je n'étais plus aussi jolie qu'avant, ce qui, en toute honnêteté, est vrai. J'ai essayé de regarder au-delà de mes boutons ; j'ai essayé de regarder ma peau et de me dire que son état n'était pas si grave, mais c'est clairement le cas, et je ne sais plus quoi faire. Ça fait trois ans, trois ans de lutte. Qu'est-ce que je suis censée faire ? Le pire, c'est que tout ça me rappelle aussi ce que j'ai vécu et ce qui a initialement commencé à abîmer ma peau.

Je sais que ma peau n'est plus ce qu'elle était il y a trois ans, avant mon départ. Je sais que ma peau n'est pas parfaite. Je sais que j'ai des problèmes de peau. Mais pourquoi les gens manquent-ils autant de considération ? Pourquoi ne peuvent-ils pas simplement voir et ne rien dire s'ils n'ont rien de gentil à dire ? Ce n'est pas comme ça que les choses sont censées se passer ? Avec autant de gens qui font des commentaires sur ma peau, je sais que certains ont quelque chose à dire mais s'abstiennent, et je les remercie vraiment pour ça.

Voilà que je recommence à ne pas vouloir sortir ou voir des gens à cause de l'aspect de ma peau. Mon retour ici m'a rendue encore plus complexée que je ne l'étais déjà et je suis maintenant toujours anxieuse à l'idée de voir des gens, en particulier mes anciens amis qui savent seulement à quoi je ressemblais avant et qui pensent que j'ai au moins la même apparence, voire une apparence meilleure. Ce n'est pas le cas. Non seulement je n'ai pas la même apparence, mais je ne suis pas non plus le reflet de l'image qu'ils se font d'une personne venant de l'étranger, en particulier des États-Unis. En soi, ça ne me dérangerait pas autant si j'avais au moins retrouvé ma peau.

« Pourquoi tu n'es plus aussi jolie qu'avant ? » « Tu as l'air vieille. » « Tu ne te ressembles pas. » « Tu es si sombre. » « Pourquoi tu ne pouvais pas t'éclaircir ? » « Ta peau a besoin de beaucoup de travail. » « Nous étions habitués à la toi plus jolie. » « Tu devrais utiliser Clinique. » « Tu ne peux pas te contenter d'un soin du visage classique, ta peau est trop abîmée pour ça. » « Tu pensais vraiment que tu allais avoir un soin du visage classique avec une peau aussi mauvaise ? »

Mais je dois avoir la peau épaisse (haha) et ne pas prêter attention à tout ça, n'est-ce pas ? D'accord ! OK, c'est fait ! Il suffisait de demander. :-)

Peut-être que je devrais déjà renoncer à ma peau et apprendre à vivre avec elle telle qu'elle est. Je ne retrouverai probablement pas la peau de mes vingt ans.

Chaque fois que je rencontrais quelqu'un qui ne m'avait pas vue depuis mon retour à la maison, je ressentais le besoin de la « prévenir » à l'avance que je ne ressemblais plus à ce que j'étais avant. Cela a fini par s'arrêter car je me suis habituée aux commentaires, mais j'ai aussi trouvé un bien meilleur spa avec un bien meilleur service à la clientèle, et j'ai commencé à voir une certaine amélioration quelques mois après le début de mon traitement.

C'est aussi en juillet que j'ai effectué ma demande de permis d'études. Pour étudier au Canada en tant qu'étudiant étranger, on a besoin d'un permis d'études et, dans certains cas, d'un visa de résident temporaire (VRT), selon le pays d'origine.

Pour moi, le permis d'études est semblable à un I-20 aux États-Unis. C'est un document qui contient les renseignements personnels et scolaires de l'étudiant, qui constitue une preuve de son statut au Canada et détermine la durée de son séjour dans le pays. Il y a également un délai de grâce de quatre-vingt-dix jours après l'expiration du document, semblable au délai de grâce de soixante jours du I-20. D'autre part, un visa est simplement un tampon sur le passeport qui permet d'entrer dans un pays.

J'allais avoir besoin du permis d'études et du VRT, mais je n'avais qu'une seule demande à soumettre : la demande de permis d'études. Si la demande était approuvée par Immigration, Réfugiés et Citoyenneté Canada (IRCC), j'obtiendrais mon visa et une lettre d'approbation à présenter à la frontière canadienne, pour que mon permis d'études puisse être délivré. En réalité, l'obtention d'un visa et/ou l'approbation d'un permis d'études ne garantit pas l'entrée au Canada en tant qu'étudiant étranger ; le permis d'études est délivré à la frontière, et ce sont les agents frontaliers qui prennent la décision finale. Oui, ils pouvaient me renvoyer, même si j'avais fait tout le chemin jusqu'à la frontière canadienne, s'ils jugeaient que mes documents justificatifs n'étaient pas satisfaisants.

Je n'avais pas pu demander mon permis d'études pendant que j'étais aux États-Unis parce que mon passeport expirait en juin. De plus, il ne me restait que quelques mois sur ma carte d'autorisation de travail, ce qui n'était pas une preuve suffisante de liens avec le pays de résidence. Et je n'ai atteint mon objectif d'épargne que fin mai. J'avais déjà préparé tous les autres documents, si bien que fin juin, il ne manquait plus que mon nouveau passeport. Dès qu'il a été délivré en juillet, j'ai demandé mon permis d'études.

Plus tard dans le mois, la société de prêt privée auprès de laquelle j'avais demandé un prêt étudiant a annulé mon contrat, parce qu'elle était confrontée à des problèmes liés à la pandémie. Elle ne pouvait plus accepter de nouvelles demandes ni assurer le service des prêts approuvés après février 2020. J'ai continué à profiter de mon été, optimiste à l'idée de trouver une solution. J'étais calme et tranquille, jusqu'à ce que je ne le sois plus.

J'ai repris mes révisions pour le niveau I du CFA dans le courant du mois d'août. L'examen allait maintenant avoir lieu le 5 décembre. J'avais déjà changé mon lieu d'examen de Chicago à Toronto, en espérant que j'y serais d'ici là.

À la fin du mois d'août, ma demande de permis d'études était toujours en suspens. Heureusement, le gouvernement canadien a reconnu les difficultés auxquelles étaient confrontés les étudiants étrangers en raison de la lenteur des délais de traitement. Il a donc permis aux étudiants de commencer leur programme en ligne depuis l'étranger, à condition qu'ils prouvent qu'ils avaient demandé leur permis d'études avant le début de leur programme.

J'avais demandé mon permis d'études en juillet et mon programme a commencé le 14 septembre, donc tout allait bien. J'avais prévu de rester à la maison pendant trois mois au maximum, en espérant commencer le programme en personne. Mais la plupart des écoles – y compris Schulich – n'offraient pas de cours en personne cet automne-là, et les frontières canadiennes étaient encore fermées aux voyages non essentiels. Donc, même si j'avais obtenu mon permis d'études et mon visa, je n'aurais pas pu voyager.

Ce qui me dérangeait le plus, c'est que j'avais déjà payé 2 600 dollars de loyer pour deux mois dans mon appartement de Toronto, comme exigé lors de l'approbation de ma demande. Ce montant n'était pas remboursable et ne pouvait pas être appliqué à d'autres mois, car mon contrat de location commençait effectivement en septembre. Je devais également continuer à payer 160 dollars par mois pour l'espace d'entreposage que je louais pour mes cartons.

À partir du 14 septembre, je suivais mes cours tous les après-midis de la semaine, ce qui correspondait à l'heure du matin à Toronto. J'adorais mes cours, même si j'aurais aimé les suivre sur le campus. Coordonner les heures de réunion pour les projets de groupe était un challenge en raison du décalage horaire entre mes camarades de classe et moi, qui étions tous dispersés dans le monde entier. Certains jours, j'avais des réunions à 23 heures ; d'autres jours, je devais me réveiller à 2 heures du matin. Il en allait de même pour les événements de réseautage avec les entreprises, qui étaient généralement programmés à la fin de la journée de travail à Toronto, donc vers minuit à Yaoundé. Pas drôle.

Ce qui était encore moins drôle, c'est qu'à la fin du mois de septembre, je n'avais aucune nouvelle de l'ambassade. J'ai commencé à me demander si ça valait la peine de continuer à suivre des cours. En plus, je n'avais pas payé de frais de scolarité supplémentaires et je n'avais pas trouvé d'autre solution. Il y a eu tant de fois où j'ai voulu abandonner et cesser de suivre les cours. J'ai continué à les suivre, certains jours en ayant l'impression d'être une parfaite imposteure, et d'autres en appréciant simplement d'être dans le programme.

À la fin du mois d'octobre, rien n'avait changé. Vivre dans deux pays simultanément a eu un impact sur mon corps. J'étudiais pour le CFA de 8 heures à 12 heures avant d'aller en cours à 13 heures, puis je me reconnectais pour des projets de groupe, des activités extrascolaires ou des événements de réseautage la nuit. J'essayais aussi de voir mes amis çà et là et d'être avec famille autant que possible, et *j'essayais* d'écrire ce livre le dimanche. Qu'elle soit positive ou négative, j'avais besoin d'une réponse pour savoir où concentrer mon énergie limitée.

Date : 26/10/2020

Titre : Écrire à Dieu me manque

Hey Dieu, j'espère que Tu vas bien. Je T'écris ici parce que je n'ai pas mon journal physique avec moi, et ça me manque de T'écrire et mettre mes pensées dans un journal. Ça peut paraître banal, mais j'avais vraiment l'impression de Te parler quand j'écrivais dans mon journal. C'était aussi un bon moyen pour moi d'exprimer ce que je ressentais.

Tu me manques et j'ai essayé, peut-être pas assez fort, de faire un jeûne pour me rapprocher de Toi. Ça ne s'est pas très bien passé. Je n'ai pu jeûner que 4 jours sur les 21 jours prévus, mais j'ai quand même gagné quelque chose en lisant la Bible tous les jours pendant 21 jours. J'essaierai à nouveau ce jeûne l'année prochaine quand je serai, je l'espère, au Canada, et que je pourrai être végétarienne pendant 21 jours (hihi).

Je ne me sens pas bien aujourd'hui, et je ne me sens pas très bien ces derniers temps. Je ne sais pas du tout quel est Ton plan pour moi et s'il prévoit que j'aille au Canada cette année ou jamais. Je suis des cours que je ne sais pas comment je vais pouvoir payer. Je paie chaque mois le loyer de mon espace de stockage à Toronto sans même savoir avec certitude si j'irai. Je suis reconnaissante d'avoir assez d'argent pour payer ça, ça n'a pas toujours été le cas. J'ai économisé un peu d'argent grâce au travail que j'avais, et je suis reconnaissante d'avoir pu le faire. Mais le fait est que je n'ai certainement pas économisé assez d'argent pour payer l'école. Même si on m'avait donné tout mon salaire annuel en une seule fois, il n'aurait pas suffi à couvrir mes frais de scolarité et mes dépenses courantes. Je n'ai pas pu obtenir de prêt étudiant, et pourtant, je continue à suivre des cours, à faire des devoirs et à participer à des activités. Parfois, je suis tellement impliquée que j'oublie même que je n'ai pas d'argent pour aller dans cette école. Et sur la base de mes expériences passées, j'ai tellement peur de finir par ne pas y aller. Et pour être honnête, ce ne serait pas une surprise. Je ne suis pas en train de me lamenter. Je ne suis pas en train de ne pas Te faire confiance. Je ne suis pas en train de laisser la peur prendre le dessus. Je suis simplement perdue, et je ne suis pas sûre de ce que Tu veux pour ma vie.

Nous sommes le 26 octobre et je n'ai toujours pas mon visa. Étudier ici est tellement difficile avec le décalage horaire. Je sais que je ne suis pas la seule à suivre des cours à l'étranger, et je n'essaie pas de faire croire que je souffre, pas du tout ! Je dis simplement que ce n'est pas toujours facile, et j'essaie d'être reconnaissante de ce que j'ai et pour là où je suis, mais parfois je suis aussi frustrée parce que je ne suis pas à l'aise. Je sais que je ne suis pas la seule à ne pas être à l'aise, surtout cette année avec tous les challenges qu'elle a apportés, mais... je ne sais pas, je dis juste.

Je ne me sens pas bien… J'ai épuisé tous mes produits pour le visage et certains d'entre eux sont introuvables ici. Parfois, je me sens aussi seule. J'ai envie de partir, mais encore une fois, je n'ai pas l'argent nécessaire pour subvenir à mes besoins là-bas… J'ai cherché du travail, mais pas de chance jusqu'ici. Je dois admettre que, compte tenu de ma présence ici et du contenu de mon programme, je ne peux pas vraiment avoir de job parce que le programme est très exigeant.

En parlant de jobs… Si j'arrive à aller au Canada, je ne sais pas si je devrais poursuivre le job de mes rêves tout de suite… Je ne me sens pas assez prête pour le faire, et je ne sais pas non plus si je serai admissible pour l'automne prochain, étant donné que Deloitte a déjà fermé sa saison de recrutement pour les emplois commençant l'automne prochain. Si je ne rejoins pas Deloitte, j'ai un plan B : RSM. J'essaie simplement d'avoir des options ; je ne dis pas que c'est exactement comme ça que ça se passera, parce que je sais que la vie est imprévisible et que je ne suis pas vraiment au contrôle…

Bref, le truc c'est qu'en visant RSM après l'obtention de mon diplôme, je n'ai pas l'impression de viser assez haut par rapport à là où d'autres personnes veulent aller. Je sais que je suis en train de me comparer, mais d'autres étudiants, notamment ceux en MBA, ont l'ambition d'entrer dans les meilleures banques par exemple. C'est très bien et c'est légitime. Moi-même, je voudrais travailler chez Deloitte et j'espère travailler dans un cabinet MBB plus tard dans ma vie, mais je n'ai pas l'impression de pouvoir accéder à ce type d'emplois maintenant, et je pense que je devrais commencer par quelque chose de « plus petit ». Mais ensuite, quand j'entends tout le monde, c'est comme si je n'étais pas assez ambitieuse… Je ne sais pas vraiment quoi faire. J'aime beaucoup RSM, mais pas pour plus d'un an. Mon rêve, c'est Deloitte, mais je ne suis pas sûre de pouvoir l'intégrer l'année prochaine.

Il y a aussi que je ne me sens pas assez bien ; je ne me sens pas assez intelligente ; je ne me sens pas bien tout court. Il y a aussi que mon livre me fait parfois peur. Je ne connais pas encore l'issue de ma « vie », et comme la fin de mon livre n'est pas encore arrivée, et que je ne sais pas si/quand/comment elle arrivera, c'est un peu effrayant. Je pense aussi que j'insiste pour entrer chez RSM parce que ça s'intègrera bien dans l'histoire de mon livre, mais est-ce une raison valable ? Dois-je vraiment poursuivre RSM ? Si ce n'est pas le cas, que dois-je faire, où dois-je aller ?

Je suis désolée que tout ça soit si triste, mais j'avais besoin de le faire sortir. Parfois, j'aimerais que Tu me fasses un câlin. Je T'aime, mon Dieu, et je Te fais confiance. Quelle que soit Ta décision, je la suivrai, même si ça fait mal. Je sais que Tu me veux du bien. Merci de m'avoir écoutée/lue.

Les services de conseil de RSM se concentrent sur le marché intermédiaire et ne sont pas aussi vastes que ceux des Big 4 ou des MBB. Mais lorsque j'ai découvert le cabinet à Chicago, j'ai immédiatement voulu le rejoindre pour lancer ma carrière de consultante.

J'avais voulu participer à l'un de ses événements de réseautage à DePaul en janvier 2019. Je n'y étais évidemment pas étudiante, mais RSM ne venait pas sur mon campus, et je voulais me faire connaître le plus possible du cabinet. J'y étais donc allée, espérant que mon statut antérieur d'étudiante à ELA me permettrait d'y accéder. La recruteuse et coordinatrice de l'événement m'a renvoyée dès qu'elle a vu sur mon CV que je fréquentais une autre école, indiquant que l'événement était exclusif. Je n'ai donc pas pu parler avec quelqu'un de l'entreprise ni poser aucune des questions que j'avais soigneusement préparées.

Plus tard au cours de l'été 2019, j'ai de nouveau essayé de rejoindre l'entreprise. J'ai contacté des employés sur LinkedIn et obtenu un coffee chat avec une analyste, mais ça n'a toujours pas fonctionné. J'ai postulé à quelques offres de manière indépendante, mais toutes mes candidatures avaient été rejetées.

J'ai vu mon admission à Schulich – une école mieux classée – comme une autre opportunité d'essayer RSM avant de rejoindre Deloitte.

En ce qui concerne le financement de mes études, j'espérais que les résultats académiques de mon MBA m'aideraient à obtenir une bourse, mais j'ai appris au cours de mes conversations avec le bureau d'aide financière de Schulich que les étudiants étrangers inscrits à des programmes de master d'un an n'étaient pas éligibles à des bourses d'études. J'ai cherché des subventions et des bourses externes, mais je n'ai pas pu trouver quelque chose qui n'était pas lié aux domaines STIM et qui acceptait encore des demandes.

Le 7 novembre, j'ai enfin reçu ma lettre de demande de passeport, ce qui signifiait que mon visa allait être délivré. À ce moment-là, le gouvernement canadien autorisait déjà les étudiants étrangers munis d'un permis d'études et d'un visa valide à entrer au Canada sans raison essentielle.

Sachant que les visas sont imprimés à l'ambassade du Canada au Sénégal plutôt qu'au haut-commissariat au Cameroun, je devais soumettre mon passeport le plus tôt possible. Je l'ai fait le lundi suivant. Habituellement, il fallait compter une à deux semaines pour récupérer le passeport, mais à cause de la pandémie, il y aurait des retards. Je ne voulais pas attendre le retour de mon passeport pour réserver mon vol, alors je l'ai réservé quelques jours plus tard pour un départ le 30 novembre.

Le 20 novembre, IRCC m'a informée que la lettre d'approbation de mon permis d'études - la lettre que je devais présenter aux autorités frontalières avec d'autres documents à l'appui pour qu'elles puissent me délivrer mon permis - était prête. Cependant, mon passeport n'était toujours pas rentré du Sénégal et j'avais déjà dépassé la date limite pour annuler mon vol et obtenir un remboursement. De plus, comme je devais effectuer une quarantaine obligatoire de quatorze jours à mon arrivée au Canada, j'avais déjà fait une demande d'hébergement par l'entremise de mon école et fourni les renseignements sur mon vol, pour qu'on puisse me préparer une chambre à l'hôtel partenaire. J'ai essayé de ne pas trop m'inquiéter, mais mon anxiété a fini par revenir, m'empêchant de dormir jusqu'à ce que mon passeport soit enfin prêt à être retiré *deux jours* avant la date de mon départ. Encore une fois, j'étais reconnaissante, mais cette perpétuelle affaire de dernière minute dans ma vie était épuisante.

Les mêmes personnes qui m'ont accueillie la nuit du 8 juin m'ont emmenée à l'aéroport la nuit du 30 novembre. Comme c'est le cas à chaque fois que je suis dans un aéroport, des larmes coulaient encore sur mon visage même après avoir dit au revoir. Chanter à tue-tête des chansons au hasard et danser avec Emma pendant que nous cuisinions avec notre maman et Nora allait me manquer. Nos discussions et nos éclats de rire pendant le dîner allaient me manquer. Les blagues ridicules et pas très drôles de mes frères allaient me manquer, ainsi que les moments heureux que nous avions partagés lorsque nous étions tous réunis le week-end avec leurs partenaires et leurs enfants. Manger des bananes frites chaque fois que j'en avais envie allait me manquer.

« Tes rêves deviendront réalité, d'accord ? » ai-je murmuré à l'oreille d'Emma alors que nous étions à nouveau en larmes l'une dans les bras de l'autre. « N'oublie jamais ça. Tes rêves deviendront réalité ». Elle a hoché la tête sur mon épaule.

Elle ne savait pas que j'écrivais un livre : personne ne le savait. Nous avions passé pas mal de temps à parler de ses rêves et des choses qu'elle voulait accomplir, et je voulais qu'elle voie un jour *mon* histoire, et pas seulement celles des influenceuses sur Instagram, comme la preuve que les rêves deviennent vraiment réalité.

Avant de disparaître dans la file d'enregistrement, je me suis retournée pour saluer tout le monde pour la dernière fois. J'ai embarqué dans mon avion avec l'espoir de réaliser mon rêve.

Deloitte, je viens te chercher.

CHAPITRE 22

NOUVEAU DÉPART ?

Date : 25/12/2020

Cher Père céleste... Hey Dieu, joyeux anniversaire ! 😊 J'espère que Tu vas bien. Je T'écris de Toronto, mais Tu le sais déjà parce que c'est Toi qui as fait en sorte que ça se produise. Je suis toujours très reconnaissante, même si ça a été un autre processus stressant.

Merci pour... M'avoir permis de venir à Toronto. J'espère vraiment que c'est le début de quelque chose de mieux. Ma petite fête de Noël avec une amie et sa famille. Le fait que j'ai déjà trouvé un job ici et que je n'ai pas perdu espoir avant d'en avoir trouvé un.

Je suis inquiète par rapport à... La façon dont je vais payer mes études. Je n'ai fait qu'un seul paiement, et c'était la caution. Je n'ai aucune idée de la façon dont je vais payer le reste. Je ne sais pas quel genre de miracle se produira et ce que je devrais faire pour aider. Ne pas pouvoir réaliser mon rêve cette année.

Les personnes pour lesquelles je prie aujourd'hui... Mes amis et ma famille. Tous ceux qui traversent une période difficile. Les personnes qui se sentent seules en cette période de fêtes. Celles qui sont en deuil ou qui pleurent un être cher. Celles qui ont perdu espoir.

Voici ce qui se passe dans ma vie... Ma peau a recommencé à faire des siennes, et honnêtement, je ne sais plus quoi faire. J'ai passé tellement de temps et dépensé tellement d'argent à essayer de la soigner. Elle a fini par guérir, mais ça n'a duré qu'un mois ! S'il Te plaît, aide-moi. J'espère que cette demande est valable.

J'ai besoin... D'aide pour réaliser mon rêve. D'aide pour écrire mon livre. D'aide pour ma peau. De directives sur ce qu'il faut faire pour payer mes frais de scolarité.

D'autres choses que j'ai sur le cœur et que je voudrais partager avec Toi, mon Dieu... Mon livre n'avance pas (encore) très bien, surtout parce que je gère mon temps ces derniers temps. Mais au moins, maintenant, je sais avec certitude que je veux (et que je dois) écrire ce livre, et c'est grâce à Toi, alors merci. Le problème, c'est que je ne sais pas s'il sera assez bon, et je m'inquiète de ce que les gens vont penser. Je ne sais pas non plus à quoi ressemblera ma vie au moment où je lancerai le livre. J'ai peur, mais je vais quand même l'écrire. Je T'aime, mon Dieu.

Lorsque je suis arrivée à Toronto, c'était ma dernière semaine de cours et je n'avais plus que quelques devoirs à rendre. J'ai passé la majeure partie de ma quarantaine à chercher du travail ; trois jours avant Noël, on m'a offert un stage à temps partiel pour le trimestre d'hiver. Mes économies n'allaient pas durer longtemps, donc j'avais besoin de quelque chose pour continuer à payer les factures.

En tant qu'étudiante étrangère au Canada, je n'étais pas obligée d'avoir étudié pendant un certain temps dans un établissement scolaire avant de pouvoir travailler, et l'emploi, qu'il soit sur le campus ou à l'extérieur, n'avait pas besoin d'être lié à mon domaine d'études. Cependant, je ne pouvais pas travailler plus de vingt heures en période scolaire. Je devais également avoir un numéro d'assurance sociale (NAS) à des fins fiscales, ce que j'ai demandé après ma quarantaine de quatorze jours.

Le NAS canadien est similaire au numéro de sécurité sociale américain, mais contrairement au numéro de sécurité sociale qui est valable pour toute la vie d'une personne, le numéro d'assurance sociale est attribué aux résidents temporaires du Canada pour la durée de leur séjour dans le pays, sur la base de leurs documents d'immigration. Ce n'est que lorsqu'un résident temporaire devient résident permanent qu'il obtient un nouveau NAS qui n'expirera plus.

Le lendemain de Noël en 2020 a marqué le début d'un confinement dans l'Ontario qui devait initialement se terminer quelques semaines plus tard ; j'ai donc passé le reste de l'année à aménager mon studio, à regarder des séries et à *essayer* d'écrire ce livre.

Je vivais une fois de plus dans une résidence pour étudiants, où les installations et espaces communs étaient similaires à ceux de l'immeuble sur South Peoria Street à Chicago, mais en mieux. Malheureusement, à cause de la pandémie, toutes les espaces communes de l'immeuble étaient fermés, à l'exception de l'unique buanderie située au premier étage. J'ai opté pour un studio cette fois-ci pour pouvoir continuer à vivre seule et avoir la cuisine pour moi toute seule. Tout comme le premier appartement à Chicago, ce studio était meublé. Le chauffage fonctionnait dans l'appartement, mais il était contrôlé de façon centralisée et n'était jamais réglé sur une température assez élevée et confortable pour moi. Il m'arrivait donc encore de m'envelopper dans une couverture tout au long de la journée.

Contrairement à l'immeuble sur Peoria Street, la résidence pour étudiants sur The Pond Road n'était pas située dans le centre-ville de Toronto ; elle se trouvait juste en face de l'Université York, à North York, où se trouvait également son école de commerce Schulich. Je payais moi-même le loyer mensuel de 1 300 dollars, ainsi que les autres factures. Lorsque j'ai terminé ma quarantaine le 14 décembre, j'ai récupéré mes cartons dans l'espace de stockage où ils étaient restés pendant les six mois précédents. Il ne me restait plus qu'à acheter quelques affaires pour que mon logement soit agréable, douillet, chaleureux et qu'il me ressemble davantage.

J'ai fait mon habituel bilan de l'année le 31 décembre 2020, et écrit mes projets et mes objectifs mensuels pour l'année à venir. Voici quelques-unes de mes réflexions de ce jour-là.

Rêves et souhaits et espoirs et objectifs et peurs pour 2021

LE GRAND RÊVE : Entrer chez Deloitte en tant que consultante dans le service Stratégie, analytique et fusions-acquisitions.

Objectif global : Avoir davantage confiance en moi et en mes capacités. Ne pas laisser la peur prendre le dessus sur moi ou sur ma vie. Assumer mes objectifs et cesser de les qualifier de souhaits parce que je crains de ne pas les atteindre. Reprendre espoir et savoir que moi aussi je peux être heureuse.

Challenge : Faire un (ou plusieurs) saut de foi et oser espérer de TOUT mon cœur. Quoi qu'il arrive, je ne veux pas être fâchée contre Dieu. Je veux savoir qu'Il sait ce qu'Il fait. S'il te plaît, Danielle, essaie. Ose avoir des objectifs que tu veux atteindre.

Peurs : J'ai peur que mon voyage au Canada soit la continuation de ce qui a commencé aux États-Unis. J'ai peur de ne pas pouvoir lancer mon livre parce que mon rêve ne se sera pas réalisé.

Objectifs : Obtenir mon master en marketing avec une moyenne d'au moins 3,5. Finir d'écrire mon livre d'ici le mois d'août. Réaliser mon rêve. Passer le niveau I (en février) et le niveau II (en août) du CFA.

Souhaits : Lancer mon livre en octobre. Obtenir un bel appartement au centre-ville de Toronto.

Espoir : Regarder en arrière en décembre et être fière de moi.

Mes premiers mois au Canada ne se sont pas déroulés aussi bien que je l'avais espéré. En mars, j'étais de nouveau dans un état d'épuisement mental et physique que je ne connaissais que trop bien.

Date : 18/03/2021

Je voulais écrire ici la semaine dernière quand, pour la millionième fois, j'ai eu l'impression de ne pas être assez bien. Je ne l'ai pas fait parce que, pour commencer, je déteste me sentir comme ça et écrire tout le temps à ce sujet. J'ai l'impression qu'il y en a déjà assez ici. Ensuite, il y a mon livre. Je ne voulais pas écrire des choses qui finiraient potentiellement là-dedans. Je sais que je peux laisser de côté certaines choses et je l'ai déjà fait, mais le simple fait de savoir que je pourrais envisager, même un seul instant, d'inclure les pensées de la semaine dernière dans le livre m'a fait fuir complètement. Et puis, je ne veux pas écrire dans mon journal uniquement parce que je pourrai en parler plus tard dans le livre. Je voudrais vraiment préserver l'intention initiale d'avoir un journal.

Alors, pourquoi est-ce que j'écris aujourd'hui ? Je ne sais pas, peut-être parce qu'il m'est arrivé quelque chose de fou il y a quelques heures ? Je ne sais pas. Je ne me sentais déjà pas à la hauteur à mon job, et la semaine dernière était juste horrible. Je me sentais tellement inadéquate et je me demandais comment je pourrais même travailler en tant que consultante, si je n'étais déjà pas performante à ce stage. Et c'était la semaine de mon anniversaire, la semaine de mes vingt-cinq ans. Ce n'est peut-être pas extraordinaire, mais je voulais vraiment fêter mon vingt-cinquième anniversaire, d'autant plus que je n'ai pas pu fêter mon vingt-et-unième. Et voilà que j'étais là, vendredi dernier, la veille même de mon anniversaire, à être triste à cause de ma performance au travail.

Alors aujourd'hui, ils m'ont... virée (WOW !). Est-ce que ça existe même ? Est-ce que les gens se font virer d'un stage à temps partiel après deux mois de travail ? Je sais que je ne convenais pas et, pour être honnête, le poste ne me convenait pas non plus, mais je pensais pouvoir tenir jusqu'à la fin du mois d'avril, comme prévu initialement. J'ai été choquée et triste pendant un moment, mais maintenant je ne sais pas comment je me sens.

Mes notes ont souffert ce semestre en partie à cause de ce travail. Je n'ai pas d'aussi bons résultats que je le voudrais, et je n'étais pas non plus très performante au travail. Ce job me rendait très anxieuse tous les dimanches, lorsque je pensais au travail du lundi, et ça ne m'était jamais arrivé auparavant. Je suis aussi débordée par tout ce que je fais, et le fait d'être enfermée dans ma chambre tous les jours n'aide pas. Mais j'avais aussi besoin, et j'ai toujours besoin, d'argent, surtout maintenant que je n'ai plus d'économies et que j'ai dépensé ce qu'il me restait dans ce programme de préparation aux études de cas qui, je l'espère vraiment, portera ses fruits. Ravie d'avoir plus de temps et de pouvoir me concentrer sur d'autres choses, mais j'ai quand même été virée. Est-ce que les gens se font virer de leur stage ?

Il y a aussi le fait que nous sommes à la mi-mars, ce qui signifie que les résultats du CFA niveau I vont bientôt être publiés, et j'ai peur de ne pas les réussir non plus. Je fais tellement de choses et je suis épuisée, et je ne veux pas que mes résultats le reflètent. Oh, et est-ce que j'ai mentionné ici que je n'ai pas obtenu le poste chez Deloitte ? Haha. Pour être honnête, je n'ai pas vraiment été surprise, et je n'étais absolument pas préparée à l'entretien avec étude de cas, de toute façon.

Avec mon licenciement, je me sens un peu ridicule de vouloir encore postuler chez BCG ou même chez Deloitte. Préparer un CV et une lettre de motivation pour de si grandes entreprises alors que je n'ai pas pu garder un stage dans une petite entreprise me semble tout simplement ridicule. Mais bon, je vais quand même le faire. En plus, j'ai déjà payé pour le programme de préparation aux études de cas, donc autant en profiter. J'espère vraiment que je pourrai encore être consultante en stratégie et publier mon livre.

Les études de cas sont une partie importante des entretiens dans les cabinets de conseil, et ils ne sont pas faciles. Du moins, ils ne l'étaient pas pour moi lorsque je m'y exerçais. L'idée de réseauter pour augmenter mes chances de décrocher un entretien, dans le domaine du conseil ou ailleurs, a été renforcée au Canada. C'est par le biais du réseautage que les candidats sont souvent recommandés pour des emplois. Bien que ces recommandations ne soient pas obligatoires, elles sont une pratique courante. Et surtout si un candidat a un parcours non conventionnel, on lui recommande souvent de se faire recommander par quelqu'un au sein de l'entreprise qui l'intéresse. On ne peut pas obtenir de recommandation si on ne connait personne dans l'entreprise, et on ne peut pas connaître quelqu'un dans l'entreprise si on n'a pas de réseau.

Je contactais des consultants de Deloitte pendant que j'étais au pays et j'ai continué à le faire quand je suis arrivée à Toronto. J'ai eu quelques coffee chats virtuels, principalement pour en apprendre davantage sur les différents services de conseil du cabinet. J'étais toujours très mal à l'aise à l'idée de demander des recommandations, alors je ne l'ai pas fait. Je n'avais pas prévu de postuler à un emploi avant le mois de juin parce que je n'étais pas préparée aux études de cas et que je ne voulais rien précipiter. Mais j'espérais quand même obtenir un job - celui de mes rêves - avant la fin de l'été pour pouvoir me concentrer sur d'autres choses. Comme c'est mignon. Nous y reviendrons plus tard.

Vers la mi-janvier, Deloitte a publié plusieurs offres d'emploi pour les nouveaux diplômés, emplois qui devaient commencer en septembre. J'ai postulé à un poste de consultante en stratégie et j'ai immédiatement commencé à me préparer pour les études de cas. Je faisais partie d'un club de conseil à mon école, mais nous ne nous réunissions pas très souvent pour travailler. Notre centre de carrière avait également constitué des petits groupes de préparation aux études de cas pour les étudiants intéressés par le conseil, mais le groupe dont je faisais partie n'était pas très actif. J'ai donc demandé des services de préparation auprès de coachs indépendants sur Fiverr et j'ai commencé à me préparer aux études de cas.

Quelques semaines plus tard, j'ai reçu un e-mail de refus. Ça ne m'a pas affectée autant que je le pensais. Je savais, d'après une conversation que j'avais eue avec un conseiller d'orientation professionnelle, que Deloitte publierait d'autres offres d'emploi au cours du deuxième semestre, alors je me suis simplement dit que j'essaierais à nouveau à ce moment-là. De plus, j'ai comme par hasard commencé à m'intéresser à BCG, l'un des trois plus grands cabinets de conseil en stratégie. Ça me faisait très peur parce que BCG était encore plus sélectif que Deloitte, et le processus d'entretien comprenait *six* études de cas, contre deux chez Deloitte. Je ne savais pas si je pourrais passer autant d'études de cas.

Le programme de préparation aux études de cas auquel je fais référence dans l'entrée de journal est différent des freelancers que j'ai embauchés pour m'aider à me préparer à un potentiel entretien avec Deloitte. Après que ma candidature a été rejetée et puisque j'étais toujours aussi confuse au sujet des études de cas, j'ai décidé de m'inscrire à un programme de préparation aux études de cas. Je me suis inscrite au programme avant de perdre mon job et je m'étais déjà engagée à payer environ 1 500 dollars chaque mois pendant les trois mois suivants. Plutôt cher, mais le programme était assez exhaustif et je me disais que si je recevais une offre de travail en conseil, ma prime d'embauche allait largement compenser ce coût. Cependant, si j'avais su que j'allais perdre mon stage, je ne me serais certainement pas inscrite au programme.

Au cours des premiers mois de 2021, j'étais probablement plus occupée que je ne l'avais jamais été. J'avais beaucoup à faire, avec encore plus de cours cette période-là, des devoirs, des révisions pour le CFA, la préparation aux études de cas, le réseautage, les activités extrascolaires, mon stage qui commençait tous les jours à 7 heures du matin, et la rédaction de ce livre. Tout se passait sur mon ordinateur dans mon studio parce que le confinement ne cessait d'être prolongé, et il n'a pas fallu longtemps pour que je m'épuise. Je sortais marcher chaque fois que je le pouvais, c'est-à-dire pas très souvent. Mes journées passaient trop vite, et quand j'avais une seconde à moi, je l'utilisais pour rattraper mon sommeil. De plus, marcher par une température de moins vingt degrés n'était pas très revigorant. Rafraîchissant, peut-être, mais pas revigorant.

North York n'était pas très animé non plus, et cela ne semblait pas avoir de rapport avec la pandémie. Mais à cause d'elle, de nombreux restaurants, par exemple, sont restés fermés. Les magasins étaient ouverts à des heures réduites, et un couvre-feu était en vigueur partout. Une poignée de fast-foods étaient ouverts ; certains ne prenaient que les commandes au volant, tandis que d'autres acceptaient les clients à l'intérieur, mais sans possibilité de s'asseoir. Ce que je veux dire, c'est que ce n'était pas drôle de rester à l'intérieur de mon appartement, mais à l'extérieur, ce n'était pas plus drôle non plus.

J'ai continué à pousser, en me convainquant que je devrais être capable de gérer tout ça. En plus d'avoir besoin d'argent, j'avais l'impression que je me devais de travailler pendant que j'allais à l'école, parce que j'étais enfin arrivée dans un pays où je pouvais le faire sans trop de restrictions. Je n'arrêtais pas de me rappeler qu'il y avait une époque où je voulais être occupée mais que je ne pouvais pas, et je me souvenais de la tristesse que ça m'avait procuré. Je ne voulais donc pas prendre l'occasion d'être occupée pour acquise et ne pas la saisir pendant qu'elle était là.

Malheureusement, le travail ne me convenait pas, et je ne lui convenais pas non plus, ce qui, je le sais maintenant, est normal. Je ne suis pas très douée pour pousser les gens à acheter des choses, et c'est essentiellement ce que le travail impliquait. Je n'ai pas non plus eu la meilleure expérience avec mon manager, et mon sentiment d'inadéquation venait de là. Parfois, il laissait entendre ou disait carrément que mon travail n'était pas digne d'une étudiante d'une école comme Schulich. Je ne lui avais jamais dit que mon objectif était de travailler dans le conseil, mais il m'a dit un jour que si j'étais consultante chez Kearney – un grand cabinet de conseil en stratégie – j'aurais déjà été licenciée.

Ces paroles ne m'ont pas affectée immédiatement. Je m'en moquais même au début. Je pensais plutôt que mon manager ne savait pas de quoi il parlait. Mais au bout d'un moment, ces paroles ont commencé à me trotter dans la tête et, associées à ma mauvaise performance et au licenciement qui s'en est suivi, elles ont rendu mes objectifs de carrière illusoires.

Il est quand même à noter que j'ai fait ma part d'erreurs dans le cadre de ce stage. Avec tout ce qui se passait, je ne donnais pas le meilleur de moi-même. Il y avait des tâches que je ne faisais pas, pensant que je me rattraperais plus tard, alors je mentais en disant que je les avais déjà effectuées. Je relevais d'un chef de projet et nous relevions tous les deux du directeur des opérations, que j'ai appelé « mon manager » un peu plus tôt. Lorsqu'ils ont tous deux découvert que je n'avais pas accompli les tâches, il était trop tard.

Je me souviens d'avoir craqué devant mon ordinateur pendant la réunion avec le chef de projet, le soir où il m'a confrontée.

« Ce n'est pas moi, ça », ai-je dit en secouant la tête entre mes mains. « Je ne fais pas ça d'habitude ».

Mais comment pouvait-il me croire ? Le mal était déjà fait. Il m'a ensuite demandé si j'étais prête à faire des heures supplémentaires pour achever le travail, mais là encore, les étudiants étrangers au Canada n'avaient pas le droit de travailler plus de vingt heures pendant l'année scolaire.

Je n'avais jamais dit à personne dans l'entreprise que j'étais une étudiante étrangère ; je craignais que le fait de *l'admettre* m'empêche de trouver un emploi, comme c'était le cas aux États-Unis. Dans cette entreprise, ils voulaient quelqu'un à temps plein, mais quand j'ai passé l'entretien, j'ai simplement dit que je ne pouvais pas travailler plus de vingt heures à cause de l'école, ce qui, en soi, était vrai.

Alors, quand le chef de projet a posé la question sur les heures supplémentaires et que j'ai dit que je ne pouvais pas les faire à cause de mon statut, il s'est mis en colère. Et j'ai fondu en larmes. C'est ce soir-là que j'ai cru qu'ils allaient me licencier. Je me suis excusée d'avoir menti sur mes tâches et de ne pas avoir dit plus tôt que j'étais une étudiante étrangère, puis j'ai dit que je ferais les heures supplémentaires sans le salaire supplémentaire. Et c'est exactement ce qui s'est passé. C'était ma façon non seulement de me « racheter », mais aussi de rester en conformité avec les lois d'immigration. J'ai également travaillé les week-ends, en espérant que mon travail serait enfin « acceptable ».

Tout cela a entraîné des conséquences sur moi, mon corps et ma santé mentale. Pour être honnête, à un moment donné, j'ai voulu arrêter. À la fin du mois de février, je comptais les jours qui me séparaient de la fin de ce stage, me demandant comment j'allais pouvoir tenir jusqu'à la fin du mois d'avril. La micro-gestion dont je faisais maintenant l'objet était insupportable. Des réunions toutes les deux heures pour voir comment les choses se passaient, mais surtout pour vérifier que je travaillais. Et s'il m'arrivait de manquer un appel ou d'avoir quelques minutes de retard, c'était un problème.

Je suivais mes cours sur mon ordinateur personnel tout en essayant de travailler sur mon ordinateur professionnel. Je n'avais pas le temps de manger pendant la journée parce que je ne voulais pas perdre une seconde qui aurait pu être consacrée au travail, avec la crainte constante que ça ne suffise toujours pas. J'avais des crampes d'estomac presque tous les jours en pensant au travail. Je dormais moins de cinq heures à cause du travail, de l'école, des activités extrascolaires et du CFA. Tout cela est devenu insupportable.

Je voulais démissionner, mais j'avais besoin d'argent pour payer les factures. Je voulais démissionner, mais je me sentais coupable et faible de vouloir quitter un stage de quatre mois à temps partiel. Je voulais démissionner, mais je pensais que j'abandonnais trop vite : je devais tenir bon.

Mais ensuite, la décision a été prise pour moi. Je me suis sentie mal le jour de mon licenciement, d'autant plus que je ne l'avais pas vu venir. J'avais parlé au chef de projet le matin même, et il ne semblait pas y avoir de licenciement en vue. Les choses allaient en fait mieux, du moins d'après ce qu'il me disait. Lorsqu'il m'a envoyé une invitation à une réunion virtuelle ce matin-là, sans contexte, je ne pouvais pas imaginer ce qui allait se passer. Le directeur des opérations ne s'est pas joint à la réunion, mais lorsque j'ai vu la responsable des ressources humaines – que je rencontrais pour la toute première fois – j'ai su.

Le chef de projet est resté cinq secondes, peut-être six.

« Nous n'en pouvons plus et avons décidé de vous laisser partir », a-t-il dit avant de quitter immédiatement l'appel.

Je n'ai plus rien entendu après cela. Le son était sourd, moins à cause de la qualité des haut-parleurs que de la stupeur qui m'entourait.

Le larynx de ma gorge s'est arrêté de fonctionner. Mon cerveau s'est figé. Heureusement, mes yeux fonctionnaient encore, mais ils ne capturaient que l'écran flou devant moi. L'appel n'a pas duré très longtemps. Lorsque j'ai retrouvé ma voix, j'ai demandé à la responsable des ressources humaines s'il s'était passé quelque chose de particulier ce matin-là qui avait motivé la décision. Elle a donné une version très longue de la réponse « non ». Je n'ai pas insisté.

Je suis restée assise à mon bureau après la fermeture de la fenêtre de réunion, dans un silence total. J'étais paralysée. Me faire licencier n'était pas quelque chose que je pensais voir arriver si tôt (ou jamais) dans ma carrière, et je n'y étais absolument pas préparée. Est-ce qu'on se prépare à un licenciement ? Comment ? Je n'en sais rien. Ce que je sais, c'est que je ne me sentais pas bien. Une fois de plus, je me suis sentie seule et accablée.

Après une dizaine de minutes sans bouger, je me suis rappelé comment utiliser mes mains. J'ai saisi mon journal, mais j'avais besoin de parler à quelqu'un, idéalement quelqu'un qui ne me connaissait pas. Je voulais aussi savoir si d'autres personnes avaient déjà été renvoyées d'un stage. J'ai donc ouvert l'application YouTube sur mon téléphone et j'ai cherché des storytimes « Je me suis fait virer de mon stage ». Je n'ai rien trouvé. Surtout avec la pandémie toujours en cours, la plupart des histoires que j'ai trouvées concernaient des personnes qui avaient été licenciées à cause d'elle, et non pas à cause de mauvaises performances. Et il s'agissait d'employés à temps plein, pas d'étudiants ou de stagiaires. Je me suis sentie seule et accablée.

Le site Web des ressources pour santé mentale de Schulich contenait une liste de prestataires de services de santé mentale. J'en ai choisi un, Good2Talk, une ligne d'assistance gratuite pour les étudiants de l'Ontario. J'ai d'abord voulu les appeler deux semaines plus tôt, lorsque je me sentais seule, accablée et inadéquate à mon travail et que le gouvernement venait de prolonger à nouveau le confinement, mais je n'en ai jamais trouvé le courage. Cette fois-ci, j'en avais besoin. La conseillère n'avait pas de solution à ma solitude ou au fait que je venais de perdre mon emploi, mais ça m'a fait du bien d'être entendue. Ça m'a fait du bien de parler.

Lorsque je suis sortie du bureau le lendemain après avoir rendu mon ordinateur et ma carte d'accès, le poids sur mes épaules et la boule dans mon estomac avaient disparu. Sur le chemin du retour, j'étais en fait contente de ne plus faire ce stage. La nuit d'avant, j'avais passé ma première bonne nuit de sommeil depuis janvier.

L'examen pour le niveau I du CFA avait été à nouveau reporté, cette fois à février 2021. Cela avait bien marché pour moi, étant donné que j'étais encore en quarantaine le 5 décembre 2020. Les résultats sont tombés le 13 avril. Une fois de plus, j'avais échoué. Cette fois, je n'étais pas choquée et je n'ai pas pleuré. Bien sûr, ç'aurait été bien de réussir, et c'était l'objectif, mais je savais aussi que je n'étais pas au mieux de ma forme. Mes résultats m'ont en fait soulagée. J'avais prié et espéré réussir, mais quelque part au fond de moi, je n'en avais pas envie. Je savais la pression que j'allais me mettre pour étudier et passer le niveau II en août si j'avais réussi le niveau I. Et il aurait été *impossible* de le faire tout en étant à l'école à plein temps, en cherchant un emploi, en me préparant à des entretiens et études de cas, en faisant du réseautage et en écrivant un livre. J'étais donc contente de ne plus avoir à m'en inquiéter.

Oh, et au cas où tu te poserais la question, je ne me suis pas réinscrite au niveau I. Je n'abandonne pas, je fais juste une pause pour ne pas étudier en permanence. C'est épuisant, physiquement et mentalement. Je pourrais ou non réessayer à l'avenir, mais pour l'instant, ce n'est pas une priorité. De plus, je sais et je comprends maintenant que je n'ai pas besoin d'un diplôme ou d'une certification professionnelle dans *chacune* des choses qui m'intéresse. Crois-moi, j'ai dû me convaincre que je n'avais pas besoin d'un diplôme littéraire pour écrire ce livre.

Avant la fin de mon deuxième trimestre, le 23 avril, j'ai refait une demande de prêt étudiant auprès de la même société que j'avais contactée un an plus tôt, car elle venait de recommencer à accepter des demandes. Je n'avais pas pu m'inscrire aux cours d'été qui devaient commencer le 10 mai parce que je n'avais toujours pas effectué de paiement en dehors de la caution.

Le master en marketing de Schulich était un programme d'un an comportant trois trimestres consécutifs et obligatoires, chacun s'appuyant sur le précédent : automne (septembre à décembre), hiver (janvier à avril) et été (mai à août). Ainsi, tous les étudiants passaient ensemble d'un trimestre à l'autre. Contrairement à mon programme de MBA à l'Université Roosevelt à Chicago, il n'y avait pas de flexibilité pour choisir quand suivre certains cours, ni de possibilité de sauter un trimestre ou d'accélérer l'obtention du diplôme. Il y avait bien des cours facultatifs, mais ils ne pouvaient être suivis qu'au cours de certains trimestres. Cette configuration me rappelait ce à quoi j'étais habituée dans mon pays, lorsque je fréquentais l'Université Catholique d'Afrique Centrale.

Cela me convenait parce que je ne voulais pas rester à l'école plus d'un an. Mais si je voulais obtenir mon diplôme en marketing, je devais terminer le troisième et dernier trimestre durant l'été 2021. Mon seul espoir était d'obtenir ce prêt étudiant.

Pendant les congés entre les trimestres d'hiver et d'été, j'ai travaillé plus étroitement avec mes coachs du programme de préparation aux entretiens pour les métiers de conseil. J'en avais deux : l'un qui m'a aidée à rédiger un nouveau CV et une lettre de motivation, et l'autre qui m'a aidée à préparer les entretiens avec études de cas. Tous deux étaient d'anciens consultants chez BCG et Bain aux États-Unis. Dans le cadre du programme, j'avais au total six séances de préparation aux études de cas avec mon coach. Après trois séances au cours desquelles mes performances n'étaient pas excellentes, j'ai décidé d'attendre d'avoir un entretien avant d'utiliser les trois séances restantes. En attendant, je revoyais mes points faibles en faisant des exercices ciblés également fournis dans le programme, et je m'exerçais une fois par semaine ou toutes les deux semaines avec d'autres participants du programme. Parfois, je m'en sortais bien, parfois moins bien. J'ai également continué à contacter des consultants sur LinkedIn, en me concentrant sur Deloitte, MBB et Accenture.

Cette routine m'a peu à peu épuisée. J'ai essayé de rester positive jusqu'à ce que je n'y arrive plus. J'étais à nouveau perdue et confuse, submergée et épuisée par la poursuite d'un job qui me semblait trop grand, par la préparation aux entretiens avec études de cas alors que je n'en avais aucun de prévu et que je ne savais ni quand, ni si cela allait se produire, par le fait de me demander quel était le but de tout ce que je faisais, par le fait de vouloir abandonner un jour et trouver la force de continuer le lendemain, par le fait de passer mes journées dans un petit studio à faire les mêmes choses encore et encore, par le fait de ne pas savoir comment j'allais payer les frais de scolarité dans une école que je fréquentais depuis des mois, par le fait de me motiver de continuer à écrire un livre sur les rêves qui se réalisent alors que le mien ne s'était pas encore réalisé, et par le fait de me demander si tout cela en vaudrait vraiment la peine ou si ce n'était qu'une autre supercherie. Retourner voir ma maman pour qu'elle m'aide à payer le loyer n'était pas très drôle non plus. Et ma peau, oh, ma peau...

Un soir, j'étais au téléphone avec un ami. Après quelques minutes passées à essayer d'ignorer mes émotions pour que nous puissions avoir une conversation normale, j'ai craqué. J'ai été envahie par une vague de frustration que je n'arrivais pas à repousser. J'étais épuisée. Le gouvernement venait d'annoncer qu'il prolongerait le confinement jusqu'à la fin du mois de mai, et je n'en pouvais plus de ce genre de nouvelles. J'étais fatiguée d'essayer de trouver chaque jour la force de continuer. J'étais fatiguée de compter les jours jusqu'à ce que je sorte enfin d'un confinement qui durait depuis des années pour moi. J'étais fatiguée de me dire que tout irait bien et que ce n'était qu'une épreuve de plus. J'étais fatiguée de retenir mes larmes. Alors, je ne les ai pas retenues, ignorant à quel point elles allaient couler.

— Danielle ? Qu'est-ce qui ne va pas ? Tu vas bien ?! J'ai dit quelque chose de mal ? Mon ami avait l'air inquiet à l'autre bout du fil.

— Ouais... non, je vais bien, ai-je commencé, mais je ne pourrais pas mentir trop longtemps. C'est juste que... j'en ai marre d'être enfermée. Ça fait maintenant cinq mois, et ils viennent encore de prolonger le confinement d'un mois. Tu ne sais pas l'énergie que ça me prend de vivre comme ça, d'essayer d'avoir des conversations normales avec les gens. Et ce n'est pas que je fais semblant ni quoi que ce soit dans le genre ; j'essaie juste d'être positive, et je me répète que ce n'est pas si grave, mais je ne peux plus continuer comme ça. *Et ça fait quatre ans, mais tu ne le sais pas. Et je suis à nouveau fauchée et je ne sais pas comment payer l'école, mais tu ne le sais pas. Et j'ai peur que mon rêve ne se réalise pas, mais tu ne le sais pas.*

J'ai continué à pleurer, pour les raisons que j'ai mentionnées et celles que je n'ai pas mentionnées.

Deux jours après le début des cours d'été, je n'avais toujours pas de nouvelles de ma demande de prêt. J'avais passé la journée à essayer de joindre quelqu'un de la société pour la troisième fois de la semaine afin de m'enquérir de l'état de mon prêt, mais personne n'a décroché le téléphone. Plus tard dans la soirée, et comme tous les soirs depuis avril, j'ai ouvert mon document Word DCTMWT (RDRMDA) pour continuer à écrire ce livre. J'ai fixé mon écran, incapable d'écrire.

Quel est même le but de ce que je fais, là ?

J'ai senti la douleur grandir à nouveau dans mon cœur. Quelques minutes plus tard, j'ai plutôt écrit dans mon journal digital.

Date : 12/05/2021

Titre : Je ne sais pas

Après tout ce que j'ai traversé, après tout ce qu'Il a fait pour moi, je devrais pouvoir ne plus être stressée. Je devrais savoir que ce n'est qu'une phase et qu'Il y a une solution. Et ce n'est pas que je ne Lui fais pas confiance ou que je ne pense pas qu'Il y a une solution, c'est juste que... je me demande si j'ai fait quelque chose de mal ou s'il y a quelque chose que j'aurais dû faire. J'ai l'impression que je ne devrais pas être dans cette situation. J'ai l'impression que si j'avais fait cette chose, je ne le serais pas. J'ai l'impression que j'aurais pu empêcher ce qui m'arrive. Mais je ne sais pas comment. J'ai l'impression que ce n'était peut-être pas Sa volonté. Peut-être qu'Il n'a jamais approuvé ma venue ici, et que j'ai juste été têtue en voyageant à travers le monde pour étudier dans une école que je ne peux pas me payer ? Mais alors, pourquoi Il m'a laissée obtenir mon visa et mon permis d'études ? Je lui ai demandé de ne pas me laisser venir si ça ne faisait pas partie de Son plan...

Les cours de ce qui est censé être mon dernier semestre ont déjà commencé, mais comme je n'ai fait aucun paiement et que j'ai un solde impayé, je ne peux pas m'inscrire. Ne te méprends pas, je sais qu'Il est là, qu'Il travaille, qu'Il m'aide, mais je ne sais pas comment jouer mon rôle. Je ne sais pas ce que je devrais faire pour que quelque chose se passe.

Les jours passent et rien ne se produit. Je n'arrête pas de lire des informations sur les devoirs, les projets de groupe et d'autres choses de ce genre dans le groupe de la classe, et je ne sais pas quoi faire. Les gens me demandent où je suis, et je continue à mentir en disant que je ne me sens pas bien. Ce n'est pas comme si je me sentais bien, mais tu vois ce que je veux dire.

Quelle que soit Sa décision, je la suivrai et j'ai confiance que ce sera la meilleure pour moi ; j'ai juste peur que ça signifie que je ne finirai pas le programme cet été. Et je suis tellement fatiguée de rester seule dans ma chambre. Oui, j'ai un toit au-dessus de ma tête. Oui, j'ai de la nourriture et je suis physiquement en bonne santé, mais Il sait à quel point c'est inconfortable d'être seule 24 heures sur 24 et 7 jours sur 7 pendant des mois ! Et ce n'est pas la première fois. J'ai l'impression d'être à nouveau à Chicago. Et si je ne termine pas le programme cet été, qu'est-ce que je vais faire ? Et je dois aussi déménager d'ici le mois d'août parce que je ne serai plus étudiante. Est-ce que je dois passer tous mes étés comme ça quand je suis à l'étranger ? C'est tellement lassant.

J'ai recommencé à pleurer presque tous les jours. Je pensais que ces jours étaient derrière moi. Cette chose dans mon cœur, cette douleur que je croyais partie pour de bon, la voilà à nouveau. Je continue d'affronter les jours, je continue de L'invoquer, mais Il est TELLEMENT silencieux. Je sais qu'Il est là, mais je ne le sens pas.

Elle était de retour. La douleur, ce trou autrefois de la taille d'un petit pois sur mon cœur qui a ensuite atteint la taille d'une pièce de monnaie, la douleur qui s'est un peu rétrécie à un moment donné puis qui est revenue plus profonde, la douleur qui a déchiré mon cœur et explosé à travers mon corps avant de disparaître quelques mois plus tard, cette douleur était officiellement de retour.

Les souffrances du temps présent sont incomparables à la gloire à venir.

« Je sais que c'est vrai, mais ça fait mal ».

J'ai fermé mon ordinateur et j'ai pleuré jusqu'à ce que je m'endorme.

CHAPITRE 23

LES RÊVES DEVIENNENT-ILS VRAIMENT RÉALITÉ ?

Date : 10/07/2021

J'ai l'impression que je dois me préparer à un autre déchirement, une autre expérience très douloureuse et fracassante dans les semaines à venir. J'ai tellement de choses à faire, et honnêtement, je ne sais même pas si je vais encore lancer mon livre cette année. Je continuerai à l'écrire, mais parfois, je ne sais juste pas où je vais.

Alors, je ne le savais même pas, mais je dois déménager avant le 20 août. Écrire mon livre me fait aussi réaliser combien de temps j'ai dû attendre, toutes les choses que j'ai dû traverser, tous les brisements que j'ai dû vivre avant qu'une situation ne se débloque. Et maintenant que je cherche à nouveau un job, que je cherche à déménager, que je cherche à obtenir une autorisation de travail, que je cherche à finir de payer mes études, le cycle se répète.

J'ai l'impression qu'il va falloir que je m'enfonce à nouveau dans les ténèbres. Au plus profond de la douleur, de la douleur qui brise le cœur, avant que quelque chose ne se produise enfin. Et j'ai recommencé à chercher n'importe quel job, plus seulement celui de mes rêves. J'ai juste besoin de quelque chose pour payer les factures, tu vois ?

Ma date limite est le 20 août, mais d'après mes expériences passées, je sais que je ne trouverai rien avant le 18 août, si tant est que ça arrive avant la date limite. Je ne sais même pas comment me préparer à la douleur qui arrive. Je veux prier et espérer que ça n'arrivera pas, mais ce ne serait pas la première fois. Et toutes les fois précédentes, ça s'est quand même produit. Je ne sais pas si cette fois-ci est différente. Je ne sais pas quelle est la vérité.

J'ai de nouveau épuisé mes économies, mais heureusement, je peux encore acheter de la nourriture. Je ne sais pas comment je vais payer mon loyer. Je ne sais pas comment je vais payer les frais de déménagement. Je ne sais pas comment je vais payer les frais de scolarité restants. Je n'ai même pas commencé à payer les intérêts de mon prêt, ce qui, je le crains, va affecter mon crédit et donc mes chances d'obtenir un appartement. Tant de montagnes, et comme d'habitude, elles sont entremêlées. Tout me dépasse. Et ce n'est pas que je ne sais pas ou que je n'ai pas confiance dans le fait qu'Il m'aidera. Je sais qu'Il le fera. Mais j'ai aussi l'impression que la vie (Lui ?) devra d'abord me briser, et c'est ce à quoi je dois me préparer.

J'aimerais que les choses ne se passent pas ainsi. J'aimerais que cette fois-ci soit différente. J'aimerais pouvoir trouver un job avant la date limite sans avoir le cœur brisé. J'aimerais pouvoir déménager dans un bel endroit sans trop de problèmes. J'aimerais ne pas avoir à être stressée parce que les échéances approchent et que rien ne semble différent. Je ne sais pas... peut-être que c'est beaucoup demander, et que je devrais simplement demander de la force ? Mais j'ai l'impression que la force vient parfois (toujours ?) avec des épreuves supplémentaires. J'aimerais que cette fois-ci soit différente.

Eh bien... ce n'était pas vraiment différent. J'ai effectivement trouvé un nouveau logement le 17 août, mais pour être honnête, je n'ai pas commencé à chercher un appartement avant le début du mois d'août, précisément parce que je savais que cela se produirait ainsi. Je ne voulais pas « perdre » mon temps et mon énergie à chercher un appartement, pour ne le trouver que quelques jours avant la date limite.

Les systèmes financiers américain et canadien sont similaires ; sachant à quel point le crédit est important pour à peu près tout, je savais en arrivant au Canada que je devrais commencer à construire mon dossier de crédit le plus tôt possible. Heureusement, les étudiants étrangers au Canada ont plus d'options en ce qui concerne les cartes de crédit qu'aux États-Unis, mais avec certaines restrictions. J'avais déjà effectué des recherches sur les cartes de crédit canadiennes disponibles pour les étudiants étrangers lorsque j'étais encore à Chicago, et j'ai passé mes deux premières semaines à Toronto à faire d'autres recherches. Lorsque je suis sortie de ma quarantaine en décembre 2020, j'avais sélectionné la carte de crédit pour laquelle je ferais une demande une fois que j'aurais obtenu mon NAS.

Au Canada, les cotes de crédit varient entre 300 et 900 (contre 850 aux États-Unis), et le principe est le même : plus la cote est élevée, plus le degré de fiabilité est important. Les cinq facteurs que j'ai mentionnés précédemment (l'historique des paiements, l'utilisation du crédit, la durée de l'historique de crédit, la composition du crédit et l'activité récente) ont également une incidence sur le dossier de crédit au Canada.

En juin 2021, j'avais suffisamment travaillé sur mon crédit pour que ma cote se situe à plus de 750, ce qui est considéré comme un bon crédit. Cependant, je n'avais pas les moyens et je ne pouvais vivre seule parce que je n'avais pas d'emploi et donc pas de preuve de revenu. Contrairement au I-20 aux États-Unis, le permis d'études au Canada ne comprend pas de preuve de fonds pour les frais de scolarité ou les dépenses courantes, de sorte que son seul but pendant ma recherche d'appartement était de prouver mon statut. Pour ces raisons, j'ai fini par louer une chambre dans une maison de ville que je partageais avec d'autres personnes. Je partageais la maison, pas la chambre.

La maison avait trois étages et ne comportait aucune autre installation qu'une machine à laver et à sécher au deuxième. Chaque étage comportait deux à trois chambres, et la mienne se trouvait au troisième. Mes colocataires étaient un mélange de jeunes femmes et d'hommes, certains étudiants à l'université, d'autres qui venaient de commencer à travailler, et d'autres encore qui faisaient un court séjour dans la ville. Heureusement, les chambres étaient meublées et avaient leurs propres salles de bains, ce qui est également rare à Toronto. Tous les locataires partageaient l'unique cuisine au deuxième étage. Elle ne comprenait pas de lave-vaisselle, mais le four fonctionnait.

J'étais enfin en ville. La maison était située dans le quartier The Annex du centre-ville de Toronto, sur Dalton Road. Le loyer était à peu près le même que celui que je payais pour mon studio à North York, mais il comprenait toutes les charges. Dans l'ensemble, j'aimais l'endroit. Le seul inconvénient, et je l'apprendrais plus tard, était le thermostat unique qui contrôlait la température de toute la maison. Là encore, mes colocataires et moi n'étions jamais d'accord sur les réglages. Plus tard, à l'automne et en hiver, je sortais discrètement la nuit pour augmenter la température, rien que pour me réveiller quelques heures plus tard dans une chambre froide.

Mais tant que c'était encore l'été, tout allait bien.

Je sortais marcher et je regardais passer les tramways et les bus rouges et blancs, je regardais le reflet du soleil sur les grands bâtiments en verre pendant la journée, et je m'émerveillais de la façon dont ils se fondaient dans le ciel et ses étoiles la nuit. Je passais devant des boutiques, des bars, des restaurants et des camions de nourriture, j'écoutais les gens bavarder et rire, je les regardais déambuler ou faire leur jogging, et je souriais à ceux qui passaient devant moi. Je levais les yeux au ciel chaque fois que quelqu'un passait en trombe dans sa voiture de luxe ou sa moto inutilement bruyante, et toutes les trois ou quatre minutes lorsqu'une ambulance ou un camion de pompiers passait en faisant hurler ses sirènes. Je regardais, écoutais et appréciais tout ce qui me rappelait que j'étais en ville. Les rues bordées d'arbres et les maisons peintes de couleurs vives qui contrastaient avec l'architecture moderne. La vivacité des gens et des lieux. L'animation qui me fait me sentir *vivante*.

À la fin de l'été, je n'avais toujours pas trouvé d'emploi, bien que j'aie cherché des postes à temps plein et même des stages en dehors du conseil. J'ai tissé des réseaux à travers les secteurs d'activités et les entreprises, j'ai passé des entretiens pour trois postes sur plus d'une centaine, mais je n'ai pas eu d'offre. Ces refus ne m'ont pas abattue. Je ne dirais pas que j'y étais habituée, mais à ce moment-là, j'avais déjà expérimenté le rejet à plusieurs reprises. Ce qui m'a affectée, cependant, c'est l'épuisement dû à la recherche d'un job et au réseautage, me rendant compte que la seule fois où j'ai cherché un emploi sans m'épuiser, cet emploi spécifique s'est soldé par un licenciement.

Mes finances étaient maintenant au plus mal, mais je faisais de mon mieux pour ne pas me considérer comme un fardeau ou un investissement non rentable. Je revivais une autre version de mes étés aux États-Unis. Un jour, je voulais tout abandonner et rentrer chez moi, puis le lendemain, je trouvais la force d'aller de l'avant. Le cycle ne semblait pas avoir de fin. *Les nouveaux départs n'existent pas*, me disais-je parfois. Lorsque j'ai quitté North York, j'étais reconnaissante pour mon nouveau logement à Toronto, mais j'aspirais à plus de stabilité. J'ai désespérément essayé de réaliser mon rêve, mais je n'y suis pas parvenue. J'ai désespérément essayé de ne pas passer des jours à pleurer, mais je n'y suis pas parvenue.

Deux semaines après le début du trimestre d'été, et environ un mois après la date limite d'inscription, une coordinatrice des services aux étudiants de Schulich m'a contactée ; elle avait remarqué que je ne m'étais inscrite à aucun de mes cours pour ce trimestre-là. Après avoir expliqué les problèmes que je rencontrais avec mon prêt, elle m'a donné jusqu'au 30 mai pour obtenir l'autorisation des professeurs pour ces cours. J'ai contacté les professeurs individuellement pour leur demander la permission de m'inscrire à leurs cours déjà en session. Les cours avaient toujours lieu en ligne, mais comme je n'étais pas inscrite, ils n'apparaissaient pas sur ma plateforme d'apprentissage et je n'avais pas accès aux liens Zoom. Même si quelqu'un partageait les liens avec moi, ils ne fonctionneraient pas avec mon compte étudiant.

Mes demandes ont été approuvées et je les ai renvoyées à la coordinatrice. Avant de lever le blocage de mon compte, l'école avait besoin d'une explication plus détaillée de ma situation, que j'ai fournie dans un e-mail. L'administration a ensuite levé le blocage, me permettant de rejoindre mes cours la quatrième semaine du trimestre, le 31 mai, à condition que l'école reçoivent les fonds avant le 20 juin. Si ce n'était pas le cas, on me désinscrirait de mes cours. Les fonds sont arrivés sur mon compte étudiant quelques jours avant la date limite, mais entre-temps, ma maman a effectué un paiement supplémentaire.

Pour être honnête, je n'étais pas trop inquiète en attendant que ces fonds arrivent. Pas avant la semaine du 20 juin, lorsque j'ai frénétiquement appelé et envoyé des e-mails au gestionnaire de prêts tous les jours, pour vérifier l'état du déboursement de mon prêt. J'étais reconnaissante envers la coordinatrice de m'avoir contactée et de m'avoir aidée à suivre les cours pour mon dernier trimestre. Lorsque je l'ai remerciée dans le dernier e-mail que je lui ai adressé, j'aurais souhaité qu'elle se rende compte de ce qu'elle avait fait et à quel point elle m'avait aidée. J'ai terminé le programme de master en marketing en août 2021.

Lorsque le mois de septembre est arrivé, et bien que je n'avais toujours pas trouvé d'emploi, j'ai commencé à me sentir plus optimiste. L'automne est généralement la saison de recrutement dans de nombreuses entreprises. Le recrutement sur le campus a lieu à ce moment-là, ainsi que diverses séances d'information et événements de réseautage.

En voyant que certaines entreprises étaient plus flexibles avec leurs dates de début – offrant des dates supplémentaires en janvier 2022 au lieu de septembre 2022 uniquement – cela m'a donné espoir que je ne resterais pas au chômage trop longtemps. Les temps de réponse dans la plupart des entreprises étaient également assez courts, de deux à trois semaines. Leurs calendriers indiquaient que les entretiens auraient lieu à partir de la mi-août et que les décisions finales seraient prises à partir de septembre. J'espérais obtenir un poste de consultante et négocier ma date de début pour novembre ou décembre 2021.

Mon calendrier était rempli d'événements de réseautage et de recrutement, en plus des séances de préparation aux études de cas que j'effectuais plus fréquemment pour me préparer à un entretien potentiel. J'ai assisté à autant d'événements que possible, tant qu'ils étaient en rapport avec mes objectifs de carrière, même s'ils n'étaient pas directement liés au conseil. J'en ai fait de même avec mes candidatures, postulant auprès d'entreprises dans les services financiers, de télécommunications et d'autres types d'entreprises.

> **De :** *Recrutement Campus chez Deloitte Canada*
> **À :** *Moi*
> **Objet :** *Félicitations ! Entrevue Deloitte HireView*
> **Date et heure :** *10/09/2021 à 16 h 04*
>
> *Nous voulons en savoir plus sur vous ! Nous avons le plaisir de vous inviter à participer à notre entretien digital, pour le poste de Consultant - Stratégie, Analytique et Fusions & Acquisitions - Nouveau Diplômé 2022 pour lequel vous avez postulé auprès de l'équipe Strategy and Business Design.*
>
> *Vous devriez avoir reçu une invitation « Entrevue HireVue avec Deloitte » qui comprend les étapes importantes pour effectuer votre entretien digital. Nous vous encourageons à vérifier votre courrier indésirable si vous n'avez pas encore vu l'e-mail.*
>
> *Veuillez noter que la date limite pour effectuer l'entretien vidéo est le dimanche 12 septembre à 23 heures 59. Nous nous tenons à votre disposition pour toute question relative à ce processus.*
>
> *Bonne chance,*
> *L'équipe campus*

L'équipe Strategy and Business Design fait partie de Monitor Deloitte, le service de conseil en stratégie du cabinet. Au fil des ans, à mesure que j'en apprenais davantage sur le secteur du conseil, mon intérêt s'est affiné, passant du conseil en gestion général au conseil en stratégie, qui est relativement plus difficile à intégrer. Ainsi, au lieu de simplement vouloir obtenir un emploi chez Deloitte, je voulais maintenant travailler chez Monitor Deloitte. D'après ce que j'avais découvert, leurs projets étaient semblables à ceux de McKinsey, Bain ou BCG.

Dire que j'étais heureuse de recevoir l'e-mail d'invitation à l'entretien serait un euphémisme. J'avais posé ma candidature le 16 août, ma septième fois auprès de Deloitte Canada au cours de la dernière année seulement. Les six autres fois, j'avais postulé à un ensemble de postes dans différents services de conseil, mais je n'avais jamais dépassé le stade de la présélection du CV. Ces refus ne m'ont pas du tout affectée. Mais après ma dernière candidature infructueuse, je me suis dit que j'allais attendre le recrutement sur le campus au lieu de postuler en tant que professionnel expérimentée comme je l'avais fait.

Cette fois-ci, j'avais bon espoir, mais je ne voulais pas avoir de grandes attentes. Je me suis dit que c'était la dernière fois que je postulais chez Deloitte, du moins pour un certain temps. Si ça ne fonctionnait pas, je continuerais à chercher des jobs de consultante, mais en me concentrant sur les autres entreprises qui m'intéressaient de plus en plus. Cela dit, j'étais heureuse de passer à l'étape suivante.

L'entretien devait être réalisé dans les deux jours suivant la réception de l'invitation et comprenait une mini étude de cas, j'ai donc rapidement programmé une séance de préparation pour le lendemain, avec l'une de mes partenaires du programme de préparation aux études de cas. Je programmerais une autre session avec mon coach lorsque je passerais une fois de plus à l'étape suivante. J'ai également passé le samedi soir à m'exercer à répondre aux questions d'entretien.

Le lendemain matin, j'ai passé une demi-heure à installer mon bureau et à m'assurer que tout se présentait bien, de l'éclairage à mon arrière-plan et à mon environnement, en passant par la qualité du son et de l'image. J'ai répété mes réponses une dernière fois avant de m'asseoir devant mon ordinateur pour commencer mon entretien. *Souris, n'oublie pas de sourire. Ça ira, Danielle. Nous y sommes presque.* Mon cœur battait la chamade sous l'effet du stress et de l'excitation. J'ai répondu aux questions du mieux que j'ai pu.

Quand j'ai fermé mon ordinateur, je me sentais plutôt bien. Je ne voulais pas m'avancer, mais j'avais bon espoir. Plus qu'une seule série d'entretiens et ce serait fini. Mon rêve deviendrait réalité. Si je recevais une offre, je négocierais la date de début la plus proche, même si ça ne me dérangerait pas de commencer un an plus tard. Mon rêve se réaliserait enfin, et ce serait mon cadeau de Noël par anticipation. J'écrirais enfin le dernier chapitre de ce livre. Je déménagerais et prendrais mon propre appartement où je resterais plus d'un an. J'aurais assez d'argent pour commencer à épargner, à investir, à rembourser mes dettes et à vivre ma vie. J'aurais enfin de bonnes nouvelles pour ma maman. Je serais enfin stable et *heureuse*. Je me suis rappelé ne pas y accorder trop d'importance pour éviter d'être anéantie si ça ne marchait pas, mais j'étais pleine d'espoir.

La nouvelle est arrivée quatre jours plus tard à 12 heures 31. J'étais assise à mon bureau en train de faire je ne sais plus quoi, alors j'ai ouvert l'e-mail sur mon ordinateur. L'objet était le suivant : « Suivi sur l'entretien digital ». En voyant qu'il ne contenait pas le mot « Félicitations », je savais que je ne passerais pas au deuxième tour. Mais quelque chose en moi voulait croire que c'était peut-être ainsi qu'ils envoyaient des mises à jour à tout le monde, et qu'une fois que j'aurais ouvert l'e-mail, de bonnes nouvelles m'attendaient. Ce n'était pas le cas. Ils avaient le regret de m'informer que je n'avais pas été sélectionnée pour avancer dans le processus d'entretien.

Le goût familier de la douleur a pris possession de ma gorge. Mes larmes connaissaient le chemin, alors je les ai laissées suivre leur cours. Ça faisait beaucoup moins mal qu'en octobre 2019, mais beaucoup plus que ce que je pensais. Je croyais que j'étais « plus forte » que ça. Je croyais avoir dépassé le stade de pleurer à cause d'un e-mail de refus, vu le nombre de ceux que j'avais reçus au fil des ans. Mais cette semaine-là avait été particulièrement difficile : j'avais reçu un e-mail de refus au moins une fois par jour, et quand j'ai vu celui de Deloitte, j'ai craqué.

Date : 16/09/2021

Je ne savais pas que les e-mails de refus d'emploi pouvaient encore me faire pleurer. Jusqu'ici, cette semaine a été l'une des pires de l'année. Chaque jour était accompagné d'au moins un refus d'un job auquel j'avais postulé et aujourd'hui... Deloitte m'a rejetée. Encore une fois. Cette fois, pour de bon. Je ne dis pas que je ne pourrai plus jamais rejoindre le cabinet, mais c'était ma dernière chance d'essayer de le rejoindre en tant que nouvelle diplômée. Je ne m'attendais pas à ce que ça me blesse autant, puisqu' au cours des derniers mois, je me suis trouvé d'autres entreprises de rêve. Mais le fait est que la plupart d'entre elles m'ont déjà rejetée, et je suis honnêtement fatiguée et je veux passer à autre chose. Je ne veux même plus avoir de cabinet de rêve. Je prendrai n'importe quelle entreprise qui me paiera. Oui, je veux toujours être consultante et si j'avais plus de temps et d'énergie, j'opterais pour un grand cabinet. Mais à ce stade, je suis juste fatiguée. Tu sais ce qui est pire ? C'est que même si j'ai le cœur brisé, j'ai aussi l'impression que ce n'est même pas le moment où ça commence à aller mieux. J'ai l'impression qu'il y a une pire douleur à venir parce que je ne suis pas aussi fatiguée ou aussi brisée que je peux l'être. Je suis tellement fatiguée de vivre comme ça. Est-ce que c'est comme ça pour tout le monde ? Des déchirements constants avant que les choses ne s'améliorent ? Attendre que quelque chose se produise au-delà de la date limite ? Se sentir et être seul quatre-vingt-dix-neuf pour cent du temps ? Regarder les saisons changer chaque année, en ayant les mêmes problèmes ? Toujours se sentir perdu ? Avoir du mal à avoir confiance en soi et à connaître sa valeur ?

Comme d'habitude, je ne sais pas où me mettre. Et j'essaie toujours de trouver un équilibre entre le fait d'être humble, me contenter de ce que j'ai et le fait de vouloir plus pour ma vie. J'ai toujours l'impression qu'il y a un type de « plus » que je ne devrais pas vouloir parce que je devrais être satisfaite et reconnaissante de ce que j'ai déjà, mais même quand j'essaie des choses « plus petites », elles ne réussissent pas. Je suis fatiguée, mais je ne pense pas que ça compte de le dire ou de le ressentir. Ce qui doit arriver arrivera, indépendamment de ce que je ressens. Je dois juste être forte ou demander plus de force.

J'étais si près du but. Si près de la ligne d'arrivée. Je pouvais le voir. Le sentir. Le ressentir. Mon rêve. Il était sur le point de se réaliser après toutes ces années. Après toutes ces larmes.

J'avais quinze ans quand j'ai décidé que je voulais être consultante. Dix-neuf ans quand ma maman m'a invitée à assister avec elle à l'une des conférences de l'Institut des auditeurs internes à New York. Tous les Big 4 et autres grands cabinets étaient présents, mais je suis tombée amoureuse de Deloitte. Je ne voulais pas travailler dans l'audit interne ; je voulais travailler dans le conseil. Chez Deloitte. J'avais vingt et un ans lorsque ma maman est venue me rendre visite à Chicago, et que nous avons marché le long de Wacker Drive, une rue que je ne connaissais que trop bien. Je lui ai montré le gratte-ciel situé au 111 South Wacker, en lui disant que j'y travaillerais un jour. C'était le bureau de Deloitte à Chicago, un bureau devant lequel je passais souvent, rêvant d'y entrer. J'avais vingt-deux ans lorsque j'ai commencé à rêver de déménager à Toronto, et que j'ai collé des photos du bureau de Deloitte à Toronto dans l'un de mes journaux. Vingt-quatre ans lorsque, lors de ma première visite au centre-ville de Toronto après ma quarantaine, je me suis donné pour mission de localiser le bureau de Deloitte. Je suis passée devant et j'ai pris une photo en direct du gratte-ciel situé au 8 Adelaide Street West, le cœur plein d'espoir que mon rêve allait bientôt se réaliser.

Tout allait prendre un sens. La douleur. Le combat. La sueur. Le sang. Les larmes. L'attente. C'était le moment auquel je m'étais préparée. J'étais prête à vivre mon rêve. Mais ensuite, il a été arraché de mon cœur.

J'avais vingt-cinq ans lorsque j'ai postulé chez Deloitte Toronto, encore et encore. Vingt-cinq ans lorsque mes candidatures ont été rejetées par Deloitte Toronto, encore et encore. Et la douleur, ce trou autrefois de la taille d'un petit pois sur mon cœur qui a ensuite atteint la taille d'une pièce de monnaie, la douleur qui s'est un peu rétrécie à un moment donné puis est revenue plus profonde, la douleur qui a déchiré mon cœur et explosé à travers mon corps avant de disparaître quelques mois plus tard et de faire son retour, cette douleur s'est encore élargie.

Comme tu l'as lu, l'un de mes objectifs depuis 2020 est de ne pas laisser mes circonstances m'éloigner de Dieu, quelles qu'elles soient et quelle que soit ma blessure ou ma contrariété. Ce n'est pas facile, du moins pas pour moi, surtout dans des situations comme celles-ci. J'étais une fois de plus en proie à la douleur, en train de pleurer sur mon bureau. Je me suis retournée sur ma chaise pivotante pour me lever et me diriger vers mon lit. Cette fois, lorsque je suis passée devant la table de nuit sur laquelle se trouvait ma croix, j'ai dit à Dieu que je n'étais pas fâchée contre Lui. J'ai ouvert ma playlist *Espoir Renouvelé* sur Spotify, j'ai mis la chanson *Hills and Valleys* par Tauren Wells en boucle, puis je me suis allongée. Je me suis recroquevillée sous la couverture, dos à la croix, et j'ai pleuré jusqu'à ce que je m'endorme.

Je me suis réveillée de ma petite sieste vers 16 heures et j'ai décidé que je n'allais pas abandonner. Deloitte n'était peut-être plus sur la table, mais d'autres entreprises l'étaient. J'ai remercié la recruteuse et demandé un retour sur ma candidature, puis je suis passée à autre chose.

Les jours où je n'avais pas de séance de préparation aux études de cas, je faisais quelques exercices par moi-même, ce que j'ai fait ce soir-là ainsi que les jours suivants. Cette préparation a érodé mon énergie à la longue, d'autant plus que je n'avais pas de retour sur mes candidatures et que je maintenais ce rythme depuis des mois.

En octobre, aucune autre société de conseil ne m'avait répondu. J'ai postulé auprès de tous les Big 4, mais je n'ai pas eu de réponse de KPMG, PwC ou EY. J'ai postulé auprès d'IBM, de Kearney, d'Accenture, de Richter, mais rien. Nothing. Nada. J'ai réessayé RSM, mais sans succès. J'ai essayé CGI et Cognizant Consulting, mais pas de chance non plus. J'ai même réessayé Duff & Phelps, mais toujours rien. Et il ne s'agit là que des résultats des sociétés de conseil. J'avais déjà postulé auprès de Bain et BCG au printemps et à l'été, mais ça n'avait rien donné. J'avais une candidature en attente chez McKinsey, et malgré le silence et le fait que je ne me sentais pas prête pour le poste, j'ai continué à m'exercer. *Peut-être que ça va marcher. C'est peut-être pour ça que tout se passe comme ça. Il y a mieux. Il y a plus grand. C'est la fin de mon livre.*

J'espérais encore et je croyais que j'aurais bientôt des nouvelles d'au moins une entreprise, malgré le fait que je commençais à voir des messages sur LinkedIn d'étudiants et de jeunes diplômés, qui étaient excités ou honorés ou ravis de partager ou d'annoncer qu'ils allaient rejoindre telle ou telle entreprise à l'hiver ou à l'automne 2022.

Le fait d'avoir fréquenté une grande école et d'avoir noué des liens avec plusieurs personnes travaillant dans des entreprises de renom au cours de l'année écoulée signifiait que le contenu sur mon LinkedIn provenait d'elles, ainsi que d'étudiants fréquentant des écoles similaires et ayant postulé auprès d'entreprises de renom. Je ne dis pas que tout le monde a été accepté ; bien sûr que non. Mais je n'avais jamais lu autant de posts annonçant un nouvel emploi avec une telle concentration d'entreprises de renom dans tous les secteurs d'activité. J'ai voulu croire que moi aussi j'allais avoir des nouvelles et que mes dates de candidature étaient simplement différentes de celles des autres, jusqu'à ce que les posts sur LinkedIn commencent à diminuer et qu'il devienne clair que toutes les offres avaient été faites aux candidats retenus.

Je ne voulais pas perdre espoir. Je ne voulais vraiment pas me sentir mal, d'autant plus que j'avais déjà écrit une partie de ce livre et que j'étais consciente de certains schémas. J'ai essayé, jusqu'à ce que je cède.

Après avoir passé des jours à spéculer sur le statut de mes candidatures, j'ai décidé d'envoyer un e-mail aux recruteurs ou un message sur LinkedIn pour obtenir une réponse claire. Je ne les ai pas tous contactés. Le jour où j'ai envoyé un e-mail à KPMG, le recruteur m'a confirmé que ma candidature n'avait pas été retenue. J'ai demandé un feedback comme je le fais toujours, et pour la première fois, j'ai effectivement reçu une réponse, bien que générique.

« *Pas de feedback direct pour l'instant, nous avions un groupe de candidats extrêmement compétitif pour ce cycle. N'hésitez pas à me contacter dans les mois à venir et nous pourrons nous synchroniser pour voir s'il y a des postes à pourvoir à ce moment-là* ».

Je sais que ce n'est pas ce qu'il a dit, et ce n'est peut-être pas ce qu'il voulait dire, mais j'étais déjà tellement abattue que je ne pouvais pas m'empêcher de penser que ma candidature n'était pas assez compétitive. Que *je* n'étais pas assez compétitive. Que je n'étais pas assez bien.

J'aurais aimé ne pas avoir de rêve. J'aurais aimé ne vouloir qu'une vie confortable. J'aurais aimé pouvoir être heureuse et épanouie avec n'importe quel travail décent qui me donnerait ce confort. Certaines personnes sont heureuses de cette façon, non ? Pourquoi je ne pourrais pas l'être aussi ? Je me sens tellement inadéquate pour les choses que je désire.

Un nuage de honte s'est installé au-dessus de ma tête et me suivait partout où j'allais. Il est d'abord resté au-dessus de moi, puis m'a enveloppée de telle sorte que je ne pouvais pas ignorer sa présence écrasante. J'avais honte de ne pas avoir réussi à intégrer un seul cabinet de conseil. J'avais honte de ne pas avoir décroché un seul emploi.

Où est-ce que j'ai fait fausse route ?

J'ai travaillé avec un coach et un ancien recruteur de consultants pour rédiger un bon CV et une bonne lettre de motivation. J'ai rencontré plusieurs fois des conseillers d'orientation professionnelle au centre de carrière de mon école. L'un d'entre eux a également examiné mon CV et attendait avec impatience le moment où je lui dirais que j'avais obtenu un entretien. J'ai mis à jour mon profil LinkedIn. J'ai fait plus de réseautage au cours de mes dix mois au Canada qu'au cours de mes trois années aux États-Unis. J'ai assisté à des séances d'information et à des événements de recrutement. J'ai fait un suivi et j'ai demandé des commentaires sur mes candidatures infructueuses. Je me suis préparée pour les entretiens. Je suis restée ouverte et j'ai postulé à des emplois autres que ceux dans le conseil. Qu'est-ce que j'aurais pu faire de plus pour obtenir un job ? N'importe quoi ?

Je n'ai pas pleuré, mais je ne me sentais pas bien et je n'ai pas pu dormir cette nuit-là.

Une chose que j'avais entendue de la part de certaines des personnes avec lesquelles je réseautais, à qui j'avais envoyé mon CV, était que je manquais d'expérience. Je le savais, c'est pourquoi j'étais prête à recommencer, à commencer tout en bas de l'échelle et à gravir les échelons. Peu importe que j'aie un MBA. Ça m'importait peu que je venais d'obtenir un autre master. J'étais prête à obtenir un emploi de débutant, à condition qu'il corresponde à mes objectifs de carrière. D'autres personnes ont souligné ma période sans travail de trois ans, ayant eu six mois seulement d'expérience professionnelle à temps plein entre 2016 et 2020. Mais j'avais essayé d'acquérir cette expérience. Je voulais travailler. Je n'ai pas fait exprès de ne pas travailler. Tous ces rejets et toutes ces remarques m'ont donné l'impression d'être punie pour quelque chose que je n'avais pas causé.

Le lendemain, ces pensées tourbillonnaient encore dans mon esprit alors que j'étais une fois de plus à mon bureau, en train de me préparer pour une énième séance de préparation aux études de cas. Le nuage de honte était toujours là, au-dessus et autour de moi, me rappelant la situation dans laquelle je me trouvais.

Nous avions un groupe de candidats extrêmement compétitif pour ce cycle. Je ne suis pas assez compétitive. Si vous travailliez chez Kearney, vous auriez déjà été licenciée. Pourquoi suis-je même encore en train de me préparer ? Peut-être que ce n'est pas pour moi. J'aurais aimé ne pas avoir de rêve.

Alors que je m'enfonçais dans ces pensées, je ne me suis pas rendu compte que je n'écrivais rien sur la feuille blanche devant moi. Jusqu'à ce que la notification Outlook me ramène dans le monde réel. J'ai dégelé ma main droite au-dessus de la feuille de papier que je fixais, et le crayon qu'elle tenait est tombé sur la table. J'ai déplacé ma main vers la souris pour naviguer vers l'onglet des e-mails sur l'écran de mon ordinateur.

C'était Siemens qui me félicitait d'avoir obtenu une offre pour le poste de stagiaire pour lequel j'avais passé un entretien.

Une autre chose dont je ne m'étais pas rendu compte, c'est que je retenais mes larmes. Dès que j'ai lu cet e-mail, elles se sont précipitées sur mes joues sans ma permission. Lorsque j'ai repris mon souffle, je me suis retournée sur ma chaise pivotante pour faire face à la croix posée sur ma table de nuit.

« Merci », ai-je dit, toujours en sanglotant.

Je me suis retournée, j'ai reposé ma tête sur ma main droite posée sur la table et j'ai continué à pleurer. Je ne sais pas pourquoi je pleurais. Ce n'étaient pas des larmes de joie, mais ce n'étaient pas non plus des larmes de douleur, car je ne ressentais pas *la douleur*. Lorsqu'elles ont cessé de couler, j'ai tout rangé et j'ai fermé les onglets des exercices de préparation sur mon ordinateur. Je n'allais plus me préparer aux entretiens avec études de cas. J'étais lasses et j'avais besoin d'une pause pour savoir si j'avais encore envie de faire du conseil. Et peut-être, juste peut-être, y avait-il une leçon à tirer.

L'e-mail de refus de ma candidature en attente chez McKinsey est arrivé plus tard en octobre, clôturant à merveille ma saison de recrutement de l'automne et me permettant de me concentrer sur Siemens. Je n'ai pas pleuré. Ce qui m'a fait pleurer, en revanche, c'est d'avoir été payée un vendredi de novembre et d'avoir dû consacrer l'intégralité de mon salaire à mes factures, à mon prêt étudiant et à la dette sur ma carte de crédit.

Mes économies s'étant complètement épuisées en juin, j'ai dû utiliser ma carte de crédit pour mes dépenses quotidiennes, tandis que ma maman m'aidait à payer le loyer. Avec mes frais de déménagement et les dépenses courantes, j'ai rapidement atteint et même dépassé ma limite de crédit de 1 000 dollars, ce qui a généré des intérêts et des frais additionnels sur mon solde. À cela s'ajoutaient les intérêts impayés de mon prêt étudiant, qui accumulaient également des frais de retard. En novembre, ma cote de crédit était passé du bon au mauvais.

Siemens me payait 25 dollars de l'heure, somme que j'avais négociée à la hausse par rapport aux 22 dollars que m'avait offert l'entreprise au départ. Mais après les impôts, c'était à peine suffisant pour couvrir mon loyer, mes dettes et mes autres dépenses. Je savais en recevant l'offre que ce serait le cas, alors j'ai continué à chercher un autre emploi, quelque chose que je ferais à temps partiel pour étoffer mon revenu et m'aider à respirer un peu. Par chance, j'ai trouvé un contrat de marketing à temps partiel que je faisais à côté. Il me rapportait 1 000 dollars par mois, ce qui remplaçait essentiellement les impôts déduits de mon revenu chez Siemens.

J'étais reconnaissante pour ces deux jobs, mais ce vendredi soir, je pleurais parce que je venais d'être payée pour les deux ; cependant, ce n'était toujours pas assez. Après avoir payé mes factures et une partie seulement de mes dettes, il me restait moins de 50 dollars sur mon compte courant, et pas d'économies du tout. Je savais que cette situation était temporaire, mais le sentiment de travailler des journées entières juste pour payer les factures et de toujours avoir des difficultés financières ne me semblait pas si temporaire que ça.

Mon stage chez Siemens a duré quatre mois, d'octobre 2021 à février 2022. Je savais que ma dernière expérience de stage (combinée à mes nombreux refus) avait affecté ma confiance en moi, mais je n'avais pas réalisé à quel point.

Je travaillais dans l'unité commerciale des infrastructures intelligentes, sous la responsabilité directe du vice-président, qui travaillait directement avec le PDG pour l'ensemble du Canada. Même si je n'étais pas particulièrement intimidée par eux, je craignais toujours que mon travail ne soit pas assez bon. Et comme j'étais la seule stagiaire et la seule employée de niveau inférieur dans cette équipe, j'avais peu de références sur ce qui constituait un bon travail. J'étais aussi la seule *personne* noire. Cela dit, mon manager – le vice-président – m'appuyait lorsqu'il n'était pas trop occupé. Il y avait aussi Zarin, une autre ancienne de Schulich qui avait fait un stage dans mon unité commerciale un an plus tôt, mais qui travaillait maintenant à plein temps dans un autre secteur de l'entreprise.

La peur d'être renvoyée m'a suivie tout au long de mon stage chez Siemens. Je ne savais pas quelle valeur, s'il y en avait, je pouvais apporter à l'entreprise. Je ne savais pas de quoi j'étais capable. Je braquais chaque fois que je recevais un appel ou un e-mail de mon manager, pensant qu'il s'agissait d'un retour négatif ou d'un commentaire sur quelque chose que j'avais mal fait et à quel point c'était inacceptable.

Un vendredi, mon manager m'a envoyé un e-mail après les heures de travail. Une vague glaciale a immédiatement parcouru mon corps, gelant tout sur son passage, sauf le sang qui battait dans mes oreilles. Et peut-être aussi mon cœur. Deux semaines avant de perdre mon stage précédent, j'avais reçu un vendredi vers 19 heures un e-mail du chef de projet ; il me disait à quel point lui et le directeur des opérations étaient mécontents de mon travail. Je pensais que cette fois-ci était similaire. Elle ne l'était pas. Cette fois, le vice-président de Siemens me remerciait pour mon travail acharné tout au long de la semaine et m'encourageait à profiter *pleinement* du week-end. La vague a refait son chemin, chaude et délicate, dégelant une cellule à la fois. J'ai poussé un léger soupir. *Attends, quoi ? Quel genre de manager dit ça ?*

Je ne croyais pas mon manager chaque fois qu'il disait qu'il était content de mon travail. Une fois, j'ai même pensé qu'il était sarcastique parce que je n'avais pas l'impression d'avoir fait grand-chose, et pourtant il m'avait encore remerciée pour mon travail. Ce n'est que lorsque Zarin m'a rejointe sur un projet et qu'il nous a montré la même appréciation à toutes les deux à la fin, que j'ai cru que ses commentaires avaient été sincères depuis le début.

Il m'a remerciée pour mon travail. Il m'a applaudie publiquement (y compris devant le PDG). Je me suis efforcée de ne manquer aucun de ses appels, mais chaque fois que cela arrivait, il ne se mettait pas en colère. Lorsque je m'en excusais, il disait qu'il comprenait que je travaillais de la maison et qu'il ne s'attendait pas à ce que je sois collée à mon bureau. Il remarquait lorsque nous faisions des heures supplémentaires, et m'encourageait à terminer plus tôt le lendemain s'il n'y avait rien d'urgent. Lorsque je lui ai dit que j'étais intéressée par le conseil, il a transmis mon CV à un directeur chez Siemens Advanta, la branche conseil de l'entreprise. Il m'a dit que ma carrière était prometteuse et que l'avenir me réservait d'innombrables opportunités.

Bien sûr, il n'y a pas eu que des arcs-en-ciel et des papillons. Il n'était pas parfait, et moi non plus. Mais pas une seule fois je n'ai compté les jours jusqu'à la fin du mois de février.

À mi-parcours du stage, vers la mi-décembre, j'ai fait quelque chose que je n'avais jamais fait auparavant mais que j'avais toujours su nécessaire : j'ai programmé une réunion pour faire le bilan avec mon manager et obtenir un feedback sur mon travail depuis le début de mon stage. À ma très grande surprise, il a répondu en me demandant de préparer un feedback pour lui aussi. *Attends, quoi ? Quel genre de manager fait ça ?*

Cette réunion a contribué à apaiser mon anxiété, mais seulement pour un court moment. Les commentaires étaient positifs et il a réitéré son appréciation du travail que je faisais. Il y avait des points à améliorer, mais la façon dont il les a communiqués ne m'a pas donné l'impression que j'étais indigne de travailler là.

Mais même après cette réunion, la peur d'être renvoyée a continué à me suivre jusqu'à ma toute dernière semaine, lorsque j'ai réalisé qu'il serait trop tard pour me renvoyer. Mon manager a même demandé à prolonger mon contrat, mais j'ai refusé son offre, car, comme tu le découvriras, d'autres choses se produisaient à ce moment-là.

Lorsque je l'ai remercié lors de notre dernière réunion et dans mon e-mail d'au revoir, j'aurais souhaité qu'il se rende compte de l'impact positif qu'il avait eu sur moi, tant sur le plan professionnel que personnel.

« Le monde vous attend pour grandir et prospérer. Les portes chez Siemens sont toujours ouvertes. :) »

J'ai pris une photo de son e-mail avant de faire mon sac. Lorsque je me suis rendue au bureau pour rendre mon ordinateur et ma carte d'accès le 25 février 2022, il n'y avait pas de poids sur mes épaules ni de boule dans mon estomac.

Rien que de la reconnaissance dans mon cœur.

CHAPITRE 24 :

LA LEÇON

Revenons en arrière un moment, en décembre 2021. Lorsque le dernier jour de l'année est arrivé, j'ai fait ce que je fais toujours : j'ai sorti mes journaux et mon agenda pour faire une rétrospection et planifier l'année à venir. Mais cette fois-ci, c'était un peu différent, parce que je n'avais pas de plans ou d'objectifs précis. Cet extrait explique pourquoi.

Date : 31 décembre 2021

Nous revoici à cette période la période de l'année. Alors... 2021. Une autre année au cours de laquelle presque rien de ce que j'avais prévu ne s'est produit. Pour être honnête, mes objectifs les plus importants étaient hors de mon contrôle, et la chose la plus décevante a été de ne pas réaliser mon rêve et de ne pas publier mon livre. Je me suis tellement accrochée à ce rêve et à ce livre que je n'ai pas réalisé qu'ils étaient devenus des obsessions. Dur à avaler, mais j'ai fini par voir ces objectifs pour ce qu'ils étaient.

Définitivement douloureux et pas drôle de voir ce rêve s'effondrer après avoir essayé si fort pendant si longtemps d'en faire une réalité, mais je pense que ça m'a permis d'apprendre la plus grande leçon de toute ma vie : mon bonheur ne dépend pas de la réalisation de mon rêve. Je suis maintenant convaincue que la vie ne se résume pas à l'accomplissement de mes objectifs, et c'est pour cette raison que je n'en aurai pas pour 2022. Cette fois, ce n'est pas parce que je suis brisée ou déçue. Il y a encore des choses que je voudrais accomplir et, honnêtement, j'espère secrètement commencer ma carrière de consultante en 2022, mais je ne fixe pas de date limite pour ça et je n'en ferai pas une obsession.

Ce dont je suis fière :

- De m'être accrochée à Dieu (ou du moins d'avoir essayé) et de ne pas avoir laissé les circonstances m'éloigner complètement de Lui.
- Avoir commencé un autre parcours pour me rapprocher de Lui (étude de la Bible).
- Avoir réalisé que la vie ne tourne pas autour de mon rêve.
- Mes talents en graphisme !!! 😊
- Avoir écrit presque un livre entier.
- Avoir conçu mon site internet toute seule + tout ce qui tourne autour de RDRMDA.

Mes « objectifs » pour 2022

Je voudrais juste profiter de la vie avec ce que j'ai et quand je le pourrai, que j'ai des amis ou non. Je voudrais voir ce qu'il y a à voir, faire ce qu'il y a à faire autant que possible et dans la mesure où mes finances le permettent. J'espère continuer d'avoir un job tout au long de l'année, que ce soit dans le domaine du conseil ou non. Je voudrais mettre de côté 50 dollars par mois pour faire quelque chose de nouveau, peu importe ce que c'est. Je voudrais aussi aller régulièrement à la gym, non plus pour être mince, mais simplement pour être et me sentir mieux dans mon corps.

Je l'avais enfin apprise. La Leçon, celle que je ne savais pas que je devais apprendre. Même avant la saison de recrutement de l'automne, je soupçonnais déjà que quelque chose me manquait, une sorte de leçon que je devais apprendre. Mais je ne savais vraiment pas ce que c'était. J'ai essayé de le découvrir en vain tout au long de l'été 2021.

Est-ce que je devais adopter une approche plus ciblée du réseautage ? Est-ce que je devais élargir mon champ d'action lorsque je cherchais des cabinets de conseil ? Est-ce que je devais être plus patiente et croire que les bonnes choses prennent du temps, ou au contraire pousser encore plus et ne pas laisser mes peurs me freiner ? Est-ce que je devais être courageuse et forte et surmonter les refus, les déceptions, les doutes et autres épreuves dans ma vie personnelle, ou est-ce que je devais faire une pause et repartir sur de nouvelles bases ? J'ai cherché la réponse. J'ai prié pour obtenir la réponse. Je n'arrivais pas à trouver la réponse.

Bien que toutes ces questions aient été pertinentes, et que j'aie appliqué un peu de tout, elles tournaient toutes autour d'une seule chose : réaliser mon rêve. Ce rêve était un bandeau sur mes yeux depuis l'âge de quinze ans. Comment aurais-je pu voir que ma conception du bonheur, du but de ma vie et de l'épanouissement avait été déformée par la poursuite même de ce rêve ? Comment pouvait-il être erroné de fonder ma valeur sur quelque chose que je désirais tant ? Après tout, si je ne réalisais pas mon rêve, si je n'atteignais pas mes objectifs, si je ne poursuivais pas ce que je voulais, qu'est-ce que je faisais de ma vie ?

J'avais entendu, lu des articles et des posts sur LinkedIn, regardé des vidéos sur YouTube, de personnes qui mettaient en garde contre le fait de s'attacher à un job, à un projet, à un rêve au point qu'il devienne une partie (ou la totalité) de notre identité. Ces personnes encourageaient à trouver l'épanouissement et le bonheur en dehors de *cette chose*. Bien que j'aie été absolument d'accord avec elles et que j'aie aimé, soutenu, célébré et parfois enregistré ces posts, je n'arrivais toujours pas à voir que je faisais exactement le contraire. Probablement parce que j'avais réussi à me convaincre que ma situation était différente.

Alors, comment ça s'est passé ? Comment ai-je appris ?

Revenons en arrière, en octobre 2021, lorsque j'ai décidé de faire une pause. Maintenant que je n'essayais plus de devenir consultante, j'avais plus de temps libre. Et maintenant que le 10 octobre – Journée mondiale de la santé mentale et date à laquelle je souhaitais initialement lancer le livre – était passé, je n'étais plus pressée de faire quoi que ce soit concernant ce livre. J'ai commencé à concevoir la couverture du livre au cours de l'été, mais je n'étais pas très douée sur Photoshop, alors j'ai pensé faire une simple ébauche comme référence à montrer à un véritable graphiste. Il en allait de même pour toutes les autres choses que je voulais concevoir. Mais comme il n'y avait plus d'enjeu ni d'échéance, et malgré la crainte occasionnelle que tout cela ne serve à rien, j'ai voulu essayer de concevoir ces choses par moi-même. Tout d'abord, ça signifierait des économies substantielles, mais ensuite et surtout, j'aime en fait la conception graphique.

J'ai aimé travailler sur mon site web tout au long de l'été : trouver la nuance parfaite de chaque couleur, essayer différentes polices, styles et mises en page, incorporer un peu de ma personnalité, etc. C'était parfois accablant, et comme c'était le premier vrai site web que je concevais, il y a eu beaucoup d'essais, d'erreurs, de recherches sur Google, d'itérations, de plantages, de changements non sauvegardés et de frustration, mais c'est l'un des rares processus que je peux honnêtement dire que j'ai apprécié. Ainsi, avant le début de mon stage chez Siemens et même après, j'ai passé quelques heures chaque jour à concevoir la couverture du livre, à regarder des tutoriels sur YouTube et à concevoir à nouveau. J'ai également continué à travailler sur Le Site Web.

Chaque étape qui me rapprochait d'un design achevé mettait un sourire sur mes lèvres et de la joie dans mon cœur. Ce qui m'a le plus fait sourire, c'était la création du logo et le fait d'avoir enfin trouvé les bonnes formes, les bonnes combinaisons de couleurs, les bonnes polices, les bons espacements et les bonnes dimensions. Ce n'était pas un design très compliqué, mais une fois qu'il était prêt, j'étais si fière.

Je n'arrive pas à croire que j'ai une marque. Je me suis levée de mon bureau pour regarder de loin le logo RDRMDA sur l'écran de mon ordinateur, afin de m'assurer qu'il était aussi beau de loin que de près. Il l'était. Je suis revenue à mon bureau, je me suis assise et j'ai regardé l'écran encore un peu plus longtemps, tandis que des larmes me montaient aux yeux.

Je suis si heureuse.

Elle était là, cette pensée que je n'avais pas eue depuis très longtemps. Elle m'a traversé l'esprit sans que je m'en aperçoive et quand je m'en suis aperçue, mes yeux se sont écarquillés de stupéfaction, permettant aux larmes de voyager vers le bas. Je n'avais jamais prévu que #RDRMDA passerait d'un hashtag à une marque. Je n'avais même jamais pensé que j'aurais une marque, non pas parce que je ne m'en sentais pas capable, mais parce que ce n'était pas l'un de mes objectifs. Ce n'était pas quelque chose que j'avais planifié.

Certes, le logo était en rapport avec les rêves et mon rêve ne s'était pas réalisé, mais il était si beau !

Est-ce que c'est pour ça que mon rêve ne s'est pas réalisé cette année ?

Je m'étais demandé et j'avais demandé à Dieu pourquoi mon rêve ne s'était pas réalisé, ce qui se serait passé s'il s'était réalisé au printemps, en été ou même en automne. Comme je ne trouvais pas de réponse, je me suis dit qu'il n'y en avait peut-être pas, que cette fois-ci, tout était peut-être arrivé sans aucune raison. Au fur et à mesure que je poursuivais mon parcours de graphisme, je me suis de plus en plus intéressée à d'autres formes d'art, telles que la photographie et la vidéographie. Tout cela m'a fait prendre conscience que d'autres choses qui pouvaient m'apporter de la joie et du bonheur.

Aller à la gym m'apportait également de la joie et du bonheur. Comme je l'ai mentionné plus tôt dans ce livre, j'ai commencé à développer une bien meilleure relation avec mon corps à la fin de mon adolescence. À l'âge adulte, j'avais en fait très confiance en moi. Mais je mentirais si je disais que les commentaires occasionnels sur mes joues potelées ou chaque fois que je prenais du poids ne me ramenaient pas parfois à mon enfance, et ne me donnaient pas l'impression que je devais perdre quelques kilos. Lorsque je suis retournée à la salle de sport en novembre 2021, c'était la première fois que j'y allais pour la seule raison d'être en meilleure santé. Et plus forte. Et plus tonifiée. Mais surtout en meilleure santé. C'était la première fois que je ne me pesais pas dans le but de perdre quelques kilos. Je ne me suis en fait pas pesée du tout, et je n'avais pas l'intention de commencer un régime ou faire une sorte de purge, ni d'arrêter de manger ce que j'aime. Je ne voulais plus laisser la définition de la beauté des autres influencer, ne serait-ce qu'un peu, la façon dont je voyais mon corps.

Alors à la fin de l'année, je me sentais mieux physiquement et mentalement. Je n'irais pas jusqu'à dire que j'étais heureuse à cent pour cent, mais j'essayais et je voulais continuer d'essayer tout au long de l'année à venir. J'allais mieux, et j'aurais aimé que ça continue.

Le matin du 3 janvier 2022, je naviguais tranquillement sur mon téléphone, lorsque je suis tombée sur la nouvelle que le gouvernement de l'Ontario allait faire une annonce concernant d'éventuelles nouvelles restrictions, en raison de la énième variante du virus Covid-19.

S'il vous plaît, ne fermez pas les gyms. Je vous en supplie, ne fermez pas les gyms. Mon Dieu, laisse qu'ils ferment tout le reste – les restaurants, les salles de ciné, les salons de beauté, tout le reste – mais pas les gyms, s'il Te plaît. S'il Te plaît, ne les laisse pas fermer les gyms.

L'annonce a été faite à 11 heures, et ils ont tout fermé. Y compris les gyms. Et mon cœur s'est brisé. J'ai pleuré le reste de la matinée. J'ai pleuré tout l'après-midi. J'ai pleuré toute la nuit. La douleur, oh, la douleur...

Vers 14 heures, j'ai envoyé un message à ma sœur aînée Sophie pour lui annoncer la nouvelle et lui dire que j'en avais assez de vivre de cette façon. Il était 1 heure du matin en Chine, où elle vivait encore, et elle m'a donc appelée à son réveil, quelques heures plus tard. Et j'ai tout laissé sortir.

— Je n'en peux plus. Je suis tellement fatiguée de vivre comme ça. Ils ont tout fermé, même les salles de sport. Y aller était l'une des rares choses qui me permettait de sortir de ma chambre et qui me rendait heureuse. Comment se fait-il qu'à chaque fois que je trouve quelque chose qui m'apporte un peu de joie, on me l'enlève ? Ils n'auraient pas pu juste limiter encore plus la capacité des salles de sport ? À 5 %, à 1 %, je m'en fiche. Je suis vaccinée. Je porte un masque les rares fois où je sors. Pourquoi je dois encore subir ça ? Il fait moins quinze degrés dehors, et la température ne fera que baisser. Sortir marcher dans le froid glacial, c'est tout ce que je suis censée faire pour prendre soin de ma santé mentale ? Comment je suis censée continuer à vivre comme ça ? Je dois travailler demain et le reste de la semaine. Comment je suis censée continuer à travailler, à parler aux gens comme si tout allait bien ? Je suis forte à quel point pour toujours vivre de telles choses ? Est-ce que je ne me fatigue pas ? Pourquoi je n'arrive pas à être stable ? Est-ce que je ne le mérite pas ? Est-ce que j'en demande trop ? Je me sens tellement coincée. J'ai l'impression d'être dans une prison. Même quand j'essaie d'être positive quand les choses ne vont pas bien, il y a toujours quelque chose qui va venir me démolir. Aujourd'hui, nous sommes de retour dans le confinement, et ils disent que c'est pour trois semaines ; c'est ce qu'ils ont dit la dernière fois, mais après ça a duré huit mois ! Comment je fais pour savoir que cette fois-ci, c'est différent ? J'ai déjà vécu ça. J'ai déjà vécu ça un million de fois, et je suis tellement fatiguée. Je suis fatiguée de vivre comme ça. Je n'en peux plus. Je suis fatiguée de cette vie. J'essaie de garder le sourire. J'essaie de rester positive malgré les épreuves. Mais il y aura toujours quelque chose qui va me maintenir dans ce cycle infini. Je n'en peux plus. Je suis fatiguée.

Ma tête était en feu, mais je ne me suis pas arrêtée. Pas jusqu'à ce que je sente que Sophie commençait à s'inquiéter que je me fasse du mal.

— Je comprends, a-t-elle dit peu après, mais s'il te plaît, arrête de pleurer comme ça. S'il te plaît. Je... je ne sais même pas quoi te dire d'autre. Je ne sais pas quoi faire. Si seulement je pouvais te rendre visite pour te tenir compagnie, même pour quelques jours, je le ferais. Mais même ici, les choses sont encore compliquées. Danielle, calme-toi, s'il te plaît. Je sais que tu as traversé beaucoup de choses. Je ne peux pas imaginer comment tu te sens, mais s'il te plaît, ne fais rien... ne pense pas au pire.

Les mots ne sont pas sortis de sa bouche, mais je savais ce qu'elle voulait dire. Elle ne savait pas que j'avais *pensé au pire* plus tôt dans ma vie. Personne ne le savait. Elle ne m'avait jamais entendue pleurer *comme ça* non plus, pas même pendant l'été 2019.

Je sanglotais. Rien de nouveau pour moi : j'avais pleuré toute la journée. Mais je suppose que les sanglots combinés au fait que je parlais sans m'arrêter étaient nouveaux pour elle. Ce que je n'avais jamais entendu auparavant, c'était l'impuissance dans sa voix. Elle bégayait parfois, essayant de trouver les mots pour me calmer. Je me suis sentie mal de lui faire subir ça et je ne voulais pas l'effrayer, alors j'ai essayé de me calmer. Je n'allais pas faire le pire, mais j'étais effectivement fatiguée de ma vie. Je peux comprendre que m'entendre le dire autant de fois dans une seule conversation ait pu être effrayant.

Sophie m'a envoyé des messages les jours suivants, plus fréquemment que je n'en avais l'habitude. Peut-être voulait-elle simplement savoir comment les choses se passaient, ou peut-être voulait-elle s'assurer que je n'avais pas *fait le pire* ? Elle m'a dit que je pouvais l'appeler à tout moment si j'avais besoin de parler ou si je ne me sentais pas bien. Elle m'a dit de ne pas me sentir comme un fardeau. Et j'ai pleuré. J'ai pleuré parce que je n'avais jamais entendu ces mots de quelqu'un auparavant. J'ai pleuré parce que, même si je ne l'ai pas dit, pensé ou écrit, au fond de moi, je me sentais lourde. Lourde pour elle. Lourde pour ma maman. Je pouvais voir qu'elle était toujours inquiète, alors je lui ai dit que j'allais bien et que je me sentais de mieux en mieux chaque jour. Certains jours, c'était vrai ; d'autres jours, je mentais pour qu'elle ne s'inquiète pas.

Les jours sont passés et j'ai fini par m'habituer à passer à nouveau des journées entières dans ma chambre. J'ai continué à exercer mes deux jobs et à faire des designs lorsque je n'étais pas trop fatiguée ou démotivée. J'ai commencé une nouvelle série pour m'aider à m'endormir le soir, et parfois j'étais au téléphone avec un ami. Certaines nuits, j'avais des nausées et des vertiges, mais ce n'était pas aussi grave qu'en 2017 ou 2018. De plus, j'avais appris à toujours garder des bonbons à la menthe ou des pastilles contre la toux sur ma table de nuit pour soulager les nausées, au cas où. J'ai également consacré du temps à la préparation d'un entretien à venir.

Le 9 décembre 2021, une recruteuse chez Accenture m'a contactée au sujet d'un poste d'analyste, disponible dans le cadre d'un de leurs programmes de développement au sein de la division Interactive, prévu pour début 2022. Je suppose que certaines entreprises conservent vraiment les informations des candidats en vue d'opportunités futures. J'étais très surprise, d'autant plus que l'entreprise n'avait pas daigné m'envoyer un e-mail de refus, lorsque j'avais postulé au programme de développement dans la division stratégique en septembre.

— Êtes-vous toujours intéressée par un poste chez Interactive ? m'a demandé la recruteuse après une brève présentation.

Je n'avais jamais postulé chez Accenture Interactive. Ma lettre de motivation portait en fait sur le conseil en stratégie, même si j'avais mentionné qu'avoir l'occasion de travailler sur des projets chez Interactive m'intéressait.

— J'ai initialement postulé à une offre dans le domaine de la stratégie, ai-je répondu, mais je suis ouverte. Cependant, je viens de commencer un stage qui pourrait devenir un emploi à temps plein.

— Oh, c'est étrange ; il est indiqué ici que vous avez postulé chez Interactive. Elle a ensuite posé des questions sur mon poste actuel. Faites-moi savoir si vous souhaitez en savoir plus sur cette opportunité, et je peux toujours vous rappeler plus tard pour en discuter.

— Oui, bien sûr ! Merci de m'avoir contactée !

À mon avis, ma candidature avait été réacheminée en raison de mon diplôme en marketing. Accenture Song – à l'époque Accenture Interactive – est l'agence digitale de l'entreprise. Ou alors, Dieu y était peut-être pour quelque chose.

La recruteuse m'a rappelée le 20 décembre pour un entretien officiel, au cours duquel nous avons parlé plus en détail du poste, de mon expérience et du processus d'entretien. Pour la suite, je n'aurais plus qu'à passer les trois derniers entretiens : un exposé sur une étude de cas et deux entretiens réguliers. Ceci parce que j'avais déjà réussi le test digital lors de ma première candidature, ce que j'ignorais puisque personne ne m'avait recontactée.

J'étais intéressée, mais pas vraiment. D'une part, mon expérience négative avec leur processus de recrutement avait considérablement réduit mon intérêt pour l'entreprise et, d'autre part, j'étais fatiguée de passer des entretiens d'embauche. Je voulais rester chez Siemens, même si je n'adorais pas mon travail, si ça signifiait être stable pendant un certain temps. De plus, j'avais un excellent manager. Mais en même temps, c'est d'Accenture dont il s'agissait. C'est d'un poste de *conseil* dont il s'agissait.

La réunion de bilan que j'avais programmée à mi-parcours de mon stage avec mon manager chez Siemens avait eu lieu deux jours plus tard, le 22 décembre 2021. Je lui avais dit que je voulais continuer à travailler dans l'entreprise une fois le stage terminé. Il avait fait allusion à cette possibilité lors de mon entretien, en me demandant si je devais absolument arrêter le stage en février, ou si je me voyais travailler à plein temps dans cette entreprise si l'occasion se présentait. J'avais évidemment répondu que je saisirais cette opportunité, mais c'est parce que je n'avais pas d'autre choix. À l'époque, la description du poste ne m'enchantait pas, mais j'étais fatiguée de chercher du travail et de n'avoir que des bribes d'expérience professionnelle sur mon CV.

Jusque-là, j'avais un stage de deux mois chez CIVC Partners, une expérience professionnelle de six mois à temps plein chez Duff & Phelps et un stage dont je me suis fait renvoyer après un mois. Je n'ai pas inclus mon passage à l'hôtel The Peninsula parce qu'il était à la fois trop court (trois semaines) et sans rapport avec les emplois en entreprise. Si je ne restais pas chez Siemens, ça signifierait un nouvel élément sur mon CV qui n'aurait duré que quelques mois, ce que les recruteurs considéreraient comme un mauvais indicateur. Je voulais rester quelque part pendant au moins un an et montrer enfin que je pouvais, moi aussi, conserver un emploi stable.

Malheureusement pour moi, aucun poste disponible au sein de l'unité commerciale des infrastructures intelligentes ou ailleurs chez Siemens Canada ne correspondait à mon profil. Les postes disponibles exigeaient un diplôme d'ingénieur ou un autre diplôme technique, ce que je n'avais pas et ce qui ne m'intéressait pas. Mon manager était ravi de m'aider à trouver quelque chose et a commencé à recommander mon profil çà et là au sein de l'entreprise. Comme mentionné précédemment, il a communiqué mes informations chez Siemens Advanta, mais il n'y avait pas non plus de postes disponibles. De plus, le bureau nord-américain d'Advanta opérait aux États-Unis et je ne me voyais pas entamer une nouvelle procédure d'immigration pour retourner dans ce pays, même si j'y trouvais un emploi.

C'était frustrant parce qu'encore une fois, j'étais fatiguée. C'est à ce moment-là que j'ai commencé à envisager plus sérieusement de passer un entretien avec Accenture. La recruteuse m'a recontactée au début du mois de janvier 2022 pour m'informer que mes entretiens virtuels auraient lieu le vendredi 14 janvier. Alors que je préparais mon exposé, j'ai essayé de ranimer la flamme que j'avais autrefois dans mon cœur pour Accenture et pour Interactive. J'étais reconnaissante de passer un entretien avec le cabinet, mais je ne peux pas dire que j'étais heureuse. Du moins, pas encore.

J'ai passé mes entretiens comme prévu le vendredi après-midi. Pendant que j'attendais des nouvelles, j'avais l'estomac noué. Je voulais croire que cette opportunité ne s'était pas présentée sans raison, mais en même temps, je ne voulais pas espérer et être à nouveau déçue. Surtout, je ne voulais pas avoir à chercher un autre job et à passer d'innombrables entretiens. Je n'avais pas de plan B. Rester chez Siemens n'était plus une option, mais je n'avais pas non plus cherché d'autres jobs. J'ai donc espéré, mais pas trop fort. J'ai espéré, sans exclure la possibilité de ne pas obtenir le poste. J'ai espéré, mais j'ai rappelé à mon cœur de ne pas s'égarer. J'ai espéré et j'ai dit à Dieu que j'accepterais le résultat, quel qu'il soit, de l'autre côté.

La recruteuse m'a appelée le lundi suivant, le 17 janvier, pour m'annoncer une bonne nouvelle : j'avais obtenu le poste ! Encore une fois, les choses s'étaient déroulées rapidement. Je *pouvais* y croire, mais pas vraiment. Je ne pensais pas qu'Accenture était trop bien pour moi, mais je n'arrivais pas à croire tout ce qu'il avait fallu pour en arriver là. J'étais... *heureuse*. Mais plus encore, j'étais fière.

Lorsque la recruteuse a raccroché, j'ai été envahie par un immense sentiment de fierté, que je ressentais pour la première fois de ma vie. Cette fierté n'était pas simplement liée à l'obtention d'un poste en conseil chez Accenture. Pas du tout. C'était l'aboutissement des efforts que j'avais déployés au cours des cinq années précédentes. Tenir bon alors que j'avais envie d'abandonner. Mener des batailles mentales. Persévérer dans la douleur. Apprendre les leçons les plus importantes de ma vie. J'étais fière de moi.

À partir de ce lundi, la seule chanson que j'écoutais était *I believe in You (Je Crois en Toi)* par Il Divo, Céline Dion.

Le travail devait commencer le 21 mars, et c'était bon de ne pas avoir à m'inquiéter de ce qui allait suivre. La seule chose qui m'inquiétait un peu était ma demande de permis de travail post-diplôme.

Le permis de travail post-diplôme est semblable à l'OPT aux États-Unis, mais avec des différences notables.

Pour commencer, le permis de travail post-diplôme ne peut être délivré qu'une seule fois dans la vie, contrairement à l'OPT, qui peut être délivré à chaque niveau de diplôme obtenu aux États-Unis. Par exemple, si j'avais obtenu une licence aux États-Unis avant mon MBA, j'aurais demandé mon premier OPT après avoir obtenu cette licence et je serais toujours éligible pour un autre OPT après mon MBA. Toutefois, si j'avais obtenu mon master en marketing aux États-Unis, je n'aurais pas eu droit à un OPT supplémentaire, car mon MBA et mon master en marketing auraient été du même niveau. La prochaine fois que j'aurais droit à l'OPT, aurait été si je poursuivais un doctorat.

En outre, la carte d'autorisation de travail pour l'OPT n'était délivrée que pour un an (mais souviens-toi que les étudiants dans les domaines STIM pouvaient généralement demander une prolongation de deux ans). Le permis de travail post-diplôme, quant à lui, a une validité comprise entre un et trois ans, en fonction de la durée du programme. Un programme d'un an donne généralement droit à un permis de travail d'un an, et les programmes de trois ans ou plus donnent droit à un permis de travail de trois ans. Il arrive qu'un programme d'un an débouche sur un permis de travail de trois ans, pour des raisons arbitraires. Toutefois, aucun diplôme, quelle que soit sa durée, ne peut donner lieu à un permis de travail de plus de trois ans.

Bien que ni l'OPT ni le permis de travail post-diplôme n'exigent une offre d'emploi au moment de la demande, le permis de travail post-diplôme n'impose pas de limite à la durée pendant laquelle un étudiant étranger peut être au chômage, ni au type de travail qu'il peut effectuer, et il n'est pas nécessaire d'essayer de déterminer une date de début souhaitée. Plus important encore, un étudiant étranger peut commencer à travailler pendant que sa demande de permis de travail est en cours de traitement, à condition qu'il l'ait déposée lorsque son permis d'études était encore valide et qu'il ait respecté une série d'autres exigences. Dès qu'une décision est prise, il peut soit continuer à travailler si la demande a été approuvée, soit arrêter immédiatement si elle ne l'a pas été.

La date d'expiration de mon permis d'études était le 20 février 2022, mais comme avec l'I-20, ce n'est pas cette date qui déterminait la validité de mon statut. Comme j'ai terminé mon programme en août 2021, mon permis d'études est devenu invalide trois mois plus tard, en novembre 2021. J'ai demandé mon permis de travail en octobre 2021, car une preuve de candidature était requise avant que je puisse commencer mon stage chez Siemens (ou tout autre emploi). Ce document indiquait que je pouvais travailler pour n'importe quel employeur jusqu'au 20 février 2022 ou jusqu'à ce qu'une décision ait été prise, selon la première éventualité.

J'ai négocié mes conditions de rémunération chez Accenture et j'ai pu faire passer ma prime d'embauche de 5 000 à 12 500 dollars. J'ai également négocié le salaire de base, mais la recruteuse m'a dit qu'il ne serait pas possible d'obtenir quelque chose de plus élevé, parce que l'entreprise maintenait les analystes au même niveau de salaire. Ça m'a fait plaisir de l'entendre, alors j'ai accepté le salaire annuel de 75 000 dollars.

Lorsque j'ai reçu mon offre écrite finale le 19 janvier, il ne me restait plus qu'un mois sur mon document d'autorisation de travail, le job en lui-même commençant un mois plus tard, le 21 mars. Sachant que mon permis de travail n'avait toujours pas été délivré et que je devais bientôt me soumettre à des vérifications d'antécédents et d'autorisation d'emploi, j'avais l'impression de me retrouver à nouveau à Chicago. Cette fois-ci, cependant, j'étais moins stressée.

Le gouvernement de l'Ontario a en effet levé certaines restrictions à la fin du mois de janvier. Dès que j'ai appris la bonne nouvelle, j'ai envoyé un message à Sophie pour l'en informer. Lorsque je l'ai remerciée, je me suis assurée qu'elle comprenne à quel point elle m'avait aidée, à quel point j'étais reconnaissante qu'elle ait été là pour moi. Et lorsque la Chine est entrée dans une phase de confinement quelques semaines plus tard, j'ai fait en sorte d'être là pour elle aussi. Entretemps, j'ai repris le sport. J'ai aussi rencontré des gens avec qui je sortais parfois. Je me faisais les ongles. Je prenais soin de moi physiquement et mentalement du mieux que je pouvais.

Comme indiqué précédemment, mon dernier jour chez Siemens était le vendredi 25 février 2022. Mon manager était heureux pour mon offre d'Accenture, mais sachant que je ne commencerais qu'un mois plus tard, il m'a proposé de prolonger mon contrat. J'ai apprécié l'offre et j'avais certainement besoin d'argent, mais j'avais encore plus besoin d'une pause. Je savais que mon nouvel emploi serait plus exigeant, ayant signé un document dans lequel j'acceptais de travailler au-delà des heures normales de travail (de 9 heures à 17 heures) dans le cadre de mon contrat. En outre, je traversais d'autres difficultés personnelles et j'ai donc décliné l'offre.

Le 1er mars, IRCC m'a informée que ma demande de permis de travail avait été approuvée. Elle avait une validité de trois ans. Encore une fois, je ne sais pas exactement comment ou pourquoi ça s'est produit, étant donné que j'avais suivi un programme de master d'un an, mais ça a certainement été le clou de ma journée. J'y ai vu un cadeau d'anniversaire en avance.

Plus tard dans le mois, je me suis rendue dans un bureau de Service Canada pour prolonger mon numéro d'assurance sociale initial, qui n'était valable que jusqu'au 20 février, sur la base de mon permis d'études. Maintenant que j'avais un permis de travail, mon NAS devait être prolongé jusqu'à l'expiration du permis de travail en 2025. Quelques jours plus tard, j'ai également demandé un nouveau visa, car celui qui m'avait été délivré en 2020 expirait également en février 2022. Heureusement, contrairement aux États-Unis, il est possible de demander un visa depuis le Canada.

Mon visa a été délivré pour la durée de mon permis de travail.

Les rêves deviennent réalité, et les miens le deviendront aussi

Les rêves deviennent réalité, et les miens le deviendront aussi

CHAPITRE 25

JAMAIS VRAIMENT ARRIVÉE

Date : 01/04/2022

~~Cher Père céleste...~~ Hey Dieu, j'espère que ça ne Te dérange pas si je passe du temps avec Toi ici au lieu de lire la Bible. J'ai beaucoup de choses en tête, mais Tu le sais déjà. J'ai quand même envie d'écrire ici. Mais je ne sais pas par où commencer.

~~Merci pour...~~ Je crois que tout d'abord, j'aimerais Te remercier pour mon job chez Accenture, même si ma date de début a été repoussée. Je suis également reconnaissante du fait qu'en attendant de commencer, j'ai au moins un job à temps partiel qui me permet de tenir le coup. Mais... il y a un « mais ». Si je suis tout à fait honnête, je suis un peu fatiguée d'à quel point les choses semblent toujours compliquées dans ma vie.

~~Je suis inquiète par rapport à...~~ J'ai l'impression que rien ne va jamais sans problèmes. J'ai l'impression que rien ne se passera plus jamais sans problèmes, surtout mes déménagements. Je sais que j'ai l'air un peu dramatique, mais est-ce que c'est vraiment le cas ? Tu as regardé mes cinq dernières années ?

~~Les personnes pour lesquelles je prie aujourd'hui...~~ Pourquoi je ne peux jamais déménager sans trop de problèmes ? Pourquoi tout ce qui se passe dans ma vie doit toujours être une sorte de miracle ? Est-ce que c'est une si mauvaise chose de vouloir aussi parfois une vie normale ? S'il Te plaît, ne le prends pas mal.

~~Voici ce qui se passe dans ma vie...~~ Si Tu m'as choisie pour faire de grandes choses, je T'en suis très reconnaissante et je n'essaie en aucun cas d'arrêter Tes plans, mais parfois je suis fatiguée et j'ai juste envie... je suppose d'une vie plus facile ? Juste pour un certain temps ? Je sais que je ne le comprends pas maintenant, mais j'espère vraiment qu'il y a une bonne raison à ce que les choses se passent comme elles sont en train de se passer. Il y a aussi que chercher un job tout le temps depuis cinq ans est tellement fatigant que je pense que je ne tiendrai pas longtemps dans le monde du travail.

~~J'ai besoin...~~ Une fois de plus, j'ai l'impression que ce qui se passe en ce moment avec Accenture ou ma situation professionnelle et personnelle en général n'avait pas vraiment besoin d'être comme ça. Je comprends, peut-être que ça met ma patience à l'épreuve et tout... mais est-ce que je n'ai pas suffisamment démontré que je peux être patiente ? Pourquoi y a-t-il toujours des revers et des retards chaque fois que je me rapproche de quelque chose de bien ? Quelque chose qui me donne un peu de stabilité ? Qu'est-ce qui se serait passé si j'avais commencé la semaine dernière comme prévu initialement ? Est-ce que ça vient même de Toi ? Si c'est le cas, d'accord, super, je ne veux pas faire dérailler Ton plan. Mais pourquoi, mon Dieu ? Pourquoi toujours autant de problèmes ? Je veux juste une stabilité durable.

~~D'autres choses que j'ai sur le cœur et que je voudrais partager avec toi, mon Dieu...~~ Si tout ceci est un test, je suis désolée d'avoir échoué, surtout les premiers jours où j'ai appris la nouvelle. Mais mon Dieu, peux-Tu vraiment m'en vouloir ? J'ai toujours l'impression de faire une course sans ligne d'arrivée. Je ne suis jamais vraiment arrivée. Jamais. Vais-je y arriver, mon Dieu ? Vais-je y arriver ? Si oui, quand ? Quand est-ce que c'est fini ?

Je devais à nouveau déménager, et cette fois, j'ai été prise par surprise. Lorsque j'ai emménagé dans la maison de ville sur Dalton

Road, j'ai signé un contrat au mois au lieu d'un contrat de location annuel ou d'un autre contrat de location à plus long terme. La raison principale était que je ne voulais pas y rester très longtemps, et je pensais que je n'aurais pas à le faire.

En août 2021, je me disais que j'allais décrocher un emploi, dans le conseil je l'espérais, qui me permettrait de déménager à nouveau trois ou quatre mois plus tard dans un studio, mais de préférence dans un appartement à une chambre. Je n'ai évidemment pas partagé cela avec le bailleur. La plupart des bailleurs proposent des contrats annuels, mais ce n'était pas le cas de celui-ci, ce qui m'a fait apprécier encore plus cet endroit. Ce que je ne savais pas, et ce qu'il ne m'a pas dit, c'est pourquoi un contrat au mois lui convenait également.

— Tu t'es déjà trouvé un nouvel endroit ? m'a demandé Samir, l'un de mes colocataires, en me rejoignant dans la cuisine alors que je préparais le dîner. C'était à peu près à la fin du mois de janvier 2022.

— Euh... non... La confusion se lisait sur mon visage. Je n'ai pas l'intention de déménager de sitôt. Pourquoi tu me demandes ça ?

À ce moment-là, je n'avais vraiment plus l'intention de déménager de sitôt. Même si j'avais trouvé un nouveau job, je voulais économiser le plus d'argent possible pendant les premiers mois et déménager à la fin de l'été, comme j'en avais pris l'habitude.

— Oh, tu n'es pas au courant ? Le bailleur veut transformer ce truc en Airbnb ou quelque chose comme ça, et il a besoin que tout le monde parte d'ici le mois d'avril, a répondu Samir.

— Attends, quoi ?! Le couteau a coupé une dernière fois les oignons avant que ma main ne se fige, et j'ai levé les yeux vers lui. Tu es sérieux ? Bah... il ne m'a rien dit quand j'ai emménagé, en août. J'ai continué à couper les oignons, persuadée que cette nouvelle ne me concernait pas. Peut-être que ce n'est que le premier étage ? La chambre de Samir se trouvait au premier étage.

— Ouais… je sais pas, mais les loyers sont dingues en ce moment ! Il a ri un peu, se grattant la nuque avant de redescendre.

Je n'ai pas pensé grand-chose de cette conversation à ce moment-là, parce que l'information n'était pas venue du bailleur lui-même. Même si c'était vrai, ça n'allait probablement concerner que les gens du premier ou du deuxième étage. Le bailleur me l'aurait dit, si ça affectait le troisième étage où se trouvait ma chambre. J'avais tort.

Un mois plus tard, à la fin du mois de février, deux autres colocataires m'ont posé la même question, et je n'arrêtais pas d'entendre des gens parler de déménager bientôt. C'est à ce moment-là que j'ai commencé à prendre la situation plus au sérieux. J'ai envoyé un message au bailleur pour lui poser la question, et il m'a répondu deux semaines plus tard, en mars, confirmant que nous avions tous jusqu'au mois d'avril pour quitter la maison. Pas de préavis officiel. Pas même un e-mail. Un appel téléphonique. Rien. Lorsque je me suis plainte et que je lui ai rappelé que ça ne m'avait jamais été communiqué d'aucune façon, il a dit que tout ce qu'il pouvait faire était de me donner jusqu'à la première semaine du mois mai, puisque les rénovations étaient prévues pour la deuxième semaine. *Super !*

À ce moment-là, j'étais beaucoup plus contrariée par le fait que le bailleur ne m'avait pas donné de préavis adéquat. Je n'aimais pas l'idée de déménager à nouveau après avoir finalement accepté que je devrais rester là plus de quatre mois, mais en même temps, j'ai toujours considéré cet endroit comme temporaire. Cela explique pourquoi je n'ai jamais sorti toutes mes affaires des cartons de déménagement. Enfin, soixante-quatorze pour cent pour cette raison, et vingt-six pour cent parce que la chambre n'avait pas assez d'espace de rangement.

J'étais contrariée, mais reconnaissante d'avoir au moins cette fois un emploi à temps plein pour m'aider dans mes demandes de location. À la fin du mois d'avril, j'aurais déjà travaillé un mois chez Accenture et je serais en mesure de présenter mes deux derniers bulletins de paie comme preuve de fonds. Je prévoyais également d'économiser la majeure partie de ces deux premières paie (puisqu'au Canada aussi, on est généralement payé deux fois par mois) afin de pouvoir payer le premier et le dernier mois de loyer exigés presque partout. Ma prime d'embauche m'aiderait également à payer les frais de déménagement, à acheter les meubles de base et installer le Wi-Fi, puisque je ne chercherais plus de logement étudiant ni d'appartements partagés. De plus, comme je me concentrais sur le remboursement de ma carte de crédit et que je faisais des paiements plus réguliers sur mon prêt étudiant, ma cote de crédit s'était améliorée. Tout cela m'a même donné envie d'emménager dans un bel appartement, maintenant que je gagnais assez d'argent pour me le permettre. Enfin, en ignorant (à tort) mes dettes.

Les procédures de vérification des antécédents chez Accenture avaient commencé le 24 janvier, le lundi après que j'ai reçu ma lettre d'offre finale. Elles allaient être effectuées par la même entreprise que celle qui avait vérifié mes antécédents pour un emploi chez Siemens, donc j'étais déjà familiarisée avec leur processus. Chez Siemens, cela avait pris huit jours, mais après avoir fourni des informations supplémentaires à Accenture pendant deux semaines, la vérification de mes antécédents n'était toujours pas terminée. J'ai commencé à m'inquiéter quand, à la fin du mois de février, rien n'avait changé. J'ai passé plusieurs appels à l'entreprise pour m'enquérir d'éventuels problèmes ou d'exigences supplémentaires, jusqu'à ce qu'ils me disent qu'ils ne pouvaient pas continuer à discuter de mon cas et me conseillent de contacter Accenture pour toute autre question. C'est exactement ce que j'ai fait, mais c'était également une impasse. Je n'ai pas insisté et j'ai plutôt essayé d'être patiente.

Le 10 mars, j'ai envoyé un e-mail à la spécialiste du recrutement avec laquelle j'étais en contact au sujet de la vérification des antécédents et d'autres tâches préalables à l'intégration dans l'entreprise. Ma date de début était seulement onze jours plus tard, et la vérification de mes antécédents n'avait toujours pas été validée, alors je voulais savoir si cela affecterait ma date de début de quelque façon que ce soit.

De : *Moi*
À : *Fernanda*
Objet : *À propos de : Mise à jour*
Date et heure : *10/03/2022 à 11 h 09*
Bonjour Fernanda,
Merci pour de m'en informer. Ma date de début initiale est le 21. Est-ce que cela va changer ou est-ce que je recevrai encore des informations sur l'orientation dans les prochains jours ?
Merci,
Danielle

De : *Fernanda*
À : *Moi*
Objet : *À propos de : Mise à jour*
Date et heure : *10/03/2022 à 11 h 12*
Bonjour Danielle,

> *Votre date de début est confirmée, et vous devriez recevoir*
> *les informations sur l'orientation a un moment plus proche*
> *de votre date de début.* 
> *Cordialement,*
> *Fernanda*

L'e-mail de la spécialiste du recrutement m'a rassurée, surtout avec ce smiley à la fin. J'étais enthousiaste. La semaine suivante, j'ai effectivement commencé à recevoir des informations sur l'orientation via le portail des nouvelles recrues d'Accenture. J'alternais entre la réalisation des tâches qui s'y trouvaient et la visite d'appartements. Pour quelqu'un qui voulait faire une pause et se ressourcer avant de commencer un nouveau travail, je ne peux pas dire que ça a été le cas. Mais je n'allais pas me plaindre. Les tâches que j'accomplissais et le kit de bienvenue que j'ai reçu du cabinet m'ont rendue encore plus enthousiaste à l'idée de commencer quelques jours plus tard. De plus, à ce moment-là, j'étais une experte en déménagement, donc pas de problème.

⸺⸻⊙⸻⸺

J'ai passé la matinée et l'après-midi du vendredi 18 mars – le jour ouvrable avant ma date de début initiale – à visiter plusieurs appartements et condos. Vers 15 heures, je discutais avec mon dernier agent location de la journée. Nous discutions des logements disponibles dans l'immeuble lorsque j'ai reçu un appel. Voyant qu'il s'agissait de la spécialiste du recrutement chez Accenture, je me suis excusée pour prendre l'appel.

— Bonjour Fernanda ! Comment allez-vous ? J'ai répondu joyeusement. Je me disais qu'elle voulait confirmer que j'avais reçu mon ordinateur et mes informations de connexion, qui étaient toujours en cours d'acheminement.

— Bonjour Danielle, a-t-elle dit d'une voix basse. Je voulais vous faire savoir que, malheureusement, nous allons devoir repousser votre date de début.

Attends, quoi ? Mes épaules se sont affaissées et le sourire sur mon visage a disparu. J'ai senti *quelque chose* sur mon cœur. La douleur, c'était la douleur. J'ai marqué une pause avant de répondre.

— C'est à cause de la vérification de mes antécédents ?

— Oui. Ça n'a toujours pas été réglé ; ils vérifient encore vos informations sur votre séjour aux États-Unis.

— Qu'est-ce qui ne va pas avec mes informations aux États-Unis ? Qu'est-ce qui leur manque ? Je leur ai donné tout ce que j'avais. C'est la même entreprise qui a vérifié mes antécédents dans mon entreprise précédente où j'ai postulé avec le même CV, et ça n'a pas pris autant de temps. Y a-t-il quelque chose que je puisse faire ? J'ai essayé de contenir ma frustration, mais je doute d'y être parvenue.

— Malheureusement, il n'y a rien que vous puissiez faire. Vous commencerez le 25 avril et vos informations de connexion vous seront envoyées quelques jours avant.

— Le 25 avril ?! Je me suis exclamée, me surprenant moi-même de la force avec laquelle les mots sont sortis de ma bouche. Jusque-là, je pensais que ma date de début serait repoussée d'une semaine ou deux, pas de *cinq*. Je ne pourrais pas commencer plus tôt ?

— Je suis vraiment désolée. Je sais que vous étiez impatiente de commencer, mais c'est la prochaine date de début disponible que nous avons pour les analystes en Amérique du Nord. Elle avait l'air désolée.

Je suis restée silencieuse pendant quelques secondes avant de soupirer un « D'accord », puis nous avons mis fin à l'appel.

Comment vais-je faire maintenant pour trouver un logement ? Tout est si cher. Pourquoi ce genre de choses arrive toujours ? J'aurais pu continuer à travailler chez Siemens. Comment aurais-je pu éviter ça ?

Ma nouvelle date de début correspondait maintenant presque à ma date de déménagement, ce qui signifie que je n'aurais pas deux bulletins de paie. Les plus récentes dataient de février, lorsque je travaillais encore chez Siemens, mais c'était trop loin dans le temps, et mon emploi à temps partiel ne me rapportait pas assez pour que je puisse l'utiliser comme preuve de fonds. Comme j'avais passé les derniers mois à rembourser mes dettes et à essayer d'améliorer ma cote de crédit, je n'avais pas beaucoup d'économies. Ma prime d'embauche devait être incluse dans ma deuxième paie, je ne l'aurais donc pas reçue à temps non plus.

La date de mon déménagement n'allait pas changer. Les paiements prévus pour mes dettes n'allaient pas changer. Mes factures n'allaient pas changer. Les exigences de la demande de location n'allaient pas changer. La seule chose qui avait changé, c'était ce qui m'aurait aidée à déménager sans problèmes.

— Alors, c'est celui-ci qui se loue à 1 850 dollars ; c'est le moins cher que nous ayons de disponible, a dit l'agent de location alors que nous entrions dans un condo à une chambre.

J'avais nagé dans mes pensées durant notre trajet, me contentant de hocher la tête, de sourire ou de dire différentes versions de « Oh okay, super ». Le condo était super, mais je n'arrivais plus à me concentrer.

— Je vais jeter un coup d'œil au bureau, ai-je dit en m'éloignant de la salle de séjour.

— Bien sûr ! Allez-y, prenez votre temps.

Je voulais partir. Je voulais être chez moi. Je voulais être seule.

J'ai reposé ma tête et mon dos contre le côté du bureau opposé à la salle de séjour, tel que l'agent ne pouvait pas me voir. J'ai fermé les yeux, en essayant de ne pas laisser tomber les larmes. J'ai fermé les yeux, en essayant de ne pas plonger dans mes pensées. J'ai fermé les yeux et j'ai expiré en silence.

— Ç'a l'air vraiment sympa, ai-je poussé, une fois que j'ai eu fini de *jeter un coup d'œil* au bureau. Le sourire sur mon visage était à la hauteur de ma déception.

Nous avons visité deux autres logements avant que je ne parte. Je savais que c'était inutile, mais j'avais programmé ces visites et l'agent de location s'était rendu disponible, alors je voulais mettre ce temps à profit.

Assise dans le tramway 511-Bathurst sur le chemin du retour, je regardais par la fenêtre. Des larmes chaudes se sont frayée un chemin sous mon masque, qui, je l'espérais, couvrait suffisamment mon visage pour les dissimuler. J'ai annulé le dîner que j'avais ce soir-là et j'ai dit à mon amie que j'étais tombée malade. Lorsque je suis rentrée chez moi, le paquet contenant mon ordinateur de travail m'attendait à la véranda. Je l'ai pris, puis je suis allée directement dans ma chambre. Lorsque j'ai commencé à écrire dans mon journal, le barrage qui bloquait les rivières de larmes a cédé sous leur pression.

Au fil des années, ma perception de ce qu'est une personne « forte » a changé et j'ai décidé de ne plus enfouir mes émotions (surtout quand je suis seule). Au lieu de cela, je les ressens, aussi intensément que nécessaire, aussi longtemps que nécessaire, jusqu'à ce que je sois prête à me relever. Alors, j'ai laissé les rivières qui dégoulinaient de mes yeux suivre leur cours et inonder ma chambre.

« Sans filtre » était le titre de l'entrée du journal. Pas de semblant. Pas de phrases supplémentaires pour ne pas paraître ingrate. Juste des pensées brutes. Je me suis promis de ne pas inclure cette entrée ici, donc tu ne la verras pas. Ce que je peux dire, c'est que mes pensées n'étaient pas suicidaires, mais le thème principal était que *j'étais fatiguée de vivre ma vie.* Je ne pensais pas à la mort ou à quoi que ce soit qui s'y rapporte, mais j'étais... épuisée. J'avais l'impression de ne jamais être vraiment arrivée.

J'ai grappillé un peu d'énergie les jours suivants pour sortir et continuer à chercher des appartements. En plus de vouloir un bel endroit avec ma propre cuisine, j'avais commencé à chercher des appartements et des condos plus beaux parce que je ne voulais pas déménager à nouveau un an plus tard. J'ai vu l'annonce surprise de mon déménagement, combinée à un nouvel emploi, comme une chance de m'installer quelque part, de signer un bail d'au moins deux ans et d'avoir enfin un sentiment de stabilité.

Les loyers étaient devenus ridiculement élevés dans toute la ville, mais j'étais déterminée à obtenir un studio, même si cela signifiait m'éloigner du centre-ville. Malheureusement, le fait que j'avais une lettre d'offre avec un salaire quelque peu élevé n'avait pas d'importance. D'autant plus qu'elle était datée du 19 janvier, les agents de location voulaient des preuves (fiches de paie) que je touchais ce salaire. J'avais demandé à Fernanda de me fournir une lettre de vérification d'emploi confirmant ma nouvelle date de début et la nature à temps plein de l'emploi. J'ai utilisé cette lettre en combinaison avec ma lettre d'offre dans mes demandes, mais ce n'était toujours pas suffisant. Mes demandes étaient rejetées, soit par manque de preuve de revenus, soit parce que je n'avais pas assez d'argent pour payer le premier et le dernier mois de loyer. Certains endroits exigeaient trois à six mois de loyer en guise de caution pour compenser le fait que ma demande n'était pas solide, mais je n'avais évidemment pas cet argent. Je savais que j'allais trouver quelque chose. Je veux dire... je devais trouver quelque chose. Mais j'étais... épuisée. Rien n'avait de sens.

Ce qui avait encore moins de sens, c'est que ma vérification d'antécédents a été validée le mercredi 23 mars, deux jours après ma date de début initiale. Comme elle avait déjà été reportée, commencer plus tôt n'était plus une option. *Super !* J'ai pensé à chercher un autre job, mais je n'avais pas l'énergie pour ça et je ne savais pas si je pourrais trouver un emploi qui m'offrirait au moins la même rémunération qu'Accenture en moins de cinq semaines. Même si je trouvais quelque chose, j'aurais quand même à refaire une vérification des antécédents sans savoir avec certitude combien de temps durerait le processus. Cela n'aurait fait que retarder davantage mon démarrage d'un emploi permanent que je n'aurais pas à laisser au bout de six mois et retarder encore plus le versement de mon premier salaire. Pour toutes ces raisons, j'ai décidé d'attendre.

Le jeudi 7 avril, une représentante des services financiers aux étudiants de l'Université York m'a appelée pendant que je préparais mon petit déjeuner. Comme je n'avais pas mon téléphone avec moi, elle m'a laissé un message vocal. Elle voulait m'informer que le solde de mon compte allait être transféré à un service de recouvrement si je n'effectuais pas un paiement avant le 12 avril, le mardi suivant.

Mon compte était en souffrance avec un solde d'environ 49 000 dollars y compris les frais de retard et les intérêts. Les frais de scolarité du programme de master en marketing s'élevaient à 75 000 dollars lorsque j'ai commencé en 2020, mais le prêt que j'ai obtenu en juin 2021 était de 29 000 dollars.

Ma maman avait payé ma caution sur les frais de scolarité lorsque j'ai reçu mon offre d'admission en 2020 et avait effectué des paiements partiels pendant que j'étais à l'école. Mais comme il y avait un solde impayé sur le compte, il a commencé à accumuler des frais en plus des intérêts. J'en étais consciente, mais la vérité, c'est que je ne consultais pas mon compte parce qu'il me faisait peur. Lorsque je croyais que j'obtiendrais un emploi de consultante en 2021, mon plan était d'utiliser ma prime d'embauche pour payer une partie de ce solde et d'épargner suffisamment pour rembourser le reste.

En avril 2022, mon compte étudiant avait été inactif depuis plus de six mois, c'est pourquoi il allait être transféré à une agence de recouvrement si je ne faisais rien.

Le transfert d'une dette à une agence de recouvrement a un impact négatif sur le dossier de crédit. Cela signifie que l'organisme à qui on doit de l'argent radie cette dette de ses livres et transfère la responsabilité à une tierce partie pour qu'elle la *recouvre* à sa place. Une fois le transfert effectué, l'agence de recouvrement transmet l'information aux agences d'évaluation du crédit, ce qui réduit considérablement la cote de crédit. Ces renseignements figurent également sur les relevés de dossier de crédit auxquels peuvent accéder les prêteurs, les bailleurs ou d'autres parties intéressées. Ils y restent pendant sept ans, même si la dette est remboursée *après* avoir été transférée au service de recouvrement.

Après avoir écouté le message vocal de la représentante, je me suis demandé avec anxiété si je devais la rappeler. Mais j'ai ensuite effectué des recherches sur l'impact des recouvrements sur le crédit et j'ai conclu que ce n'était certainement pas le bon moment pour que ma cote de crédit en prenne un coup. J'ai donc appelé, incertaine de la façon dont la conversation se déroulerait. Je n'ai pas réussi à la joindre, mais je n'ai pas laissé de message vocal. Au lieu de cela, j'ai envoyé un e-mail lui demandant si elle pouvait attendre. J'ai dit que j'étais sur le point de commencer un nouvel emploi et que j'utiliserais ma prime d'embauche pour effectuer un paiement, même s'il n'était que partiel.

Elle m'a répondu quelques minutes plus tard en disant qu'elle comprenait ma situation et qu'elle me donnait la possibilité d'opter pour un plan de paiement sur dix mois. Dans le cadre de ce plan, je paierais 5 000 dollars le 10 de chaque mois, en commençant par mon premier paiement le 12 avril et le dernier le 10 janvier 2023. Pour chaque mois où j'effectuerais un paiement, elle retirerait mon compte de la liste des recouvrements du mois en question. Cependant, mon solde continuerait à accumuler des frais et des intérêts.

J'étais soulagée mais accablée. Le plan de paiement était un début, mais je ne savais pas où j'allais trouver 5 000 dollars en trois jours ouvrables, et 5 000 dollars chaque mois par la suite. Une fois que j'aurais commencé à travailler chez Accenture, mon revenu mensuel serait inférieur à 5 000 dollars après impôts et autres déductions, de sorte que même si je voulais l'utiliser entièrement pour ces paiements, ce ne serait toujours pas suffisant. Et qu'en serait-il du loyer ? De mes remboursements du prêt étudiant privé ? Des dépenses quotidiennes ? De la vie en général ?

Je ne savais pas quoi faire, vers qui me tourner. J'étais submergée, mais mes yeux sont restés secs. S'il s'agissait d'un nouveau test, je ne voulais pas l'échouer, alors j'ai résisté aux pensées négatives et j'ai plutôt effectué d'autres recherches. Cette fois, j'ai cherché d'autres solutions de prêt qui s'offraient à moi, une non-citoyenne canadienne et non-résidente permanente. Pas beaucoup.

En tant que titulaire d'un permis de travail, j'étais considérée comme résidente temporaire, ce qui signifie que l'accès au crédit et aux autres possibilités de prêt était très limité. Je n'étais pas admissible aux prêts bancaires ou aux lignes de crédit ou aux prêts entre particuliers ou à d'autres types de prêts personnels traditionnels. Surtout avec mon historique de crédit limité, mon prêt étudiant, mon absence d'épargne, et en tant que nouvelle arrivante qui vivait dans le pays depuis un peu plus d'un an, mais était sur le point d'emménager dans un troisième logement sans aucun bulletin de paie pour prouver que je serais capable de rembourser un prêt, mon profil n'était pas particulièrement attrayant pour les établissements de crédit.

La seule option à laquelle je pouvais prétendre était un prêt à risque, et c'est ce que j'ai demandé. J'ai trouvé un établissement qui a approuvé (presque immédiatement) un prêt de 8 400 dollars à rembourser deux fois par mois pendant deux ans à un taux d'intérêt de 47 %. *Quarante-sept pour cent.* Lorsque l'agente me présentait le contrat au téléphone, elle a marqué une pause sur le taux d'intérêt, s'attendant probablement à une réaction de ma part. Je savais que le taux d'intérêt était scandaleux, mais j'avais besoin d'argent. Je l'ai laissée continuer, j'ai accepté les conditions et j'ai signé le contrat une fois qu'elle me l'a envoyé par e-mail.

Les fonds ont été transférés sur mon compte bancaire le lundi 11 avril. La situation n'était pas idéale, mais j'ai décidé de prendre les choses un mois à la fois, ignorant à quel point j'étais proche de la date limite une fois de plus. Au moins maintenant, j'avais assez d'argent pour couvrir à la fois le paiement de 5 000 dollars dû le lendemain et mes frais de déménagement, ainsi que le premier et le dernier mois de loyer de l'endroit où j'allais vivre ensuite.

Si tu te demandes comment j'ai obtenu mon permis de travail post-diplôme, étant donné que je devais de l'argent à Schulich, eh bien, c'est une question valable. Des relevés de notes officiels sont nécessaires pour demander un permis de travail et ils ne peuvent pas être délivrés à moins que l'étudiant n'ait payé la totalité des frais de scolarité. Mais en raison de la pandémie, beaucoup de choses ne fonctionnaient pas comme à l'accoutumée, y compris mon école qui fonctionnait encore à distance. Tous les membres du personnel travaillaient à domicile et les relevés de notes officiels ne pouvaient pas être délivrés. C'était le cas dans de nombreuses universités canadiennes, sinon toutes, et le gouvernement en était conscient. IRCC acceptait donc les relevés de notes non officiels au lieu des relevés officiels, à condition que les étudiants soumettent également une lettre de fin d'études, signée par l'école, confirmant qu'ils avaient terminé leurs études.

Même si j'ai détesté la pandémie, je tiens à reconnaître que certaines mesures qui ont été prises à cause d'elle ont appuyé mon parcours d'immigration.

<hr>

Après d'autres semaines de demandes et de visites d'appartements, j'ai reçu l'approbation tant attendue d'une de mes demandes de location pour un studio. Avec autant de demandes, j'étais encore plus reconnaissante pour un point de divergence en particulier entre la location au Canada et aux États-Unis : l'absence de frais de dossier et de frais administratifs.

Pour chaque demande que j'ai soumise, je n'ai pas eu à payer de frais. Certains agents ont même été surpris lorsque j'ai demandé combien ça coûterait de soumettre ma demande et la faire traiter. Ils n'avaient jamais entendu parler de tels frais ; l'un d'eux les a qualifiés « d'absurdes » et de « ridicules ». Je ne sais pas si j'ai déjà été plus en accord avec quelque chose de toute ma vie. Il fallait qu'ils continuent de trouver ces frais absurdes et ridicules, alors j'ai cessé d'en parler. Mes demandes rejetées ont peut-être été une perte de temps, mais au moins elles n'ont pas été une perte d'argent.

L'appartement que j'ai trouvé était également situé dans le quartier The Annex, non loin de la maison sur Dalton Road, où je vivais. J'ai marché douze minutes jusqu'à Spadina Road pour visiter l'appartement, appréciant de pouvoir réserver des déménageurs pour seulement deux heures, temps de trajet compris, si ma demande était approuvée. Comme c'était le cas dans chacun de mes appartements précédents, ce studio était inondé de soleil. J'ai été littéralement éblouie lorsque je suis entrée dans la pièce, mes yeux étant immédiatement attaqués par l'averse de lumière du soleil provenant des fenêtres qui couvraient presque tout un mur.

La disposition de l'appartement était semblable à celle de mon studio de West Sheridan Road à Chicago. La cuisine était cachée dans un coin tandis que la pièce principale avait assez d'espace pour un grand lit, une chaise ou un fauteuil, une table basse et un éventuel petit meuble de télévision. Il y avait aussi un coin que je visualisais comme mon bureau. La pièce était assez spacieuse pour accueillir confortablement tout ce dont j'avais besoin, tout en étant assez petite pour que je n'aie pas besoin d'acheter beaucoup de meubles pour me sentir chez moi. Il y avait aussi un balcon avec une assez bonne vue sur la Tour CN. L'immeuble lui-même était vieux et n'offrait aucun espace commun, mais il faisait l'objet d'une légère rénovation.

C'était le seul endroit qui avait accepté mes lettres d'offre et de vérification d'emploi comme preuve de revenu. À l'époque, l'immeuble offrait une promotion pour un mois gratuit (le premier) sur un contrat de location de treize mois. Et contrairement à d'autres logements, je pouvais emménager quelques jours avant la date de début de mon bail sans frais supplémentaires. L'agent de location m'a également indiqué qu'il avait conclu des ententes avec les principales entreprises de télécommunications, pour obtenir des prix réduits sur les forfaits Internet à domicile. Si tu sais quelque chose du Canada, en dehors de la quantité de neige qu'il y a, c'est probablement à quel point le Wi-Fi est cher. Pour couronner le tout, les nouveaux résidents étaient admissibles à une carte Presto de 500 dollars, la carte de transport en commun de l'Ontario.

Le hic ? Eh bien... le loyer était d'environ 1 700 dollars, sans compter les charges, pour un logement dans un vieil immeuble sans aucuns espaces communs. De plus, ils ne fournissaient aucune sorte de revêtement pour les fenêtres (ce qui, je l'ai appris plus tard, n'était pas rare dans les appartements canadiens, une différence frappante par rapport à ce que j'avais vu à Chicago), et il n'y avait pas de climatisation. Ce dernier point ne me dérangeait pas, mais à ce prix, je ne m'attendais pas à devoir acheter des appareils supplémentaires pour garder mon appartement frais pendant l'été.

J'aimais l'appartement et je voulais y vivre. Plus important encore, je voulais en finir avec ma recherche d'appartement. Ma date de début ayant été reportée, je voulais avoir terminé mon déménagement avant de commencer mon travail chez Accenture.

Ma demande de location a été approuvée le 20 avril. La caution standard comprenant le premier et le dernier mois de loyer était en vigueur, mais la promotion étant toujours en cours, je n'avais besoin de payer que pour mon treizième mois : en l'occurrence, juin 2023.

J'ai fait mes cartons et j'ai déménagé deux jours plus tard, le 22 avril 2022.

CHAPITRE 26

PRESQUE ARRIVÉE, PROMIS

Le matin du 25 avril 2022, je me suis réveillée, je me suis apprêtée et je me suis assise devant mon ordinateur, pas très loin de mon lit. En raison de la pandémie, l'orientation des nouvelles recrues chez Accenture, d'une durée de deux semaines, était virtuelle au lieu d'être organisée en personne à Chicago. J'aurais adoré retourner dans la ville des vents, mais j'étais tout de même excitée. Je dois admettre que j'étais aussi contente d'avoir déménagé avant de commencer le travail ; je commençais à voir qu'une partie du décalage avait peut-être pour but de m'aider à déménager sans le stress supplémentaire d'un travail en cours. Je me suis plutôt bien installée dans mon studio, faisant fi de la promesse que je m'étais faite de prendre mon temps pour meubler l'espace.

La deuxième moitié de l'année 2022 a été un peu plus calme. Cet été-là fut le premier depuis des années où je n'allais pas à l'école, ne cherchais pas d'école ou ne me demandais pas comment j'allais payer les frais de scolarité du trimestre suivant. C'était le premier été où je n'étais pas au chômage et à la recherche d'un emploi avec des factures en attente ou en retard, même si j'étais très endettée. Le premier été où mon bail n'arrivait pas à échéance, m'obligeant à passer des semaines à chercher mon prochain logement. J'avais terminé mes études et je n'avais pas l'intention de retourner à l'école de sitôt. J'avais un emploi à temps plein avec des avantages sociaux. Je vivais dans un studio que je pouvais me permettre. J'avais un permis de travail et un visa valide. Je n'avais jamais eu toutes ces choses en même temps. J'ai goûté à la stabilité, et c'était bon. J'étais très reconnaissante.

Malgré les difficultés financières liées au remboursement des prêts coûteux que j'avais récemment contractés, du solde de mes frais de scolarité à Schulich et de mon prêt étudiant privé, cet été m'a semblé être une pause.

Une partie de mes difficultés financières provenait du fait que je n'avais plus de revenu supplémentaire lorsque mon contrat de travail à temps partiel dans le domaine du marketing a pris fin en juin. Mais pour être honnête, je n'ai pas très bien géré mon argent. J'avais plus de revenus grâce à mon emploi chez Accenture, mais j'avais tellement de dettes que même la totalité de mon salaire mensuel après impôts ne pouvait pas couvrir les paiements mensuels de ces dettes. Lorsque ma prime d'embauche de 12 500 dollars est arrivée sur mon compte bancaire, elle n'était plus que d'environ 7 000 dollars après déduction de l'impôt sur le revenu.

J'ai dépensé une partie de cette prime pour rembourser mes dettes et meubler mon appartement, et j'ai économisé le reste. Je n'ai pas voyagé ni ne suis sortie trop souvent, mais j'ai dépensé de l'argent pour des choses dont je n'avais pas nécessairement besoin. Et j'ai fait tout cela sans jamais vérifier mon compte en banque et sans avoir mis en place un budget. Je savais certainement qu'il valait mieux le faire, mais la vérité, c'est que je redoutais de regarder mes finances. Sérieusement. J'avais des crampes d'estomac rien qu'à l'idée d'ouvrir l'application de ma banque. Je laissais mon compte bancaire être débité pour les factures et autres paiements, estimant vaguement le montant disponible et croissant les doigts pour qu'il puisse tout couvrir. Si ce n'était pas le cas, ma prochaine paie aiderait certainement. Je remboursais intégralement ma carte de crédit, mais l'utilisation de mon crédit était très élevée.

Alors que j'avais des difficultés à rembourser mes 5 000 dollars de frais de scolarité tous les 10 du mois, je me suis retrouvée à demander deux autres prêts à risque à des taux d'intérêt tout aussi scandaleux. J'ai pleuré le jour où j'ai demandé le troisième. À ce moment-là, j'avais utilisé toutes mes économies initiales pour rembourser mes dettes, dans l'espoir de ne pas emprunter plus d'argent. Mais encore une fois, même sans utiliser un seul dollar de mon revenu, il n'était pas suffisant pour couvrir seulement la dette. Plus de dettes signifiait plus de paiements mensuels pour rembourser l'argent que j'avais emprunté pour rembourser des dettes. Je me sentais prise au piège. À la fin de l'été, je ne pouvais plus payer les mensualités à Schulich et je n'allais pas emprunter encore plus d'argent. Et pourtant, je ne voulais toujours pas *regarder*.

Faire un budget m'obligerait à faire face à ma réalité financière, dont j'avais à la fois peur et honte. Mais après des mois à fuir, des mois de culpabilité et d'anxiété, je me suis finalement assise pour regarder. Et c'était effectivement effrayant. Ma cote de crédit s'était effondrée. J'ai pensé à trouver un autre emploi à temps partiel, j'ai cherché des opportunités en freelance, mais je n'ai rien trouvé. Je n'ai cherché que pendant deux mois environ, de fin août à octobre, mais la vérité, c'est que j'étais épuisée. Je n'étais pas très enthousiaste à l'idée de travailler des heures supplémentaires sur quelque chose que je n'allais probablement pas aimer, en échange d'un complément d'argent qui irait au remboursement de la dette. De plus, même si j'avais examiné mes finances, je n'avais toujours pas de plan. J'ai donc décidé de commencer par mettre de l'ordre dans l'argent que j'avais ; j'ai établi un budget, en identifiant les coûts à réduire. J'ai ensuite établi un plan de remboursement de tous mes prêts et j'allais commencer par rembourser les plus coûteux (ceux dont les taux d'intérêt étaient les plus élevés).

Tout ce sur quoi j'ai dépensé de l'argent n'était pas futile. J'avais déjà prévu de le faire dès que j'aurais obtenu un emploi à temps plein, mais certains événements, combinés à la rédaction de ce livre, m'ont incitée à aller en thérapie de façon régulière pour la première fois en juin 2022. J'ai commencé à travailler sur des traumatismes passés au cours de mes séances hebdomadaires. J'ai appris à mieux me connaître grâce à la thérapie et à d'autres ressources et livres sur la santé mentale, qui m'ont tous encouragée à essayer de nouvelles choses, dont certaines que je m'imaginais au départ ne faire qu'une fois mon rêve devenu réalité. Conformément à l'objectif que je m'étais fixé au début de l'année, j'ai décidé de ne pas attendre d'avoir des amis pour profiter de la vie. J'avais rencontré quelques personnes, mais je ne voulais plus attendre que quelqu'un soit disponible pour faire les choses que je voulais faire.

À la fin de l'année 2022, j'avais connu des bas, mais aussi beaucoup de hauts. J'avais pu faire l'expérience de ce qui, pour moi, était une stabilité soutenue, malgré mon endettement massif. J'étais fière du travail que je faisais sur moi-même. J'avais un budget et un plan pour rembourser mes dettes autres que celles de Schulich. J'étais reconnaissante pour les personnes que j'avais rencontrées et les expériences positives que j'avais vécues. Je m'étais encore plus rapprochée de Dieu. Mais alors que nous approchions la fin, j'ai réalisé que c'était la fin d'une année où je m'étais dit que je n'aurais pas d'objectifs. La fin d'une année où je n'avais pas d'objectifs et au cours de laquelle j'avais pourtant accompli beaucoup de choses. La fin d'une année où j'ai ressenti la paix et la liberté en ne m'efforçant pas d'accomplir quoi que ce soit.

Maintenant qu'elle était presque terminée, qu'est-ce que cela impliquait ? Je craignais de me fixer à nouveau des objectifs. *Et si je me retrouvais à nouveau blessée ?* Mais combien de temps encore allais-je vivre une vie sans objectifs ? *Qu'est-ce que je suis censée faire ? J'ai tellement peur.* Cette peur m'a empêché de dormir.

Comme d'habitude, mon rituel de fin d'année s'est déroulé le dernier jour, vers 22 heures. J'ai écrit des pages et des pages sur la gratitude et la fierté que j'éprouvais pour toutes les choses que j'avais accomplies à plusieurs niveaux, alors que je n'avais pas d'objectifs précis au début de l'année. L'un des points forts était d'avoir pu me faire les ongles tout au long de l'année. À 23 heures 30, j'étais encore en train d'écrire ; je l'étais aussi quinze minutes plus tard.

Il est maintenant 23 heures 45, et alors que l'année se termine, je voudrais d'abord remercier Dieu, mais aussi reconnaître que je m'inquiète depuis un moment au sujet des objectifs. Après avoir vécu une année entière avec relativement peu d'objectifs, je sais que ce n'est pas nécessairement la façon dont je dois continuer à fonctionner. Maintenant qu'il est temps de se fixer à nouveau des objectifs, j'ai peur. Peur de ne pas les atteindre et d'avoir à nouveau le cœur brisé. Peur qu'ils ne soient pas en accord avec la volonté de Dieu et que, par conséquent, ils ne se concrétisent pas. J'ai peur d'être à nouveau brisée et blessée.

J'ai également peur de mon rêve. Bien qu'il ne m'obsède plus, j'ai toujours le désir qu'il se réalise. Et j'ai besoin d'une fin au Livre ; je suis ouverte à tout autre chose, mais je mentirais si je disais que ça ne me ferait pas mal si le plan de Dieu n'incluait pas McKinsey ou BCG.

Alors que j'entre en 2023, je prie pour qu'Il continue d'être avec moi et de me guider, qu'Il veille sur ma famille et sur nous tous sur cette terre, qu'Il me montre Ses rêves, Ses plans et Ses objectifs pour moi.

En décembre, j'ai arrêté d'écrire des listes de choses à faire dans mes agendas pour utiliser un outil de gestion de projet, et ça a absolument changé ma vie ! Je ne comprends toujours pas comment j'ai pu fonctionner sans un tel outil. En plus de ne pas avoir d'objectifs pour 2022, j'ai essayé de vivre en dehors de ce livre et j'ai à peine travaillé sur ce qui s'y rapportait. Mais pour 2023, je voulais recommencer à écrire ou à travailler sur mon site Web ou le million d'autres choses que je n'avais pas réalisé que je devais encore faire. Alors, au lieu d'écrire des objectifs dans mon journal, j'ai évolué pour les écrire dans mon outil de gestion de projet. Ils étaient *très beaux* là-dedans. Et cette fois, ils étaient plus raisonnables et plus spécifiques.

Cela ne veut pas dire que je n'écrirais plus dans un journal. Du tout. Je m'en étais même acheté deux de plus ! Je te l'ai dit, arrête de compter. J'étais enthousiaste pour l'année à venir, mais j'ai emporté avec moi la nouvelle capacité à ne pas être obsédée par des choses que je ne pouvais pas contrôler.

L'un de mes objectifs pour 2023 était de me débarrasser de mes dettes à risque. Deux des trois prêts que j'avais obtenus auprès de la même institution financière avaient été consolidés en un seul. En janvier 2023, j'avais un solde d'environ 8 000 dollars de dettes à risque, solde réparti de façon inégale sur deux comptes. Mon objectif était d'utiliser le remboursement que je recevrais une fois que j'aurais effectué ma déclaration de revenu en mars pour régler une partie de cette dette, puis une fois que je serais devenue résidente permanente, je demanderais une marge de crédit que j'utiliserais pour rembourser le reste.

Bien qu'une marge de crédit soit une forme de dette, ce type de produit a des taux d'intérêt beaucoup plus bas. Mais le fait est qu'en tant que titulaire d'un permis de travail dont le statut d'immigration était temporaire, je n'étais pas admissible aux prêts bancaires ou aux marges de crédit. Ma priorité en tant que nouvelle résidente permanente serait de demander un prêt moins cher pour me débarrasser des prêts plus onéreux. Au moins, de cette façon, mes paiements mensuels seraient moins élevés.

J'ai demandé la résidence permanente en novembre 2021 ; en septembre 2022, IRCC a approuvé ma demande, et la dernière étape était la délivrance de ma carte de résidente permanente. Je ne l'avais toujours pas à la fin de l'année 2022, mais je savais - ou du moins j'espérais - que je l'obtiendrais dans les premiers mois de 2023. Et c'est ce qui s'est passé.

Je me rends bien compte que je mentionne avec un peu de légèreté cette étape importante, mais crois-moi, ce n'était pas rien. Aussi bien en septembre 2022, lorsque j'ai reçu l'e-mail d'approbation, que le 13 février 2023, lorsque j'ai reçu ma carte de résidente permanente. Il y a eu beaucoup de larmes de joie, célébrant l'aboutissement de mon parcours d'immigration ardu.

Les choses n'ont pas tout à fait fonctionné comme je l'avais prévu. Elles ont en fait mieux fonctionné, en ce qui concerne le remboursement de mes dettes à risque. Bien que j'aie utilisé le remboursement sur ma déclaration de revenu en mars 2023 pour régler une partie de ma dette, ce n'est pas une marge de crédit qui a couvert le reste.

Tu te souviens que mon ancien bailleur m'a pratiquement mise à la porte de sa maison sans aucun préavis parce qu'il voulait rénover l'endroit et le transformer en Airbnb ? Eh bien... j'ai déposé une plainte auprès de la Commission de la location immobilière (CLI) en mai 2022, après de multiples tentatives infructueuses pour récupérer ma caution. Cela a pris *un peu* de temps, mais la CLI m'a rappelée en mars 2023, presque un an plus tard, avec une audience programmée. À ce moment-là, ça faisait des semaines que j'avais recommencé à regarder la série *Suits*, donc j'étais pratiquement une avocate. Obtenir de l'aide dans une clinique juridique a probablement aussi aidé. La représentante de mon bailleur et moi avons conclu un accord de médiation pour 5 500 dollars. J'avais demandé plus d'argent pendant les négociations, mais je m'étais intérieurement fixé un seuil de 5 000 dollars, sachant que c'était le solde de ma dette à risque après avoir utilisé mon remboursement d'impôt.

Ainsi, à la fin du mois d'avril 2023, lorsque j'ai reçu le dernier versement de ce règlement, j'ai remboursé la dernière partie de ma dette à risque. Et oh, comme je me suis sentie libre ! J'avais encore un long chemin à parcourir avec mes autres dettes, mais cela semblait presque surréaliste de ne plus dépenser des centaines de dollars toutes les deux semaines, pour des versements qui touchaient à peine le montant principal de mes dettes et étouffaient mes objectifs d'épargne. C'était super !

Malheureusement, ce sentiment n'a pas duré très longtemps.

Mon père est décédé en mai 2023, et il fallait que je rentre chez moi au Cameroun dès que possible. Je n'avais pas assez d'économies pour payer mon billet d'avion de près de 3 000 dollars, alors j'ai de nouveau eu recours à l'endettement. Heureusement, à ce moment-là, j'étais déjà résidente permanente et j'avais déjà obtenu une marge de crédit. Même si je n'étais pas ravie d'emprunter à nouveau de l'argent, au moins cette fois-ci, c'était moins cher.

Ce qui a contrecarré mes efforts pour sortir de l'endettement, c'est que j'ai dû à nouveau utiliser 3 000 dollars sur ma marge de crédit pour revenir au Canada à la fin de l'été, parce que je ne pouvais pas embarquer dans l'avion qui me ramenait. Je ne savais pas qu'avec mon passeport, j'avais besoin d'un visa de transit si mon vol s'arrêtait dans deux pays ou plus de l'Union européenne, alors je n'ai pas trop fait attention aux escales lorsque j'ai acheté mon premier billet. Je cherchais simplement l'option la moins chère (oui, la moins chère), quel que soit le nombre d'escales. Mon vol aller n'avait qu'une escale, mais mon vol retour en avait deux : une en France et une à Amsterdam. L'option la moins chère s'est avérée très coûteuse. En septembre, j'avais accumulé 6 000 dollars de dettes supplémentaires. *Un pas en avant, trois pas en arrière.*

La gratitude qui animait mon cœur lorsque je suis rentrée à Toronto en août 2023 contrastait avec mes sentiments à l'égard de ma nouvelle dette. Malgré les circonstances lugubres, c'était bien d'être chez moi après deux années et demie difficiles au Canada. C'était bien de manger de la bonne nourriture et d'être entourée de ma famille et de mes amis. Cette fois-ci, l'expérience était bien meilleure, même si j'avais encore des problèmes avec l'acné et les cicatrices. Je m'exerçais aussi à communiquer mes limites et mes émotions, et mon amitié avec Olivia et Cédric s'était rétablie.

Et puis je suis revenue dans mon appartement. *Mon appartement.* Lorsque je suis partie pour Yaoundé le 2 juillet 2023, je n'avais pas réalisé ce que je ressentirais en revenant à Toronto le 8 août.

Je me souviens avoir été au téléphone avec un ami ce jour-là ; j'ai raccroché en entrant dans mon immeuble sur Spadina Road, pour pouvoir monter confortablement mes deux valises avant de le rappeler tout de suite. Mais lorsque je suis entrée dans mon studio, j'ai été envahie par quelque chose que je ne peux pas décrire. J'étais de retour dans mon appartement. *Mon appartement.* Celui que je payais chaque mois avec mon propre argent. Un appartement qui était déjà le mien avant mon départ et qui continuerait à l'être bien après mon retour.

J'ai fait un pas au milieu et je suis restée là, stupéfaite. J'ai regardé autour de moi. Tout était là où je l'avais laissé un mois plus tôt. Pas besoin d'aller chercher des cartons dans un espace de stockage quelque part au loin. Pas besoin d'emballer quoi que ce soit pour déménager ailleurs. J'avais juste besoin de déballer mes deux valises, de prendre une douche et d'aller manger quelque chose dans le quartier que je connaissais déjà. J'ai pris des photos d'un appartement dans lequel je vivais depuis plus d'un an. *Oh mon Dieu, merci beaucoup.*

Tout cela s'ajoutait au fait que j'avais passé sans encombre la sécurité de l'aéroport deux heures plus tôt. Pour la première fois, j'entrais dans un pays qui n'était pas le mien sans que les agents des frontières ne me demandent mes documents d'immigration. Je n'avais en fait eu aucune interaction avec un agent frontalier ; j'ai simplement scanné mon passeport et ma carte de résidente permanente à l'un des kiosques self-service, et voilà. Aucune question. Aucune preuve de quoi que ce soit à montrer à qui que ce soit. J'étais tellement reconnaissante.

Après un an et demi chez Accenture, j'étais prête à partir. Je l'étais en fait depuis des mois. Oui, je sais, je sais, mais laisse-moi t'expliquer.

En plus de tout ce qui s'est passé entre le moment où j'ai postulé pour la première fois à un poste au sein de l'entreprise en septembre 2021 et celui où je l'ai rejointe en avril 2022, j'ai réalisé après quelques mois de travail chez Accenture Song que l'entreprise n'était pas à la hauteur de *mes* attentes du point de vue de la diversité, de l'équité et de l'inclusion. Sur plus de quatre cents employés à travers le Canada, je faisais partie d'une poignée d'employés noirs de niveau inférieur, beaucoup d'entre nous ayant été embauchés en 2022 ou plus tard. Et les choses ne s'amélioraient pas en grimpant les échelons.

Ensuite, il y a eu l'écart de salaire que j'ai remarqué entre les personnes travaillant au même niveau. Tu te souviens que lorsque j'ai négocié mon offre en janvier 2022, la recruteuse avait insisté sur le fait qu'elle ne pouvait pas augmenter mon salaire de base parce que l'entreprise maintenait tous les analystes au même *niveau* de salaire (et non à la même *tranche* de salaire). Quelques mois après avoir rejoint l'entreprise, j'ai appris que quelqu'un s'était vu offrir le poste d'analyste cette année-là, avec un salaire de base et une prime d'embauche plus élevés. J'ai vérifié auprès des deux autres analystes noires, et ce n'était aucune d'entre elles. L'une avait même reçu une offre avec un salaire de base encore plus bas. Au fil du temps, et avec tout ce que je voyais, entendais et vivais, je me suis progressivement détachée de l'entreprise jusqu'à ce que je me concentre strictement sur mon travail.

Ce qui m'a vraiment donné envie de démissionner, c'est l'expérience que j'ai vécue en demandant un congé payé. Lorsque mon père est décédé en mai 2023, j'étais déjà épuisée par le travail, en plus des nuits consacrées aux activités liées à ce livre. J'étais mentalement épuisée. Lorsque j'ai partagé la nouvelle concernant mon père au travail, ma conseillère d'orientation professionnelle m'a dit que je pouvais demander un congé payé dans le cadre de l'assurance invalidité de courte durée, qui couvre la santé physique et mentale.

Chez Accenture, un conseiller d'orientation professionnelle était un employé de niveau supérieur que le cabinet affectait à chaque employé pour le guider tout au long de sa carrière au sein du cabinet. En fonction de la nature du travail, un conseiller pouvait ou non être le responsable direct d'un employé.

Le processus de demande d'un congé payé comportait quelques formalités administratives, notamment des formulaires de santé à faire remplir par un médecin de famille. L'entreprise m'a également assigné un représentant pour m'aider tout au long de la procédure de demande. J'ai rempli les documents, rencontré le représentant, soumis ma demande, puis j'ai pris les cinq jours de congé pour raisons de décès qu'Accenture offrait.

Lorsque j'ai repris le travail une semaine plus tard, une chargée de dossier de la compagnie d'assurance m'a contactée au sujet de ma demande de congé payé. Elle m'a posé diverses questions concernant ma santé, mon travail et la raison pour laquelle je demandais un congé. Il était difficile de répondre à la plupart des questions relatives à la santé, car je ne souffrais pas d'une maladie physique. Lorsqu'elle m'a demandé de prouver que je ne pouvais plus accomplir mes tâches habituelles au travail, je lui ai dit que j'avais des problèmes de santé mentale et que, même si je pouvais encore taper sur un ordinateur, je n'arrivais plus à me concentrer. À la fin de l'appel, elle m'a dit que ma demande serait refusée parce qu'elle ne pouvait pas vérifier, d'après notre conversation et les formulaires que j'avais soumis avec ma demande, que j'étais incapable de continuer à travailler. Le fait que je sois retournée au travail après mon congé pour décès semblait également indiquer que je me portais très bien. On ne m'a jamais dit que ça aiderait mon dossier si je ne travaillais pas. Je n'ai pas repris le travail parce que je le voulais.

J'en ai discuté avec mon représentant chez Accenture, qui m'a dit que je pouvais faire appel de la décision en soumettant plus de documents justificatifs, ce que j'ai fait. En attendant qu'une autre décision soit prise, Accenture allait me verser mon salaire normal pendant mon congé ; si ma demande était à nouveau refusée, je devrais rembourser cet argent.

Je suis revenue du Cameroun le 8 août, mais j'ai repris le travail le 21 août. Pendant le reste du mois et jusqu'en septembre, j'ai échangé plusieurs fois avec mon représentant ainsi que la chargée de dossier de la compagnie d'assurance, pour essayer de faire approuver l'appel. Le principal problème était qu'ils n'avaient pas trouvé suffisamment de preuves que mon état de santé mentale m'empêchait d'effectuer des tâches professionnelles régulières, malgré le formulaire de santé supplémentaire rempli par un médecin ou l'événement même du décès de mon père qui a déclenché ma demande de congé. Finalement, j'ai demandé à mon représentant de laisser tomber l'affaire. J'en avais assez.

Laisser tomber l'affaire signifiait rembourser à Accenture tout salaire qui m'avait été versé pendant mon congé. Mais pour cela, il fallait qu'un médecin de famille remplisse un autre formulaire médical. Le problème avec ces formulaires, c'est qu'ils coûtaient de l'argent – 100 dollars en moyenne – et n'étaient pas couverts par l'assurance. De plus, ils devaient être remplis par un médecin de famille, et non par n'importe quel médecin. Si tu as entendu parler des soins de santé au Canada, à part le fait qu'ils sont « gratuits », c'est probablement parce qu'il est difficile de trouver un médecin de famille qui accepte de nouveaux patients. Lorsque j'ai apporté l'un de ces formulaires à mon médecin de famille pour la première fois, il m'a dit qu'il ne les remplissait généralement pas, mais qu'il le ferait à titre exceptionnel, compte tenu de ma situation. Enfin, la plupart des questions sur ces formulaires portaient sur la santé physique.

J'ai demandé à mon représentant si je ne pouvais pas rembourser l'argent sans formulaire médical, puisque ma demande avait de toute façon été refusée une nouvelle fois ; je lui ai fait part du stress financier et émotionnel que ce processus me causait. Il m'a répété qu'il s'agissait d'une procédure standard d'Accenture. J'ai parlé à plusieurs reprises avec ma conseillère d'orientation professionnelle au sein de l'entreprise, mais elle aussi apprenait ce processus et m'a recommandé d'impliquer les RH. C'était également une impasse. Tout le monde m'a conseillé de faire remplir le formulaire médical et d'en finir.

J'ai passé l'après-midi du dimanche 8 octobre à arpenter les rues de Toronto, allant d'une clinique à l'autre, pour essayer de trouver un médecin qui accepterait de remplir mon formulaire. Ceci après avoir passé des semaines à appeler les cabinets médicaux et à essuyer des refus, à fixer des rendez-vous virtuels qui étaient finalement annulés lorsque les médecins voyaient le type de formulaire que j'avais besoin qu'ils remplissent. Finalement, un médecin a accepté de le faire ce dimanche-là. J'ai soumis le formulaire à Accenture le lundi suivant.

La dernière étape consistait à rembourser les 3 500 dollars que l'entreprise m'avait versés pendant mon congé. À ce moment-là, j'avais moins de 3 000 dollars d'économies au total. J'ai demandé au service de la paie si je pouvais bénéficier d'un plan de paiement au lieu qu'il récupère tout l'argent en une seule fois, mais pour des raisons fiscales que je n'ai pas comprises, on m'a dit qu'un plan de paiement impliquerait de rembourser le montant brut au lieu du montant net, soit environ 4 800 dollars. La seule façon de rembourser le montant net était d'effectuer un seul virement bancaire. Bon… je suppose que j'ai eu de la chance qu'ils m'aient au moins donné jusqu'au 15 décembre, soit un mois et demi plus tard, pour effectuer le virement.

Pendant que j'endurais tout cela, avec le désir déjà ancré en moi de quitter l'entreprise, j'ai essayé de croire qu'il y avait une raison pour laquelle les choses se passent ainsi. Les discussions pour le cycle de promotion de cette année-là avaient eu lieu en septembre. J'avais un parcours solide et d'excellents commentaires, à la fois de la part de mon équipe de projet et du client. Malgré mon désir de partir, je fournissais un très bon travail. Alors peut-être qu'à la fin de tout cela, il y avait une promotion ? Je me suis accrochée à cet espoir.

Ma conseillère d'orientation professionnelle a recommandé que je sois promue lors des discussions ; elle était confiante, mais prudente.

J'étais confiante, mais prudente. Si j'étais promue, j'utiliserais ma prime pour rembourser l'argent que je devais à l'entreprise, de sorte que mes économies resteraient intactes. Si j'étais promue, je mettrais mon CV à jour et je ferais valoir mon titre d'analyste senior lorsque je postulerais à de nouveaux emplois.

Les résultats sont tombés le 6 novembre. Ma conseillère a programmé une réunion avec moi et dès que j'ai vu son visage sur la fenêtre d'appel Teams, j'ai su.

— Je suis vraiment désolée, Danielle, a-t-elle commencé, tu ne l'as malheureusement pas eue cette fois-ci.

Je n'ai rien dit.

— J'ai aussi été choquée quand j'ai appris la nouvelle. Elle a rompu le silence.

Ma conseillère et moi avions de bonnes relations ; nous travaillions sur une promotion depuis qu'elle était devenue ma conseillère un an plus tôt, alors je l'ai crue quand elle a dit qu'elle était choquée.

C'était donc quoi le but de tout ça ? Je me suis posé la question à maintes reprises, me détachant parfois de notre conversation. Lorsque je me suis recentrée, j'ai demandé un feedback.

— Y a-t-il quelque chose que j'aurais pu mieux faire ? Qu'est-ce que j'ai manqué ?

— Littéralement rien du tout, a-t-elle répondu. Ce n'est pas un reflet de ton travail ; tu as coché toutes les cases et tu as été désignée pour une promotion. C'est juste que l'année a été merdique et très peu de gens ont été promus.

J'ai acquiescé en silence.

Notre réunion n'a pas duré très longtemps. J'ai quitté l'appel en me demandant ce que je faisais encore dans cette entreprise. J'ai appris plus tard que plusieurs analystes qui avaient rejoint l'entreprise après moi avaient été promus. Bien que le fait qu'ils méritaient une promotion ne soit pas à débattre ici, je me suis demandé ce qui leur avait finalement donné l'avantage si j'avais, en effet, coché toutes les cases. Bon… je suppose que j'ai eu la chance de recevoir une prime de 2 000 dollars plus tard ce mois-là, même si la direction avait annoncé que les personnes qui restaient au même niveau ne recevraient ni prime ni augmentation.

Cette prime était de 1 400 dollars après impôts, que j'ai utilisés le 30 novembre avec une partie de mes économies pour rembourser l'argent que je devais à l'entreprise. C'est le jour où j'aurais aimé pouvoir aussi donner ma démission. Mais j'avais des factures et des dépenses plus élevées grâce à l'inflation et, maintenant, encore moins d'économies. Je voulais prendre quelques jours pour moi, mais ce n'était pas non plus possible.

Lorsque j'avais déposé ma demande de congé payé en mai 2023, c'était pour deux mois. Lorsqu'elle a été refusée pour la deuxième fois en septembre, j'ai imputé rétroactivement la plupart de mes jours de vacances et de maladie pour couvrir une partie de ce qui allait maintenant être un congé non payé, en gardant le reste pour les fêtes de fin d'année. Je l'ai fait pour ne pas avoir à rembourser deux mois de salaire à Accenture.

Je ne pouvais pas démissionner avec moins de 2 000 dollars d'économies, et le seul moyen d'accumuler des jours de vacances et de continuer à payer mes factures était de continuer à travailler chez Accenture. Je me sentais littéralement esclave.

Depuis mon retour au Canada en août, je sentais ma santé mentale se dégrader de jour en jour. Je pouvais presque sentir une unité de joie quitter mon réservoir de bonheur chaque jour qui passait.

Je ne suis pas déprimée. Je vais bien. Je ne suis pas déprimée.

Je me répétais ces mots certains jours, essayant de repousser ce que je sentais venir. Mais très vite, je me suis retrouvée dans un état mental qui ne m'était que trop familier. En novembre, je pleurais chaque jour de chaque semaine. Les difficultés financières, la vie sociale non existante, le mécontentement à mon travail et la frustration de ne pas encore pouvoir partir, l'hiver imminent avec ses journées froides et ses nuits plus longues, les fêtes de fin d'année qui me rappellent chaque année à quel point la maison me manque... j'étais épuisée.

C'était l'un de ces moments où j'avais envie de disparaître. Pas mourir, juste disparaître pendant un certain temps. Je n'étais plus active sur les réseaux sociaux et je n'avais rien posté depuis quelques années, mais j'ai encore supprimé mes applications. Cette fois, j'ai gardé WhatsApp pour rester joignable et TikTok pour rire.

— Wow, c'est dur, a commenté un ami chez Accenture, lorsque j'ai partagé avec lui une partie de mes chroniques congé payé pendant l'un de nos appels, ainsi que la nouvelle selon laquelle je n'avais pas été promue. Comment tu t'en sors ? m'a-t-il demandé.

Je n'ai pas su quoi répondre. À vrai dire, je n'y avais pas pensé avant qu'il ne pose la question.

— Je ne m'en sors pas. Je ne sais pas... j'essaie juste, ai-je répondu en haussant les épaules.

— Non, bravo à toi ; je connais des gens qui ne seraient pas capables de gérer ça.

— Je veux dire… je m'appuie aussi sur ma foi, ai-je dit, mais pour être honnête, ça aussi c'est un peu déroutant. Je me disais que de l'autre côté de mes problèmes avec le congé payé il y avait une promotion, mais ces jours-ci je demande à Dieu quel était le but de tout ça.

— Ouais, je comprends tout à fait. J'espère que tu trouveras bientôt la réponse. Mais tu es vraiment forte.

Ce que j'étais, c'était fatiguée. Je ne sais pas comment j'ai continué à travailler tous les jours et à faire tout ce que je faisais. Je me réveillais en larmes tous les jours et je me couchais en larmes. J'étais désormais peu présente à la salle de sport, et ce n'était pas à cause d'un confinement. Faire la cuisine n'était plus quelque chose que j'aimais, mais une corvée hebdomadaire que je faisais le dimanche pour préparer la semaine à venir, afin de ne pas être tentée de commander à manger. Je suivais la même routine chaque semaine, attendant simplement avec impatience ma prochaine paie.

Dieu m'a sans aucun doute soutenue parce qu'il est impossible que j'aie pu traverser cette période toute seule, mais en même temps, je me demandais pourquoi les choses se passaient ainsi.

« Je suis au bout du rouleau. Je n'en peux plus. Je suis tellement fatiguée », Lui disais-je les jours où je pouvais encore prier pour moi. D'autres jours, je disais une version de cette phrase : « de mes larmes à Tes oreilles ». Je ne voulais pas plus de force, mais je suis allée vers Lui pour me reposer.

Et voilà que ce jeudi après-midi, je discutais avec quelqu'un qui me trouvait forte pour n'avoir traité qu'une fraction de l'histoire que j'avais partagée avec lui. Cela s'était déjà produit auparavant, avec d'autres personnes. Bien que j'aie appris au fil du temps à considérer ces interactions comme des occasions de partager la façon dont je m'appuie sur ma foi, je me suis souvent demandé pourquoi Dieu permettait que tant d'autres choses m'arrivent, s'il est vrai qu'une fraction de mes expériences est déjà accablante.

L'année 2023 n'a pas été que douloureuse, ce que j'ai confirmé lorsque j'ai fait mon bilan de l'année plus tard en décembre. J'avais accompli cent pour cent des trois objectifs que je m'étais fixés fin 2022, dont deux plus tôt que prévu initialement. Et j'en ai fait encore plus.

Un accomplissement notable, et le point fort de mon année, a été l'incorporation de DCTMWT / RDRMDA. Ce n'était pas mon plan ; ça ne faisait pas partie de mes objectifs. Encore une fois, ce n'est pas que je ne pensais pas pouvoir posséder une entreprise un jour ; je n'avais juste pas prévu que RDRMDA en devienne une.

Je n'avais aucune idée que *Les rêves deviennent réalité, et les miens le deviendront aussi* passerait d'une pensée à un mantra à un livre à un hashtag à une marque à une entreprise. J'ai versé des larmes d'incrédulité le jour où j'ai reçu les documents d'incorporation de l'Agence du revenu du Canada. Après avoir fait une pause en 2022 et passé toute l'année en dehors de ce projet, j'ai passé beaucoup de temps en 2023 à préparer le lancement du livre, quel que soit le moment où il allait se produire. Je n'ai pas beaucoup écrit ; je me suis concentrée sur la constitution de L'Entreprise et la finalisation du Site Web.

Passer du stylo et du papier à un outil de gestion de projet a été déterminant dans ce processus, et je suis contente de l'avoir fait. Encore une fois, cela ne signifie pas que j'ai abandonné mes journaux ; j'y écrivais tout au long de l'année et à mesure que je faisais des rétrospections.

À la fin de l'année 2023, j'étais toujours en train de reprendre doucement l'habitude de me fixer des objectifs. Gardant à l'esprit tout ce que j'avais appris et expérimenté au cours des dernières années, j'ai prudemment écrit quelques objectifs, en qualifiant de souhait tout ce sur quoi je n'avais aucun contrôle.

J'ai aussi intentionnellement laissé des espaces vides, à la fois dans mon journal et dans mon outil de gestion de projet, pour que Dieu puisse accomplir *Ses* plans pour moi.

Tout ce que je ne pourrais jamais imaginer ou planifier pour moi-même.

Grand ou petit.

LES RÊVES DEVIENNENT RÉALITÉ, ET LES MIENS LE DEVIENDRONT AUSSI

J'ai imaginé toutes les fins possibles à ce livre, sauf celle-ci. En effet, dans tous mes scénarios imaginaires, j'ai fini par recevoir une offre de McKinsey & Company ou, tout au moins, une du Boston Consulting Group.

À un moment donné en 2021, j'ai décidé de ne pas poursuivre Bain & Company, l'autre cabinet de conseil en gestion des Big 3 (MBB). Ma décision n'avait rien à voir avec le classement ou le prestige, mais tout à voir avec mes objectifs personnels et professionnels. En 2021, alors que je m'efforçais de réaliser mon rêve de travailler dans le conseil, j'ai tissé des liens avec des professionnels de différents cabinets et j'ai assisté à autant d'événements que possible.

À partir de l'été de cette année-là, j'avais des coffee chats pratiquement tous les deux jours, dont une poignée avec des consultants de Bain. Grâce à ces discussions, à mes recherches et aux vidéos YouTube que je regardais, j'ai réalisé que Bain se concentrait trop sur le capital-investissement à mon goût. On aurait dit que la plupart des consultants effectuaient une rotation dans le groupe de capital-investissement du cabinet, ce qui ne m'intéressait pas. Bien que mon stage chez CIVC Partners en 2019 à Chicago ait allumé une flamme dans mon cœur pour le monde de la finance, il m'a aussi fait comprendre que le capital-investissement n'était pas quelque chose que je voulais faire, du moins pas à long terme.

Bain est également une plus petite entreprise, la plus petite des trois, avec une empreinte mondiale plus réduite. C'est important parce que j'ai souvent pensé à m'installer ailleurs dans le monde, et si je devais le faire dans le cadre de mon travail, je voulais travailler dans une entreprise qui me donnerait des options. Je voulais en particulier me réinstaller en Afrique, où Bain n'a qu'un seul bureau au moment où j'écris ces lignes, contre cinq pour BCG et sept pour McKinsey. Et même si je vivais toujours au Canada, je ne voulais pas rester à Toronto. Là encore, Bain n'a qu'un seul bureau au Canada, contre trois pour BCG et cinq pour McKinsey. Pour ces raisons, et notamment pour réduire le temps de préparation aux entretiens avec études de cas si mes candidatures étaient retenues, j'ai décidé de me concentrer sur McKinsey et BCG, avec une forte préférence pour McKinsey.

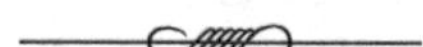

Dans certains de mes scénarios imaginaires, j'ai commencé ce chapitre directement par un extrait de ma lettre d'offre de McKinsey. J'ai poursuivi en décrivant à quel point j'avais rêvé de voir le mot « Félicitations ! » dans l'objet d'un e-mail des RH de McKinsey. J'ai dit à quel point j'étais fière d'avoir réussi le processus de recrutement à plusieurs étapes et d'avoir réussi les quatre études de cas. J'ai expliqué ce que cela faisait d'avoir enfin réalisé mon rêve, le rêve que j'avais depuis l'âge de quinze ans, le rêve que je n'ai pas abandonné même après de multiples tentatives non réussies.

Selon l'année où j'imaginais ces scénarios, mes sentiments à l'égard de la réalisation de ce rêve étaient différents. Chaque année, un peu moins intenses.

En 2021, plus précisément avant octobre, réaliser ce rêve aurait été le bonheur absolu. Je serais arrivée à ce que je considérais à l'époque comme ma destination, ou du moins une version de celle-ci. Devenir consultante en gestion était l'objectif ultime ; c'était le but de ma vie. Tout ce qui suivait n'était qu'un bonus. J'aurais fait un post sur LinkedIn pour annoncer que mon rêve s'était réalisé et que j'avais écrit un livre à ce sujet. J'aurais joint une photo de moi à côté du logo McKinsey au bureau, suivie de deux photos de mon livre.

En 2022, je faisais une pause dans la définition d'objectifs et j'essayais de vivre en dehors de ce rêve. Cependant, chaque fois que je pensais à sa réalisation, c'était toujours la félicité, mais une version plus atténuée. Je serais heureuse, mais plus heureuse d'avoir appris la plus grande leçon de ma vie. À ce stade, j'aurais surtout été heureuse d'avoir un emploi qui m'offrirait un meilleur style de vie et m'aiderait à rembourser mes dettes le plus rapidement possible, tout en continuant à aider mon entourage du mieux possible. J'aurais fait un post LinkedIn quelque peu similaire à celui que j'aurais fait en 2021, en notant que même si j'étais fière de cet accomplissement, je l'étais encore plus d'avoir réalisé que la vie ne se résume pas à l'accomplissement de mes objectifs.

En 2023, lorsque j'imaginais recevoir une offre de McKinsey, je savais que je serais en extase, en extase d'être libre. Surtout vers la fin de l'année, la majeure partie de cette extase viendrait du fait de pouvoir enfin lancer ce livre en même temps que ma propre entreprise. Je serais heureuse de montrer enfin au monde ce sur quoi j'ai travaillé pendant des années : le site Web que j'ai conçu, le livre que j'avais écrit, l'entreprise que j'avais créée. Je serais ravie d'avoir maintenant la liberté de partager mon expérience sur mon propre blog, me concentrant moins sur le fait que j'étais maintenant consultante. En effet, j'étais prête à écrire quelque chose comme ceci :

« Bien que j'aie passé toutes les étapes du processus d'entretien chez McKinsey, rien n'est comparable à ce que j'ai construit de mes propres mains ».

J'aurais été sincère. J'attendais même avec impatience le jour où je l'écrirais dans ce livre. Je me demandais secrètement ce que ça laisserait penser, surtout aux yeux du cabinet. Et secrètement, ça m'importait peu. Mon post LinkedIn serait l'annonce que j'avais écrit une autobiographie, et je mentionnerais quelque part que j'avais accepté une offre pour rejoindre McKinsey. Il n'y aurait pas de photo de moi à côté d'un logo McKinsey sur le post, même si je suis sûre que j'en aurais pris pour moi.

En 2024, j'aurais été reconnaissante envers McKinsey de m'avoir sauvée d'Accenture, même si je craignais que mon expérience y soit la même, voire pire. Recevoir une offre de l'entreprise aurait toujours été un rêve devenu réalité, mais cela aurait été un vieux rêve, un rêve qui avait progressivement perdu de son importance jusqu'à ne plus en avoir du tout. Mon post LinkedIn aurait été une annonce de lancement du livre similaire à celle que j'ai décrite pour 2023, hormis que cette fois, je l'aurais faite quelques mois après avoir rejoint l'entreprise. Le post se concentrerait sur mon livre, avec une brève indication que je travaillais maintenant dans le cabinet depuis quelques mois.

Dans tous ces scénarios, cependant, j'aurais été fière de moi. J'attendais toujours avec impatience le jour où je dirais à ma maman que mon rêve était devenu réalité, même si c'était un vieux rêve.

Alors que je commençais à me soucier moins de McKinsey et plus de ma propre entreprise, je m'inquiétais de la façon dont j'équilibrerais les deux si je recevais une offre. Je savais que ma charge de travail serait nettement plus lourde, mais je commençais à me sentir moins à l'aise avec l'idée de donner la priorité à mon travail de consultante sur mes autres passions. Et s'il y avait eu un choix à faire, j'aurais choisi mes passions.

D'un autre côté, j'essayais de m'accrocher à la flamme restante du grand feu qui brûlait pour ce rêve. Si je devais continuer à le poursuivre et si je devais passer des entretiens intensifs, j'avais besoin d'un certain niveau d'attachement émotionnel.

Mais comment en suis-je arrivée là ? Comment les flammes se sont-elles éteintes ?

Revenons en arrière, en mars 2023. Alors que j'approchais de mon premier anniversaire chez Accenture, j'ai commencé à chercher des moyens de quitter l'entreprise, et plus précisément de rejoindre McKinsey. J'ai demandé des coffee chats avec des consultants sur LinkedIn et je me suis inscrite à des événements de réseautage organisés par le cabinet. Je n'ai eu qu'un seul coffee chat, en partie parce que tout le monde n'acceptait pas mes demandes, mais surtout parce que mon objectif n'était pas d'obtenir une recommandation. Je voulais sincèrement mieux comprendre ce que c'était que de travailler chez McKinsey, maintenant que j'avais mûri professionnellement et que j'avais fait l'expérience d'un autre type d'environnement de conseil.

De plus, j'avais demandé à Dieu de m'aider à réaliser mon rêve sans recommandation si telle était Sa volonté. Même si ce rêve ne m'obsédait plus, j'étais toujours très passionnée. C'était un an plus tôt, le 25 avril 2022, le jour même où j'ai rejoint Accenture. J'avais écrit ma requête dans l'un des deux nouveaux journaux que j'avais achetés cette année-là. Ainsi, alors que je cherchais des moyens de quitter Accenture, je voulais faire attention à ne pas dépasser les bornes et ne pas y aller trop fort. D'une manière plus générale, je n'ai jamais été à l'aise avec le fait de demander des recommandations, malgré tous les conseils et la culture qui entourent la recherche d'emploi.

Le McKinsey Black Network avait organisé un événement à Toronto le 1er juin 2023. J'avais posé ma candidature pour y assister, mais au moment où je l'ai fait, la phase en présentiel de l'évènement était déjà au complet. Cependant, la recruteuse m'a envoyé le lien vers la phase virtuelle, qui se déroulait plus tard dans la soirée. À ce moment-là, toutes les flammes de mon rêve de travailler là-bas brûlaient encore dans mon cœur, et je les sentais monter et osciller à mesure que j'écoutais les gens partager leurs expériences. Le fait que la plupart des intervenants étaient noirs a également aidé.

Je suis restée en contact avec la recruteuse après l'événement, en la contactant sur LinkedIn le lendemain pour demander à discuter. Elle était ravie de m'aider, mais m'a présentée à une autre recruteuse qui, selon elle, était plus à même de répondre à mes questions. Quelques échanges d'e-mails plus tard, cette recruteuse m'a recommandé de la recontacter en septembre, car le cabinet avait déjà recruté sa promotion 2023 et ne chercherait pas de professionnels expérimentés avant l'automne. J'étais déçue, d'autant plus que j'étais prête à postuler.

Le 5 juin est la date à laquelle je prévoyais de postuler. J'étais à mon bureau, travaillant à domicile ce lundi-là comme tous les autres jours de la semaine. J'avais téléchargé mon CV actualisé et rempli le formulaire de candidature. Au moment où j'allais cliquer sur le bouton « Soumettre », j'ai entendu le son de notification d'un nouveau message sur LinkedIn. Comme cet onglet était déjà ouvert dans mon navigateur, j'ai instinctivement déplacé mon curseur pour voir qui m'avait envoyé un message. C'était la recruteuse de McKinsey, qui répondait à ma demande de connexion faite trois jours plus tôt et me proposait de me présenter à quelqu'un d'autre. J'ai laissé échapper un soupir de déception.

« Ça veut dire que je ne peux pas postuler maintenant ? » ai-je demandé en me tournant légèrement vers la gauche pour faire face à la croix posée sur ma table de nuit.

Plus que de vouloir réaliser ce rêve, j'avais besoin d'argent. Mon père était décédé récemment, et je rentrais bientôt au Cameroun. Un peu d'argent en plus n'aurait pas fait de mal, surtout avec tout ce qu'il restait à faire. Une ou deux flammes se sont éteintes. J'ai tout de même mis un rappel sur mon calendrier pour recontacter la recruteuse une fois que je serais de retour à Toronto. J'ai fermé l'onglet du portail des carrières chez McKinsey sans postuler. J'ai poursuivi ma journée, le goût de la déception m'aigrissant la bouche, compensé seulement en partie par la réalisation que le moment n'était pas idéal.

De retour de mon congé en août 2023, je faisais maintenant face à tout ce que j'ai partagé plus tôt au sujet de la demande d'un congé payé chez Accenture. Lorsque j'ai recontacté la recruteuse de McKinsey un mois plus tard, en septembre, elle m'a informée que leurs priorités en matière de recrutement avaient changé et qu'ils ne recruteraient pas à nouveau avant la nouvelle année. D'autres flammes se sont éteintes. À ce moment-là, je luttais contre la dépression croissante que je ressentais depuis mon retour au Canada, combinée à mes problèmes chez Accenture. J'ai tenu bon, en me disant que ces choses arrivaient pour une raison. Cette raison, pensais-je, était l'obtention d'une promotion chez Accenture et la faire valoir lorsque je postulerais chez McKinsey en 2024, bien que je me désintéressais peu à peu du cabinet.

Tu sais déjà que je n'ai pas eu de promotion chez Accenture et que j'ai dû rembourser mon salaire au cabinet en novembre 2023.

J'étais fatiguée du monde des entreprises et je voulais m'en libérer. McKinsey n'était plus vraiment un rêve, plutôt une échappatoire à Accenture, une source de revenus plus élevés qui prendrait soin de mes finances chancelantes, et me donnerait la permission de terminer ce livre et d'être enfin libre. Tous ces retards et ces challenges m'ont progressivement épuisée. Il ne restait plus qu'une seule flamme.

Le 8 janvier 2024, j'ai relancé avec diligence la recruteuse de McKinsey, comme la tâche sur mon outil de gestion de projet me l'a rappelé. Je n'ai pas reçu de réponse avant février, et la réponse était que le cabinet n'avait pas encore déterminé ses plans de recrutement de professionnels expérimentés pour l'année. Pendant ce temps, les histoires de licenciements dans les entreprises, y compris chez McKinsey, envahissaient mon fil d'actualité.

La dernière flamme ne brûlait plus très fort, mais j'avais besoin qu'elle soit encore en vie. Si elle a failli s'éteindre, je l'ai ravivée avec les souvenirs de moi à quinze ans qui rêvaient de devenir consultante, ou avec les souvenirs du temps que j'ai passé à l'hôtel The Peninsula à Chicago, à organiser l'hébergement des consultants qui venaient dans la ville, et à rêver d'être à leur place un jour. J'ai ravivé la flamme avec les souvenirs de mes tentatives infructueuses pour entrer chez Monitor Deloitte, la branche conseil en stratégie du cabinet, ou avec la prière que j'avais faite à Dieu qui ne faisait sans doute que tester ma patience, ou avec le souvenir que j'avais encore trois séances d'études de cas avec mon coach du programme de préparation aux entrevues de conseil auquel je m'étais inscrite en 2021, n'en ayant utilisé que trois pour des entretiens que je n'ai jamais eus. J'ai ravivé la flamme en me rappelant que les projets étaient plus variés et d'une durée plus courte dans le conseil en stratégie, ou avec le fait que j'avais besoin de plus d'argent, ou que je ne pourrais certainement pas terminer ce livre si ce rêve ne se réalisait pas.

Tout cela alors qu'il était désormais absolument clair pour moi que mon seul rêve était de devenir auteure, de tenir entre mes mains le fruit de mon travail : ce livre blanc et jaune portant mon nom.

En plus des nouvelles de licenciements, plusieurs fois au cours des premiers mois de 2024, je suis tombée sur des histoires horrifiantes d'anciens employés de McKinsey racontant comment le cabinet les avait forcés à partir. Bien que leurs histoires aient été décourageantes, je me suis convaincue que soit mon expérience serait différente, soit je serais suffisamment détachée de l'entreprise pour ne pas m'en soucier. De toute façon, je n'avais pas l'intention d'y rester très longtemps. Je voulais rembourser mes dettes, apprendre quelques trucs supplémentaires pour m'aider dans mes autres objectifs professionnels, puis partir. Je ne croyais plus au bonheur ou à l'épanouissement dans un environnement d'entreprise. Je comptais sur ma passion ravivée pour l'écriture et sur mes autres passions non professionnelles pour me sentir épanouie, conservant mon emploi jusqu'à ce que ma dette soit remboursée.

Pourtant, je me demandais comment certaines personnes semblaient être heureuses et épanouies dans leur travail. Les posts que je voyais sur LinkedIn contrastaient avec les histoires que je lisais sur mon fil d'actualité. Des employés fiers de leur employeur et qui le célébraient. Des employeurs fiers de leurs employés et qui les célébraient. Même certaines des personnes avec lesquelles j'avais eu des coffee chats semblaient véritablement apprécier leur travail et être heureuses dans leurs entreprises. *Mais comment ?* me suis-je demandé. Je voulais en faire l'expérience, mais en même temps, j'étais trop fatiguée et blessée.

Je m'étais déjà juré que 2024 serait la dernière fois que je chercherais un emploi de consultant ; je ne voulais pas que toute ma vie tourne autour de cela. Si ce vieux rêve ne se réalisait pas en 2024, je passerais simplement à autre chose.

En février 2024, je voulais juste un nouveau travail. Peu importait lequel, tant que je pouvais réaliser mon *vrai* rêve.

La flamme s'était éteinte.

Dans le deuxième des deux nouveaux journaux que j'ai achetés en 2022, j'écris des récapitulatifs mensuels depuis le début de l'année 2023. Ils ne sont généralement pas très longs, selon mon état d'esprit. Je fais le point sur le mois qui vient de s'achever et je me projette dans le suivant, en notant les objectifs que je souhaite atteindre. Il s'agit moins d'accomplissements que de simples rappels. Ils vont de la découverte d'une nouvelle recette à l'obtention d'un ticket pour un concert, en passant par la déclaration d'impôts, la démission d'un emploi ou, tu sais, la finalisation de la rédaction d'un livre. Ça peut être n'importe quoi, en fait. J'ai appris en 2022 que j'aurai toujours besoin d'une certaine structure et d'une certaine organisation dans ma vie, mais que je peux alléger les choses et m'en tenir à mes projets de manière plus décontractée.

Une fois de plus, et même si à ce moment-là j'avais déjà écrit une bonne partie de ce livre, le but de ces réflexions n'était pas de servir de contenu. Cependant, ayant récemment relu ce que j'ai écrit sur avril 2024, j'aimerais le partager ici.

1er mai 2024, à minuit 10

Récapitulatif du Mois d'Avril

Le concert d'Andrea Bocelli était absolument incroyable, et je suis tellement contente et reconnaissante d'y être allée. C'était la meilleure soirée de ma vie ! J'ai aussi pu voir un peu de Montréal et j'ai confirmé que j'ai définitivement envie de m'y installer.

J'ai démissionné d'Accenture, et ça a été très libérateur, mais aussi très effrayant puisque je n'ai pas encore de nouveau job. Cette semaine, c'est ma dernière, et je me sens très bien ! Je ne sais pas... c'est bizarre parce que je suis excitée mais j'ai aussi très peur en même temps. Je ne sais pas ce que je fais, ni où je vais aller ensuite (je n'ai toujours pas postulé chez McKinsey et je me demande même maintenant si je le ferai, si j'ai encore envie d'y travailler...).

Je me suis dit que je ferais entièrement confiance à Dieu cette fois-ci, peu importe à quel point le chemin est flou. Quoi qu'il arrive avec mon travail ou ma situation de logement, je reste à Ses côtés.

Je me sens prête à lancer Le Livre et L'Entreprise.

Je me suis coupé les cheveux le 9 avril.

Je voudrais des choses de meilleure qualité et je suis fatiguée des choses de moindre qualité.

J'aimerais renouveler ma garde-robe et apprendre à me maquiller.

Je ne sais pas ce que je fais de ma vie.

Un Coup D'œil sur L'avenir...

Je ne sais même pas quels objectifs me fixer pour le mois de mai. Tout est flou ; la route est complètement sombre. Je vais continuer à postuler à des jobs, mais aussi me détendre un peu.

- Faire confiance à Dieu.
- Retourner en thérapie ?

Ouais... j'ai fini par démissionner d'Accenture sans avoir trouvé de nouvel emploi. J'ai pris cette décision le 23 février 2024. Il ne s'était rien passé de spécial ce jour-là ; ça faisait un moment que je réfléchissais, en prenant en compte le fait que j'étais malheureuse et me demandant combien de temps je serais capable de continuer à attendre qu'un nouveau job vienne me sauver. Pas très longtemps.

Mon humeur commençait à affecter la qualité de mon travail, et je commençais à éprouver du ressentiment à l'égard du cabinet, ce que je n'aimais pas. Cela ne se voyait apparemment pas, comme en témoignaient les éloges et les commentaires positifs que je recevais du client et de la manager sur le projet sur lequel je travaillais. Plus encore, ma manager cherchait maintenant à me former pour la remplacer, compte tenu des progrès que j'avais faits. Chez Accenture, le niveau manager se situait quatre à cinq niveaux au-dessus du niveau analyste. Lors de l'un de nos appels, j'avais aussi dit à ma manager que je n'avais plus l'impression de progresser, après avoir passé un an et demi sur ce seul projet. Bien que cela ait été la vérité, elle n'était certainement pas complète.

De plus, c'était à nouveau la saison des discussions pour les promotions. Chez Accenture, l'année fiscale s'étendait de septembre à août de l'année suivante. Le cycle régulier de promotion commençait en septembre avec les discussions et se terminait en décembre lorsque les résultats prenaient effet pour les personnes qui avaient été promues. Certaines années, des promotions en milieu d'année avaient également lieu, ce cycle commençant vers le mois de mars et se terminant en juin.

Dans les deux cas, chaque employé et son conseiller d'orientation professionnelle devaient se préparer aux discussions plusieurs semaines à l'avance. Une partie de cette préparation consistait à documenter des autoréflexions, à recueillir des commentaires des collègues, des managers et des gestionnaires de comptes clients, à rédiger une histoire que les conseillers partageraient pendant les discussions au nom de leurs protégés, et à rédiger les priorités pour l'année ou la saison à venir. À partir de l'exercice 2024, chaque employé devait avoir un évaluateur pour chacune de ses priorités.

Les discussions et les promotions de milieu d'année n'étaient pas garanties. Si elles devaient avoir lieu, nous l'apprenions quelques semaines plus tôt, dans l'idée que nous avions déjà commencé à nous préparer. La rédaction des priorités pour l'année, en revanche, était une exigence, que les discussions pour promotions aient lieu ou non.

Ainsi, lorsque nous sommes revenus au travail en janvier 2024 après les vacances de Noël, ma conseillère et moi avons commencé à discuter des promotions de milieu d'année. À plusieurs reprises, elle m'a demandé de commencer à recueillir des commentaires et d'aller sur notre portail RH pour écrire mes priorités pour l'année et assigner des évaluateurs. À chaque fois, j'ai prétendu avoir été tellement occupée qu'il m'avait été difficile de m'y mettre. La vérité, c'est que je n'en avais plus rien à faire. De plus, je n'aimais pas cette nouvelle façon de contrôler les objectifs et les priorités des gens. Je n'en avais certainement pas besoin.

Un après-midi de février, après des semaines passées à éviter cet exercice et alors que l'échéance approchait, j'ai finalement ouvert le portail RH pour faire mes autoréflexions et écrire mes priorités pour l'année. J'ai regardé ce que j'avais écrit un an plus tôt et quelques mois plus tôt pour les discussions de septembre 2023. Il y avait des priorités liées au travail facturé aux clients et des priorités internes en dehors de ce type de travail. J'avais atteint tous mes objectifs et plus encore. J'avais fourni des performances bien supérieures à mon niveau, mais cela ne m'avait menée nulle part.

Je n'avais pas d'autre priorité que de quitter le cabinet. Je ne pouvais pas écrire cela, alors je n'ai rien écrit. Je n'ai pas fait d'autoréflexion, je n'ai pas demandé de commentaires. Au lieu de cela, j'ai laissé passer la date limite. Peu m'importaient les ennuis que ça me causerait ; ils ne pouvaient pas être pire que ce que j'avais enduré jusque-là. C'est aussi à cette période que j'ai appris que des analystes qui avaient rejoint le cabinet après moi avaient été promus.

Ma conseillère voulait bien que je sois promue, mais cela n'avait plus d'importance pour moi. En novembre, lorsqu'elle m'avait annoncé la nouvelle décevante que je n'avais pas été promue, elle m'avait suggéré d'essayer d'obtenir une promotion deux niveaux au-dessus du mien la prochaine fois. À l'époque, je ne savais déjà pas si c'était faisable, alors lorsqu' elle m'a confirmé deux mois plus tard que j'allais passer analyste senior (un niveau au-dessus) au lieu de consultante (deux niveaux au-dessus) pour le milieu d'année, je n'ai pas été surprise. Mais avec un MBA, un autre master et maintenant presque deux années complètes d'expérience continue, je savais que je valais plus que ce poste d'analyste senior. Mais même s'il était possible d'être promue à un niveau encore plus élevé, peut-être même le plus élevé, cela n'aurait rien changé. Aucun titre et aucune somme d'argent ne m'auraient convaincue de rester chez Accenture.

Je voulais partir. J'avais *besoin* de partir. Alors, je suis partie.

Ce vendredi 23 février, lorsque j'ai décidé de quitter Accenture, je me suis dit que je présenterais ma démission en avril, donnant un mois de préavis au lieu des deux semaines habituelles. C'était en partie parce que je voulais me libérer du fardeau d'avoir à porter cette décision jusqu'à la dernière minute, tandis que mes attentes en termes de performance demeureraient les mêmes ou seraient même plus élevées, et en partie par respect pour la manager sur mon projet. Bien que mon expérience au sein de l'entreprise n'ait pas été formidable, j'ai apprécié, dans une certaine mesure, le projet sur lequel je travaillais. Il m'a permis d'en apprendre beaucoup sur la gestion des produits digitaux, qui était désormais une option de carrière attrayante. J'ai également apprécié les conseils et l'implication de ma manager dans mon développement professionnel.

Je souhaitais déménager à Montréal depuis l'été 2023, pour la seule raison de faire l'expérience d'une nouvelle ville. Je n'avais pas encore fait l'expérience de la moitié de Toronto, mais j'avais déjà envie de nouveauté. Lorsque je postulerais chez McKinsey, je me suis dit que je choisirais Montréal comme bureau préféré, attribuant quatre-vingt-dix pour cent à cette option et les dix pour cent restants à Toronto sur le formulaire de candidature. Et si j'obtenais le poste, je n'aurais pas à m'inquiéter des dépenses liées à mon déménagement, car l'entreprise offrirait une prime de déménagement en plus de la prime d'embauche.

Je n'étais jamais allée à Montréal. J'ai profité de mon voyage pour aller y voir Andrea Bocelli en avril 2024 pour aussi tâter le terrain. Mon amie Michelle chez Accenture m'a fait visiter les sites clés de Montréal. Nous avons mangé de bons plats et bravé la pluie pour nous promener dans le centre-ville, le Vieux-Port et Westmount. Je me suis bien amusée. À la fin de mon séjour de trois jours dans la ville, j'étais convaincue : j'allais déménager à Montréal et, avec un peu de chance, j'obtiendrais un nouveau job qui m'aiderait à payer les frais de déménagement.

Déménager dans une nouvelle ville n'était pas le seul changement que je voulais voir dans ma vie. Surtout à l'aube de 2024, je voulais pratiquement avoir une nouvelle vie, et ce n'était pas l'effet nouvelle année. J'étais tout simplement fatiguée de tout. Je veux dire... j'ai même coupé mes cheveux et changé la forme de mes ongles de coffin à amande ! Quelle affaire !

Mon dernier jour chez Accenture était le 3 mai 2024, et je me sentais encore bien ce jour-là par rapport à ma décision de partir comme le 23 février, peut-être même mieux. C'était un mélange d'excitation et de liberté, mais aussi de profonde peur de l'inconnu. Au fil des jours et des semaines, c'est devenu une balançoire d'émotions. Certains jours, j'étais au comble de l'excitation, tandis que d'autres jours, j'étais au plus profond de la peur.

Un soir, j'étais à mon bureau et je travaillais sur mon CV pour ma recherche d'emploi imminente. J'ai mis à jour mes sections Expérience professionnelle et Leadership, en veillant à quantifier mes réalisations et en notant les résultats à chaque fois, comme on me l'avait appris depuis ma première année aux États-Unis. J'ai écrit et réécrit des phrases, en soulignant mes accomplissements au cours des deux dernières années chez Accenture, ainsi qu'au cours de la dernière année de bénévolat dans un poste de direction au sein d'une organisation à but non lucratif. J'ai noté toutes les récompenses ou reconnaissances spéciales pour les projets sur lesquels j'avais travaillé. Ces réalisations, en particulier celles en dehors du travail, n'étaient pas quelque chose que je faisais pour les montrer spécifiquement sur mon CV. J'aimais vraiment ce que je faisais.

Une fois la mise à jour terminée, j'ai fait un zoom arrière sur le document pour le regarder dans son intégralité. J'étais fière de moi. Vraiment. J'ai fixé le fichier pendant quelques secondes supplémentaires. Tous ces chiffres. Les gains d'efficacité que j'avais contribué à créer. Les objectifs que j'avais aidé à atteindre avant la date prévue. Les événements que j'avais organisés et ceux auxquels j'avais participé en tant qu'intervenante. Et pourtant, il y avait tant d'autres choses qui ne figuraient pas sur ce document PDF d'une page. Là encore, une question ne cessait de me traverser l'esprit : *est-ce que je suis enfin assez ?*

J'avais enfin deux années d'expérience professionnelle continue, affichées sur un CV axé sur les résultats. Était-ce enfin suffisant ? Les recruteurs allaient-ils maintenant se désintéresser de ma période d'inactivité ? Est-ce que j'étais enfin assez compétitive ? Les mots se sont échappés de mon esprit et sont sortis de ma bouche : « Est-ce que je suis enfin assez ? »

Maintenant que je n'attendais plus McKinsey et avec mon récent intérêt pour la gestion des produits, je cherchais et postulais pour des postes de chef de produit. J'ai contacté une dernière fois la recruteuse de McKinsey le 8 avril, qui m'a fait savoir que le cabinet n'avait toujours pas élaboré ses plans de recrutement de professionnels expérimentés pour l'année. Je n'allais pas attendre que ce soit le cas, d'autant plus que ma motivation à rejoindre l'entreprise reposait entièrement sur la réalisation d'un vieux rêve, et sur le fait de cocher cette case dans mon journal. Mais alors même que je postulais à des postes de gestion de produits dans des petites et grandes entreprises, je peinais à trouver un attachement à l'une d'entre elles. Au bout de deux mois, toutes mes candidatures avaient été rejetées. Cela m'a laissée indifférente. Le processus même de recherche d'emploi me demandait déjà trop d'énergie ; la seule chose qui me faisait tenir était mes obligations financières, auxquelles je pensais beaucoup.

J'ai aussi beaucoup pensé à l'approbation de Dieu. Lui ayant rendu mon rêve en octobre 2021, après avoir essayé de toutes mes forces de le réaliser sans y parvenir, je voulais m'assurer que je ne publiais pas ce livre prématurément. Aussi éprouvants et frustrants qu'aient été les retards, j'allais attendre qu'Il me donne le feu vert pour y aller, quel que soit le temps que ça prendrait. Mais avec l'évolution de mon rêve, il est devenu de plus en plus difficile de savoir ce que j'attendais exactement.

Vers 22 heures, le dimanche 19 mai, je me suis assise en silence sur mon lit pour réfléchir. Je ne me sentais pas très bien ce soir-là. Mon cœur était lourd de confusion quant à mes prochaines étapes. J'avais environ un mois d'économies sans plus de revenus, mais à la place un désir brûlant de publier un livre et de déménager dans une nouvelle ville. Le feu de mon ancien rêve était complètement éteint, mais je commençais à me demander si j'avais encore envie de trouver un emploi, vu à quel point je me sentais détachée de tout le reste. Je me disais que le feu vert de Dieu pour finir d'écrire ce livre viendrait sous la forme d'une lettre d'offre. Mais si rien ne me passionnait plus, qu'est-ce que j'attendais ?

J'ai commencé à imaginer différents scénarios dans lesquels je pourrais publier ce livre. Attendre de recevoir une offre dans le conseil était définitivement exclu. Attendre de recevoir une offre en gestion de produit ou quelque chose de similaire était probable, bien que je n'aurais pas été entièrement épanouie. Et que dire du fait de ne pas attendre de lettre d'offre du tout ? Les larmes se sont précipitées sur mes joues aussitôt que je me suis mise dans ce dernier scénario.

« Mais comment ? » ai-je demandé à Dieu. « Ça n'a pas de sens ! J'ai déjà quitté mon job sans en avoir un nouveau. J'ai encore besoin d'argent pour payer les factures. Et qu'en est-il de mes dettes ? »

Je sanglotais maintenant.

« J'ai tellement peur, j'ai tellement peur », n'ai-je pas cessé de répéter. « Je n'ai jamais fait ça avant ; s'il Te plaît, ne me laisse pas seule. S'il Te plaît, ne me lâche pas la main. J'ai tellement peur ».

Le jeudi suivant, le 23 mai, je me suis réveillée avec le même cœur lourd. Je n'étais pas bien, et cette fois, j'ai sorti un de mes journaux pour écrire. J'ai choisi celui dans lequel j'avais recommencé à écrire pour la première fois cinq ans plus tôt, après mon journal de prière. J'ai écrit à quel point j'étais confuse et avais peur, et à quel point une offre d'emploi de McKinsey ou autre était peut-être une sorte de protection, à quel point je n'étais pas sûre d'être capable de me prendre en charge sans un salaire régulier. J'ai écrit trois pages entières. Avant de fermer le journal pour le ranger dans mon tiroir, j'ai feuilleté les pages sans but, jusqu'à ce que je tombe sur l'une des premières entrées que j'avais faites sur les rêves ; c'était celle du 7 juillet 2019. Cette entrée était restée avec moi depuis le jour où je l'avais écrite, un rappel subtil de la finalité de mes efforts. Je ne m'en souvenais pas entièrement, mais elle était là, quelque part au fond de mon esprit.

Je l'ai partagée plus tôt dans ce livre, mais en voici à nouveau un extrait :

C'était la partie « j'ai peur ». Je dirai cependant (ou plutôt, j'écrirai) que pendant que je réfléchissais à la vie et aux rêves, et au fait que certaines personnes peuvent réaliser les leurs et d'autres non, j'ai réalisé que je pourrais/devrais avoir une approche différente en ce qui concerne ma vie et mes rêves. Plutôt que de m'apitoyer sur le sort des autres toute ma vie et de penser qu'elle est injuste, je devrais être reconnaissante de la position dans laquelle je me trouve, de chaque bénédiction et de chaque opportunité qui se présente à moi. Je veux me rendre compte de la chance que j'ai de pouvoir faire certaines choses, et je veux aller au bout de mes rêves tant qu'ils sont en accord avec le plan de Dieu.

S'Il veut que je sois consultante, je ferai tout ce qui est en mon pouvoir (avec Son aide bien sûr) pour y parvenir. En fin de compte, à quoi bon vivre si on n'accomplit pas le dessein de Dieu pour soi ? C'est donc ce que je veux faire, et aider les gens autour de moi (et même ceux qui ne le sont pas) au mieux de mes capacités. Si j'ai la chance d'être dans une position favorable/confortable dans ma vie, si Dieu a permis que mes rêves se réalisent, pourquoi ne pas partager les retombées avec les personnes avec qui je partage le don de la vie ? C'est ce que je veux faire. Oui, la vie est injuste, mais je ne veux pas rester assise à me plaindre de son injustice et ne pas réaliser ce que je pourrais faire avec ce que j'ai personnellement et essayer de rendre le parcours sur terre de quelqu'un d'autre un peu plus agréable.

Dès que j'ai lu les mots « et même ceux qui ne le sont pas » concernant les gens qui ne sont pas autour de moi, les larmes se sont à nouveau précipitées sur mon visage, me privant de toute possibilité de les retenir. Elles étaient chaudes et ne s'arrêtaient de couler. Je me suis souvenue de moi écrivant ces mots dans ma chambre de Chicago, sur South Morgan Street. Je me suis souvenue à quel point j'étais déterminée à réaliser mon rêve de travailler dans le conseil, persuadée que c'était ce pour quoi j'avais été créée. Je me suis souvenue de m'être visualisée à l'époque en tant que consultante, d'abord chez Deloitte, puis chez McKinsey. J'étais intelligente, bien habillée et sûre de moi, allant d'une ville ou d'un pays à l'autre, conseillant les entreprises sur leur prochaine étape, les aidant à résoudre les dilemmes auxquels elles étaient confrontées.

J'ai toujours pensé que la version de moi qui avait écrit ces mots dans son journal ne pardonnerait pas à sa version plus âgée de ne pas être allée au bout de son rêve. J'ai toujours eu l'impression que je devais réaliser ce rêve par respect pour la plus jeune moi, même si je faisais autre chose plus tard.

Le paragraphe suivant de cette entrée de journal était celui-ci :

J'espère vraiment (?), cependant, que mon dessein, le but de ma vie, est de devenir consultante en gestion. J'espère que la plus grande moi regardera ce journal et pleurera parce qu'elle aura accompli ou sera en train d'accomplir le but de sa vie. J'espère qu'elle pleurera en se souvenant de ce jour et qu'elle n'arrivera pas à croire qu'elle a maintenant le travail de ses rêves, tout en aidant tous ceux qui ont besoin d'un petit coup de pouce dans leur vie. J'espère que je deviendrai ultimement ce pour quoi j'ai été créée. 🩶 🩶

Cinq ans plus tard, en mai 2024, je n'avais pas d'emploi et je n'avais jamais travaillé chez Deloitte ou McKinsey. Je ne pleurais pas parce que j'avais accompli le but de ma vie. Je pleurais parce que j'avais laissé partir ce que je pensais être le but de ma vie. Et je n'étais pas triste. J'avais laissé partir mon vieux rêve mais je n'avais pas réalisé que je devais aussi me donner la permission de passer à autre chose.

Je voulais me serrer dans mes bras, ma Moi du 7 juillet 2019 et lui dire à quel point j'étais reconnaissante qu'elle ait écrit ces mots. Je voulais la serrer fort dans mes bras et lui faire savoir que ses passions avaient évolué, et que ses propres mots sont ce qui avait finalement libéré la version d'elle plus grande.

Je ne pouvais pas le faire, alors au lieu de cela, j'ai pressé mon journal fermé contre ma poitrine, un bras par-dessus l'autre, mes mains serrant les coins, mes yeux laissant les larmes emporter le vieux, mon cœur reconnaissant d'être enfin libre. J'étais maintenant convaincue que c'était le feu vert de Dieu ; je l'avais ressenti. Je L'en ai remercié entre deux sanglots.

Le 23 mai 2024, je redoutais ce qui m'attendait, mais j'étais aussi enthousiaste. J'étais prête à embrasser l'inconnu.

Une fois calmée, je me suis désabonnée de toutes mes alertes de recherche d'emploi. J'ai ensuite rouvert mon journal à mon entrée la plus récente et j'ai écrit :

Peut-être qu'il n'a jamais été question de conseil en gestion ou en stratégie. Peut-être qu'il n'a jamais été question de Deloitte ou de McKinsey. Peut-être que le but de ma vie n'est pas d'être consultante. Peut-être que Le Rêve est simplement Le Livre. Peut-être que Le Livre est à propos de <u>moi</u>.

Les rêves deviennent réalité, et les miens le deviendront aussi.

Je serai une auteure.

CHAPITRE 28

LE PARCOURS SE POURSUIT

Oh, hey ! Nous sommes le vendredi 5 juillet 2024, et il est environ 9 heures 30 au moment où j'écris ces mots. Je suis assise sur le balcon de mon appartement à une chambre au centre-ville de Montréal, et je regarde une ville qui bourdonne déjà d'activité. C'est un peu bruyant, alors j'ai mis mes écouteurs antibruit. Je pourrais retourner à l'intérieur où je n'entendrai pas grand-chose de ce qui se passe à l'extérieur une fois la porte du balcon fermée, mais j'aurai les huit mois d'hiver pour ça.

Ma demande de location pour cet appartement a été approuvée en avril – alors que j'avais encore un job à temps plein – et j'ai emménagé la semaine dernière, le 24 juin. J'avais espéré recevoir ou négocier une prime de déménagement dans le cadre d'une nouvelle offre d'emploi, mais avec ou sans nouveau job, j'allais déménager à Montréal. Alors, sans nouveau job, j'ai commencé à vendre certains de mes meubles ; le week-end précédant mon déménagement, j'ai mis tout le reste dans des cartons et des valises.

J'ai remis les cartons aux déménageurs longue distance que j'avais réservés pour le matin du 24 juin. À 11 heures ce jour-là, je me suis rendue à la gare Union pour prendre le train de 11 heures 32 à destination de Montréal. À 11 heures 31, je courais sur le quai, traînant mes deux valises et mes sacs, regardant l'équipage fermer les portes les unes après les autres.

Quelques minutes plus tôt, à la gare, j'essayais de redistribuer le poids de mes bagages. Ma grande valise était en surpoids, tandis que mon bagage à main était déjà plein. La dame de la gare refusait de me laisser monter dans le train, alors je cherchais frénétiquement ce que je pouvais déplacer d'un sac à l'autre, ou ce que je pouvais porter sur moi.

« Vous avez quatre minutes », m'a dit la dame de la gare, un rappel que je risquais de manquer mon train. Finalement, l'un de ses collègues est venu à ma rescousse. Il a apposé une étiquette **LOURD** sur ma grande valise et m'a aidé à la fermer. Il m'a hissée dans les escaliers et sur le quai, conscient que le train était sur le point de partir. J'étais en train de courir mais je ne savais pas dans quel wagon monter. J'aurais bien vérifié mon ticket, mais je ne trouvais pas mon téléphone. Il n'était ni dans mes poches ni dans mon sac à main.

— Dépêchez-vous ! a crié un membre de l'équipage en me voyant sur le quai. Dans quel wagon êtes-vous ? a-t-elle demandé.

— Je... je ne... wagon numéro 4 ! J'ai crié à mon tour. C'était le wagon dans lequel j'étais en avril, lorsque j'ai pris le train VIA pour Montréal pour la première fois. Je savais qu'il était possible que je me trompe, mais c'est tout ce que j'avais. Les deux fois, j'avais réservé en classe économique, et je savais que je ne récupérerais pas mes 200 dollars si je manquais ce train.

— Ooh ... pile à l'heure ! m'a dit un autre membre de l'équipage avec un sourire, alors que je soulevais mes valises au-dessus des escaliers menant au wagon numéro 4. La dame sur le quai m'a aidé à pousser la plus grande.

— C'est lourd ! s'est-elle exclamée.

— Je sais, je suis en train de déménager, ai-je répondu, mine de m'excuser.

Elle est entrée dans le wagon, a soulevé l'escalier et a refermé la porte derrière elle. Plusieurs sièges étaient encore libres dans le wagon, alors j'en ai choisi un près de la fenêtre. J'ai sorti mon téléphone, que j'avais réussi à trouver caché au fond d'un autre sac que je portais. J'avais raison de penser que je m'étais peut-être trompée. Mon wagon était le numéro 7. Malgré tout, je suis restée sur le siège 6A du wagon numéro 4, essayant de me ressaisir avant que le passager dont j'avais pris le siège ne monte dans le train à l'arrêt suivant.

Après environ cinq minutes, un léger frisson a parcouru mon corps avant que des larmes ne coulent d'elles-mêmes sur mes joues. Je n'étais pas triste. Je réalisais juste à peine que j'avais presque raté mon train pour une ville où je déménageais sans suffisamment d'argent ni un nouveau travail. J'avais mal au dos et aux genoux à force de me baisser, de m'accroupir, de me pencher et d'emballer tout le week-end, et j'avais mal aux bras à force de porter des cartons, des sacs et des valises. J'avais mal à la tête parce que j'avais peu dormi ; j'avais aussi faim, mais j'étais contente d'avoir acheté un sandwich au poulet Chick-Fil-A une dernière fois avant de quitter Toronto. Mais surtout, j'étais reconnaissante d'être dans ce train. Ceci était l'un des moments où j'aurais aimé ne pas avoir à tout faire toute seule ; quoi qu'il en soit, j'étais fière de moi et reconnaissante d'être là où j'étais. De plus, mon amie Michelle s'était portée volontaire pour m'aider à défaire mes cartons le lendemain. J'ai essuyé mes larmes, puis je me suis dirigée vers le wagon numéro 7, laissant mes valises dans le wagon numéro 4 pour les récupérer une fois que nous serions arrivées à la Gare centrale de Montréal.

Mon appartement est magnifique. L'immeuble lui-même est magnifique. Il a toutes les installations et tous les espaces communs que j'ai toujours eus, ainsi que ceux que je n'ai jamais eus. Il y a une piscine. Et un sauna. Une salle de sport et une salle de yoga. Un sky lounge au quarante-sixième étage, et bien d'autres choses encore. Je prends l'ascenseur pour monter plus de vingt étages avant d'atteindre le mien. Mon appartement dispose d'un îlot de cuisine et d'appareils électroménagers intelligents. Il y a aussi une machine à laver et à sécher. Ma chambre est assez grande pour accueillir confortablement un grand lit, et le dressing mène à la salle de bain, qui est également accessible depuis la pièce principale. Le loyer comprend toutes les charges.

Dans mon studio de Toronto, sur Spadina Road, le loyer avait augmenté chaque année, atteignant 1 825 dollars en 2024 contre 1 675 dollars en 2022. Je payais toutes les factures séparément, y compris la lessive, et mon immeuble n'avait aucun espace commun. En additionnant le tout, je payais près des 2 100 dollars que je paie maintenant pour mon appartement à une chambre à Montréal. Plus important encore, mon nouvel appartement est doté d'un système de climatisation et de chauffage que je peux contrôler. Je ne suis plus à la merci de colocataires ou d'un système de température centralisé. Cela signifie que dès que la première feuille deviendra légèrement rouge à un coin, j'allumerai le chauffage de mon appartement. Et si elle tombe au sol, alors je saurai qu'une tempête de neige arrive, et je m'habillerai en conséquence.

Merci pour mon appartement hôtel, dis-je à Dieu depuis que j'ai emménagé dans cet appartement. À bien des égards, l'immeuble ressemble à un hôtel ; du grand hall d'entrée aux installations et espaces communs, à la signalisation – y compris les numéros d'appartement – à l'éclairage, aux finitions et au parfum à travers l'immeuble, tout a l'air d'un hôtel. Et je suis reconnaissante d'être ici.

Je suis également heureuse d'annoncer que j'ai accompli mes deux objectifs pour mai 2024. Si tu lis ce livre, c'est que j'ai effectivement fait confiance à Dieu. Au moment où j'écris ces lignes, une professionnelle est en train de relire les vingt-sept premiers chapitres de ce livre. J'ai également partagé la nouvelle de ma rédaction d'un livre avec ma famille et mes amis proches, et j'ai mis en marche les nombreuses activités liées au lancement qui étaient jusqu'ici en pause. Et malgré l'hésitation initiale exprimée par un point d'interrogation à la fin du deuxième point de la section *Un Coup D'œil sur L'avenir* de mon récapitulatif du mois d'avril, je suis retournée en thérapie. Mon hésitation découlait du fait que je n'avais plus de revenu puisque que j'avais quitté mon emploi et n'avais plus accès aux avantages sociaux. Retourner en thérapie signifierait payer la totalité des frais de ma poche. Je suis retournée en thérapie et j'ai payé la totalité des frais de ma poche, et je suis contente de l'avoir fait.

À ce stade, tu te demandes probablement comment j'ai pu faire tout ça, étant donné que je n'avais pas beaucoup d'économies et n'avais aucune source de revenu. Eh bien, c'est une question ou une préoccupation valable. Lorsque j'ai dit que je n'avais que l'équivalent d'un mois d'économies, je parlais de liquidités ; en l'occurrence, d'argent en espèces. Pendant la majeure partie de mon emploi chez Accenture, j'épargnais pour la retraite à travers un régime enregistré d'épargne-retraite (REER), en versant chaque mois quelques centaines de dollars qui étaient investis sur les marchés financiers.

Un REER est un compte d'épargne-retraite et d'investissement que les résidents du Canada – y compris les étudiants étrangers – peuvent utiliser pour préparer leur retraite. Pour avoir droit à un compte REER, un résident (permanent ou non) doit avoir déjà effectué une déclaration de revenus. Le compte est enregistré auprès de l'Agence du revenu du Canada et offre certains avantages fiscaux, à condition que l'argent ne soit pas retiré avant la retraite[4]. Les cotisations à un REER peuvent être versées avant l'impôt sur le revenu (directement à partir du salaire) ou après, et elles sont généralement investies dans des actifs financiers.

Certaines entreprises contribuent aux comptes de retraite de leurs employés en égalant leurs cotisations jusqu'à un certain montant. Accenture versait une contribution équivalente à 6 % du salaire des employés qui travaillaient dans l'entreprise depuis au moins un an, j'ai donc choisi de verser des cotisations avant impôt à mon REER. J'ai commencé à investir pour la retraite en décembre 2022, quelques mois après avoir examiné mes finances. Pendant les cinq premiers mois précédant mon premier anniversaire chez Accenture, mes cotisations pour la retraite étaient déduites directement de mon salaire, mais l'entreprise n'y contribuait pas. Dès que j'y ai été admissible, j'ai mis à jour mes cotisations pour profiter de la participation de l'employeur.

Je n'avais pas l'intention de retirer l'argent de mon REER si tôt ou du tout avant la retraite, surtout connaissant les répercussions fiscales d'un tel retrait. Mais c'est tout ce que j'avais. Je n'étais pas ravie de demander la vente de mes avoirs pour que l'argent soit transféré sur mon compte courant ; j'avais pris plaisir à regarder les chiffres augmenter à quelques mois d'intervalle, contente de contribuer à mon avenir, même si ma situation financière actuelle n'était pas géniale. Cela dit, j'ai aussi reconnu que les choses auraient pu être différentes et que j'aurais pu ne rien avoir comme base. Ainsi, même si j'avais l'impression d'avoir encore fait cinq pas en arrière dans mon parcours financier, j'étais reconnaissante d'avoir de l'argent investi quelque part. Gérer

---

4   Canada Revenue Agency. "Registered Retirement Savings Plan (RRSP)." Government of Canada, 15 Jan. 2024, https://www.canada.ca/en/revenue-agency/services/tax/individuals/topics/rrsps-related-plans/registered-retirement-savings-plan-rrsp.html.

tous mes engagements au cours du mois dernier a été difficile, mais ce n'est pas la première fois. À chaque fois, Dieu a frayé un chemin. Et s'Il est avec moi cette fois-ci comme Il l'a été auparavant, alors j'ai envie de croire qu'Il n'aura pas de problème à me donner une autre somme de 10 071, 33 dollars. Bon… après les pénalités, ce montant a diminué de 2 000 dollars ; je sais aussi que je devrai le déclarer comme revenu l'an prochain lorsque je ferai ma déclaration de revenus, et il sera donc imposé comme tel.

Je suis peut-être dans un nouvel appartement dans une nouvelle ville qui donne l'impression d'être dans un nouveau pays ; je commence peut-être quelque chose de nouveau dans ma vie professionnelle, et j'ai peut-être une nouvelle coupe de cheveux et une nouvelle forme d'ongles, mais ceci n'est pas un nouveau départ. C'est le parcours qui se poursuit.

Il s'agit du parcours qui a commencé en mars 1996, lorsque je suis née dans la voiture de mes parents, impatiente de goûter enfin à la version authentique des bananes frites. J'ai passé les vingt et une premières années de ce parcours (ou techniquement, 20 ans, 11 mois et 12 jours) dans ma ville natale, Yaoundé, au Cameroun, avant de me rendre à Chicago, dans l'Illinois, en février 2017, à la poursuite d'un rêve que j'avais depuis l'âge de quinze ans. C'est le même parcours qui m'a amenée à Toronto, au Canada, en décembre 2020, à la poursuite de ce rêve d'enfant.

Ce parcours qui m'a conduite à Punta Cana, en République dominicaine, en mars 2024. Après des années d'épreuves, dont beaucoup au cours desquelles je n'ai pas fêté mon anniversaire ou suis restée seule dans ma chambre pendant les fêtes de fin d'année, je voulais faire quelque chose de spécial pour mon vingt-huitième anniversaire.

J'avais commencé à le planifier environ un an plus tôt, en avril 2023. C'était trois mois après être devenue résidente permanente du Canada, et peu de temps après avoir remboursé la dernière portion de mon prêt à risque, grâce à l'argent du règlement que j'avais obtenu de mon bailleur lors de l'audience avec la Commission de la location immobilière.

Maintenant que j'étais résidente permanente, je pouvais voyager dans certains pays sans demander de visa. J'ai consulté la liste de ces pays et j'ai commencé à planifier à partir de là. J'ai également ouvert un autre compte d'épargne à intérêt élevé dans lequel je mettrais de l'argent chaque mois à partir du mois de mai. Lorsque mon père est décédé ce mois-là et avec tout ce que j'ai vécu au cours du deuxième semestre de l'année 2023, j'ai presque pensé que je devrais annuler mon voyage.

Je suis arrivée au Serenade Beach & Spa Resort le 17 mars vers 22 heures. Punta Cana était fun. C'était un voyage que je voulais faire, et un anniversaire que je voulais célébrer seule. Même si des amis ou de la famille étaient disponibles, j'y serais quand même allée toute seule.

J'ai nagé à satiété. J'ai mangé un petit déjeuner, un déjeuner et un dîner que je n'ai pas eu à me préparer. J'ai marché le long de la plage le matin et regardé les étoiles apparaître et disparaître le soir. J'ai siroté des cocktails au bord de la piscine. J'ai appris à danser la bachata lors d'un voyage en bateau pour l'Île Soana, sans doute le plus bel endroit que j'ai jamais visité. J'ai fait du cheval sur la plage, une légère rosée caressant mes joues, mes yeux s'émerveillant face à l'eau turquoise et la beauté de la nature, mon esprit se demandant ce que cela faisait de vivre ainsi tous les jours. J'avais pris avec moi l'appareil photo que j'avais acheté durant l'été 2022, lorsque je me suis décidée à essayer la photographie. J'ai pris des photos du sable blanc, du ciel bleu, de l'eau claire. J'ai pris des photos du coucher de soleil. J'ai essayé le mofongo pour la première fois, nourriture qui m'a beaucoup rappelé celle de chez moi. J'ai pratiqué mon espagnol, mais j'ai vite réalisé à quel point ce que je savais était différent de ce qu'ils parlaient là-bas. J'ai rencontré de nouvelles personnes, même si la plupart d'entre elles venaient des États-Unis.

J'étais reconnaissante.

Le matin du 21 mars 2024, assise sur mon lit dans ma chambre d'hôtel, je versais des larmes de joie pour la première fois en douze mois. J'étais censée faire ma prière matinale habituelle, mais je ne savais juste pas quoi dire ni comment le dire.

« De mes larmes à Tes oreilles », ai-je finalement dit, me souvenant de ces mêmes paroles que je prononçais des mois plus tôt lorsque j'étais au bout du rouleau.

Les souffrances du temps présent sont incomparables à la gloire à venir.

Je Te crois, mon Dieu.

J'ai passé sept jours à Punta Cana et j'ai baptisé mon voyage *Sept jours pour sept ans*. Je ne fêtais pas seulement mon anniversaire ; je me félicitais d'avoir enduré les sept années les plus difficiles de ma vie.

De retour à Toronto, je me suis acheté une tranche de gâteau au chocolat à l'épicerie après la messe, ainsi que quelques bougies. J'ai passé la journée à faire les choses habituelles du dimanche et, une fois la nuit tombée, j'ai sorti ma tranche de gâteau et l'ai placée sur ma table basse. J'ai planté deux bougies dans le gâteau, je les ai allumées et j'ai éteint les lumières de mon studio. Je me suis assise sur le tapis près de la table basse, puis j'ai chanté joyeux anniversaire au rythme de mes sanglots.

Je n'étais pas triste. J'étais reconnaissante et fière de moi ; ce fut un tel parcours ! Je me suis fait un vœu, puis j'ai soufflé les bougies. C'était la première fois que je soufflais des bougies d'anniversaire depuis

2016, lorsque j'avais fêté mon vingtième anniversaire chez moi, avec ma famille. Je me suis promis qu'à l'avenir, je célèbrerais toujours mon anniversaire. Que je le ferais de quelque manière possible, quelle que soit ma situation, financière ou autre. Qu'au minimum, j'achèterais une tranche de gâteau à l'épicerie et utiliserais les bougies restantes de cette journée-là. Il ne me restait plus qu'à finir mon gâteau et à poursuivre le parcours en concrétisant ma décision du 23 février, de quitter mon emploi chez Accenture une fois de retour de mon voyage.

C'est ce parcours qui m'a maintenant amenée à Montréal, sur le point de réaliser un rêve que je ne savais pas que j'avais, après avoir travaillé sur des choses que je n'avais jamais planifiées pour moi-même. En éditant ce livre au cours du dernier mois, j'ai réalisé qu'il ne s'agissait vraiment pas de conseil en stratégie. Je suis heureuse d'avoir au moins essayé la plupart des choses que j'avais repoussées jusqu'à ce que ce vieux rêve devienne réalité.

J'ai beaucoup appris et grandi au cours de ce parcours, mais à bien des égards, je suis toujours la même. Alors que je m'intéressais de plus en plus à la santé mentale, que j'ai commencé la thérapie en 2022 et que j'ai continué à m'informer sur le sujet, j'ai découvert que j'étais une personne hautement sensible (PHS). Ouais, moi aussi j'étais sous le choc ; je ne l'aurais jamais deviné ! Après avoir cru pendant des années que je souffrais d'une sorte de déformation intrinsèque, c'était vraiment rafraîchissant d'apprendre les aspects positifs associés à une sensibilité élevée. J'ai appris que cette sensibilité ne se limite pas aux sentiments ou aux émotions, mais qu'elle joue également un rôle dans les traits de caractère tels que l'intégrité.

Je continue également d'aller à l'église catholique tous les dimanches, bien que je me sois forgé mes propres convictions sur certains sujets et que je ne participe plus à certaines pratiques. Je continue de construire ma relation avec Dieu à ma manière, prudente de ne pas comparer mon progrès à celui d'autres personnes ni de me laisser influencer par celui-ci.

Depuis octobre 2022, j'ai un nouveau piercing sur le nez. Une vieille vidéo de moi que j'ai regardée cette année-là m'a inspirée, et je me suis souvenue à quel point j'aimais mes boucles de nez et à quel point elles m'allaient bien. Il ne s'est rien passé lorsque j'ai eu vingt-cinq ans, alors je ne sais pas... peut-être que j'arrêterai de porter des boucles de nez quand quelque chose de magique se produira le jour de mes trente ans.

Une nouvelle depuis mes vingt-cinq ans est que je ne passerai plus le CFA. Il n'y a évidemment rien de mal à l'examen, et j'ai toujours beaucoup de respect pour les personnes qui détiennent le titre, mais j'ai maintenant d'autres centres d'intérêt et d'autres passions. En parlant de cela, j'ai accepté le fait que je suis une personne avec différents centres d'intérêt et diverses passions, dont beaucoup, je le sais, continueront à se développer tout au long du parcours. Dans la mesure du possible, je poursuivrai chacun d'entre eux, quel que soit le résultat.

Je continue d'écrire mes pensées et mes sentiments dans mes journaux, ainsi que mes rêves, mes plans, mes objectifs et mes souhaits, en veillant à ne pas les serrer trop fort. J'ai un nouveau journal. Si tu comptes, tu en es probablement à dix-huit millions quatre cent soixante-seize mille neuf cent trente-deux. Sans blague. Mon nouveau journal est à couverture rigide, le premier depuis mon enfance. Le motif de triangles gaufrés donne de la dimension à la couverture autrement noire et mate. Une lumière turquoise éclaire subtilement quelques triangles à l'avant. Le journal est solide mais lisse. Ses pages sont lignées mais non datées, et il n'y a pas de messages-guides. Sur la quatrième de couverture, en bas à gauche, il y a un logo ; on peut y lire #RDRMDA.

Je ne sais pas où le parcours me mènera ensuite, mais je sais qu'il s'achèvera le jour où Dieu décidera unilatéralement qu'il est temps que nous nous rencontrions. Cela se produira après que j'aurai accompli tout ce qui figure sur Sa liste pour moi et sans aucune intervention de ma part.

Le temps passé ensemble dans ce livre touche maintenant à sa fin. Lorsque j'ai imaginé pour la première fois clôturer ce livre en 2021, j'avais hâte d'écrire sur la façon dont tout avait changé et à quel point j'étais heureuse maintenant que mon rêve s'était réalisé. Je me disais que ma peau ne montrerait aucun signe d'acné en cours ou passé ; mon corps serait tonifié sur toute la ligne grâce à mes multiples allers-retours à la gym chaque semaine. Mes dettes seraient remboursées en totalité ou en grande partie grâce à ma prime d'embauche, mon salaire se chargeant du reste peu de temps après avoir commencé le travail de mes rêves. Mon calendrier social serait rempli de voyages et de sorties, et j'aurais trouvé le but de ma vie. Une sorte de fin heureuse.

Trois ans plus tard, les choses se présentent *un peu* différemment. Ma peau a fait d'énormes progrès, mais elle est loin d'être parfaite ; j'ai appris à l'aimer telle quelle. Mon corps a changé dans l'ensemble, et j'ai même pris un peu de poids. Je suis encore en train de m'adapter à ces changements, consciente de mon passé avec l'image corporelle, appréciant le fait que je suis maintenant une femme de vingt-huit ans. Ce faisant, j'essaie de ne pas comparer mon corps à ce qu'il était lorsque j'avais vingt-deux ans à Chicago ; j'étais certainement plus mince à l'époque, mais j'étais aussi déprimée et en mauvaise santé. Je suis une belle femme ; ceci est une affirmation juste, quelles que soient les opinions. Nous avons parlé de mes finances. Et bien que ma vie sociale se soit améliorée, mon calendrier n'est pas encore tout à fait rempli de voyages et de sorties. Ce livre pourrait en faire partie, mais je ne sais pas encore quel est le but de ma vie ; en revanche, je sais ce qu'il n'est pas. Je suppose que je le découvrirai à un moment ou à un autre du parcours.

Ce que je n'avais pas envisagé, et ce que je ne savais pas en 2021, c'est à quel point la rédaction de ce livre se révélerait transformatrice. Je n'avais pas envisagé à quel point je serais fière du travail que je ferais sur moi-même et de la personne que je deviendrais. Je n'avais pas envisagé les compétences et les talents, les autres passions et centres d'intérêts que je découvrirais. Je n'avais pas envisagé à quel point la douleur que j'avais ressentie à différentes tailles et intensités au fil des ans avait satisfait mon désir de m'identifier aux expériences des autres et de les comprendre, et à quel point elle continuerait à le faire.

Une chose qui est restée constante depuis que j'ai commencé à écrire ce livre, c'est mon désir que toi, ma lectrice, mon lecteur, poursuives tes rêves, quelles que soient tes circonstances. Ce faisant, j'espère que tu t'y accrocheras assez fermement pour persévérer face aux épreuves, mais assez souplement pour lâcher prise et accueillir ceux qui conviennent mieux à ton parcours.

Il est 22 heures 04, le 8 juillet 2024. Je suis assise à mon bureau et je regarde l'objet décoratif triangulaire en bois posé sur la table, celui que j'ai acheté pour 3 dollars la première fois que je suis allée chez Target à Chicago.

C'est absolument le cas.

J'en étais convaincue le soir où j'ai commencé ce livre, et je le suis encore ce soir en le terminant :

Les rêves deviennent réalité

Et *les tiens* le deviendront aussi.

Crois.

J'ai fini de m'efforcer. D'être vue, d'être entendue,
d'être appréciée, d'être reconnue.

Je suis assez.

Ceci est la fin de ce livre, pas la fin de mon histoire.

REMERCIEMENTS

À Celui sans qui ce livre n'existerait pas. Oh, mon Dieu, merci beaucoup pour ce cadeau. Je ne pouvais pas imaginer, lorsque j'ai commencé à travailler sur ce projet, à quel point il serait un cadeau, à quel point Tu me transformerais à travers lui. Je ne sais pas par où commencer pour exprimer ma gratitude, et les mots ne suffiront jamais. Je suis tellement reconnaissante pour les parcours et pour Ta présence tout le long ; Tu étais là même quand je ne le sentais pas. Je suis reconnaissante pour ma relation avec Toi, pour m'être rapprochée de Toi et en avoir appris davantage sur Toi chaque année. J'ai hâte de Te connaître encore mieux et d'apprendre à Te faire confiance sur tous les plans de ma vie. Du fond de mon cœur, Seigneur, merci. Pour m'avoir vue, pour m'avoir entendue, pour m'avoir aimée, pour m'avoir enseignée. Tu es extraordinaire. Et je T'aime, mon Dieu. 🩶 J'espère aussi que Tu es content de ce à quoi tout ça ressemble. 😊

À ma maman, Ming Mang Moung. Par où commencer ? Je te remercie pour tout. Les sacrifices, l'amour, l'attention, la résilience. J'ai beaucoup pensé à toi en écrivant ce livre, et je suis désolée pour les choses que tu as apprises sur moi pour la première fois ici. Je suis reconnaissante de t'avoir comme maman. Tu seras toujours la meilleure. 🩶 🩶

À ma sœur, Sylvie. Merci beaucoup pour ton soutien et tes encouragements au fil des ans. Je te dois beaucoup de mes accomplissements et je te serai toujours reconnaissante pour tout ce que tu as fait. Merci d'avoir assumé des responsabilités supplémentaires et de m'avoir soutenue sans jugement.

À ma sœur, Fanny. Merci de m'avoir guidée et conseillée, en particulier durant ma première année aux États-Unis. Merci pour ton soutien.

À mon père. Merci d'avoir voulu le meilleur pour nous ; j'espère que ton âme repose en paix.

À mon frère, Tony. Ma personne ! Merci beaucoup pour ton dévouement, ta patience et ta volonté d'aider. Merci aussi pour les multiples allers-retours dans les agences Western Union au fil des ans ; ils ont vraiment aidé !

À ma sœur, Lidia. J'ai beaucoup pensé à toi aussi en écrivant ce livre. Merci d'avoir été là pour moi à ta manière, d'une façon dont tu ne savais pas qu'elle m'aidait. Merci pour tous les TikToks que tu as partagés avec moi et pour tes messages truffés de GIFs. Merci d'avoir partagé certains de tes rêves avec moi et d'avoir inspiré certaines parties de ce livre.

À mon frère, Vicky. Toi aussi, tu m'as aidée d'une manière dont tu n'avais pas conscience. Des vidéos que tu as partagées aux blagues que tu as lancées, beaucoup sont arrivées à un moment où j'avais besoin de rire. Alors, merci.

À ma nièce, Mia. Tu ne le savais pas à l'époque, mais certaines questions que tu as posées sur mon parcours ont également inspiré des parties de ce livre. Merci.

À mes amis. Vous avez tous été là pour moi à différents moments, à votre manière, et je vous suis reconnaissante de votre soutien. Je suis reconnaissante pour les anciennes et les nouvelles amitiés, pour les amitiés perdues, renouvelées, puis renforcées. Sans ordre particulier

: Jacky, Junior, Nadia, Ronald, Clara, Neil, Aristide, Marielle, Yves-Alain, Paola, Marie-Dominique. Merci.

À toi, ma lectrice, mon lecteur. J'ai pensé à toi aussi, en écrivant ce livre, d'une manière que tu n'as pas vue ici. Merci d'avoir lu jusqu'ici.

Câlins,

Danielle